主　编　王发兴
副主编　张晓英　洪锛端

服务营销概论

FUWU YINGXIAO GAILUN

广东高等教育出版社
Guangdong Higher Education Press

·广州·

图书在版编目（CIP）数据

服务营销概论. 王发兴主编. —广州：广东高等教育出版社，2018.2（2020.1 重印）

ISBN 978-7-5361-6109-2

Ⅰ. ①服… Ⅱ. ①王… Ⅲ. ①服务营销-高等学校-教材 Ⅳ. ①F713.50

中国版本图书馆 CIP 数据核字（2018）第 026056 号

出版发行	广东高等教育出版社
	地址：广州市天河区林和西横路
	邮政编码：510500　电话：（020）87554152
	http://www.gdgjs.com.cn
印　刷	广州市穗彩印务有限公司
开　本	787 毫米 × 1 092 毫米　1/16
印　张	23
字　数	574 千
版　次	2018 年 2 月第 1 版　2020 年 1 月第 2 次印刷
定　价	50.00 元

作 者 简 介

王发兴，广东韶关学院经济管理学院暨广州工商学院经济贸易系经济学三级教授，省级优秀教师，粤北经济发展研究所所长，广东韶关市浈江区人大代表，广东省商业经济学会常务理事，广东省中小学教师继续教育专家委员会委员，学科组组长。长期在教学第一线摸爬滚打，坚持伏案笔耕。出版学术专著6本，主编或参编教材20余本，合作出版著作10余本，发表学术文章150余篇。

前　言

为了满足大专院校学生专升本后的本科教学需求，在广州工商学院教材建设项目和省重点学科建设项目的支持下，本书编写组承担了《服务营销概论》（本专科用教材）的编写任务。

在借鉴和吸收前人研究成果的基础上，本着创新发展，推陈出新的原则，本书在设计和编写中，力求凸显以下特色。

（一）弱化传统4P服务营销组合策略

服务营销的前置课程，是其专业基础课的市场营销学。而在市场营销学的教学中，往往会将产品（product）、价格（price）、渠道（place）和促销（promotion）这个4P营销组合策略，作为重点内容来讲授。为了避免与前置课程在某种程度上的重复（或重叠）现象，本书特将服务产品、服务定价、服务渠道和服务促销（即传统4P组合策略）做了弱化处理，主要是将4P内容浓缩成一章——传统4P服务营销组合策略，用4个课时分别简要介绍服务产品、服务价格、服务分销渠道、服务沟通与促销的相关内容和知识。

（二）强化服务营销新增变量的描述

在传统4P营销组合策略基础上，1981年布姆斯和比特纳又提出了服务营销的三变量因素，即人员（people）、有形展示（physical evidence）和服务过程（process）。为了强化这三个变量因素的教学，在其服务营销组合策略中，已将三个要素单独成章，作为重点教学内容来安排。这样做的用意：一是用以区别传统的市场营销模式；二是进一步彰显服务营销中的人本理念和行为过程的独特性。

（三）力求知识的完整性和结构的系统性

本书设计的初衷，是尽可能地给学生传递全面而完整的信息和知识。具体包括以下两点。

1. 理论知识的完整性

为适应本科教学的需要，本书在前5章安排了服务营销理论的基础内容，即服务、服务业与服务经济理论、服务营销；服务三角、利润链、顾客满意与顾客忠诚、服务质量、内部营销、关系营销等服务营销基础理论知识；创新营销、体验营销、网络营销、口碑营销、创意营销等服务营销新理论；服务营销管理及技术；服务营销战略规划。

2. 内容结构的系统性

本书共安排了4篇15章的教学内容，并按照"理论基础—组合策略—行业实务—发展前沿"的思路构建教材的知识框架，其逻辑关系紧密，行文结构严谨，给学生呈现的是一个全面、完整的知识链条。

（四）引入服务营销的最新理论与实践成果

本书在理论创新方面做了有益的探索。一是在服务营销理论创新方面，引入了体验营销、创新营销、创意营销等新理论；二是在服务营销战略创新方面，引入了蓝海和红海战略、长尾战略、企业形象战略、顾客满意战略、企业文化战略；三是在第三篇服务行业营销实务中，增添了餐饮、旅游、金融、会展等行业的服务营销实务的内容；四是在服务营销发展趋势方面，增设了服务国际化、软文营销、娱乐营销等服务营销领域最新的理论与实践成果。

本书由广州工商学院经济贸易系《服务营销概论》编写组成员共同创作完成。王发兴（广东韶关学院暨广州工商学院经济学三级教授）担任主编，由张晓英（广州工商学院经济贸易系市场营销教研室主任、讲师）和洪锦端（广州工商学院经济贸易系国际贸易教研室主任、讲师）担任副主编。本书的撰写工作，具体分工如下。

王发兴：编写大纲、第一章、第二章（第5至第6节）、第三章；谭晓丽：第二章（第1至第4节）和第四章；张晓英：第五章和第六章；杨美玲：第七章；张艳霞：第八章；余晓勤：第九章和第十三章；黄梦影：第十章、第十一章和第十二章；洪锦端：第十四章和第十五章。审稿、统稿由王发兴主编完成。

本书在编写过程中得到了广州工商学院教务处、经济贸易系的领导及教师们的鼎力支持和贴心关怀；同时得到了广东高等教育出版社唐永亮社长、王亚芳副总编、陈博霞编辑等的关心和支持，在此一并表示感谢。

我们在编写本书过程中，参考和引用了大量的文献及资料（包括图书、期刊和电子资源），有的已在参考文献中列出，有的还来不及一一列出，在此谨向原作者致以真挚的谢忱。由于时间和水平所限，书中难免存在疏漏或不妥之处，敬请各位同仁以及广大读者不吝赐教。

王发兴
2018年2月

第一篇　服务营销理论基础

第一章　服务营销导论 ·· 3
- 第1节　服务的内涵与类型 ·· 3
- 第2节　服务业与服务经济形态 ······································ 7
- 第3节　服务营销的产生与发展 ····································· 12
- 第4节　服务营销的界定与组合要素 ································· 15
- 本章小结 ·· 22
- 思考与练习 ·· 22

第二章　服务营销基础理论 ··· 23
- 第1节　服务三角理论 ·· 23
- 第2节　服务利润链理论 ·· 27
- 第3节　顾客满意与顾客忠诚理论 ··································· 31
- 第4节　服务质量理念及其测量 ····································· 38
- 第5节　内部营销理论 ·· 44
- 第6节　关系营销理论 ·· 49
- 本章小结 ·· 53
- 思考与练习 ·· 53

第三章　服务理论创新发展 ··· 54
- 第1节　创新营销理论 ·· 54
- 第2节　体验营销理论 ·· 59

第3节　网络营销理论 …………………………………………………………… 66
　　第4节　口碑营销理论 …………………………………………………………… 70
　　第5节　创意营销 ………………………………………………………………… 73
　　本章小结 …………………………………………………………………………… 78
　　思考与练习 ………………………………………………………………………… 78

第四章　服务营销管理及技术 …………………………………………………… 79
　　第1节　服务承诺管理 …………………………………………………………… 79
　　第2节　顾客抱怨与服务失误管理 ……………………………………………… 84
　　第3节　顾客投诉与服务补救管理 ……………………………………………… 89
　　第4节　大客户管理 ……………………………………………………………… 100
　　第5节　CRM技术及其运用 …………………………………………………… 104
　　本章小结 …………………………………………………………………………… 110
　　思考与练习 ………………………………………………………………………… 111

第五章　服务营销战略规划 ……………………………………………………… 112
　　第1节　服务营销战略分析 ……………………………………………………… 112
　　第2节　服务营销战略选择 ……………………………………………………… 119
　　第3节　服务营销战略实施 ……………………………………………………… 127
　　本章小结 …………………………………………………………………………… 136
　　思考与练习 ………………………………………………………………………… 136

第二篇　服务营销组合策略

第六章　传统4P服务营销组合策略 …………………………………………… 139
　　第1节　服务产品策略 …………………………………………………………… 139
　　第2节　服务价格策略 …………………………………………………………… 151
　　第3节　服务分销渠道策略 ……………………………………………………… 162
　　第4节　服务沟通与促销策略 …………………………………………………… 168
　　本章小结 …………………………………………………………………………… 179
　　思考与练习 ………………………………………………………………………… 180

第七章　服务人员策略 …………………………………………………………… 181
　　第1节　服务人员的价值 ………………………………………………………… 181
　　第2节　服务人员的招聘与培训 ………………………………………………… 184
　　第3节　服务人员的激励与管理 ………………………………………………… 188
　　第4节　企业文化及服务文化的建设 …………………………………………… 194
　　本章小结 …………………………………………………………………………… 199
　　思考与练习 ………………………………………………………………………… 199

第八章　服务有形展示策略 ……………………………………………………… 200
第1节　服务有形展示概述 …………………………………………………… 200
第2节　服务场景的设计 ……………………………………………………… 206
第3节　服务企业形象的设计 ………………………………………………… 215
第4节　服务有形展示管理 …………………………………………………… 220
本章小结 ………………………………………………………………………… 223
思考与练习 ……………………………………………………………………… 223

第九章　服务过程管理策略 ……………………………………………………… 224
第1节　服务过程概述 ………………………………………………………… 224
第2节　服务过程的分类 ……………………………………………………… 228
第3节　服务接触点管理 ……………………………………………………… 230
第4节　服务蓝图技巧 ………………………………………………………… 235
本章小结 ………………………………………………………………………… 242
思考与练习 ……………………………………………………………………… 242

第三篇　服务行业营销实务

第十章　餐饮服务营销 …………………………………………………………… 245
第1节　餐饮服务营销概述 …………………………………………………… 245
第2节　餐饮服务营销的实战策略 …………………………………………… 250
第3节　餐饮服务营销的实践成果 …………………………………………… 261
本章小结 ………………………………………………………………………… 262
思考与练习 ……………………………………………………………………… 262

第十一章　旅游服务营销 ………………………………………………………… 263
第1节　旅游服务营销理论概述 ……………………………………………… 263
第2节　旅游服务营销实务概述 ……………………………………………… 269
第3节　我国旅游服务营销的趋势 …………………………………………… 277
本章小结 ………………………………………………………………………… 282
思考与练习 ……………………………………………………………………… 282

第十二章　金融服务营销 ………………………………………………………… 284
第1节　金融服务概述 ………………………………………………………… 284
第2节　金融服务营销的理论基础 …………………………………………… 291
第3节　金融服务营销的实践成果 …………………………………………… 305
本章小结 ………………………………………………………………………… 312
思考与练习 ……………………………………………………………………… 312

第十三章　会展服务营销 … 314
　　第1节　会展服务营销理论概述 … 314
　　第2节　会展服务营销策略 … 317
　　第3节　会展服务营销实践成果展示 … 323
　　本章小结 … 327
　　思考与练习 … 327

第四篇　服务营销发展前沿

第十四章　服务国际化及我国的战略选择 … 331
　　第1节　服务国际化概述 … 331
　　第2节　服务外包及其趋势 … 336
　　第3节　我国服务业国际化模式选择策略 … 341
　　本章小结 … 343
　　思考与练习 … 343

第十五章　娱乐营销的理论与实践 … 345
　　第1节　娱乐营销概述 … 345
　　第2节　娱乐营销的理论基础 … 348
　　第3节　娱乐营销的策略和方法 … 351
　　第4节　娱乐营销的趋势预测 … 353
　　本章小结 … 355
　　思考与练习 … 355

参考文献 … 356

第一篇
服务营销理论基础

第一篇

源流書出版之研究

第一章　服务营销导论

教学目标

（1）认识服务的内涵、其相对于有形产品的显著特征及其类型。
（2）了解服务业的发展趋势以及服务经济形态面临的挑战。
（3）了解服务营销的产生与发展趋势。
（4）掌握服务营销的定义以及7P组合策略的内涵。

现在的社会已经进入服务经济的时代，服务成为支撑经济的重要手段。没有以教育、医疗等形式存在的政府服务和以交通运输等形式提供的基础服务，国家及社会经济将无法运行。国际商业机器公司（International Business Machines Corporation，IBM）称自己是一个服务型企业并不为过，因为企业的主要利润来源是靠服务得到的。

第1节　服务的内涵与类型

租用一间旅馆客房、存一笔钱、搭乘一班飞机旅行、看一次心理医生、理一次发、修理一辆汽车、看一场职业球赛、欣赏一部电影、干洗一套衣服、征询一位律师的意见等，都涉及"购买一项服务"。在日常生活中，"服务"一词已是司空见惯。长期以来，学者对服务的定义、特征及分类，做出了各种解读。

一、服务的内涵

（一）关于服务的界定

1.《现代汉语词典》对"服务"一词的解释

《现代汉语词典》对"服务"一词给出的定义是：为集体（或别人）的利益或为某种事业而工作[①]。

2. 国际组织与国外机构对"服务"一词的界定

国际标准化组织于1990年对"服务"一词的定义是：为满足顾客的需要，供方与顾

[①] 中国社会科学院语言研究所词典编辑室. 现代汉语词典 [M]. 6版. 北京：商务印书馆，2012：399.

客接触的活动和供方内部活动所产生的结果。

美国市场营销协会（American Marketing Association，AMA）在 1960 年对"服务"的定义是：服务是一种经济活动，是消费者从有偿的活动或从所购买的相关商品中得到的利益和满足感。1984 年，该协会对服务的定义做出修改：服务可被区分界定，主要为不可感知，却可使欲望得到满足的活动，而这种活动并不需要与其他产品或服务的出售联系在一起。生产服务时可能需要或不需要利用实物，即使需要借助某些实物协助生产服务，这些实物的所有权将不涉及转移的问题。

3. 学者们对"服务"一词的界定

美国著名营销学家菲利普·科特勒对"服务"的定义是：服务乃是一方能向另一方提供的，基本上属于无形的任何行为或绩效，并且不导致任何所有权的产生。服务的生产可能与物质产品相关，也可能不相关。

美国学者泽丝曼尔和比特纳对"服务"一词的界定是：简单地说，服务是行为、过程和表现，由一方向另一方提供或合作生产，这种行为、过程或表现不仅存在于服务企业的活动之中，而且是许多制造商向市场提供的价值组合的一部分。

英国学者克里斯廷·格隆鲁斯对"服务"的定义是：服务是由一系列或多或少具有无形特性的活动所构成的一种过程，这种过程是在顾客与员工、有形资源的互动关系中进行的，这些有形资源（有形产品或有形系统）是作为顾客问题的解决方案而提供给顾客的。

荷兰学者汉斯·卡斯帕尔对"服务"的定义是：服务是在本质上无形、易逝的一系列活动，服务交易并不存在所有权转移问题，服务过程是一个互动的过程，其目的在于为顾客创造价值。

国内学者叶万春等对"服务"的定义是：服务是具有无形特征却可给人带来某种利益或满足感的可供有偿转让的一种或一系列活动。

国内学者徐章一对"服务"的定义是：服务的本义是以知识和技术为供应链提供重大的增值利益和为顾客创造价值。

4. 本书中关于"服务"的定义

虽然不同机构、不同研究者对服务的定义可能有所区别，但从其本质上看，都认为服务是以满足消费者的需要为目的、以人的活动为基础的过程。据此，本书将"服务"界定为：服务是服务提供者所采取的具有无形特征的用来满足他人期望和需求的行动、过程及结果。其行动、过程及结果，或许是有偿的，或许是无偿的。

（二）服务的构成要素

从本书给出的"服务"的定义中，我们可以看出，服务的内涵包括三个层面。

（1）服务的主体是服务提供者。如医疗服务的主体是医疗机构、医生、护士、护工等，教育的服务主体是学校、教师、辅导员、勤杂工等，金融服务机构的主体是金融企业、企业员工等。

（2）服务的对象是顾客（即他人——集体或别人）。如企业的服务对象是各种客户，医疗服务的对象主要是病人，学校教学服务的对象主要是学生，等等。

（3）服务的本质是为了满足顾客（他人）的期望和需求。如满足病人期望健康的需求，满足学生求知的需求，满足顾客就餐、购物的需求等。

二、服务的特征

有人通过将服务与有形商品进行比较,分析出服务的 4 个基本特征,即无形性、异质性、同步性和易逝性[①]。也有人将服务的特征归纳为 9 个,即顾客不获得服务所有权、不可感知性、顾客参与性、工作人员作为服务产品的一部分、投入产出的可变性更大、服务质量难评价、不可存储性、时间要素的重要性、不同的分销渠道等[②]。

本书结合上述不同观点,将服务特征归纳总结为以下几个特点。

(一)无形性(或不可感知性)

无形性是服务的最主要特征。有形产品是一个物体,而服务则表现为行为、过程和效果。很多时候服务的特质及组成服务的元素都是无形的,因此它是一种不能预先被看见、感觉、触摸、品尝或嗅到的特殊价值。如银行提供的存贷、结算业务等服务鲜有有形的产品,难以通过陈列、展示等形式供客户比较、挑选、评价,客户也无法预先感知到使用的效果。

(二)不可分离性

服务的不可分离性是指不同于商品是先生产出来然后销售,最后消费的,服务是先出售,然后生产和消费是同时进行的。其不可分离性主要表现在:服务提供者与所提供的服务在接触点服务关系上的联系,消费者也包括在服务的生产过程中,其他消费者也包括在服务生产过程中。

(三)差异性(或可变性)

服务的差异性是指从一次服务交易到下一次服务交易,服务操作存在着潜在的可变性。不仅不同公司所提供的服务不同,而且同一公司中不同员工所提供的服务也不同,即使同一个服务人员每天所提供的服务也不同。要使服务操作在进行过程中达到 100% 的完美几乎是不可能的。制造业的操作要达到这样的目标可能也有问题,但是他们可以把错误隔离开来,然后纠正它,因为错误总是倾向于在过程中的同一点重复发生。

(四)易损失性(或不可储存性)

服务的易损失性是指服务是不能保存的;没有使用的服务不能储存起来,服务本身无法库存。如果市场需求稳定,服务的易损失性不会产生问题,服务企业可以事先排定服务时程。如果市场需求起伏较大,服务企业便将困难重重了。

(五)缺乏所有权

缺乏所有权是指服务的生产和消费过程不涉及任何物的所有权转移问题。由于服务是无形的又是不可储存的,服务在交易完成后便消失了,消费者并没有"实质性"地拥有服务。

三、服务类型划分

现代经济社会,服务产品琳琅满目。市场营销学者们从不同的视角和要求,将服务划分出多种多样的类型。

---

① 泽丝曼尔,等. 服务营销 [M]. 张金成,白长虹,等译. 5 版. 北京:机械工业出版社,2012.
② 胡左浩. 服务特征的再认识与整合服务营销组合框架 [J]. 中国流通经济,2003 (10):46-50.

（一）理查德·蔡斯的分类

美国学者理查德·蔡斯根据顾客对服务推广的参与程度，将服务分为三大类。

（1）高接触性服务。高接触性服务是指顾客在服务推广的过程中参与全部或其中大部分的活动，如娱乐场所、公共交通部门、学校等提供的服务。

（2）中接触性服务。中接触性服务是指顾客只是在部分领域或是在局部时间内参与其中的活动，如银行、律师、房地产经纪人等所提供的服务。

（3）低接触性服务。低接触性服务是指在服务推广的过程中顾客与服务的提供者接触甚少，如信息中心、邮电业等所提供的服务。

（二）克里斯托弗·洛夫洛克的分类

美国学者克里斯托弗·洛夫洛克对服务所做的划分，是目前学术界公认的比较全面的分类方法。

1. 依据服务活动的本质进行划分

依据活动的本质可将服务分为四类。

（1）作用于人体的服务。这是对顾客的身体提供有形服务。此类服务要求被服务对象当场接受服务。如一次心脏移植手术，或一次航空旅游，或一次理发等。

（2）作用于物品或其他实体财产的服务。这是对顾客所拥有的物品提供有形服务。这种服务只要求被服务的物品在场，顾客本人在场与否并不重要。顾客经常将物品送来，或者由服务人员上门提供服务。例如汽车修理和美容、土地平整和草坪修剪等，除非消费者想在现场督促服务的进行，否则服务人员与消费者的接触时间是十分短暂的。

（3）作用于人精神的服务。这是对顾客的头脑提供无形服务。享受这种服务的是人的思想而不是肉体。此类服务如电视和广播，顾客与服务机构交流的仅仅是信息。

（4）作用于无形资产的服务。这是对顾客的无形资产提供无形服务。这种服务是为顾客管理钱财、文字记录和数据资料等。顾客与服务机构接触，提出自己的要求，然后就可以离去。比如现在的许多银行业务都是通过电话、邮件，甚至自动存取款机来完成的。

2. 依据顾客与服务组织的联系状态进行分类

依据顾客与服务组织的联系状态可将服务分为四类。

（1）连续性、会员关系的服务。如银行、保险、汽车协会等。

（2）连续性、非正式关系的服务。如广播电台、警察保护等。

（3）间断的、会员关系的服务。如公园月票、年票等。

（4）间断的、非正式关系的服务。如邮购、街头收费电话等。

3. 依据服务方式及满足程度进行分类

依据服务方式及满足程度可将服务分为四类。

（1）标准化服务。这种服务选择自由度小，难以满足顾客的个性需求。如公共汽车载客服务等。

（2）标准化程度高但方式选择自由度小的服务。如宾馆、餐厅的服务等。

（3）服务标准化程度不高，服务提供者选择余地大，难以满足个性要求的服务。如教师授课、明星演出等。

(4) 服务标准化程度不高，服务方式选择自由度大，且服务提供者有发挥的空间。如美容、建筑设计、律师、医疗保健等。

4. 依据供求关系进行分类

依据供求关系可将服务分为三类。

(1) 需求波动幅度小的服务。如保险、律师、银行服务等。

(2) 需求波动幅度大但基本上能满足供应要求的服务。如电力、天然气、电话等。

(3) 需求波动幅度大并会超过供应能力的服务。如交通运输、饭店和宾馆等。

(三) 菲利普·科特勒的分类

美国著名学者菲利普·科特勒综合了多种因素对服务进行分类。

依据个人需求和企业需求的不同可将服务分为两类。一是针对个人需求的专一化服务。如医生、家庭保姆等提供服务。二是面对个人需求、企业需求的混合型服务。如区机电话、银行储蓄等服务。

依据提供服务的工具的不同可将服务分为两类。一是以人为基础的服务，包括技术性、非技术性专业服务，如律师、会计师、导游等提供的服务。二是以机器设备为基础的服务，如自动售货机、自动取款机、自动化汽车清洗等服务。

依据顾客在服务现场出现的必要性程度将服务分为两类。一是要求顾客必须亲临现场的服务，如体检、美容、美发等服务。二是不需要顾客亲临现场的服务，如汽车修理、服装干洗等服务。

依据服务组织的目的可将服务划分为四类。一是以营利为目的的服务，如外贸代理、电影售票、民办教育等服务。二是非营利性服务，如义务教育、希望小学、赈灾义演、体育志愿者等服务。三是私人服务，如家居装修、家庭保姆、个人理财、美容美发等服务。四是公共服务，如交警、消防、社保、医保等由政府提供的服务。

依据服务内容和流程的稳定性与变动性可将服务分为两类。一是标准化的服务。这是指在标准化思想的指导下，向顾客提供统一的、可追溯、可检验、可重复的服务。二是定制化的服务。这是指按照消费者自身要求，为其提供迎合其需求的服务。

(四) 克里斯廷·格隆鲁斯的分类

英国学者克里斯廷·格隆鲁斯从能否在账面上体现出来将服务分为显性服务与隐性服务两类：①显性服务。在服务性企业中，有些服务是显性的、账面上可以体现出来的，如运输、售后服务等。②隐性服务。有些服务，企业传统上将其作为常规性的费用加以处理，如结账、质量问题处理、服务补救等。

第2节 服务业与服务经济形态

服务业的迅速发展，是当代世界经济发展的一个重大趋势。这是因为，随着社会经济的发展，人们的收入日益增长，闲暇时间也日益增加，再加上物质产品越来越丰富，其复杂程度也越来越高，因而对服务的需要必然日益增多，服务经济在国民经济中所占比重越来越大，人类社会开始步入服务经济时代。

一、服务业的概念和类型

随着人类社会的发展,服务业在国民经济中的比重逐渐上升,这是现代经济发展的标志之一。现代服务业在走出传统的限制后,呈现出繁荣兴旺的局面。国际服务业的蓬勃发展推动了国际服务市场的繁荣。中国服务市场的开放与发展必然形成与国际服务市场相互渗透、相互交织的趋势,发展服务业与开放服务市场是相辅相成的。

(一) 服务业的概念

1935年,新西兰奥塔哥大学的教授费希尔鉴于当时关于第一产业、第二产业的分类并未包罗全部经济活动,提出了"第三产业"的概念。他在《安全与进步的冲突》一书中写道:"纵观世界经济史可以发现,人类生产活动的发展有三个阶段。在初级生产阶段,生产活动以农业和畜牧业为主。第二阶段,以大规模迅速发展的工业生产为标志。纺织、钢铁和其他制造业为就业和投资提供广泛的机会。第三阶段,开始于21世纪初,大量的劳动和资本流入旅游、娱乐、文化艺术、教育、科学及政府活动等。"费希尔认为,处于初级阶段的生产产业为第一产业,处于第二阶段的生产产业为第二产业,处于第三阶段的生产产业为第三产业。费希尔的理论很快为人们所接受。从20世纪50年代后期开始,世界各国的经济统计部门普遍采用三次产业的分类方法,它是国际通行的国民经济结构的重要分类法。

我国从1985年起采用这种分类法。第一产业是指那些直接依赖于自然资源的开发和利用,并只能在自然资源所在地进行生产的行业,如农业、林业、渔业、畜牧业与采矿业。第二产业是指对第一产业的初级产品进行再加工的行业,如建筑业、制造业、自来水行业、电力行业、燃气公司等。而第三产业是以第一、第二产业的产品为物质条件,生产非实物形态产品的行业,如商业、旅游业、交通业、金融业、保险业、教育业、房地产业等,它是提供服务的产业,因此第三产业又被称为服务业。

(二) 服务业的分类

1. 官方分类法

1985年5月,中华人民共和国国务院办公厅转发国家统计局的报告,将服务业分为两大部门、四个层次,具体见表1-1。

表1-1 服务业官方分类法

流通部门	第一层次		如交通运输业、邮电通信业、商业饮食业、物资供销与仓储业
服务部门	第二层次	为生产、生活服务的部门	如金融业、保险业、地质普查业、房地产、公用事业、居民服务、旅游业、咨询信息服务业、各类技术服务业
	第三层次	为提高人民群众科学文化素质服务的部门	如教育、文化、广播、电视、科研、卫生、体育、社会福利等
	第四层次	为社会公共需要服务的部门	国家机关、党政机关、社会团体、军队、警察等

2. 学术界分类法

学术界常采用以下3种分类方法对服务业进行分类。

（1）卖方相关分类法，具体见表1-2。

表1-2 卖方相关分类法

企业性质	常见行业	收入来源
民间·营利	通信业	市场
民间·非营利	顾问咨询	市场+捐赠
国有·营利	金融保险	税收
国有·非营利	教育卫生	纯捐赠

（2）买方相关分类法，具体见表1-3。

表1-3 买方相关分类法

市场	购买服务途径	类型
消费者市场	便利性服务	工具型（达成目的手段）
工业市场	购买服务	
政府市场	专卖服务	表现型
农业市场	非寻找服务	

（3）服务相关分类法，具体见表1-4。

表1-4 服务相关分类法

服务形态	服务基础	接触性
规格服务	以人为主的服务	高接触性服务
定制服务	以器械为主的服务	低接触性服务

3. 国际标准化组织制定的分类法

国际标准化组织制定的ISO 9000，把服务业分为以下12类。

（1）接待服务。如餐馆、饭店、旅行社、娱乐场所、广播、电视和度假村等行业。

（2）交通与通信。如机场、空运、公路、铁路、海上运输、电信、邮政和数据通信等行业。

（3）健康服务。如医疗所医生、医院、救护队、医疗实验室、牙医和眼镜商等行业。

（4）维修服务。如电器、机械、车辆、热力系统、空调、建筑和计算机等行业。

（5）公用事业。如清洁、垃圾管理、供水、场地维护、供电、煤气和能源供应、消防治安和公共服务等行业。

（6）贸易。如批发、零售、仓储、配送、营销和包装等行业。

（7）金融。如银行、保险、生活津贴、地产服务和会计等行业。

（8）专业服务。如建筑设计、勘探、法律、执法、安全、工程、项目管理、质量普理、咨询和培训与教育等行业。

（9）行政管理。如人事、计算机处理、办公服务等行业。

（10）技术服务。如咨询、摄影、试验室等行业。

（11）采购服务。如签订合同、库存管理与分发等行业。

（12）科学服务。如探索、开发、研究和决策支援等行业。

4．民间简便通行的服务业分类法

民间简便通行的服务业分类法将服务业分为7类。

（1）公用事业。如煤气、电力、供水等行业。

（2）运输与通信。如铁路、乘客陆运、货品陆运、海运、空运、邮政、电信等行业。

（3）分销业。如批发、零售、经销商和代理等行业。

（4）保险、银行和金融。如保险业、银行业、金融业、产权服务业等行业。

（5）工商服务，专业性、科学化服务。如广告、顾客咨询、营销研究、会计、法务、医药和牙医、教育服务、研究服务等行业。

（6）娱乐与休闲业。如电影院和剧院、运动和娱乐、旅馆、汽车旅馆、餐馆、咖啡厅、公共产地和俱乐部、饮食业等行业。

（7）杂项服务。如修理服务、美发、私人家政、洗熨业、干洗店等行业。

5．根据服务业的经济性质进行分类

根据服务业的经济性质把服务业分为5类。

（1）生产服务业。生产服务业是指直接和生产过程有关的服务活动行业，包括：①对厂房、车间、机器等劳动手段的修缮和维护，作业线的装备，零部件的转换，机器的擦拭、喷漆、涂油和保养等。②经营管理活动，如生产的组织，工时的运筹，劳动力的调整，以及计划、进度、报表的编制等。

（2）生活服务业。生活服务业是指能直接满足人们生活需要的服务活动行业，包括：①加工性质服务，即具有提供一定物质载体的特点，如饮食、缝纫、家用器具的修理等。②活动性质服务，即不提供物质载体，而只提供活动，如旅店、理发、浴池等。③文化性质服务，如戏剧、电视、电影、音乐和舞蹈等文化娱乐活动及旅游活动中的服务。

（3）流通服务业。流通服务业是指商品交换和金融领域内的服务行业，包括：①生产过程的继续，如保管、搬运、包装等。②交换性服务业，如商业的销售、结算等商业活动服务。③金融服务业，如银行、保险、证券和期货等行业。

（4）知识服务业。知识服务业是指为人类的生产和生活提供较高层次的精神文化需求的服务业，包括：①专业性服务业，如技术咨询、信息处理等。②发展性服务业，如新闻出版、报纸杂志、广播电视、科学研究和文化教育等。

（5）社会综合服务业。社会综合服务业是指不限于某个领域的交叉性服务活动行业，包括：①公共交通业，如运输业、航运业等。②社会公益事业，如公共医疗、消防、环境保护和市政建设等。③城市基础服务，如供电、供水、供气、供暖和园林绿化等。

二、服务经济形态的到来

20世纪人类社会的发展取得了极大进步。在这一发展历程中，我们目睹了从社会、经济到科技、环境的沧桑巨变；同时，我们目睹了一个由工业主导到以服务业为主导的社会演进过程。

（一）世界经济形态的演进

1. 配第—克拉克：产业演进理论

早在17世纪，英国经济学家威廉·配第在他的名著《政治算术》中就指出：制造业比农业，进而商业比制造业能够得到更多的收入。在经济发展中，这种不同产业之间相对收入上的差异，会促使劳动力向能够获得更高收入的领域移动。

20世纪50年代，科林·克拉克就此问题做了进一步研究。克拉克搜集和整理了若干国家按照年代的推移劳动力在三次产业之间移动的统计资料，得出如下结论：随着经济的发展，即随着人均国民收入水平的提高，劳动力首先由第一产业向第二产业移动，当人均国民收入水平进一步提高时，劳动力便向第三产业移动。劳动力在产业间的分布状况是：第一次产业将减少，第二次、第三次产业增加。后来，人们把这一理论称为"配第—克拉克定理"。

2. 邓宁：产业演进三个阶段

英国经济学家约翰·邓宁在对经济社会的演进加以深入研究之后，将社会经济发展分为三个阶段：第一阶段是以土地为基础的农业经济时代（17世纪初—19世纪）；第二阶段是以机器或金融为基础的工业经济时代（19世纪初—20世纪末）；第三阶段是以金融或知识经济为基础的服务经济时代（20世纪90年代末至今）。事实上，最近几十年服务业的迅猛增长已经证明了服务经济正在并已经成为现代经济生活的主导。三种经济社会的基本特征见表1–5。

表1–5 三种经济社会的基本特征比较

经济社会演进阶段	特征概括						
	劳动对象	主导产业	劳动形态	人群单位	生活质量标准	社会结构	技术水平
农业经济社会	自然界	农业	体力	家庭	温饱	传统、无序的自给自足	简单的手工技艺
工业经济社会	人造自然	工业、矿业	机器设备	个人	物质产品数量	机械有序分工	大机器生产技术
服务经济社会	人和人的能力	服务业	信息智力	社会国家	健康、教育、娱乐	个性化与全球化服务	信息网络技术

3. 派恩—吉尔摩：人类经济形态演进四个阶段

1999年4月，美国哈佛商学院出版社出版了美国学者约瑟夫·派恩和詹姆斯·吉尔摩两人合著的《体验经济》一书。作者在该书中提出，经济社会的发展，是沿着产品经济—商品经济—服务经济的过程进化的，而体验经济则是更高、更新的经济形态。截至目前，世界经济的发展经历了四个不同的阶段。

（1）产品经济时代。产品经济又称农业经济，是在大工业时期没有形成前的主要经济形式。当时的商品处于短缺期，即供不应求阶段，谁控制着产品或制造产品的生产资料，谁就主宰市场，统治经济。

（2）商品经济阶段。商品经济又称工业经济，随着工业化的不断加强，商品不断丰富以至于出现过剩，即供大于求阶段。市场竞争加剧导致市场的利润不断减少直到发生亏损。

（3）服务经济阶段。服务经济是从商品经济中分离出来的，它注重商品销售的客户关系，向顾客提供额外利益，体现个性化形象。

（4）体验经济阶段。体验经济又是从服务经济中分离出来的，它追求顾客感受性满足的程度，重视消费过程中的自我体验。

（二）服务经济形态的主要表现

当今世界，服务业的迅猛发展使其在国民经济中的地位越来越重要，主要表现在以下几个方面。

（1）服务业的产值增长显著。据世界银行统计，一些发达国家服务业生产总值占国内生产总值（Gross Domestic Product，GDP）的70%以上，中等发达水平国家的服务业产值平均亦为本国GDP的50%左右；大多数国家服务业产值的年平均增长速度超过了本国GDP的增长速度，有些发达国家约2/3的GDP来自服务业。以美国为例，服务业产值占GDP的比例由1948年的54%上升到2006年的80%，呈现不断上升的趋势。

（2）服务业成为全社会最大的就业部门。服务业为社会创造了大量的就业机会，并成为社会各行业最大的就业部门。发达国家服务业从业人数占社会就业总人数的60%，一些发展中国家也达到了50%。在美国，2006年，82%的就业人员所从事的是服务业。这些数据还不包括制造企业提供的内部服务以及外销服务[①]。

（3）服务业对国民经济增长的贡献率加大。服务业的迅速发展，使得它们对世界经济增长变得日益重要。2014年，中国的消费增长，对国民经济总产值的贡献率在60%以上。在美国，服务业所创造的价值已超过国内生产总值的80%。美国对外贸易年年有赤字，但服务贸易却年年有盈余。即便是在20世纪90年代初期经济增长一度放慢、制造业产值普遍下滑的情况下，服务业产值也没有下滑，市场对服务业的需求保持旺盛的势头，难怪美国人把服务业看成是美国经济的"常青树"。依靠服务业产值的增长来拉动国民经济发展，已成为世界各国关注的重点。

第3节 服务营销的产生与发展

服务业的蓬勃发展，推动了服务经济的到来。服务经济的出现引发了学术界对服务营销概念的大讨论，从而催生了服务营销学的产生和发展。

一、服务营销学的兴起

服务营销学是在西方市场营销界的有关有形产品与服务产品的争论中产生的。

（一）理论背景

服务营销学于20世纪60年代兴起于西方发达国家。1966年，美国拉斯摩教授首次

---

① 泽丝曼尔，等. 服务营销[M]. 张金成，白长虹，等译. 5版. 北京：机械工业出版社，2012.

对无形服务同有形实体产品进行区分，提出要以非传统的方法研究服务的市场营销问题。1974年由拉斯摩所著的第一本论述服务市场营销的专著面世，标志着服务市场营销学的产生。在该著作中，作者明确指出仅把市场营销学的概念、模型、技巧应用于服务领域是行不通的，而必须建立服务导向的理论架构。视服务营销学为市场营销学的衍生还不够，必须认清服务营销学与市场营销学之间存在着某种明显的区别，才能使服务营销学成为独立的学科。在服务营销学的形成过程中，北欧以格隆鲁斯和赫斯基为代表的诺迪克学派发挥了巨大的推进作用。他们有关服务质量理论及服务营销管理理论成为服务营销学的重要理论支柱。

具体来讲，芬兰瑞典经济与工商管理学院的克里斯廷·格隆鲁斯教授在20纪80年代初第一次提出了顾客感知服务质量的概念，奠定了服务营销与管理学科的理论框架。其后，美国营销学家帕拉休拉曼、赞瑟姆和贝利等人通过一系列卓有成效的工作，使服务营销与管理研究上了一个新台阶，他们创建了服务质量差距模型（Service Quality Model），从而丰富和完善了服务营销管理理论。

根据目前国内学者的研究，服务营销在西方世界基本呈现出北欧学派和北美学派双峰对峙的格局。北欧学派代表人物格隆鲁斯教授的专著《服务营销与管理》目前已经出版了第二版，对全球服务营销学者的理论研究影响深远；而北美学派旗帜性人物泽丝曼尔等人所撰写的《服务营销》目前已经出版了第五版，对全球服务营销实践者和教育者意义重大，成为全球最为广泛采用的服务营销参考书和课程教材。这两本代表性著作实际上反映了两个流派在服务营销领域的一些差异：格隆鲁斯更注重思想性，注重外部环境变革对服务营销理论的影响，从而力图反映时代特征，反映服务营销理论的历史变迁；而泽丝曼尔等人则更注重服务营销理论研究的规范性和实证性，注重其实践价值，其理论框架更加严谨和符合现实逻辑，当然，其时代特征也更加鲜明。除此之外，美国的洛夫洛克、菲茨西蒙斯，荷兰的卡斯帕尔等在服务营销理论研究领域也有相当大的影响。

（二）产生原因

服务营销学的兴起缘于服务业的迅猛发展和产品营销中服务日益成为焦点的事实。随着经济的发展，服务业（或称第三产业）在国民经济中的比重日益扩大，产业升级与产业结构的优化的直接结果必然导致服务业的强劲发展和产品营销中服务成为企业竞争焦点的局面。具体而言，服务业的发展与下述因素有密切的关系：科学技术的进步和发展是服务业扩展的前提条件；社会分工和生产专门化使服务行业独立于第一、第二产业之外；市场环境的变化推动新型服务业的兴起和发展；人们消费水平的提高促进了生活服务业的发展。

同时，企业在进行有形产品营销时，服务已成为销售的重要手段，成为企业间进行市场竞争的焦点，并日益成为产品市场竞争的主角。企业营销及市场竞争不仅需要市场营销学作为理论基础，而且需要服务营销学作为行动指导。中国服务营销学的兴起和广泛传播将是继市场营销学的蓬勃发展之后掀起的又一个高潮。

二、服务营销学的发展阶段

服务营销学脱胎于市场营销学，并在自己的空间茁壮成长。科特勒教授的学术观点代表了未来市场营销管理和市场营销学研究的主要领域，一些学者甚至称之为市场营销领域的服务革命。

自20世纪60年代以来，服务营销学的发展和演变可分为以下四个阶段。

（一）脱胎阶段（20世纪60—70年代）

这一阶段是服务营销学从市场营销学中脱胎而出的时期。由于服务经济的迅猛发展和产品营销中的服务问题，产生于实体产品基础上的营销理论与技巧已经不能适应于服务营销，服务营销的成功需要新的理论来支撑。这时，一些学者已比较准确地归纳和概括出服务的特征，包括不可感知性、不可分离性、差异性、不可储存性和缺乏所有权。

这一阶段研究的问题主要是：服务与有形实物产品的异同，服务的特征，服务营销学与市场营销学研究角度的差异。

（二）理论探索阶段（20世纪80年代初期至中期）

这一阶段主要探讨服务特征如何影响消费者购买行为，尤其集中于消费者对服务的特质、优缺点及潜在购买风险的评估。其中以泽丝曼尔于1981年在美国市场营销协会学术会议上发表的《顾客评估服务如何有别于评估有形产品》一文为此方面的压卷之作。当然，服务营销学者也探讨了服务的特征对其市场营销战略的制定和实施是否具有特别的影响与意义，而这些特殊的影响是否又意味着市场营销管理人员应该跳出传统的市场营销技巧范畴，采取新的市场营销管理手段。

同时，不少营销学者还专门探讨如何根据服务的特征将其划分为不同的种类，不同种类的服务需要营销人员采用不同的营销战略和战术。比如，肖斯塔克根据产品从有形向无形的变化过程来区分服务，提出了"可感知性与不可感知性差异序列理论"；蔡斯以"高卷入与低卷入服务生产过程"的高低程度划分服务；而洛夫洛克则根据服务的生产过程、会员制度、以人提供服务还是以机器提供服务等不同的变量，提出多种区分服务的方法。

在这一阶段，美国亚利桑那州州立大学成立了"第一跨州服务市场营销学研究中心"，标志着对服务营销理论探索的深入。

（三）理论突破阶段（20世纪80年代后期）

这一阶段，有关服务市场营销理论的研究获得突破性进展，市场营销学者们在第二阶段取得对服务基本特征的共识的基础上，集中研究了在传统的4P组合不足以推广服务的情况下，究竟要增加哪些组合变量的问题。这一阶段有以下代表性学术观点。

（1）服务营销应包括七种组合变量，即在传统的产品、价格、渠道和促销组合之外，还要增加人员、服务过程、有形展示三个变量。

（2）由"人员"（包括顾客和企业员工）在推广服务以及生产服务的过程中所扮演的角色衍生出两大领域的研究，即关系营销和服务系统设计。

（3）服务质量的新解释认为服务质量由技术质量和功能质量组成，前者指服务的硬件要素，后者指服务的软件要素。服务质量的属性包括可感知性、可靠性、应对性、保证性和移情性。可感知性是指服务产品的有形部分；可靠性是指服务方完整地实施服务交付；应对性是指服务方随时准备愿意为顾客提供快捷、有效的服务；保证性是指服务人员的友好态度及胜任工作的能力；移情性是指服务方真诚关心顾客，了解他们的实际需要，使整个服务过程富有"人情味"。

（4）提出了服务接触的系列观点，包括服务人员与顾客之间相互沟通时的行为及心理变化，服务接触对整个服务感受的影响，如何利用服务人员及顾客双方的"控制欲""角色"和对投入服务生产过程的期望等因素来提高服务质量。

需要特别说明的是，有别于前两个阶段的研究，在本阶段学者们开始利用实证方法验证和创新理论。事实上，前两个阶段的研究基本上停留在概念的层面上，学者们很少搜集实际数据支持所提出的理论，从而在客观上削弱了理论的说服力，而在本阶段这一情况有了根本的转变。

（四）理论完善及应用阶段（20 世纪 80 年代后期至今）

这一阶段的研究主要包括两个方面。

（1）围绕 7P 进行的理论研究。学者们进一步认识到，要有效地制定和执行 7P 组合战略，单从市场营销学的角度进行分析及提供意见是远远不够的，要使服务营销学的研究取得理论上的重大突破，加强跨学科的研究是至关重要的。研究人员应从不同学科的角度，如人事管理学、生产管理学、社会学以及心理学等，观察、分析和理解服务行业内所存在的市场关系。因此，在对前一阶段的模式进行补充和发展的基础上，学者们进行了多样化的、与 7P 要素有直接或间接关系的研究，包括内部市场营销、服务企业文化、全面质量管理以及服务的设计与市场定位战略等。这些研究体现了自 20 世纪 90 年代以来服务营销学新的发展变化趋势。

（2）对特殊的服务营销问题进行研究。如服务价格理论与测定，服务的国际化营销战略，资讯技术对服务的生产、管理及市场营销过程的影响等。

三、服务营销的发展趋势

随着"制造业服务化"和"服务业体验化"的出现，服务营销正在成为当代市场营销的主旋律。现代服务营销正呈现出以下几大发展趋势。

（一）产品和服务之间的边界正在消失

1. 产品服务化

所谓产品服务化就是企业从市场和顾客需要出发，围绕产品的设计、工艺、加工制造及售后服务的全过程，不断改进，以优良的产品质量和高附加价值去不断满足顾客的需求，赢得顾客。美国营销专家里维特指出："未来竞争的关键，不在于工厂能生产什么产品，而在于其产品能提供多少附加价值。"这里提到的附加价值就是指产品服务化。产品的含义已经从单纯的有形产品扩展到基于产品的增值服务，有形产品只是作为传递服务的媒介或平台。

2. 服务产品化

所谓服务产品化，就是把技术、服务、思想等非物质形态的产品，通过标准化、规范化的服务营销认知流程形成可以复制、生产和发展的能力。具体地说，就是将组成各种服务的流程、动作、角色等要素进行分离和标准化，融入硬件和软件的设计中，全面实现"产品化"的服务。服务产品化不是把服务变成产品，而是将一部分基础性工作形成可以重复利用的标准化产品，在降低用户风险的同时节约服务成本，使服务型企业可以更多地投入到解决用户个性化需求这一高难度的工作中去。21 世纪初，美国 IBM 公司提出了服务产品化的概念并开始实施。随着服务产品化的发展，该公司服务产品化也由最初的 IT 行业扩展到咨询、金融等其他服务业中。

（二）服务电子化正在成为时代潮流

随着互联网的发展，人们可以通过门户网站搜索引擎、电子邮件以及微信等各种社会化媒体获取服务信息和便利服务，电子服务正在普及并成为服务创新潮流。此外，服务电子化还能够增强服务效用并提高顾客的服务价值。一是电子服务有时间效用，顾客可以不出门便享受服务，企业可以全天候提供服务。二是电子服务有地点效用，顾客可以从各处进入，甚至通过手机进入。三是电子服务有内容或形式效用。根据顾客提供的信息数量和细节，电子服务在内容上可以做到十分丰富。四是电子服务还有价格效用。服务企业可以与顾客共享成本降低优势，获得利益的双赢。

（三）服务国际化趋势

随着信息、交通的全球化发展，"地球村"成为一种现实，服务的国际化成为一种必然。服务国际化是伴随着货物贸易的发展而出现的，并随着技术的进步不断发展，其实质就是提供跨越国界的服务。从目前全球服务贸易和服务业对外直接投资看，服务国际化已经成为一种趋势。服务国际化主要表现为服务交易的国际化和服务经营的国际化两个方面。

（四）服务外包趋势

服务外包是指企业将价值链中原本由自身提供的具有基础性的、共性的、非核心的业务和业务流程剥离出来后，外包给企业外部专业服务提供商来完成的经济活动。服务外包中涉及的服务性工作（包括业务和业务流程）可以通过计算机操作完成，并采用现代通信手段进行交付。服务外包使企业通过重组价值链、优化资源配置，降低了成本并增强了企业的核心竞争力。服务外包兴起于20世纪80年代后期，由美国逐渐蔓延到欧洲、日本等国家和地区，此时的外包主要是制造业的外包。到20世纪90年代，随着信息技术和经济全球化的发展，服务外包作为降低成本、提高竞争力的一种经营战略被跨国公司广泛采用，并成为一股潮流。

第4节 服务营销的界定与组合要素

科特勒指出，服务营销学代表了未来市场营销管理和市场营销学研究的主要领域，一些学者甚至称之为市场营销领域的服务革命。关于服务营销学的界定、服务营销组合要素提升等，便成了学术界重点讨论的问题。

一、服务营销的定义与特点

（一）服务营销的定义

服务营销是企业在充分认识满足消费者需求的前提下，为充分满足消费者的需要在营销过程中所采取的一系列活动。它起因于企业对消费者需求的深刻认识，是企业市场营销观的质的飞跃。随着社会分工的发展、科学技术的进步，以及人们生活水平和质量的提高，服务营销在企业营销管理中的地位和作用也日益重要。

服务营销是现代市场营销的一个新领域，服务营销的研究领域分为两大类，即服务产品营销和顾客服务营销。服务产品营销的本质是研究如何促进作为产品的服务的交换；

顾客服务营销的本质则是研究如何利用服务作为一种营销工具促进有形产品的交换。但是，无论是服务产品营销，还是顾客服务营销，服务营销的核心理念都是顾客满意和顾客忠诚，通过取得顾客的满意和忠诚来促进相互有利的交换，最终实现企业营销绩效的稳定增长。

（二）服务营销的特点

1. 供求分散性

服务营销活动中，服务产品的供求具有分散性。不仅供应方覆盖了第三产业的各个部门和行业，企业提供的服务也广泛分散，而且需求方更是涉及各种企业、社会团体和不同类型的消费者。由于服务企业一般占地小、资金少、经营灵活，往往分散在社会的各个角落；即使是大型的机械服务公司，也只能在有机械损坏或发生故障的地方提供服务。服务供求的分散性，要求服务网点要广泛而分散，尽可能地接近消费者。

2. 营销方式单一性

有形产品的营销方式有经销、代理和直销多种营销方式。有形产品在市场上可以多次转手，经批发、零售多个环节才使产品到达消费者手中。服务营销则由于生产与消费的统一性，决定其只能采取直销方式，中间商的介入是不可能的，储存待售也不可能。服务营销方式的单一性、直接性，在一定程度上限制了服务市场规模的扩大，也限制了服务业在许多市场上出售自己的服务产品，这给服务产品的推销带来了困难。

3. 营销对象复杂多变

服务市场的购买者是多元的、广泛的和复杂的。消费者的购买动机各异，某一服务产品的购买者可能牵涉社会各界不同类型的家庭和不同身份的个人；即使购买同一服务产品，其购买动机也不同，有的用于生活消费，有的却用于生产消费，如信息咨询、邮电通信等。

4. 服务消费者需求弹性大

根据马斯洛需求层次原理，人们的基本物质需求是一种原发性需求，这类需求易产生共性，而人们对精神文化消费的需求属继发性需求，需求者会因各自所处的社会环境和各自具备的条件不同而形成较大的需求弹性。同时对服务的需求与对有形产品的需求在一定组织及总金额支出中相互牵制，也是形成需求弹性大的原因之一。同时，服务需求受外界条件影响大，如季节的变化、气候的变化、科技发展的日新月异等对信息服务、环保服务、旅游服务、航运服务的需求造成重大影响。需求的弹性是服务业经营者面临最棘手的问题。

5. 对服务人员的技术、技能、技艺要求高

服务人员的技术、技能、技艺直接关系着服务质量。消费者对各种服务产品的质量要求也就是对服务人员的技术、技能、技艺的要求。服务者的服务质量不可能有唯一的、统一的衡量标准。

二、服务营销学的研究内容

服务营销学把服务业的市场营销活动和实物产品市场营销活动中的服务作为研究对象。服务与实物产品本来是相伴而生的，起初并无严格界限。正如亚当·斯密所说："没

有任何评价标准可以明确地分开这两种产业（产品和服务）。"产品和服务之间存在着向两端发展的连续谱系关系。

具体来讲，服务营销学侧重研究以下几个方面的内容。

（一）强调服务产品及服务业的本质特征研究

从本质上看，产品和服务都是提供满足和利益，产品和服务都是"产品"，正如商品和货币都是商品一样。从营销的视角看，消费者购买的商品和服务都具有实体性和非实体性两种成分。只不过购买商品时，实体成分占主导地位；购买服务时，则以非实体占主要成分。服务业显现的特征以及在市场销售中的客体地位，只是表明在服务产品的名称下对非实体属性的偏重。服务是产品，但又不同于一般产品而是特殊产品，产品营销与服务营销之间并没有不可逾越的鸿沟，不存在本质上的差异，但存在着营销领域、程度和重心上的不同。

服务营销学的研究视点集中要从服务业的无形性、不可分离性、不可储存性等特征出发，只有紧扣服务业的这些本质特征，服务营销学的研究才能凸显学科的特色，才有助于解决服务业市场营销活动中的营销目标、营销战略、营销策略、营销组合等一系列问题。

（二）把研究服务业的整体市场营销活动作为己任

服务营销学从两个角度切入：一是研究服务业的整体市场营销活动，二是实物产品市场营销活动中的服务。

服务业是泛指第三产业的各个行业，其社会覆盖面相当宽阔，包括生产服务业、生活服务业、流通服务业、知识服务业及社会综合服务业等，各类服务业分别包含众多的服务行业，其跨度之广、情况之复杂，非第一、第二产业可比。但不管哪类服务行业或企业，其市场营销行为均是服务营销的研究对象。

服务之所以成为产品制造业竞争的焦点，其原因在于：一是传统产品生产领域的需求已被拉平；二是受国际竞争的巨大影响，产品制造技术或营销方式的特征优势是短暂的，易被竞争对手模仿；三是服务所形成的附加价值构成了潜在的利润领域。

服务业的市场营销活动虽然与产品营销有许多相同之处，也有自己的特色，这些特色是产品营销中难以囊括的。关于营销理念、营销战略选择、营销环境分析等问题，产品营销与服务营销是相通的，但在市场分析的侧重点、营销规划的着眼点、制定企业战略及其方针选择以及营销策略组合等方面，服务营销有其独特的考虑和要求。

（三）关注实物产品市场营销中的服务

实物产品市场营销中的服务亦是服务营销学所关注的对象。服务已成为实物产品市场竞争的重要手段，而且它提供了形成产品附加价值和巨大竞争优势的潜力。实物产品市场营销活动中的服务同样是十分宽泛的，包括：延期付款或提前交付订金，租赁服务系统，技术培训、营销案例、管理培训，商务谈判、合同签订，代顾客存储零配件，咨询服务，售后调试、维修、保养、送货服务，信息发布与回收服务，等等。

在社会大系统中，服务业与制造业、制造业中的产品生产和社会服务彼此交织、互相推动，从而使制造产品与服务之间的界限很难划清。服务与制造已经卷入高度相关和补充的阶段，服务与制造部门间经济效益紧密相连。

实物产品市场营销活动中的服务是现代产品营销竞争的焦点。随着消费水平的提高，消费者对产品的附加价值的要求越来越高，而产品附加价值的集中体现就是技术含量、服务含量。服务质量的高低从某种意义上决定了产品附加价值的大小，故而研究服务成为现代商品竞争中提高竞争力的重要方面。

三、服务营销学与市场营销学的关系

服务营销学作为一门独立的学科，与市场营销学既有联系又有区别。

（一）服务营销学与市场营销学的联系

1. 服务营销学产生于市场营销学

近些年来，随着服务业（或服务经济）的快速发展，服务营销学便从市场营销学中脱颖而出，服务营销学的基本理论、基本原理，都来自市场营销学。读者在论及服务营销学与市场营销学时，都可以持这个基本观点。

2. 服务营销学借用市场营销学的研究方法

尽管服务营销学是独立于市场营销学的一门学科，但是服务营销学的研究方法跟市场营销学的研究方法是基本一致的。比如，服务市场消费者行为的分析方法，服务市场细分的方法，目标市场选择的策略，服务产品的开发、定价、分销和促销的策略等，与市场营销学是一致的，市场营销学中的许多理论和方法在服务营销中都可以借用。从这一点上讲，服务营销与市场营销并没有本质的区别。

3. 服务营销学是市场营销学的新发展

市场营销学已经诞生了一百多年，而服务营销学则是 20 世纪 60 年代才从市场营销学中派生出来的。如果不考虑产品和服务的无形性和有形性，仅把产品和服务看成是提供某种利益或满足的东西，那么服务营销学则是比市场营销学更高层次的营销学，服务营销学是市场营销学的新发展。

（二）服务营销学与市场营销学的区别

比较而言，服务营销学与市场营销学仍存在着如下几点差异。

1. 研究对象存在差别

市场营销学以产品生产企业的整体营销行为作为研究对象，服务营销学则以服务企业的行为和产品营销中的服务环节作为研究对象。服务业与一般生产企业的营销行为存在一定的差异，服务与产品也不能等量齐观。

2. 服务营销学加强了顾客对生产过程参与状况的研究

服务过程是服务生产与服务消费的统一过程，服务生产过程也是消费者参与的过程，因而服务营销学必须把对顾客的管理纳入有效的推广服务、进行服务营销管理的轨道。市场营销学强调的是以消费者为中心，满足消费者需求，而不涉足对顾客的管理内容。

3. 服务营销学强调人是服务产品的构成因素和内部营销管理

服务产品的生产与消费过程，是服务提供者与顾客广泛接触的过程，服务产品的优劣，服务绩效的好坏不仅取决于服务提供者素质的高低，也与顾客行为密切相关，因而研究对提高服务员工的素质、加强服务业内部管理、研究顾客的服务消费行为十分重要，人是服务的重要构成部分。市场营销学也会涉及人，但市场营销学中人只是商品买卖行为的承担者，而不是产品本身的构成因素。

4. 服务营销学要突出解决服务的有形展示问题

服务产品的不可感知性，要求服务营销学要研究服务的有形展示问题。服务产品有形展示的方式、方法、途径、技巧成为服务营销学研究的系列问题。这也是服务营销学的突出特色之一。然而，市场营销学不需要涉及这方面问题的研究。

5. 服务营销学与市场营销学在对待质量问题上的不同着眼点

市场营销学强调产品的全面营销质量，强调质量的标准化、合格认证等。服务营销学研究的是质量的控制。质量控制问题之所以成为服务营销学区别于市场营销学的重要问题之一，就在于服务的质量很难像有形产品那样用统一的质量标准来衡量，其缺点和不足之处不易被发现和改进，因而要研究服务质量的过程控制。

6. 服务营销与市场营销在关注物流渠道和时间因素上存在着差异

物流渠道是市场营销关注的重点之一，而服务过程是把生产、消费、零售的地点连在一起来推广产品，而非表现为独立形式，因而着眼点不同。对于时间因素的关注，产品营销虽然也强调顾客的时间成本，但在程度上还不能与服务营销相比。服务的推广更强调及时性和快捷性，以缩短顾客等候服务的时间。顾客等候时间的长短，会对顾客购买心情产生影响，会影响企业形象和服务质量，因而服务营销学更要研究服务过程中的时间因素。

服务营销学与市场营销学还存在其他方面的差异，这表明服务营销学独立于市场营销学之外，成为一门完整的、独立的学科，是完全必要的。

四、服务营销组合要素

传统的营销组合理论是以制造业为基础提出来的。由于无形的服务产品具有不同于有形产品的特点，传统的 4R，即关联（relevancy）、反应（reaction）、关系（relationship）、报酬（reward）在服务市场营销中具有其局限性；市场营销学者又在传统的 4P，即产品（product）、价格（price）、渠道（place）、促销（promotion）基础上增加了三个"P"，即人员（people）、有形展示（physical evidence）和服务过程（process）。这样，原来的 4P 组合加上新增加的 3P（三个变量），就构成了服务市场营销的 7P 组合。

（一）传统服务营销组合要素

1. 服务产品

服务产品必须考虑提供服务的范围、服务质量和服务水平，还要注意品牌、保证以及售后服务等。服务产品中，这些要素的组合变化相当大。例如，一家供应多种菜肴的小餐馆和一家供应各色大餐的五星级大饭店的产品要素组合就具有明显差别。

2. 服务定价

服务价格方面要考虑的要素包括：价格水平、折让和佣金、付款方式和信用。与有形产品相比，服务特征对于服务定价可能具有更重要的影响。例如，服务的不可储存性，对于其服务产品的需求波动较大的企业来说，当需求处于低谷时，服务企业往往需要通过使用优惠价或降价的方式，以充分利用剩余的生产能力，因而边际定价策略在服务企业中得到了普遍的应用。航空公司就经常采用这种定价策略。就基本的定价策略而言，服务产品的定价也可以采用需求导向定价、竞争导向定价和成本导向定价。

3. 服务渠道

提供服务者的所在地以及其地缘的可达性都是服务市场营销效益的重要因素。地缘的可达性不仅指实物上的，而且包括传导和接触的其他方式。因此，分销渠道的类型以及其涵盖的地区范围都与服务可达性密切相关。

4. 服务促销

服务促销是指为了提高销售，加快新服务的引入，加速人们接受新服务的沟通过程。促销对象不只限于顾客，也可以被用来激励雇员和刺激中间商。服务促销包括广告、人员推销、销售促进、宣传、公关等各种市场营销沟通方式。

（二）服务营销组合拓展要素

1. 人员

人的因素已成为服务市场营销中最受重视的因素，参与服务提供并由此影响购买者感觉的人员包括：企业员工、消费者以及处于服务环境中的其他消费者。消费者满意度和消费者忠诚度的高低取决于服务企业为消费者创造的价值大小，而服务企业为消费者创造的价值能否让消费者满意，又取决于员工的满意度与忠诚度的高低。只有满意度和忠诚度均高的员工才可能提高他的服务效率和服务质量。此外，由于服务的不可分离性，服务的生产与消费过程往往是紧密交织在一起的，服务人员与消费者之间在服务生产和递送过程中的互动关系，直接影响着消费者对服务过程质量的感知。因此，服务企业的人员管理应是服务营销的一个基本工具。服务企业人员管理的关键是不断改善内部服务，提高公司的内部服务质量。

2. 有形展示

由于服务的不可感知性，不能实现自我展示，它必须借助一系列的有形证据才能向消费者传递相关信息，消费者才能据此对服务的效用和质量做出评价和判断。一般来说，服务企业可以有效利用环境要素（如空气的质量、噪声、气氛、整洁度等）、设计要素（即消费者最易察觉的刺激因素，包括美学因素和功能因素）、社交要素（即参与服务过程的所有人员，包括服务人员和消费者），来展示有形的服务产品形象。

3. 服务过程

服务的递送过程是指为提供服务而发生的一系列活动及其发生顺序。设计服务递送过程是一项富有创造性的工作，如果服务递送过程设计不好，可能会导致延长消费者排队等候时间，或出现技术上的问题，从而引起消费者的怨言和不满。与此同时，设计不良的服务递送过程还会使前台服务人员的工作难度加大，降低工作效率，挫伤服务人员工作的积极性。因此，整个服务递送系统的运作政策和程序方法的采用、服务供应中的机械化程度、消费者参与服务操作过程的程度等，都是管理者需要特别关注的事项。如今，没有服务就没有营销，这已经是不争的事实。在我国，越来越多的企业，尤其是大公司都积极行动，开展服务营销。例如，长虹集团的"阳光网络"服务工程宣言；海尔集团的"三全服务"；小天鹅公司的"一、二、三、四、五"独特服务规范；武汉中商集团的个人服务品牌；海信空调的全面服务管理；格兰仕集团服务的"三大纪律，八项注意"；等等。

本 章 小 结

本章首先论述了服务的定义、特征及分类的方法；进而介绍了服务业的概念、分类，以及服务经济形态的表现；最后说明了服务营销的产生、发展，以及服务营销组合的变化。重点把握服务产品与有形产品的区别，服务营销的概念、特点、组合要素等内容，为后面各章的学习打下基础。

思考与练习

（1）为什么要学习服务营销这门课程？谈谈你的学习计划。
（2）怎样理解服务的概念，以及服务的无形性和不可储存性？
（3）什么是服务业，服务业在当今世界经济发展中的作用如何？
（4）简述世界产业的演进规律及其形成原因。
（5）如何认识服务经济形态，应怎样迎接服务经济的挑战？
（6）简述服务营销的产生和发展过程，以及7P组合要素的内涵。

第二章 服务营销基础理论

> **教学目标**
>
> （1）了解服务三角模型中三个参与者的关系。
> （2）知道服务利润链模型中员工满意、顾客忠诚与企业利润之间的内在联系。
> （3）懂得顾客满意、顾客忠诚的内涵及其二者之间的关系。
> （4）掌握服务质量的内涵，以及提高服务质量的途径。
> （5）认识内部营销管理的核心内容及操作策略。
> （6）明确关系营销的内容、形态和具体措施。

随着经济的发展，现代市场已经进入了大市场营销阶段，即同类产品越来越多，仅仅通过产品本身的特性来增加产品的差别化变得越来越困难。由此，企业为了增强自身的竞争实力，开始重视对产品附加值或附加产品的开发，而服务作为附加产品的一部分，也逐渐受到企业的青睐。提高服务质量，已成为企业增强竞争力的一种有效策略。服务日渐成为关键的企业竞争要素之一，越来越多的企业在市场竞争中开始以消费者为中心，重视服务质量。

第1节 服务三角理论

服务体现了公司、雇员和顾客三者之间的相互作用关系。著名的服务营销专家格朗鲁斯在其研究过程中，提出了服务营销三角形，指出内部营销、外部营销和互动营销，都是企业营销战略整体内在的组成部分。

服务的独有特征之一是顾客主动参与服务生产过程，每一个关键时刻都涉及顾客和服务提供者之间的互动，双方在服务组织所设计的环境中扮演不同角色（见图2-1）。理想的状态是服务接触中三个要素协同合作，从而创造出更大的利益。然而，真实的情况往往是其中某一个要素为了自身的利益而影响了整个服务接触评价。

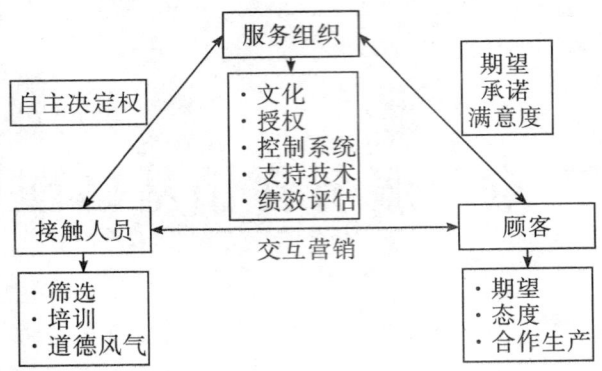

图2-1　服务三角理论图

一、三个参与者及其功能

（一）服务组织（企业）

服务组织为服务接触提供了具体的场景。顾客与接触顾客的员工间的互动发生在组织文化背景及其实体环境中。

1. 文化

文化是组织成员共同遵循的或共同的理想，它生成了有力约束组织中个体或群体行为的准则，是一种使组织区别于其他组织的传统和信仰，赋予组织构架活力，能够产生凝聚力并赋予组织鲜明个性的共有的导向系统。无论是有意还是无意，服务企业管理者都要创造一种文化或者氛围，指导企业员工的行为规范或者价值系统。

2. 授权

授权并不是始于委托，而是通过无条件地信任员工的内在动力去评价选择具有创意的决定。授权能释放每一个人的潜力，以产生不能给予或带走的差异。

3. 控制系统

罗伯特·西蒙斯在1995年提出了对各阶层的员工控制，共描述了四种组织控制系统，即信仰、限制、判断及互动，解决的关键问题依次为识别核心价值、规避风险、关键绩效变量及战略模糊。在服务营销中，我们通过控制系统了解员工的目标及帮助解决问题，对那些有创造性的员工进行授权，让他们更好地解决顾客沟通的问题，同时培养一线员工承担责任、自我管理及应对顾客压力的能力。

4. 支持技术

在21世纪的今天，技术支持已经成为服务的一部分，也成为公司企业形象的重要组成部分。

技术的支持不仅仅是以解决技术问题为目的，更重要的是在客户的心里建立起企业的形象，让人们记住的是企业的形象，进一步记住所用产品的品牌，最后达成服务与品牌的完美结合。它包括了售前、售后两个部分。要在售前对员工进行技术支持，售后对消费者进行技术支持。

5. 绩效评估

绩效评估指评定者运用科学的方法、标准和程序，对行为主体的与评定任务有关的绩效信息（如业绩、成就和实际作为等）进行观察、收集、组织、储存、提取、整合，并尽可能做出准确评价的过程，是企业绩效管理中的一个环节，常见绩效考核方法包括平衡计分卡（Balanced Score Card，BSC）、关键绩效指标（Key Performance Indicator，KPI）及360度绩效考核等。主流观点将消费者满意和服务质量指标作为企业服务员工绩效评估的标准。

（二）顾客（客户）

顾客，泛指前来商店或服务行业购买东西的人或要求服务的对象，包括组织和个人（含最终消费者、使用者、受益者或采购方），分为忠诚顾客、游离顾客、潜在顾客等。通常按接受产品的所有者情况分有内部顾客和外部顾客两类。内部顾客指组织内部的依次接受产品或服务的部门和人员。可以是产品生产流水线上的下道工序的操作者，也可以是产品或服务形成过程中下游过程的部门，或者是帮助顾客使用产品或服务的代理人，包括股东、经营者、员工。外部顾客指组织外部接受产品或服务的组织和个人。例如，消费者、委托人、零售商和最终使用者等。

1. 期望

格里戈利·斯通提出了顾客分类标准，即顾客购买服务的动机与购买商品的动机类似，他们的预期左右着他们的购买态度。结合服务的特点做适当调整，他将服务顾客分为以下4种。

（1）经济型顾客。顾客想从投入的时间和金钱中得到最大的价值。这些人往往苛求且有些挑剔，他们对价值的追求将检验服务企业在市场中的竞争力。这些顾客的减少提供了潜在竞争威胁的早期信号。

（2）道德型顾客。顾客觉得有道德上的义务光顾社会责任感强的企业。那些在社区服务方面具有良好声誉的企业可以拥有这类忠实的顾客。例如，面向住院治疗儿童的计划帮助麦当劳树立了良好的形象。

（3）个性化的顾客。顾客需要人际间的满足感，诸如认可和交谈。在家庭式餐馆中，通常直呼顾客的名字来欢迎大批的邻里顾客。在许多其他类型的企业中，如果一线员工使用巧妙的语言，电子化的顾客档案等可以给顾客留下个性化的经历。

（4）方便型顾客。这类顾客对经过反复比较后再选购服务的方式不感兴趣，方便是吸引该类顾客的重要因素。方便型顾客常常愿意为个性化的服务或无忧服务额外付费。例如，提供送货上门的超市常常吸引他们。

当顾客在自助和全方位两种服务之间做选择时，他们常常考虑自己对服务的控制程度。大部分顾客在购买决策中使用下面的一些标准，如花费的时间、顾客对状态的控制、过程的效率、涉及人际接触的数量、涉及的风险、涉及的努力、顾客对他人的依赖程度。

通常，对自助服务感兴趣的顾客对第二条因素最重视。实行低成本战略的服务企业可以利用这一发现来促使顾客成为"合作生产者"，以降低成本。

2. 态度

态度的定义最早是由斯宾塞和贝因提出的。他们认为态度是一种先有主见，是把判断和思考引导到一定方向的先有观念和倾向，即心理准备。迈尔斯对于态度的定义较为完善，认为态度是对某物或者某人的一种喜欢或者不喜欢的评价性反应，在人们的信念、情感和倾向中表现出来。

态度和人际关系是密不可分的。社会所给予的奖励或者惩罚对人们态度的形成和发展有重要作用，如果一个人的智力和个性得到全面和谐的发展，态度形成就容易些，反之就比较困难。例如，智力水平高的人，在面对社会情境时，就很容易建立自己的态度，反之，就会很容易受到周围环境的影响，无所谓自己态度的形成。一个人的经验往往与其态度的形成有着密切的联系，生活实践证明，很多态度是由于经验的积累与分化而慢慢形成的。

3. 合作生产

在服务接触中，服务提供者和顾客都在服务交易中扮演着重要角色。社会规定了顾客应承担的特定任务，如在银行中兑换现金支票所需的程序。顾客在各种服务接触中扮演恰当的角色，使顾客和服务提供者皆能预测各自的行为。这样，每位参与者在服务接触中都有某种程度的控制。因此，每一位参与者都希望在服务接触中有一些可感知的控制元素。

（三）接触人员

与顾客直接接触的人员，即员工最基本的素质包括灵活性、对顾客言辞宽容、根据情景监督并改变行为的能力、应设身处地地为顾客着想等个人品质。其中，最后一种品质比年龄、教育、知识、培训和才智更重要。

1. 筛选

还没有一种完全可靠的测评服务导向的方法。不过，大量的面试技巧被证实是有用的。抽象提问、情景小品、角色扮演等都可用于评估潜在的一线员工。

2. 培训

大多数培训手册及员工手册勇于解释与顾客接触的员工在工作中需要使用的技术或技巧。顾客与员工在互动过程中的困难可分为两类：问题顾客和服务失败。大约75%所报告的沟通困难是非技术服务失灵引起的。这些困难的出现涉及顾客的不现实期望，即服务传递系统不能满足的期望。服务传递系统中的失败增加了与顾客接触的员工的沟通负担，但也给员工提供了展现服务补救的创新和灵活性的机会。由于不可避免地存在与顾客沟通的困难，公司要求员工接受培训并提高人际技能，公司应开发出必要的项目来培训员工在特定情境下的反应。

3. 道德风气

在社会上能自我约束的企业、组织、客户日益减少，那些没有被密切监督的与顾客接触的员工的工作，经常是被放在一个可能需要同时对多个相互矛盾的要求妥协的道德标准下进行。施韦普克和哈特兰主张的正式控制（道德准则的执行和违反道德的处罚）和非正式控制是提升伦理道德的重心，它会影响对服务质量的承诺和工作满意度。正式控制需要给认为可以被接受的行为设置一个边界。社会和文化风气通过非正式控制确保员工个人活在工作中能监督和规范自己的道德行为。

二、建立三种营销关系

（一）外部营销

从图2-1所示的三者的关系来看外部营销是企业对所传递服务或产品设定顾客期

望,并向顾客做出承诺;三角形的右边代表外部营销(见图2-1),旨在使服务机构了解顾客的期望并向顾客提出服务承诺,以迎合某一目标顾客的需要和愿望,甚至影响顾客对服务组织的期望和偏好水平,以期达到提高服务满意度的目的。在服务开始之前与顾客的任何沟通都可以列入外部营销职能的范畴。企业根据目标市场的需求,设计使顾客满意的产品或服务。

(二) 内部营销

内部营销是企业要保证员工有履行承诺的能力,保证员工能够按照外部营销做出的承诺提供服务或产品;三角形的左边代表内部营销(见图2-1),在服务中扮演关键角色。内部营销旨在使员工有能力向顾客提供所承诺的服务。为此,服务机构必须向员工在服务过程中的表现用各种奖惩手段进行激励。除非员工有能力并且愿意提供所承诺的服务,否则服务机构将不可能实现其承诺,服务营销三角形则将崩溃。内部营销提供了一种发展服务导向和促进员工对顾客和营销的兴趣的新方法。内部营销起源于这样一个观念:把员工看作是企业最初的内部市场(由于服务的特性),如果产品、服务和沟通行动在针对内部目标群体时不能很好地市场化,那么最终针对外部不可知的营销活动也不可能取得成功。现在,内部营销已被当作外部营销成功执行的先决条件。内部营销是一项管理策略,其核心是开发员工的顾客意识。内部营销鼓励高效的市场营销行为,鼓励建立这样一个营销组织:其成员能够而且愿意为公司创造"真正的顾客"。内部营销的最终目的是把员工培养成真正的顾客。

(三) 交互营销

三角形的底边代表交互营销(见图2-1),由服务沟通之间的交互属性催生出交互营销,交互营销的重点在于管理企业一线员工与消费者之间的互动关系,以达到关系营销理论中追求的诸如重复购买、向他人推荐的目标。在这里,企业员工、服务分包商、代理人或者信守了向顾客所做的承诺,或者违背了这一承诺。在这一环节中,服务人员是关键。如果服务人员没有受到激励,没有积极地投入到工作当中,可能会导致顾客不满,进而导致顾客流失。

三、服务三角理论的积极意义

服务营销三角形给出了三种形式的营销,即内部营销、外部营销和交互营销。这三种营销结合起来,围绕着对顾客的承诺,就可以进行成功的服务营销,其积极意义主要体现在以下四个方面:①外部营销有效解决服务企业与顾客之间的关系与价值创造;②内部营销有效解决服务企业与员工之间的关系与文化建设;③交互营销有效解决服务人员与顾客之间的关系与顾客满意;④服务三角模型融合解决服务信息传递与服务品牌塑造。

第2节 服务利润链理论

服务利润链是表明利润、顾客、员工、企业四者之间关系的链条,于1994年由詹姆斯·赫斯克特教授等提出。在该理论中他们认为:"服务利润链可以形象地理解为一条将盈利能力、客户忠诚度、员工满意度和忠诚度与生产力之间联系起来的纽带,它是一条循环作用的闭合链,其中每一个环节的实施质量都将直接影响其后的环节,最终目标是使企业盈利。"它提出了一系列相关因素之间的关系,如获利性、顾客忠诚度、员工满意度、能力和生产率。利润和回报的增长来自忠诚的顾客,顾客忠诚又源于顾客满意,而顾客满意又受服务价值的影响。服务价值是由那些满意的、尽职的、有能力的、具生产性的员工创造的。满意的和忠诚的员工来源于挑选和培训,但是需要提高信息技术和支持其他工作场所的投资,允许在服务过程中有决策的自由度。服务利润链的核心内容是顾客价值等式,而与顾客价值等式直接相关的是顾客忠诚循环和员工能力循环。实践证明,服务利润链中存在重要关系(见图2-2):一是利润和顾客忠诚度的关系;二是员工忠诚度和顾客忠诚度;三是员工满意度和顾客满意度的关系。

在服务过程中,他们之间的关系是自我增强的,即顾客满意和员工满意是相互作用的。

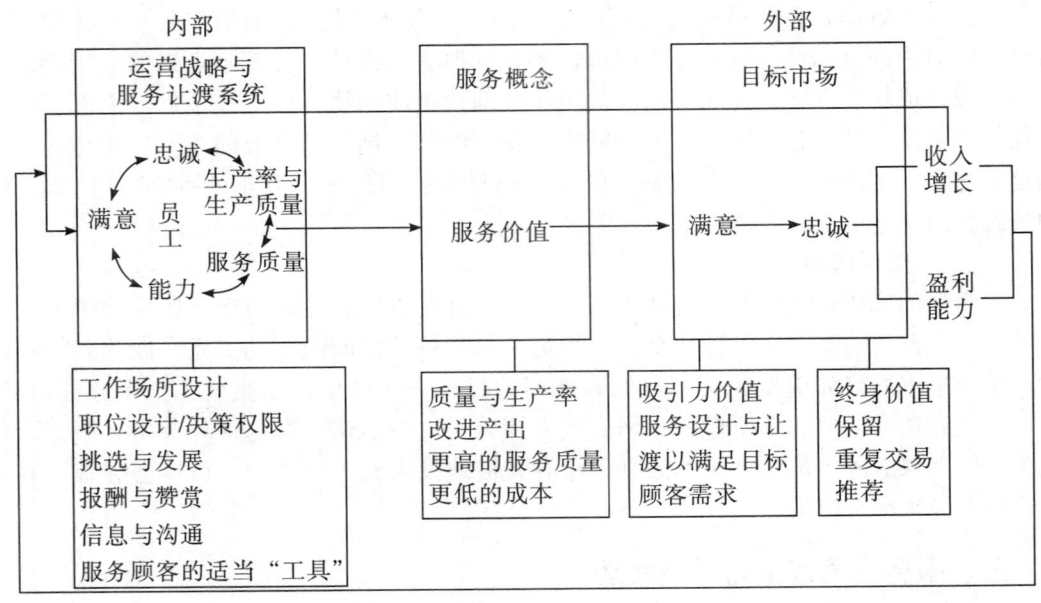

图2-2 服务利润链

一、服务利润链理论的内在逻辑关系

服务利润链的核心内容是顾客价值等式。

$$顾客价值 = \frac{为顾客创造的服务效用 + 服务过程质量}{服务的价格 + 获得服务的成本}$$

(一)内部服务质量激励员工满意度

内部服务质量描述了员工的工作环境,包括员工的挑选和开发、奖惩和认可,对服务信息的获得、技术和工作设计。企业若要更好地为外部客户服务,首先应该将员工看待为内部客户,提供优质内部服务。内部服务质量高低取决于员工对工作本身满意与否以及员工之间的关系好坏两个方面。企业员工为了达到了预期目标而对企业忠诚,员工之间拥有良好的人际关系,企业优秀的文化与团队精神形成就有了基础。

（二）员工满意度促进员工忠诚度

在大多数服务工作中，员工跳槽的真正原因是企业服务满意度的降低。在个性化的服务企业中，低员工流动率是与高顾客满意度密切相关的。员工对自身服务能力的评价会影响其自身的满意度，满意表明员工对企业未来发展有信心，员工自觉承担起一定的工作责任，为企业努力地工作。不满意则导致生产效率的下降和客户满意度的降低，并最终导致客户流失，由此产生的不良影响是难以估量的。员工的忠诚取决于员工的满意，因此，培养和提高员工的满意度以提高员工忠诚度及工作效率对企业的发展具有深远意义。

（三）员工忠诚影响其服务价值

高服务价值来源于企业员工高保留率和高工作效率，也就是来源于员工对企业的忠诚度。企业员工的工作是服务价值产生的必然途径，而员工的工作效率无疑决定了他们所创造的价值高低，只有高忠诚度的员工才能产生高的服务价值。对企业而言，要培养员工的忠诚度，最重要的是要让员工有归属感、事业成就感，可通过给予员工提供发展的机会、建立员工自我管理团队、让员工享有一定的股权、提供富有挑战性的工作、对员工无微不至的关怀等措施来实现。要让一名员工真正热爱自己的工作，应对每个员工进行准确的定位，让个人脾气秉性和对职位的认知与其所从事职业相吻合。让每位员工的优势得以发挥，就能使员工在工作中获得成就感、增强自信心，从而把工作做得更好。企业应加强与员工的公开交流和沟通，促进员工和组织之间互相认同，使员工有信心在为企业工作贡献的同时达到自己的预期目标，最终让职业忠诚同企业忠诚达到完美结合。

（四）高服务价值导致高客户满意度

客户满意度取决于员工的服务质量和提供的服务价值高低，对于客户来说，服务价值可以通过比较获得服务所付出的总成本与得到的总利益来衡量。客户所获得总价值是指客户购买某一产品或服务所获得的全部利益，它包括产品价值、服务价值、人员价值和形象价值等。客户总成本是客户为购买某一产品所耗费的时间、潜力、体力以及所交付的资金等。客户购买产品或服务时，总是希望把资金、时间等成本降至最低，而同时又希望从中获取更多的利益，因此客户所得的价值越大，其满意度越高。企业提高客户满意度可以从两个方面入手：一方面可以通过改进服务，提升企业形象来提高服务的总价值；另一方面可以通过减少客户购买服务的时间、精力与体力消耗，降低客户的货币与非货币成本。

（五）客户期望

为客户创造的服务价值还与客户的期望有关，由于价值随个人期望的不同而不同，为了提高价值，就要求企业在服务一线取消管理层次，尽可能贴近客户，并给予一线服务人员自主权，以按各个客户的需要提供专门的服务，极大地提高客户满意度。

（六）客户满意导致客户忠诚

客户忠诚是由客户满意度决定的，客户满意是一种心理活动，是客户的需求被满足后的愉悦感。对于任何企业而言，客户满意是至关重要的，只有满意的客户才会持续产生购买行为，最终成为忠诚客户，企业才能实现可持续发展。企业的一切活动必须以满足客户的需求为出发点，通过比竞争对手做得更好来让客户满意，培养其对企业的忠诚，造就稳定的客户，由此扩大销售，增加利润，获得更大和更持久的发展。客户忠诚代表客户对企业及产品服务的偏好，如果客户对于企业所提供的产品和服务满意，客户的忠诚度就会随之提高，购买率与对企业的满意度成正比。企业还要重视客户作为企业产品"传道者"的作用，满意的客户会转变那些不接受企业产品和服务的人的看法，而不满意的客户则会产生不好的口碑，因此企业应该尽力避免产生不满意的客户。

（七）客户忠诚导致获利性与成长

服务性企业的利润来源于客户忠诚，客户忠诚度的提高能大大促进企业的获利能力的增强。忠诚的客户所提供的销售收入和利润占据了企业销售收入和利润总额很高的比例。在服务业企业中，客户忠诚度的小幅度提高就能导致利润的大幅度上升，忠诚客户每增加5%，所产生的利润增幅可达到25%~85%。可以说，忠诚客户的多少在很大程度上决定了市场份额的"质量"，它比以实际客户多少来衡量的市场份额"规模"更有意义。

二、服务利润链理论的价值

服务利润链理论的提出，对于提高服务企业的营销效率和效益、增强企业的市场竞争优势，能起到较大的推动作用。主要体现在以下三个方面。

（1）服务利润链明确指出了顾客忠诚与企业盈利能力间的相关关系。这一认识将有助于营销者将营销管理的重点从追求市场份额的规模转移到追求市场份额的质量上来，真正树立优质服务的经营理念。

（2）顾客价值方式为营销者指出了实现顾客满意、培育顾客忠诚的思路和途径。服务企业提高顾客满意度可以从两个方面入手：一方面可以通过改进服务，提升企业形象来提高服务的总价值；另一方面可以通过降低生产与销售成本，减少顾客购买服务的时间、精力与体力消耗，降低顾客的货币与非货币成本。

（3）服务利润链提出了"公司内部服务质量"的概念。它表明服务企业若要更好地为外部顾客服务，首先必须明确为"内部顾客"，即公司所有员工服务的重要性。为此，服务企业必须设计有效的报酬和激励制度，并为员工创造良好的工作环境，尽可能地满足内部顾客的内、外在需求。

三、服务利润链理论的现实意义

服务利润链作为一条循环的闭合链，将盈利能力、顾客忠诚度、员工满意度和忠诚度及企业生产力联系起来。服务利润链的提出，对于服务企业的营销收益和利润的提高，企业市场竞争优势的增强都有无可置疑的推进作用。因此，有学者提出了服务利润链的两个循环。

（1）顾客忠诚循环。优良的服务价值促使顾客满意，强化顾客忠诚，获得长期关系价值；顾客忠诚正强化满意度，更好地实现创造价值。

（2）员工能力循环。员工满意促进员工忠诚度和服务效率提高，从而会创造更多顾客价值；员工满意激发员工内在潜力，实现员工的能力提升，有助于提高服务企业运营效率。

第3节 顾客满意与顾客忠诚理论

顾客是企业生存的前提和基础，为了获得顾客忠诚，企业必须寻求顾客的满意，并在顾客满意的基础上获得顾客忠诚。而顾客满意与顾客忠诚虽具有高度的相关性，但不具有必然的一致性。也就是说，满意的顾客也有可能流失。多数学者认为顾客满意是通向顾客忠诚的基础，即顾客忠诚应建立在顾客满意基础之上。顾客满意对顾客忠诚具有积极的作用，顾客的满意程度越高，则购买的越多，对公司及其品牌忠诚越久。顾客满意与顾客忠诚是消费者行为研究中的一个重要课题。弄清楚顾客满意、顾客忠诚与顾客消费行为之间的关系，有助于企业设计与执行顾客保留策略，从而降低顾客流失率。

一、顾客满意理论

（一）顾客满意的含义

顾客满意起源于卡多佐（1965）的研究，他提出顾客在购买产品时的预期会影响到对产品的评价和感受，并认为顾客满意会带来购买行为。顾客对产品的预期和产品的绩效表现会影响到感知绩效评价。奥利弗（1980）从期望与效用视角出发，认为顾客满意是顾客需求得到满足后产生的一种情绪性反应，是产品和服务满足顾客需要的程度，反映预期与结果的一致性程度。

以上几项研究的期望——不一致理论成为此后研究顾客满意的重要理论基础和主流观点，该理论认为顾客在购买产品或服务前会根据过去的经历、广告宣传等因素形成对产品或服务的期望，然后在购买和使用时感知产品或服务的绩效水平，最终将感知的产品或服务绩效水平与之前的期望进行比较。当感知绩效符合顾客期望时，顾客既不会满意也不会不满意；当感知绩效高于顾客期望时，顾客满意产生；当感知绩效低于顾客期望时，顾客会不满意。

科特勒（2006）认为，顾客满意是一种差异性函数，是消费者实际接受的服务效果与期望的服务效果比较之后形成的感觉状态。虽然对满意的概念具体说法不一，但比较一致的观点认为顾客满意是通过对产品或服务的感知与其期望相比较后，所形成的愉悦或失望的状态。

（二）顾客满意的影响因素

顾客满意形成机理的理论模型多数基于期望不一致理论，该理论认为顾客满意是顾客期望和产品/服务绩效比较的结果，也是期望与感知认知的比较过程。

1. 顾客情绪对顾客满意的影响

顾客在消费过程中产生的情绪对于顾客满意具有重要影响，尤其是在享受服务或消费体验性产品的情境下。顾客情绪是指顾客从消费体验中所获得的一系列情绪反应，顾客消费过程不仅是一个认知过程，而且是一个情绪体验过程，忽视顾客情绪对顾客满意的影响，就不能全面解释顾客满意的形成过程。情绪对满意度的影响起到中介作用。

2. 产品属性对顾客满意的影响

顾客满意是基于对产品或服务所带来的功能性利益的评估，顾客进行满意度评价时不是对产品整体属性进行评价，而是评价自己所关注属性的表现，产品属性绩效在满意度评价中的权重会随时间发生转移，可变动和不可变动产品属性在满意度评价中的权重随时间变化的方向和内在机制而不同。顾客满意度是一个动态变化的过程，决定满意度的产品属性会随着时间的变化发生改变。企业可以通过改进显著产品属性来提高顾客满意度。

3. 顾客满意对企业财务绩效的影响

大多数对于顾客满意的结果变量集中在顾客忠诚或顾客抱怨、顾客信任方面，同时多项研究证实顾客满意是影响顾客未来购买意愿的关键因素，从而会影响售后利润，形成顾客满意度—顾客忠诚度—利润率的利润链。企业只有把握好顾客满意与财务绩效之间的复杂关系，才能更好地进行相关决策。把顾客满意和利润联系起来是顾客满意研究中首要解决的问题之一，美国学者奥利弗对顾客满意与企业股东价值之间的关系进行了实证分析，结果表明美国顾客满意度指数每增加 1 个单位，企业股东价值将增加 2.75 亿美元。

（三）顾客满意指数模型

顾客满意水平的量化就是顾客满意度，顾客满意度指数从总体、综合的角度对企业在满足顾客需求方面进行综合评测评工作。瑞典率先于 1989 建立全国性顾客满意指数，即瑞典顾客满意指数（Sweden Customer Satisfaction Barometer，SCSB）。1994 年美国密歇根大学商学院、国家质量研究中心在瑞典顾客满意指数模型的基础上创建了美国顾客满意度指数（American Customer Satisfaction Index，ACSI）。欧洲顾客满意指数（European Customer Satisfaction Index，ECSI）从 1999 年开始在欧盟 11 个国家进行试点调查，该模型保留了顾客期望、感知质量、感知价值、顾客满意和顾客忠诚等变量，删除了顾客抱怨这一变量，增加了企业形象这一前因变量。ECSI 模型最大的优势是可以进行跨行业、跨时间段的比较，可以进行顾客满意指数与经济收益指标的关系研究，验证顾客满意指数对股票市场，乃至国民经济发展的影响趋势。

中国于 1997 年在中国质量协会、全国用户委员会的推动下开始着手顾客满意度指数（Chinese Customer Satisfaction Index，CCSI）研究，借鉴 ACSI 模型，结合中国国情和特点构建了包括预期质量、感知产品质量、感知服务质量、感知价值、顾客满意度、顾客抱怨和顾客忠诚度等 7 个变量的 CCSI 模型。2005 年，中国标准化研究院与清华大学组建了中国标准化研究院顾客满意度测评中心，该中心是国内比较权威的顾客满意度专业测评机构，主持制定了包括《顾客满意测评通则》《顾客满意测评模型和方法指南》等一系列国家标准。该中心每年开展顾客满意度的调查工作并发行中国顾客满意度手册，于 2016 年度开展的中国顾客满意度调查涉及全国 31 个省级行政区的 250 个城市，采用随机抽样的方式，共获得调查样本 8 万余份，调查范围涉及与日常生活密切相关的耐用消费品、非耐用消费品及生活类服务业的 33 个行业。上述顾客满意度指数主要目的是监测宏观的经济运行状况，虽然调查对象为企业和消费者，但其主要目的是以企业为基准来计算行业、部门和全国的满意度指数，调查并不涉及企业产品或服务的具体绩效指标，所以根据调查结果无法对企业的生产经营起到具体指导作用，所以在进行微观层面的企业满意度调查时较少使用此模型。

随着顾客满意度指数模型的不断成熟，人们开始构建不同情境下的顾客满意度指数模型。测评模型建立的关键是筛选影响顾客满意度的主要因素，国内学者根据产品或服务特征、顾客特性、行业背景等均建了不同的模型，并通过实证数据分析来指导管理实践。

1. P-E（实绩—期望）模型

P-E模型的公式如下：

$$SQ_i = \sum_{j=1}^{n} W_j (P_{ij} - E_{ij}) \qquad (式2-1)$$

式中，SQ_i——对于激励i的可视服务的总体服务质量满意度；

W_j——特性j对SQ_i的权重；

P_{ij}——与特性j相关的激励i的可视行为；

E_{ij}——与特性j相关的激励i的预期大小。

P-E模型提出了认知与消费者期望的差异，可以让企业了解顾客对其产品的期望值大小及企业本身对该期望的实现程度。但是，该模型不能提供诸如顾客对其产品的期望与产品品质之间的差异等问题。

2. EP（评估行为）模型

EP模型的公式如下：

$$Q_i = -1 \times \left(\sum_{j=i}^{m} W_j \sum_{k=1}^{n} P_{ijk} |A_{jk} - I_j| \right)^{i-1} \qquad (式2-2)$$

式中，Q_i——物品i的可视质量；

公式中乘以（-1）是确保Q_i与可视质量的水平成正比；

P_{ijk}——物品i的特性j为k时的概率；

A_{jk}——特性j的值为k的数量；

I_j——在经典理想模型中特性j的理想值；

m——特性的数目。

比较而言，EP模型具有较好的结构性和有效性。但是，EP模型只是测试了顾客可视的感知，而没有评测使用过程中的感知。

3. SCSB模型

1989年，瑞典率先建立起包括国家、行业、企业/品牌3个层次的SCSB模型，其模型是在美国密歇根大学的福内尔教授等人的指导下开发的，该模型共有5个结构变量：顾客期望、感知价值、顾客满意、顾客抱怨和顾客忠诚（见图2-3），其中，顾客期望是外生变量，其他变量是内生变量。他们之间的关系为：顾客期望和感知价值是原因变量，并与顾客满意呈正相关；顾客期望与感知价值呈正相关；顾客满意与顾客抱怨呈负相关，与顾客忠诚呈正相关；顾客抱怨与顾客忠诚的关系既可以是正相关也可以是负相关，取决于组织的顾客抱怨处理系统。

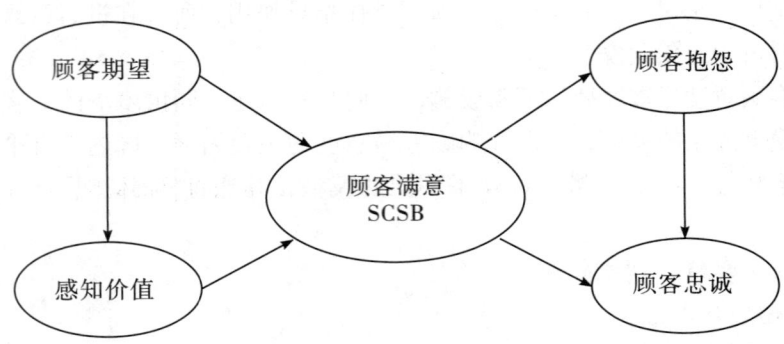

图 2-3 SCSB 模型

4. ACSI 模型

结合 SCSB 的实践经验，由密歇根大学商学院、美国质量协会和安达信公司于 1994 年共同建立了 ACSI 模型。它是全国性的经济指标，是采用一个经过实验的具有多方程的计量经济学模型产生的水平指数。与 SCSB 的 3 层结构不同，ACSI 包括国家、部门、行业、企业/品牌 4 层结构，调查对象涵盖 40 个行业中约 200 家企业。相对于 SCSB 评价模型，ACSI 模型中增加考虑了感知质量这一结构变量，以便区分顾客属于质量驱动型还是价格驱动型。该指数运用潜在变量因果模式来预测指数与指数之间的预期关系。具体模型见图 2-4。

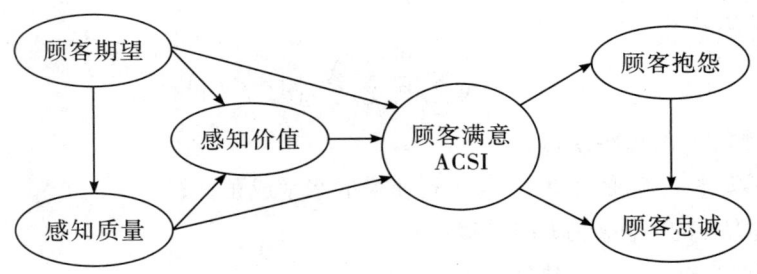

图 2-4 ACSI 模型

这种模型认为顾客满意有三个前提条件，即顾客期望、感知质量和感知价值，而顾客满意又与顾客忠诚、顾客抱怨相联系。其中，顾客期望是指顾客在购买前对产品或服务质量水平的估计；顾客感知质量是指顾客在购买和使用后对质量的实际感受；顾客感知价值是顾客在考虑了价格因素后对产品或服务质量的实际感受；顾客满意是顾客对产品或服务的直接满意程度；顾客忠诚则是顾客重复购买该品牌的可能性。前三个方面都对顾客满意度产生影响，而顾客忠诚则受顾客满意的影响。

5. ECSI 模型

ECSI 模型是美国顾客满意度指数模型的变形，增加了企业形象作为结构变量，将感知质量分为感知硬件质量和感知软件质量两个部分，去除了顾客抱怨变量（见图 2-6）。对于有形的产品来说，感知硬件质量为产品质量本身，感知软件质量为服务质量；对于服务产品而言,感知硬件质量为服务属性质量,感知软件质量为服务过程中同顾客交互作用的一些因素,包括服务提供人员的语言、行为、态度及服务场所的环境等因素。顾客忠诚的测量也有一些区别,ECSI 模型没有把抱怨行为视为不满意的结果,认为顾客抱怨以及企业对抱怨的处理,应当作为服务的一个环节,是影响顾客满意的因素,而不是结果;ECSI 模型利用主成分分析和多元回归的方法,分析一般测评所得到的指数和特殊指数之间的关系。这样可以得到一个同一般测评模型不同的指标体系,从而用于企业的质量改进。

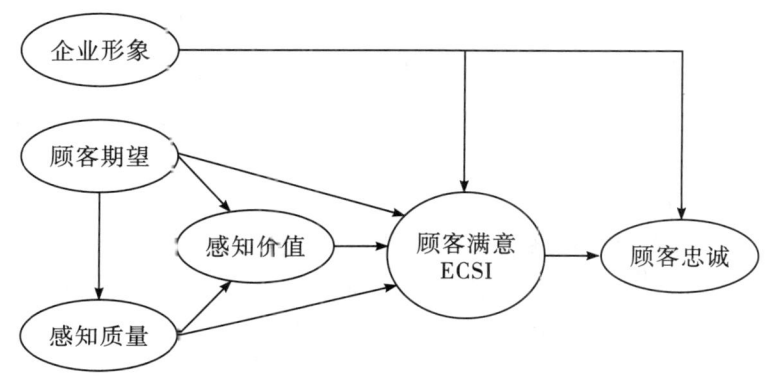

图 2-5 ECSI 模型

二、顾客忠诚理论

顾客忠诚,国外学者一般称之为"Customer Loyalty",国内学者有的称之为顾客忠诚,有的则称之为客户忠诚。无论何种称谓都充分体现了以顾客导向的今天,企业对顾客的尊重与依赖。

(一) 顾客忠诚概述

1. 顾客忠诚的定义

一般来说,顾客忠诚度定义为一种行为的估量,表示顾客忠诚的量化程度。量化的标准包括购买的数量、购买的发生概率、再次购买的发生概率、购买的频率、重复购买行为、连续购买行为、多样性的购买行为。企业可以通过上述的量化方法来衡量顾客的行为忠诚度,即通过观察顾客的购买行为来判断顾客忠诚度。

奥利弗认为,顾客忠诚表现为即使存在环境和市场变化引起放弃购买的潜在因素,由于对偏爱产品和服务坚持购买的承诺,仍然重复购买的行为。

吉尔·格里芬认为,顾客忠诚度表示顾客对企业或品牌的偏好而重复购买的程度。

2. 顾客忠诚的特点

顾客忠诚的特点包括:对企业的产品及其服务表现出高强度的依恋和信赖;经常性的重复购买行为,惠顾公司的其他产品和服务,主动向周围的人推荐企业产品或服务;对其他竞争者的促销活动具有免疫性;对企业及其提供产品的关注和支持会持续一定时间。

3. 顾客忠诚的分类

顾客忠诚分类可以按照以下三种方式来进行划分。

（1）按顾客忠诚行为进行划分。按态度取向与行为取向结合起来分析，依据顾客重复购买的频度和积极态度的强度，把顾客忠诚分为四种状态：潜在忠诚、理想忠诚、不忠诚和伪忠诚。

（2）按顾客忠诚真伪进行划分。按顾客忠诚真伪划分，可分为超级忠诚、忠诚、伪忠诚、非忠诚、反忠诚和逆忠诚六类。

（3）依据顾客忠诚程度的深浅进行划分。依据顾客忠诚程度的深浅将其分为行为忠诚、意向忠诚和情感忠诚。行为忠诚是顾客实际表现出来的重复购买行为；意向忠诚是顾客在未来可能购买的意向；情感忠诚是顾客对企业及其产品的态度，其中包括顾客会积极地向周围人士宣传该企业的产品。

4. 顾客忠诚的功能

实践表明买方市场条件下，顾客忠诚才是现代企业最宝贵、最可靠、最稳定的资产，高度忠诚的顾客不仅是企业竞争获胜的关键，而且是企业长期利润的最可靠来源，还是企业长治久安的根本保证。其功能主要表现为以下几点。

（1）为企业带来利润。忠诚的顾客首先会继续购买或接受企业的产品或服务，而且愿意为优质的产品和一流的服务支付较高的价格，从而增加企业的销售收入和利润总额。

（2）利用口碑宣传企业。忠诚的顾客往往会把自己愉快的消费经历和体验直接或间接、有意或无意地传达给周围的亲朋好友、左邻右舍和同事等，无形中他们成了企业免费的广告宣传员。

（3）示范作用。忠诚顾客一经形成，对企业的现实顾客与潜在顾客的消费心理、消费行为和社会方式提供了选择的模式，而且可以激发其仿效欲望，使其消费行为趋于一致。

（4）降低企业成本。忠诚的顾客通过重复购买、宣传介绍、称赞推荐等方式可以使企业减少促销费用开支，降低经营与管理成本。

（5）降低经营风险。依据二八法则，一个企业80%的利润来源于20%的顾客。在市场竞争日益激烈的今天，拥有并扩大忠诚顾客群，企业经营风险无疑将大大降低。

（6）提高竞争壁垒。忠诚的顾客，不仅为其他企业进入市场设置了现实壁垒，也为本企业进入新市场提供了扩张利器。

（7）反馈市场信息。顾客反馈的信息是企业的宝贵资源。著名营销专家吉拉得·乔吉拉曾提出，商场的每一个满意顾客都有可能带来250个潜在顾客。反过来看，当一个不满意的顾客离你而去时，商场失去的不仅是一个顾客，而且可能切断与250个潜在顾客的联系。

（二）顾客忠诚的影响因素

科学把握顾客忠诚度的影响因素对提高顾客忠诚度有着重要作用，近年来国内外学者关于顾客忠诚度影响因素的研究，总结起来主要有以下几点。

1. 产品和服务质量

产品和服务质量对顾客忠诚有着根本而直接的影响。研究得出，产品和服务质量与愿意支付更高的价格或在价格上涨的情况下继续保持忠诚之间有正相关关系。不同产业间产品和服务质量与顾客忠诚之间的相关度存在差异。

2. 顾客满意度

顾客满意的水平是期望绩效与期望差异的函数，它是顾客忠诚的前提和基础。"服务利润链"模型明确提出顾客满意直接导致顾客忠诚。在不同的竞争条件下，顾客满意对顾客忠诚的作用也不一致，市场竞争越激烈，顾客满意水平对赢得顾客忠诚就越发重要。

3. 顾客让渡价值

菲利普·科特勒和吴建安都认为顾客让渡价值是指顾客在购买过程中获得的总价值与其为之付出的总成本之间的差额。通常来讲，顾客让渡价值的大小在很大程度上决定了顾客满意度的高低，而顾客满意度的高低在一定程度上又决定了顾客忠诚度的建立。

4. 转换成本

转换成本为"当买方从一个供应商向另一个供应商转换时所面临的一次性成本"。转换成本的高低对于维系顾客忠诚有着直接影响，特色产品或服务的不可替代性能够大大地增强顾客的忠诚度。另外，顾客信任、员工忠诚、企业形象等也会影响顾客的忠诚度。

5. 关系信任

在市场关系研究中发现，关系信任对建立发展顾客忠诚是非常重要的。关系信任是顾客对企业履行交易承诺时的信心。关系信任是顾客忠诚的积极影响因素，对顾客满意也起到正面的影响效应。企业所提供的产品或服务并不能令顾客感到满意时，关系信任将起到积极维护的作用，从而避免企业的忠诚顾客流失。

（三）建立和维护顾客忠诚的策略

忠诚的顾客可以增加企业的收益，故而建立和维护顾客忠诚是提高企业效益的有力保障。约翰逊曾谈及过："人们维持在一个关系中主要有两个原因。一是他们的主观意愿，二是外界因素影响。"因此，顾客满意度和关系信任就是从顾客的主观角度来影响顾客忠诚度，而转换成本是从客观角度来影响顾客忠诚度。

1. 提高顾客满意度

顾客满意度与顾客忠诚度之间虽然存在正相关关系，然而两者并不是简单的线性关系。奥利弗曾说："当顾客满意度达到某一水平后，顾客忠诚度会迅速提高。"这意味着企业将基本满意的顾客提高成为非常满意的顾客时，顾客忠诚会得到大大增强。研究还表明在不同的竞争条件下，顾客满意度对顾客忠诚度的影响也不尽相同，市场竞争愈激烈，顾客满意度对顾客忠诚度的影响也越发重要。

2. 提高顾客信任度

提高顾客信任度就要求企业提高产品和服务质量，加强品牌与企业形象的管理，提高员工自身素质。产品与服务质量是顾客再次购买的前提，是提高顾客忠诚度的根本保证。只有提供保质保优的产品和热情周到的服务，才能真正吸引到顾客，才能不断提高关系信任，从而将越来越多的一般性顾客转化为忠诚顾客，为企业赢得更大的收益。而企业的高质量的产品与服务可以带来企业品牌与自身形象的提高，加强品牌和企业形象的管理同样可以促使顾客忠诚度的提高。研究表明，企业积极投身于公共事业的建设与发展，在提高企业形象的同时可以得到更多的顾客信任，从而提高顾客忠诚度。同时，加强企业员工自身素质的培养，提高员工对企业的忠诚，可以促进顾客信任，进一步提高顾客忠诚度。

三、顾客满意与顾客忠诚的关系

顾客满意度为影响顾客忠诚度的重要标志。顾客满意度是顾客对于所购买产品的付出与实际获得是否可以满足的一种心理状态，是一种暂时性的、情感的反应，取决于顾客所预期的产品或服务的实际情况，体现出预期与实际结果的一致程度。科特勒指出顾客满意度是顾客感知与顾客期望两者间差异的函数，顾客满意度来自对产品或服务的感知与个人对产品或服务的期望，两者比较是顾客产生感觉的愉悦或者失望的程度。顾客满意度并不等于顾客忠诚度，顾客忠诚度更偏向于一种行为，而顾客满意度是一种态度；顾客忠诚度是衡量顾客再次购买及参与活动的意愿，顾客满意度是评测过去的交易中满足顾客预期的程度。两者既有区别也有联系。

第4节 服务质量理念及其测量

质量始于服务传递系统的设计。每一次的顾客接触都是一个使顾客满意或者不满意的机会。当感知超出期望时，服务被认为是具有特别质量，也就是一种高兴和惊讶。当没有达到期望时，服务注定是不可接受的。当期望与感知一致时，质量是令人满意的。服务期望受到口碑、个人需要和过去经历的影响。服务质量是一个复杂的话题，服务质量差距模型指出服务质量的五个维度分别是：可靠性、响应性、保证性、移情性和有形性。以此为基础，来介绍服务质量差距的概念。这个概念是指顾客期望的服务与感知的服务之间的差距。

一、服务质量的内涵

对服务质量的研究始于20世纪70年代后期。从那时起，服务质量问题引起了许多学者极大的研究兴趣。针对服务质量提出了不同的定义。

（一）服务质量概念

服务质量是一种衡量企业服务水平能否满足顾客期望程度的工具，格隆鲁斯提出了顾客感知服务质量的概念，认为服务质量是一个主观范畴，它取决于顾客对服务质量的期望（即期望服务质量）同其实际感知的服务水平（即体验的服务质量）的对比，强调管理者应该从顾客的角度来理解服务质量的构成，这样才能使顾客满意。

根据众多学者的研究成果，服务质量可从以下几个方面来加以表述。

（1）服务质量是顾客感知的服务质量。服务质量不能由管理者来决定，相反，它必须建立在顾客的需求、向往和期望的基础之上。更重要的是，服务质量不是一种客观决定的质量，而是顾客对服务的主观感知。

（2）服务质量具有主观性。服务质量是顾客感知的质量，具有极强的主观性和差异性。在不同时间、不同服务提供者所提供的服务是不同的，即使同一个服务提供者在不同时间提供的服务质量也存在着差异；不同顾客乃至同一个顾客在不同时间对服务质量的感知也是不相同的。

（3）服务质量具有过程性。服务质量是在服务提供者与服务接受者的互动过程中形成的。与有形产品不同，在绝大多数情况下，服务的生产和消费是无法分割的，服务质量就是在服务生产和服务消费的互动过程中形成的。因此，互动性是服务质量与有形产品质量一个非常重要的区别。

（4）服务质量是在服务企业与顾客接触的真实瞬间实现的。由于服务过程的重要性，顾客与服务提供者之间的互动关系，对于顾客感知服务质量水平起着决定性的作用。

（5）服务质量的提高离不开内部管理和支持系统。服务质量是在服务接触中和顾客与企业互动关系中形成的，众多员工都会参与服务生产过程。与顾客接触的员工的良好服务质量的形成，离不开支持性员工从各个方面对他们的支持与帮助。因此，支持性员工对顾客感知服务质量的形成也具有间接作用。

（二）服务质量内容

格隆鲁斯最先对服务产品的品质提出了全新的解释。他认为，顾客感知服务质量包括两部分：技术/结果质量和功能/过程质量。

1. 技术/结果质量

技术/结果质量是指服务结果和产出的质量，或者说是在服务交易或服务过程结束后顾客的"所得"（得到的实质内容）。一般来说，由于结果质量牵涉到的主要是技术方面的有形内容，因此，结果质量可以通过比较直观的方式加以评估，并且顾客对结果质量的衡量也是比较客观和容易感知的，从而结果质量是顾客评价服务好坏的重要依据。

2. 功能/过程质量

功能/过程质量指顾客如何接受或得到服务。由于服务具有无形性和不可分割性，服务过程即服务人员如何与顾客打交道，或服务人员如何给顾客提供服务，必然会影响顾客对服务质量的看法。服务过程质量不仅与服务时间、服务地点、服务人员仪表、服务态度、服务方法、服务程序、服务方式有关，而且与顾客个性、态度、知识、行为方式等因素有关。另外，对于一个特定顾客而言，其他顾客接受类似服务后所做的评价也会影响该顾客对过程质量的评价。总之，顾客如何接受服务，即如何参与生产和消费过程对顾客评价服务质量会产生一定的影响，这是质量的另一个方面，它与买卖交换者之间"真实瞬间"的产生和服务供应者的功能密切相关。它被称为服务过程中的功能质量。显然，过程质量难以被顾客进行客观的评价，它更多地取决于顾客的主观感受。总之，服务质量由顾客所追求的结果质量（技术质量）和过程质量（功能质量）两个方面组成。

有形产品的质量是可以用一些特定的标准来加以度量的，消费者对有形产品的消费在很大程度上是结果消费；而服务则不同，顾客对服务的消费，不仅仅是对服务结果的消费，更重要的是对服务过程的消费。

（三）现代的服务质量观

国际标准化组织对质量的定义及其内涵，使人们对质量这个客观事物有了新的认识和看法，形成了新的质量观念。现代的服务质量观大致有以下几点。

（1）市场竞争由价格竞争转向服务质量竞争，对服务业而言，21世纪将是一个服务质量的世纪。

（2）服务质量就是要满足需要，首先是顾客的需要，同时要兼顾其他受益者的利益。

（3）服务质量是服务企业生存发展的第一要素。服务企业要生存发展，首要条件是提供的服务能在市场中转变成价值，被顾客所接受。

（4）提高服务质量是最大的节约，在某种程度上，服务质量好等于成本低。

（5）企业看待服务质量要有一个立场上的转变，服务企业不能仅仅从服务提供者的角度来看待服务质量，而应由提供者转变到顾客和其他受益者的立场上来看待服务质量，只有这样才能提供满足需要的服务。

（6）服务质量的提高主要取决于科学的管理。服务企业只有不断开发和利用新技术，提供新的服务，给顾客更多的附加价值，才会提高服务质量。

在上述分析的基础上，可以对服务质量做如下界定：服务质量是在交易过程中，消费者所能感知的或能够满足顾客需求的度，它具有无形性、同步性等特征，能够直接影响顾客对企业的评价。它可分为预期服务质量和感知服务质量两类，当顾客的预期服务质量高于感知服务质量时，顾客会产生不满意情绪，从而选择可替代的产品或服务。当顾客预期服务质量低于感知服务质量时，顾客会产生满意情绪，从而成为企业的忠实消费者。

二、服务质量的特性

从服务质量的定义我们可以得知服务质量具有以下基本特性。

（1）服务质量的主观性。同一顾客在不同环境下或者不同顾客在相同环境下对同一服务的感知质量是不同的，也就是说服务质量的高低在一定程度上取决于顾客的个人主观感受。

（2）服务质量的互动性。生产和消费的同时性是服务产品区别于有形产品的一个主要特征。顾客在享受服务的过程中可以及时地与服务提供者进行沟通交流，提出对服务的要求，服务提供者针对这些要求改善自己的服务。所以说，服务质量是在顾客与服务提供者的互动、沟通过程中形成的。

（3）服务质量的过程性。过程质量是服务总体质量的重要组成部分。虽然顾客最终期望得到的是服务的结果，但是服务过程中，如果人员态度恶劣、服务设施陈旧、服务环境不整洁，都会影响顾客对服务质量水平的评价和感知。

三、服务质量的维度

国内外的众多学者从消费者角度，对服务质量做出了界定。作为消费者如何对服务水平的高低做出评价呢？消费者的评价标准是什么呢？服务质量的评价要素就是从顾客角度，研究顾客对服务质量产生不满的方面。帕拉休拉曼、赞瑟姆、贝利于1985年通过对银行业、信用卡中心、证券经纪商与产品维修业4种服务行业的探索研究，总结出的服务质量十要素得到普遍认同。这10个要素包括：可靠性、响应性、胜任性、礼貌性、接近性、沟通性、信任性、安全性、了解顾客、有形性。1988年，3人在服务质量10个构成因素的基础上，再次针对银行业、信用卡中心、证券经纪商及产品维修业4种服务业的管理人员及顾客进行了研究，将原来的10个因素进行整合，得出服务质量评价的五要素。

(1) 有形性。在服务过程中能够被顾客感知到的实体部分，包括服务场所的布置、现代化的服务设施、员工的外表及其整洁的服装等。

(2) 可靠性。公司是可靠的，能够及时、正确地履行所做出的服务承诺。可靠的服务意味着每一次都及时、高效、一致、无差错地完成所承诺的服务内容。

(3) 响应性。响应性是指企业能够快速、有效地服务顾客的能力。对于顾客咨询、提出的要求和投诉，企业应该迅速地给予解决，因为长久的、毫无原因的等待会使顾客对服务体验产生强烈的消极情绪。

(4) 安全性。安全性是指员工的行为包括具有良好的专业能力和知识，态度热情，尊重顾客，会使顾客对服务产生信任。

(5) 移情性。移情性指服务人员能够以顾客为中心，体会顾客的感受，了解顾客的真实需求并予以满足。它需要员工具备了解顾客需求的意识和对顾客需求敏感性的反应等特征。

四、服务质量模型

服务质量模型包含了服务质量的形成要素，作为公司或某个组织可以根据服务质量模型分析企业或组织服务质量差异的原因，从而制定提升服务质量的策略。

(一) 格隆鲁斯的"总的感知质量模型"

格隆鲁斯在1984年提出了总的感知质量模型（见图2-6），该模型认为，营销传播、销售绩效、口碑、企业形象以及公共关系会影响消费者对于服务质量的预期水平，而服务的技术质量和功能质量会通过企业形象间接地对顾客最终的服务体验结果产生影响。具体来说，就是指如果企业在服务过程中出现一点小的失误，顾客会因为企业良好的形象对这些失误给予原谅，反之，顾客也会因为糟糕的企业形象而对企业的服务失误产生强烈的负面影响。

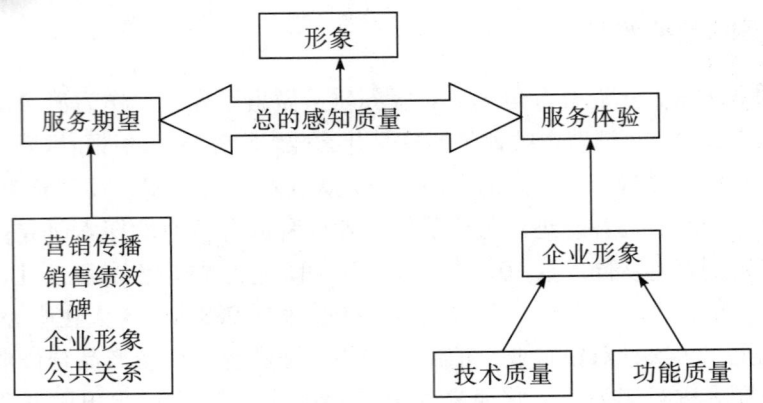

图2-6 总的感知质量模型

（二）PZB 的 "服务质量差距模型"

PZB，即剑桥大学的三位教授帕拉休拉曼（Parasuraman）、赞瑟姆（Zeithamal）和贝利（Berry），按照国际惯例的简称。

三人在总结自己和前人对服务质量模型研究的基础上，提出了"服务质量差距模型"。服务质量差距模型（见图2-7）是目前应用最广、最典型的一种服务质量分析模型。该模型指出了服务企业与顾客之间对于服务质量的感知存在5个方面的差距。

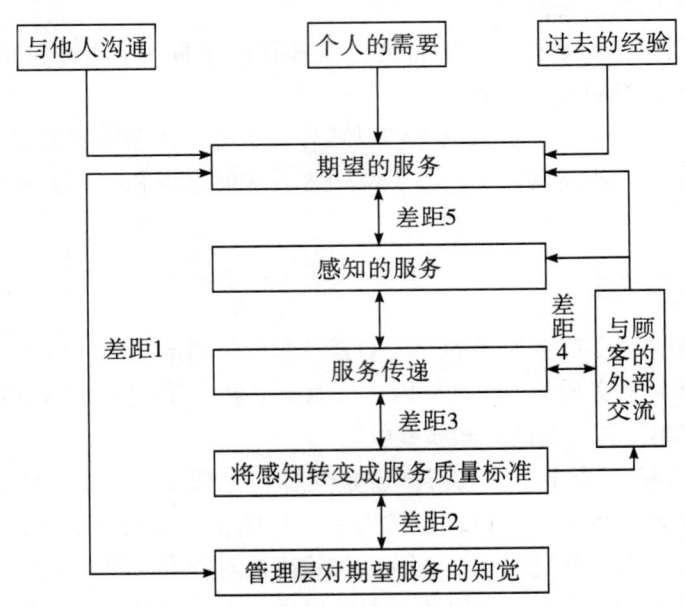

图2-7 服务质量差距模型

差距1：顾客的期望与企业对顾客期望的感知两者之间的差距。

差距2：由于管理者没有能力将顾客期望的感知转化为具体的服务质量标准，并将其转化为可执行的计划而产生的差距。

差距3：服务绩效的产生是由于实际的服务无法达到管理者所设定的标准，因而产生绩效上的差距。

差距4：由于承诺过于夸大以及一线员工缺乏必要的信息支持，以致产生实际的服务与夸大的外部承诺之间的差距。

差距5：质量差距，即顾客的期望与对服务的实际感知之间的差距。根据本章对服务质量的定义，企业要提高服务质量，首先应该了解哪些因素导致了顾客期望的服务质量水平与顾客感知质量水平之间的差距，依据差距产生的原因制定相应的策略，减少这种差距，从而提高顾客对企业服务水平的满意度。

（三）对e服务质量（e-SQ）的研究

随着信息技术尤其是互联网在服务传递中的应用，e服务广泛出现，为理解和测量e服务质量（以下简称e-SQ），赞瑟姆和马尔霍特拉主持了一系列的定性研究和经验研究。e-SQ被定义为站点对有效率、有效果的购买活动和服务及产品传递的促进程度。顾客主要从以下要素来对e-SQ进行评价：能否成功进入、导航便利性、效率、定制化/个性化、安全性/隐私性、响应性、保证性/信任性、定价知识、网页的美观性、可靠性、灵活性。e-SQ的概念模型与传统意义上的服务质量差距模型相似（见图2-8）。其中，信息差距主要反映了顾客对网站服务的预期与企业管理者对这种预期的认知存在一定差距；设计差距指无法将企业管理者对顾客预期的认知完全体现在网站的设计和功能上所带来的差距；沟通差距主要是由于企业内部不同部门的员工之间以及企业与合作伙伴之间缺少沟通所造成的；实现差距出现在顾客层面上，反映了顾客期望与顾客经历之间存在的总差距。从企业层面看，实现差距是信息差距、设计差距和沟通差距的联合效应。实现差距和顾客经历直接影响到顾客感知的e-SQ，进而影响顾客感知到的服务价值和是否购买或重复购买服务的决定。

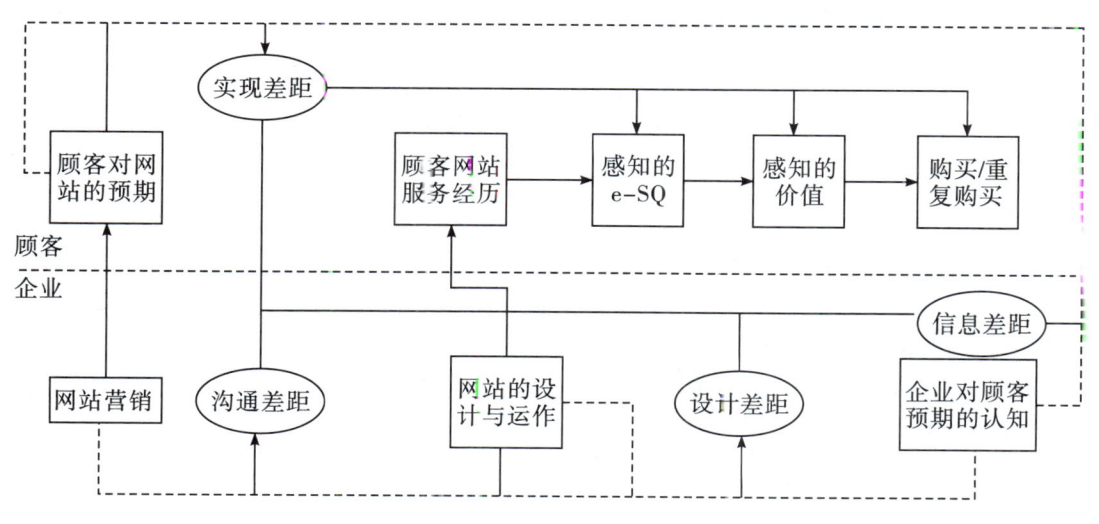

图2-8 e-SQ模型

（四）其他服务质量模型

奥利弗于1994年提出了服务质量由服务产品、服务传递、服务环境3种因素构成的服务质量模型。其中，服务质量是指顾客从被提供的服务中获得的价值；服务传递包含了顾客获取服务的方式；由于服务具有生产和消费的同时性，服务环境就是企业提供服务和消费者消费服务的环境场所。

2004年,唐纳提出了四维度的服务质量模型,指出服务质量由项目质量、交互质量、结果质量和实体环境质量四方面组成。具体来说,项目质量包括项目范围、营业时间、信息;交互质量包括顾客与员工的交互、顾客间的交互;结果质量包括体制改变、评价、社会因素;实体环境质量包括氛围、设计、设施。

五、提高服务质量的途径

(一)加强与顾客沟通交流

加强与顾客的沟通交流,与顾客进行充分的沟通,了解顾客的需求,是企业参与市场竞争的基础,更是提高服务质量的前提条件。此外,营销人员为了获取顾客的需求,应提高拜访客户的有效性。

(二)实行服务承诺制

服务承诺是企业向顾客公开表述所要达到的服务质量。通常,从服务时限、服务附加值、服务满意度等方面进行承诺。例如,企业向顾客承诺,当对产品功能质量不满意时可以要求退货,甚至进行经济赔偿等。服务承诺制的目的在于塑造企业的可信度,赢得顾客的长期信赖,但是服务承诺如果不能切实履行,那么公司就不能获得顾客的信任,更不可能从顾客信任中营利。

(三)实施内部营销

内部营销理论要求把企业员工作为内部顾客来看待,关心员工的需求,为员工提供信息、资源、支持,对员工进行培训,这样员工就会更加积极主动、富有创造性地为顾客提供优质服务。根据"服务链"理论,对服务价值满意的顾客会进一步发展成为忠诚顾客,从而使企业获取更多的利润。

第5节 内部营销理论

"内部营销"(Internal Marketing)是为了构建和提升服务业竞争能力而引入的一种管理理念,产生于20世纪80年代初美国的服务产业领域,由格隆鲁斯和贝利等人提出。自20世纪90年代以来,随着服务业总产值在经济中的份额逐渐增加,企业管理变革的加剧使内部营销也日益重要,目前越来越多的营销学者开始关注该理论,同时也有不少企业开始将其运用于自身的管理实践中,主要集中在医疗服务、法律服务、金融服务、民用航空等领域。

一、内部营销的定义

内部营销作为一种改善服务质量的方法,由格隆鲁斯于1981年率先提出。它从一个全新的角度看待服务机构与员工的关系,认为服务机构与员工是平等的交换关系。其发展经历了员工激励及员工满意、顾客导向和变革管理这三个相互独立又紧密联系的阶段。

格隆鲁斯认为,内部营销就是把公司销售看作是"内部消费者"的员工,并指出员工的满意程度越高,越有可能建立一个以顾客和市场为导向的公司。格隆鲁斯将内部营销界定为:"在服务意识驱动下,通过一种积极的、目标导向的方法为创造顾客导向的业绩做准备,并在服务机构内部采取各种积极的、具有营销特征的协作方式的活动过程。"在这个过程中,员工的内部关系得以巩固,并共同以高度的服务导向为外部顾客和利益相关者提供最优异的服务。因此,在营销导向和为顾客提供满意服务的机构中,每个部门都必须具备顾客导向和服务顾客的意愿。

随后,贝利提出:"内部营销是指将雇员当作顾客,将工作当作产品,在满足内部顾客需要的同时实现服务机构目标。"这是因为内部营销的思想其实起源于这样一个观念,即把员工看作是企业最早的内部市场,企业提供的服务必须能让内部员工满意。

随着服务产业的发展和人们对服务营销研究兴趣的兴起,现在越来越多的服务机构认识到他们需要内部营销。内部营销是成功外部营销的先决条件,作为"激励员工提供持续高质量服务的一种手段",同时内部营销正在成为服务营销的重要主题,逐渐受到企业的重视。

二、内部营销的内涵及机理

(一) 内部营销的内涵

伴随着内部营销理论的不断发展,学者们在内部营销的内涵上达成了统一,主要有以下几方面。

(1) 内部营销作为一种全新的经营观念,从新的角度看待员工和服务机构的关系,即把员工当作顾客,把服务机构视为市场。同时,内部营销是企业发展战略和经营战略的重要组成部分,它要求企业强化服务内部顾客的意识,在内部顾客满意的基础上,企业中的每一个人又都具备顾客意识和市场导向意识。这种观念要求服务机构中人人都应具有顾客意识、市场意识,同时主张把通常用于外部市场营销的概念和技术用于服务机构内部。

(2) 内部营销是一种人力资源管理的思维,目的是根据员工的需求设计"工作产品"。贝利和帕拉休拉曼等学者认为内部营销是根据员工的需要设计更好的工作产品,以使员工感到满意和受到激励,从而更好地满足他们的顾客的过程。在这里,内部顾客的含义是员工,内部供应者的含义是管理者(包括服务机构的高层管理者、人事经理或部门经理等),而内部营销实际上是对传统人力资源管理理论的发展,其目的是使服务机构更好地吸引、开发、保留所需的人力资源。

(3) 内部营销是一种管理工具。主张在研究服务机构内部市场时,可以运用外部营销的技术和方法来开展内部营销活动,并进行相应的内部营销管理,以提高管理效率。内部营销作为一种管理工具,主要包括态度管理和沟通管理两项内容和技术。

(4) 内部营销是一种管理过程。内部营销是一项系统工程,其开展必须建立在系统思考的基础上。要在企业内部顺利推行内部营销,就必须在分析内部市场环境的基础上,制订出周密的营销计划,然后采取一系列手段执行营销计划,包括员工招聘、员工培训、员工激励、员工授权、员工沟通以及员工内部服务补救等一系列管理活动。

(二) 内部营销的机理

企业内部营销的机理(见图2-9):服务企业通过内部营销(或内部管理)让内部员工满意,并促进员工忠诚;外部营销与员工满意会带来顾客满意,并造就顾客忠诚;

有了员工忠诚和顾客忠诚就能为企业创造良好的经营业绩。

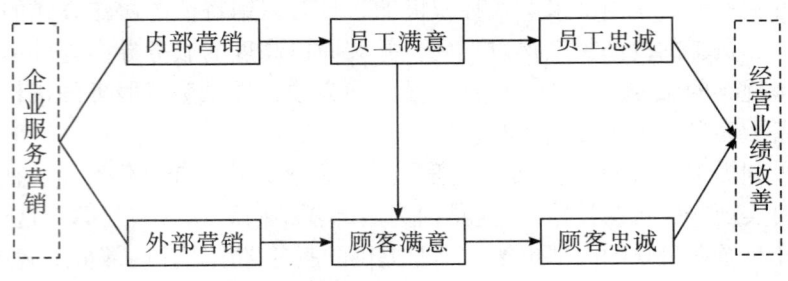

图 2-9　企业内部营销的机理

三、内部营销的前提条件

事实上，当企业面临以下三种管理需要时，内部营销是非常有效的。

（一）企业要创造服务文化并在员工中建立服务导向

当服务导向和员工对顾客的兴趣成为服务机构中最重要的规范时，服务文化就在服务机构中生根发芽了。而内部营销的目标指向便是营销服务导向。值得注意的是，在管理的真空环境下，内部营销不可能促成服务文化的形成。只有在其他活动的配合下，内部营销才能成为发展服务文化的有力手段。

一般而言，内部营销的具体目标表现为：①让员工，包括管理人员、营销人员和服务人员能够理解和接受企业的使命、战略、战术以及服务理念、服务过程和营销活动；②在服务管理中发展具服务导向的管理风格和领导风格；③向员工传授具服务导向的沟通技巧与互动技巧。

（二）企业希望在员工中维持服务导向和保持服务文化

服务文化一旦形成，就必须积极地保持下去。否则，员工的态度和企业规范就可能会恢复到原先的状态，而企业在前一阶段为实施内部营销所付出的管理费用和管理精力也将付之东流。

具体而言，有助于维持顾客导向和保持服务文化的内部营销目标包括：①确保管理方法能够鼓舞士气，提高员工的服务理念和服务导向；②确保员工可以不断得到信息和反馈；③在向外部市场推出新服务和营销活动前，先对员工进行培训。

（三）企业向员工介绍新产品和营销活动

新产品、新服务和新的营销活动的推行本身就是一项内部营销任务。不仅如此，它们还有助于建立和保持服务文化，在这个层次上内部营销的具体目标表现为：①让员工认识和接受企业推出的新服务；②让员工认识和接受为新服务导入的传统营销活动和行为，这些活动和行为大多是大众营销活动，让员工重温熟悉的营销活动，也是不断强化顾客意识的过程；③让员工认识和接受为营销活动采取的新措施，让他们熟悉这些措施，并理解其中的顾客导向内涵，会使员工对企业与顾客的关系有更加深刻的认识，并能对互动业绩产生影响。

四、内部营销管理的核心内容

内部营销的基本思路是使营销内部化，把员工当成顾客，把服务机构视为内部市场，即以营销的手段来发现员工的需求，并针对员工的不同特点，运用营销组合满足员工的需求，提高员工对服务机构的满意度和忠诚度，进而使员工全身心地投入到工作中、提供高质量的服务，提高服务机构的整体竞争力。

开展内部营销包含两个要点：机构的员工是内部顾客，机构的部门是内部供应商；所有员工一致地认同机构的任务、战略和目标，并在对顾客的服务中成为机构的忠实代理人。

学术界一致认为，内部营销管理主要包括两个方面的核心内容。

（一）态度管理

态度管理，即有效管理员工的态度，提高员工服务顾客的意识，并对自觉进行服务的行为给予激励。企业必须对所有员工的态度及他们对顾客意识和服务意识产生的动机进行管理。这是一个致力于在服务战略中占得先机的服务机构实施内部营销的先决条件。就一个志在赢得竞争优势的服务机构而言，态度管理是内部营销的关键组成部分。服务企业需要具备超前的管理意识，要创造未来而不是适应未来。

（二）沟通管理

沟通管理，即管理人员、一线员工和后勤人员以高度的责任感来完成他们职位所应承担的工作，为内部顾客和外部顾客提供服务。这些人员需要各种信息以完成他们的工作，包括工作规定、产品、服务特征以及对顾客的承诺等。需要传递的信息包括工作计划、产品和服务的特征、对顾客的承诺等。他们也需要沟通他们的要求、改进工作的意见以及他们发现的顾客需要。他们同样需要与管理层就其需要、要求、对提高业绩的看法及顾客需要等内容进行沟通。

因此，如果企业想要获得成功，这两种类型的管理都是非常必要的。但人们往往只认识到了沟通管理而忽视了态度管理，忽视了态度就是忽视了方向、战略和经营哲学，就会使企业的努力失去了明确的方向和积极的动力。况且，沟通中的信息常常是单向的。在这种情况下，内部营销通常以活动或行动的形式出现：向员工分发内部手册，在员工会议上向参加者提供书面和口头的信息，而真正的沟通则很少。而且，经理和主管往往对他们的下属不感兴趣，也没有认识到下属需要得到反馈的信息、双向的沟通和鼓励。员工只是接到大量的信息却没有得到精神上的激励，这当然会影响内部营销的效果。

五、内部营销的操作策略

内部营销的起点是员工，是服务机构的内部市场及其顾客。如果服务产品、计划性营销传播、新技术和运营系统无法让内部目标群体接受，那么企业就不能让最终的外部顾客感到满意。因此，对服务企业内部员工进行人力资源规划性管理，就必然成为内部营销操作层面的首要任务。此外，保持服务机构内部信息的通畅和各个主体间的沟通对话、向员工提供合理授权及针对内部顾客的内部服务补救也是有效实施内部营销的重要策略。

（一）营造内部营销的大环境

内部营销实质上是以营销手段进行的管理，管理层是内部营销的轴心，因而管理人员应当成为理解和实施内部营销的倡议者和推动者。此外，各级管理人员还应身体力行，给企业普通员工做示范，为企业正确理解和实施内部营销做出表率。为了吸引、发展、激励和保留高水平的员工，企业还需要支持性的人力资源管理政策和计划与控制政策。

招聘时，企业应制定高目标，不惜成本地从多渠道以多种方式吸引优秀人才。聘用后，允许内部员工参与计划制订和程序控制，以利于员工理解企业规划，认识到自己的不足之处，进行自我控制并改进工作方法。企业建立客观、简单、恰当和适时的评估标准，经常衡量员工的工作业绩和贡献大小，能让员工在评估、奖励和人事变动中知道什么是重要的，实现企业的策略目标，树立良好的企业形象，建立企业文化。

（二）优化人力资源管理流程

成功的内部营销是从招聘开始的，内部营销系统构建需要把企业人力资源管理的相关活动融入其中。格隆鲁斯认为，服务机构可以用工作描述、招聘程序、职业生涯规划、工资与红利系统、激励计划，以及其他人力资源管理工具实现内部营销的目标。其中，员工培训、员工职业规划管理与激励机制显得尤为重要。员工培训是保证员工基本服务技能的基础，其培训内容包括服务营销观念和顾客导向意识的培育、服务接待、传递或支持服务工作的营销技巧与态度、员工处理突发事件的行为准则，以及员工自我学习成长的能力等。

同时，员工培训是一项持续的工作，要求服务机构管理者给予持续关注与重视。一项完整而成功的人力资源管理方案，必然需要包括员工职业规划管理的内容。事实上，员工不仅关注其眼前的收益，而且关注在企业中的期望收益，后者往往更为员工所看重。员工职业规划管理，要求结合员工需求与期望，为服务机构员工规划其在服务机构内的发展路径，并积极地让员工明晰自身的发展状况与提升渠道。

这一系列管理活动的开展，有利于培育员工对服务机构归宿感和忠诚度。对员工的服务业绩进行考核，并依据考核结果进行必要的奖惩，以激励员工提高服务业绩，是人力资源管理的重要内容。员工绩效考核以科学的绩效标准为基础，以激励员工改善服务水平为目的，并以考核结果作为员工培训、员工技能改进和员工薪酬发放的根据。而员工激励旨在提高员工工作热情和服务状态，必须以公平、科学、可信的原则为指导，否则其结果将适得其反。

（三）服务机构内部沟通活动

保障服务机构内部信息的通畅、促进各层级主体积极沟通与对话，并在此基础上展开协作行动，是内部营销管理的重要内容。在一定程度上，内部沟通对话既是内部营销沟通管理的主要内容，又是整个营销过程的重要工具。对于大多数服务企业，外部大规模沟通对企业营销职能的影响已被充分认识，但内部沟通对话的作用显然被服务机构管理者忽视了。

笔者认为，在服务机构内开展大规模内部沟通对话，是保障服务机构服务文化观念在服务机构内部传播与渗透、确保员工积极践行顾客导向与服务意识的有力工具。同时，它也可以有效消除各层级主体对服务标准的认知误差，为顾客提供优质的感知服务。内部沟通对话是一个涉及各个主体的活动，它包括服务机构管理者与服务员工的沟通、一线员工与支持员工的沟通，以及外部营销人员与内部服务提供人员的沟通等。例如，在企业的广告活动、宣传手册及招贴对外发布之前必须先介绍给员工，以保障员工能在服务传递过程中兑现承诺。

（四）实行员工授权管理

向员工授权是指给予与顾客接触的员工做出决策并采取行动的权力。在服务营销过程中，顾客最初对服务交互质量的感知，是通过一线员工的服务行为来传递的。同时，虽然服务机构可以预见部分关键事件而事先对员工行为提出要求，但由于服务过程中随机性和不确定性因素的存在，必然要求员工在服务传递过程中做出合理决策，及时应对顾客需求。

作为内部营销过程的一部分，如果授权实施得当，会对员工工作满意度产生决定性影响，并通过留住更多顾客和实现交叉销售而增加利润。授权要求管理层与员工之间持续地培育信任关系，经理必须表示出尊重员工分析环境和进行决策的权利，创造和维护授权需要的条件，以使员工感到自己有权利并可以在顾客服务中运用这些权利。

不可否认，服务企业向服务员工授权是有益处的。如快速响应顾客需求和应对服务补救、提高员工工作满意度并激发员工创造性地开展工作、提高顾客保持率和顾客忠诚等。事实上，员工授权管理中，还需要考虑成本因素，如授权员工的培训成本、决策失误风险成本以及员工报酬奖励成本等。一个合理的解决方案就是恰当地聘用、谨慎地授权，毕竟不是每一个员工都有必要或有能力获得授权。

（五）实施内部服务补救

内部服务补救是指企业对在顾客抱怨和补救过程中员工产生的失落、缺乏信心等心理感受所采取的补救措施，服务补救可以有效地解决员工的抱怨和精神状态问题，保障员工情绪的稳定和良好服务的提供。与外部服务补救有所区别，服务企业的内部服务补救主要由服务机构管理者来承担，经理和主管在处理内部服务补救问题时，有决定性作用。

内部服务补救是引用外部服务补救的概念而出现的，与外部服务补救不同，它针对服务机构的内部顾客（员工）对企业服务机构提供的服务条件及服务要求产生理解偏差或不满的情况。从情绪上看，顾客有时会感到不安、受挫，甚至愤怒，内部顾客也经常出现这种情况。这时需要对员工的服务状态进行疏导和调节，把他们从服务营销的精神压力中解脱出来，以保证服务机构员工具有良好的工作状态和外部顾客获得优质的服务质量。

第6节 关系营销理论

20世纪80年代，新型商业组织不断出现，这些组织非常重视公司间的合作伙伴关系，强调关系管理而非市场交易，公司之间的关系从"单纯的竞争关系"演变成"竞争与合作的关系"。在此背景下，1983年美国学者贝利提出了"关系营销"这一新的营销思想。1985年，巴巴拉·本德·杰克逊强调了关系营销学，提出了企业应该开展"关系营销"的新主张。

一、关系营销的定义及内涵

（一）什么是关系营销

对于关系营销，学术界存在多种定义。对关系营销概念的界定较为全面的是芬兰学者格隆鲁斯于1994年对关系营销的定义。他提出："关系营销是为了满足企业和相关利益者的目标而进行的识别、建立、维持，促进同消费者的关系，并在必要时终止关系的过程，只有通过交换和承诺才能实现。"

北美学派的代表人物贝利在1991就将关系营销定义为"关系营销就是吸引、发展和保留顾客关系。优质的服务是建立顾客关系的必要条件。吸引新顾客仅仅是营销过程中的第一步，将新顾客转化为忠诚的顾客，像对待主顾一样为顾客提供服务"。

摩根认为，"关系营销是指建立、发展和保持一种成功的关系交换"。摩根将企业面临的关系分为供应商合伙关系、购买者合伙关系、内部合伙关系和隐性合伙关系，将企业与内外部利益相关者的关系都纳入关系营销的范围中，扩展了关系营销的范围。这是一个广义的关系营销概念。

（二）关系营销的内涵

关系营销是指企业为实现各方目标而识别、建立、保持并发展与利益相关者之间的关系的过程。关系营销的目标是追求利益相关者利益的多赢。根据这一定义，我们可以从以下几个视角理解关系营销的内涵。

1. 关系营销是一种经营理念

关系营销是这样一种经营理念，是一种谋求企业与顾客合作、共同创造价值的经营理念。这种营销理念非常重要，它决定了企业与顾客的关系以及企业如何管理顾客关系。从交易营销转变为关系营销，实质上是一种营销理念的转变，即以交易为中心到以关系为中心的观念的变化。在交易营销中，顾客被当作企业要征服的对手，企业竭力说服顾客购买其产品；而在关系营销中，企业将顾客视为一种创造价值的资源，与之建立并保持相互信赖的互动关系，双方共同创造价值，实现双赢。

2. 关系营销的核心是谋求与顾客的合作双赢

关系营销要求企业与各个利益相关者建立长期的关系，这些利益相关者包括顾客、员工、供应商、中间商、竞争者、政府和其他相关组织，其中，顾客是最重要的利益相关者。顾客与企业的关系是关系营销的核心，最重要的是如何与顾客建立起长期互动的关系，处理好企业内部的员工关系和与外部的供应商、分销商、竞争对手以及其他影响者之间的关系，从而获得持久的关系价值。

3. 关系营销的重点是保持和发展现有顾客

关系营销包括建立新的关系，维持和发展现有的关系，以及中止与某些不恰当顾客的关系。顾客是企业最重要的资源，吸引新顾客仅是关系营销的第一步，营销的重点在于保持与增进现有顾客关系。根据服务营销的研究，开发一个新顾客所花费的货币、时间、精力成本是保持一个老顾客的8～12倍。因此，通过关系营销实现顾客价值是企业持续发展的需要，建立和发展良好的顾客关系是企业保持和提高业绩的有效途径。

二、关系营销的本质特征

关系营销中企业与顾客关系的建立是极为重要的。这种关系建立的主动权不在企业而在顾客。也就是说,顾客与企业的关系不是企业建立了一个数据库,简单地发送一张卡片或是送上一份礼物就可以了,而是顾客对企业的产品和服务感到满意,从而对企业有了忠诚度才算完成。关系营销的本质特征可以概括为以下几个方面。

(一) 信息沟通的双向性

在关系营销中,沟通应该是双向而非单向的。只有广泛的信息交流和信息共享,才可能使企业赢得各个利益相关者的支持与合作。

(二) 战略过程的协同性

一般而言,关系有两种基本状态,即对立与合作。只有通过合作才能实现协同,因此合作是双赢的基础。

(三) 营销活动的互利性

关系营销旨在通过合作增加关系各方的利益,而不是通过损害其中一方或多方的利益来增加其他各方的利益。

(四) 关系发展的情感性

关系能否得到稳定和发展,情感因素也起着重要作用。因此关系营销不只是要实现物质利益的互惠,还必须让参与各方能从关系中获得情感的需求满足。

(五) 信息反馈的及时性

关系营销要求建立专门的部门,用以跟踪顾客、分销商、供应商及营销系统中其他参与者的态度,由此了解关系的动态变化,及时采取措施消除关系中的不稳定因素和不利于关系各方利益共同增长的因素。此外,通过有效的信息反馈,也有利于企业及时改进产品和服务,更好地满足市场的需求。

三、关系营销的内容和形态

(一) 关系营销的内容

关系营销所研究的关系,其内容具体表现在以下几个方面。

1. 企业与顾客的关系

顾客希望以合理的价格获得满意的产品或服务,企业则需要顾客来购买产品和服务,于是企业与顾客之间就建立了一种关系。传统营销理论早已证明顾客对于企业的生存与发展具有重要意义。顾客是企业要面对的最基本的,也是最重要的外部公众,处理好企业与顾客的关系是关系营销的基本目标。

2. 企业与竞争者的关系

企业的竞争者包括现有的竞争者、潜在的竞争者和替代品竞争者。一般来说,替代品竞争者可能是最危险的竞争者。企业在处理与竞争者的关系时,不能视其为敌人,不要将竞争对手赶向绝境;而是应该寻求双方共同利益,形成相互适应、相互协调、共同发展的和谐关系。

3. 企业与供应商的关系

企业与供应商之间的关系历来受到企业的重视,希望与其形成密切的合作伙伴关系。

企业可以采取提升采购部门级别、招聘最优秀的采购人员、让供应商了解企业生产与需求情况、派人专访供应商、与供应商交流信息等一系列措施，来维护这种关系。

4．企业内部关系

企业内部关系包括部门间的关系和员工间的关系。正确处理内部关系，员工才能更努力地工作，关系营销的实施才能有一个好的基础。罗森布拉斯和彼得在《顾客是第二位的》一文中论证了公司要想真正使顾客满意，必须使员工而不是顾客居于第一位，即首先要使员工满意。

（二）关系营销的形态

关系营销是在人与人交往的过程中实现的，而人与人之间的关系复杂且绚丽多彩。归纳起来大体有以下几种形态。

1．亲缘关系营销形态

亲缘关系营销形态指依靠家庭血缘关系维系的市场营销。这种关系营销的各关系方之间盘根错节，根基深厚，关系稳定，时间长久，利益关系容易协调，但应用范围有一定的局限性。

2．地缘关系营销形态

地缘关系营销形态主要指以公司（企业）营销人员所处地域空间为界维系的营销活动，如利用老乡关系或同一地区的企业关系进行的营销活动。这种关系营销在经济不发达，交通落后，物流、商流、信息流不畅的地区作用较大。在我国社会主义初级阶段的市场经济发展中，这种关系营销形态仍不可忽视。

3．业缘关系营销形态

业缘关系营销形态指以同一职业或同一行业之间的关系为基础进行的营销活动，如同事、同行、同学之间的关系，由于接受相同的文化熏陶，彼此具有相同的志趣，在感情上容易紧密结合为一个"整体"，可以在较长的时间内相互帮助、相互协作。

4．文化习俗关系营销形态

文化习俗关系营销形态主要指公司（企业）及其相关人员之间具有共同的文化、信仰、习俗，并以此为基础进行的营销活动。由于公司（企业）之间和人员之间有共同的理念、信仰和习惯，在营销活动的相互接触交往中易于心领神会，对产品或服务的品牌、包装、性能等有相似需求，容易建立长期的伙伴营销关系。

5．偶发性关系营销形态

偶发性关系营销形态是指在特定的时间和空间条件下，突然的机遇形成的一种关系营销，如营销人员在车上与同车旅客闲谈中可能促使某项交易成交。这种营销具有突发性、短暂性、不确定性等特点，往往与前几种形态相联系，但这种偶发性机遇又会成为企业扩大市场占有率、开发新产品的契机，如能抓住机遇，可能成为一个公司（企业）兴衰成败的关键。

四、关系营销的具体措施

（一）关系营销的组织设计

为了对内协调部门之间、员工之间的关系，对外向公众发布消息、处理意见等，通过有效的关系营销活动，使得企业目标能顺利实现，企业必须根据正规性、适应性、针对性、整体性、协调性和效益性等原则建立企业关系管理机构。该机构除协调内外部关系外，还将担负着收集信息资料、参与企业的决策预谋的责任。

（二）关系营销的资源配置

面对当代的顾客、变革和外部竞争，企业的全体人员必须通过有效的资源配置和利用，同心协力地实现企业的经营目标。企业资源配置主要包括人力资源和信息资源。

人力资源配置主要是通过部门间的人员转化、内部提升、跨业务单元的论坛和会议等进行。信息资源共享方式主要是利用电脑网络、制定政策或提供帮助削减信息超载、建立"知识库"或"回复网络"以及组建"虚拟小组"。

（三）关系营销的效率提升

与外部企业建立合作关系，必然会与之分享某些利益，增强对手的实力，同时，企业各部门之间也存在着不同利益，这两方面形成了关系协调的障碍。具体的原因包括：利益不对称，担心失去自主权和控制权；片面的激励体系；担心损害分权。

关系各方环境的差异会影响关系的建立以及双方的交流。跨文化区域的人们在交流时，必须克服文化所带来的障碍。对于具有不同企业文化的企业来说，文化的整合，对于双方能否真正协调运作有重要的影响。关系营销是在传统营销的基础上，融合多个社会学科的思想而发展起来的，吸收了系统论、协同学、传播学等思想。关系营销学认为，对于一个现代企业来说，除了要处理好企业内部关系，还要有可能与其他企业结成联盟，企业营销过程的核心是建立并发展与消费者、供应商、分销商、竞争者、政府机构及其他公众的良好关系。无论在哪一个市场上，关系具有很重要的作用，甚至成为企业市场营销活动成败的关键。因此，关系营销日益受到企业的关注和重视。

本章小结

本章主要介绍了服务营销基础理论知识，包括服务三角理论、服务利润链理论、顾客满意与顾客忠诚理念、服务质量理念及其测量、内部营销理论和关系营销理论。深入了解和深刻掌握这些知识，能为后面各章的学习提供理论支撑，也可以给往后的学习之路突破理论学习难点方面的障碍。本章内容整体偏难，在学习时应加强理解和比较。

思考与练习

（1）简述服务三角理论中三个参与者的功能和关系。

（2）简述服务利润链中的"两个循环"的内容。

（3）何谓顾客满意，如何提高顾客忠诚度？

（4）服务质量的影响因素有哪些？

（5）什么是内部营销，有效实施内部营销的策略有哪些？

（6）简述关系营销的内容和措施。

（7）怎样理解"顾客永远是对的"？

第三章　服务理论创新发展

教学目标

（1）认识服务创新营销的支点及主要方式。
（2）了解体验营销的内涵、理论工具及管理原则。
（3）知道网络营销的特点、主要力量与主要方式。
（4）口碑营销的内涵、价值及启动按钮。
（5）掌握创意营销的含义、思维方式和实施步骤。

随着经济全球化、社会服务化和生活网络化的发展，市场营销正从1.0的产品时代到2.0的以顾客为中心时代向3.0的人文关怀时代升级，服务营销方式的创新正如雨后春笋般涌现出来。在传统的服务三角理论、利润链理论、服务质量管理理论、内部营销理论和关系营销理论的基础上，又有智能营销、软文营销、参与营销、逆势营销、痛点营销、数据化营销、"新"怀旧营销等众多营销新理论的问世。本章将着重介绍服务创新营销、体验营销、网络营销、口碑营销、创意营销等几种影响较为广泛的服务营销新理论。

第1节　创新营销理论

服务创新是指用新的服务方式、技巧和要素全部或部分地替代原有的服务方式、技巧和要素，以便增加服务价值。服务创新营销就是在服务营销中重视创新和充分发挥创新对营销的促进作用。

一、创新营销的作用

服务创新对营销的作用主要是建立服务特色、构建服务竞争优势、带动服务技巧的提高、刺激服务消费和促进个性化营销等。

（一）建立服务特色

服务创新与服务特色之间有密切的联系。服务特色是服务创新的目的和结果，而服务创新是建立服务特色的手段。越来越多的企业开始重视服务特色的构建，比如房地产开发商万科集团。其中很重要的一个原因就在于其售后服务，即万科物业管理公司的服务特色，让每位万科业主都能感受到与其他项目的差异，即服务特色。

（二）构建服务竞争优势

服务竞争力是服务创新产生的优势，但服务创新的优势比较难以保持，因为服务创新一般没有专利，所以竞争对手可以迅速模仿。服务创新与服务本身一样也具有易逝性。因此，要保持服务竞争力，就要不断地创新。通过创新，可以动态地保持竞争优势。服务创新的频率应该比产品创新的频率高很多。

（三）带动服务技巧的提高

服务创新的核心是服务技巧的创新，而成功的技巧创新一般会带动技巧的提高，因为任何创新的目的无非是用新的更高水平的东西替代原有的水平较低的东西。

（四）刺激服务消费

服务创新对消费有刺激性，尽管服务消费者对服务创新的接受程度不如对产品的创新，随着服务市场的开放、消费者收入和受教育程度的提高，消费者对服务创新的态度会逐步转变，会增加兴趣和接受程度。例如，随着生活水平的提高，越来越多的女性开始注重如何能尽可能地保持自己年轻的外貌，注意到这一需求，一些旅行社在推出赴韩"购物游"之后又及时推出了赴韩"整容游"，时常在机场可以看到整团的游客赴韩的三要目的就是为了整容。

（五）促进个性化营销

服务创新与服务个性化之间也是密切相关的。许多服务创新来自对顾客的个性化服务。反之，服务创新也促进个性化服务。如信用卡是银行业的一大创新，信用卡的一项重要功能是允许适当透支，而适当透支能较好地满足用户的某些个性化需求。由于很多信用卡用户因为工作繁忙等原因，常常会忘记在还款日及时还款，按照银行规定，延期还款往往意味着用户要多付利息。为了应对竞争，近年来银行在这一方面进行了创新改革，允许信用卡用户可以逾期三天进行还款，即逾期三天内还款，仍然免息，超出三天才加收利息。

二、创新营销的四大支点

美国管理大师熊彼特曾提出企业创新的5个有形要素，而营销创新属于无形要素范畴。事实上无论是有形要素还是无形要素的创新都需要一种思想或力量上的支撑。从我国目前的营销实践来看国内企业虽然受国际大环境的影响，尤其是国际知名大企业营销创新的威胁，却仍然使用着传统的营销手段。他们也试图突破传统的营销手段，却不知从何入手，很明显是缺少思想或是力量上的支撑。从我国的营销现状出发分析，企业必须为创新营销提供以下四大支点。

（一）树立正确的创新观念

所谓创新观念，就是企业在不断变化的营销环境中，为了适应新的环境而形成的一种创新意识。它是营销创新的灵魂，指挥支配着创新形成的全过程，没有创新观念的指导，营销创新就会被忽视，仍然一味追求着传统的、已不适应新环境的模式。企业只有把创新这一指导思想提上日程，才能使企业在变化中成长，在竞争中生存。营销创新亦能更充分地发挥作用。海尔的斜坡理论是众所周知的，其推力是管理，拉力就是创新，由此可见海尔已经树立起了创新观念，不断地在指引着海尔各方面的创新工作。管理上"以市场链为纽带的业务流程再造"的创新成果已经获得了第七届全国企业管理现代化创新成果第一名。营销方面的创新也是接连不断，"亲情营销"这一新思路的执行，不仅提升了品牌形象，而且增强了品牌亲和力。试想，没有创新意识的企业，又何以谈营销创新？由此可见，树立营销创新观念是营销创新的首要条件。

那么，如何树立起正确的营销创新观念？首先要有明确的市场意识或称市场营销观念。离开营销观念的指导，任何的创新活动都将失去它存在的意义。目前，我国许多企业还没有树立起明确、清晰的营销观念，尤其是中小企业。而在目前这种世界各大品牌纷纷上马中国市场的竞争现状下，企业须以创新求生存，以正确的营销观念为指导。其次，要有竞争意识。这是营销创新的内在推动。在全球一体化的环境下，我国企业所面对的是与国际成熟大企业的竞争，要有危机感和使命感。

（二）培养营销思维

企业要做好营销活动就必须具备营销思维。事实上，营销创新的切入点就在生活中，或者说就在消费者身边。如果缺乏营销思维，就无法把握住这些切入点，营销创新也就成了无本之木。例如，一项房地产项目营销策划，在其项目推广造势阶段，将项目的地理位置与国家乒乓球训练基地要扩建这本无关联的两件事联系起来，使本无地理优势的项目，一时间变成了抢手货。正是这种营销思维，使策划者将两件不相关的事物联系在一起，创造了营销佳绩。

营销思维的培养要在营销人员的头脑中建立起一种营销意识，即工作状态。一是要精通理论知识，运用这些知识去观察生活中的诸多事物，培养起在生活中运用营销的能力，自然能培养出营销意识。二是做生活中的细心人，注意观察周围的事物"消费者"行为，深度挖掘营销创新切入点。

（三）要有坚韧不拔的精神

由于营销创新的风险无处不在，很可能会付出很大的经济代价，创新极容易受挫，或是被束之高阁，或是不敢执行。这样就打击了营销创新的积极性和开拓精神。因此，必须要有坚韧不拔的精神做支撑，确保创新的大厦不倒。"乒坛常青树"瓦尔德内尔每次出现都变换新的打法，面孔虽是老的，但是打法永远在创新，当然这种创新不一定成功，但是这种精神却是可贵的，也是营销创新所必需的精神。作为营销人员就要有一种勇于创新、敢于开拓、坚韧不拔的精神，并创造条件加以训练。而事实上这种精神也源自自身的性格和生活的磨炼，作为营销人员应该具备这种意志。

（四）要有严格的制度保障

规章制度可以使企业的各部门人员有章可循，形成一个组织严密的团队。如果没有制度保障，那么企业就完全丧失了凝聚力，也不可能形成良好的企业文化。要想让一种思想或文化在企业员工的思想中渗透，运用规章制度来贯彻是非常必要的。要想将营销创新思想变为企业营销人员或其他员工的行动准则或深层次的文化核心，就必须有严格的制度来规范，保证其规范的运行。将营销的观念、精神和思维转化成员工进行营销活动的理念和方法。

当营销创新制度化后，创新观念、思维和精神有了根本保障，从而充分地调动了服务营销人员创新的积极性和主动性，促使企业在复杂多变的环境中有的放矢地进行营销活动，适应变化。其实，这正如管理学中 Y 理论所讲的那样，对人这个复杂的有机体必须用严格的制度管理，其效果也是不容置疑的。但是，要将一种思想制度化，甚至将这种思想提到企业文化的平台上，就很困难了。因此，营销创新制度化，还要依靠企业文化的魅力，才能使效果更好。

三、创新营销的方式

企业在营销实践中，一方面应敢于把国际先进的营销做法创造性地加以应用，另一方面要大胆提出和实施新的营销方式。在营销方式创新方面，有的学者提出了以下几种方式。

（一）视觉营销

视觉营销主要是指品牌主或广告商科学运用图片、视频、信息图等可视化内容，让品牌在社交媒体上的曝光量得到提高，目标受众产生更加深刻印象的营销方式。如 Cinemagraph（动态摄影和静态图片相结合）技术，可以称得上是视觉营销的后起之秀，其优雅迷人的风格得到了许多奢侈品品牌和时尚品牌的钟爱，让众多品牌主和代理商看到了巨大潜力和无限商机。

（二）品牌"善举营销"

当今社会，越来越多的企业开始行善，担当起更多社会责任。这些企业关注环保、慈善公益，洞察社群以及整个社会背景下的问题，发现问题并为人们解决问题。不仅如此，品牌"善举营销"还巧妙地结合科技，使科技与人文关怀完美契合。让消费者参与善举营销，不仅能让消费者从晒"善举"中获得满足感，而且能为品牌带来社会公益方面的声誉。

（三）事件营销

事件营销主要是指企业通过或借助某一有影响力的事件来强化产品和品牌的营销，进而扩大市场的做法。以新闻媒体为杠杆撬动市场，以营销为目标推广品牌，往往能以四两拨千斤之力，化腐朽为神奇，让弱势品牌一举成名。

（四）零库存营销

零库存营销是指企业采用先接订单后生产、库存为零的一种营销方法。这种营销方式的主要优点是能使销售员从"库存"的盾牌中站出来，并且以积极的态度回应顾客的需要。这是因为新的情势要求企业不得不朝向"即使零库存也能销售"的目标迈进。

（五）无缺陷营销

无缺陷营销是指在整个营销过程中不给消费者留下任何遗憾的营销方法。它包括产品的设计无缺陷、生产过程的无缺陷、销售过程的无缺陷，以及售前、售中和售后服务的无缺陷，以此建立和维系同顾客的良好关系，促进企业的营销业务。

（六）柔性营销

柔性营销是指企业适时灵活地整合企业营销资源以适应并满足客户个性化需求的一种营销思想和方法。它以顾客的需求为出发点，以系统的观念和权变的观念为营销的指导思想，并使得这种快速反应的营销模式成为组织的竞争优势。柔性营销具有动态性、灵敏性、主动性、系统性、人本性和高效性等特点。

（七）超值服务营销

超值服务营销就是整合组织所有的资源，以最快的速度、最优的方式向消费者提供超越其心理期待（期望值）的、超越常规的产品或全方位服务。超值理念是由售前、售中和售后提供超值产品或服务三个子系统构成的有机体系，贯穿于科研、生产、销售全过程，也就是说要"以顾客为导向"，向用户提供最满意的产品和服务。通过组织与顾客构建的直接网络平台，组织可以直接获取顾客的目前需求和潜在需求及没有被满足的需求，并通过组织柔性的快速反应系统使顾客的这一需求得到满足。

（八）跨界营销

跨界营销是指根据不同行业、不同产品、不同爱好的消费者之间所拥有的共性和联系，把一些原本毫不相干的元素进行融合、互相渗透，进而彰显出一种新锐的生活态度与审美方式，并赢得目标消费者的好感，使得跨界合作的品牌都能够得到最大化的营销。在营销界，许多品牌之间针对同一档次的目标消费者即"共有消费群"，联合举办一次营销活动。看似风马牛不相及的产品通过跨界营销，将各自已经确立的市场人气和品牌内蕴相互转移到对方品牌身上，实现双赢，产生品牌叠加效应。

四、营销创新应注意的问题

（一）营销创新中必须创造价值

这是衡量营销创新是否有价值最重要的评估标准，当然，这里的价值不仅包括经济价值，还包括顾客价值。不创造经济价值对企业没有任何意义，而不创造顾客价值的营销创新，就无法获得经济价值，因此创造顾客价值是营销创新的关键。顾客价值不仅表现在产品功能上，而且表现在顾客为购买该产品而付出的精力、体力、时间及货币等，甚至包括情感。总之，在营销创新中必须创造顾客价值，否则，难以提高企业的核心竞争力。

（二）营销创新的切实可行性

创新要在分析宏观、微观环境的基础上创造出来，而非凭主观想象创造出来，要切实可行、易操作，尤其是要注意文化的影响。营销创新是就某时某地情况而进行的营销要素排列的最佳组合，要注意文化的可控性和不可控性，还可能存在着入乡随俗和入乡不随俗的问题。最后，还要注意营销创新活动是否对社会的影响有负面效应。

（三）营销创新组合

企业营销创新往往是一个营销环节的成功，这是令人欣慰的，但要注意营销组合。一个方面或一个环节的创新要有其他营销组合要素的配合，否则这种营销成功就要大打折扣。2000年农夫山泉营销创新的案例就是缺少营销组合的案例。那时，农夫山泉从4月的"小小科学家活动"到宣布纯净水无益身体健康，再到8月"农夫山泉，中国奥运代表专用水"的宣传，呼应了"纯净水是否有益人身健康"的话题暗示，这一营销创新企划，可谓是"天衣无缝"，却因为渠道的问题没有配合好整个策划的执行，既损坏了品牌形象又损失了利润。由此可见，营销创新的实质是创新组合，企业的创新工作应与营销组合相互配合。

（四）运用合力

在营销创新时要求运用团队的力量。日本企业特别强调团队精神，因为团队的合力总大于个体的力量。在营销创新方面，团队的力量显得更为重要，因为团队的创新较个人创新而言，更加完整和可行，而且在执行过程中，对于整体的沟通与理解要强于个体，效果也自然出人预料。

另外，这种合力还需要知识的整合。营销本身就与许多学科休戚相关，如经济学、哲学、数学、行为学和心理学等。没有这些学科的基础，营销创新就不能够尽善尽美。因此，营销创新不仅要有人员组合，还要有知识的整合。

第2节 体验营销理论

美国战略地平线LLP公司的创始人派恩和吉尔摩在《哈佛商业评论》上发表的《欢迎进入体验经济》一文，以及其《体验经济》一书的出版，宣告了体验经济时代的来临。作者在书中强调，社会上存在产品、商品、服务和体验4种经济提供物，据此可以将社会经济发展分为产品经济、商品经济、服务经济、体验经济4种经济形态。体验经济已经逐渐成为继服务经济之后的又一个经济发展阶段，体验营销的出现正是体验经济时代的市场要求。

一、体验与体验营销的概念

（一）什么是体验

"体验"的概念最初是由美国著名未来学家托夫勒于1970年在其《未来的冲击》中提出的。他首先把体验作为经济价值来看待，认为体验是商品和服务心理化的产物，并指出"体验产品中的一个重要品种将以模拟环境为基础，让客户体验冒险、奇遇；感性刺激和其他乐趣"。随后，美国学者派恩和吉尔摩在1998年提出，"体验是从服务当中分离出来的一种经济提供物"，"体验，事实上是当一个人达到情绪、体力、智力，甚至是精神的某一特定水平时，他意识中所产生的美好感觉"，如果"一个公司有意识地以服务作为舞台，以商品作为道具来使消费者融入其中，体验就出现了"。他们进一步提出了"体验剧场"的理论，认为"在任何企业中的每一个层次，员工们需要理解在体验经济中，每项业务都是一个舞台，因此工作就是剧场"，由此建构了"体验剧场"模型，成为体验营销的理论基础。他们还将其"体验王国"划分为娱乐体验、教育体验、审美体验和逃避现实体验。

美国学者施密特于1999年进一步将体验分为感官体验、情感体验、思考体验、行动体验和关联体验5个方面，并由此构建其体验战略模型。而服务营销专家泽丝曼尔在其《服务营销》著作中则提出"服务就是体验"，无论是出售商品还是提供服务的企业都致力于打造顾客难忘的体验。

（二）体验与产品、服务的区别

从以上对"体验"的界定可以看出，体验作为一种特殊的经济提供物，与传统产品、服务有着显著的区别。

从商品形态上看，产品是有形的实体，服务本身或附加在商品上的服务往往是无形的活动或过程，而体验是难忘的心理感受和过程。当然，许多服务本身也是一种体验过程,但体验更多地强调顾客的难忘经历与感受,强调被感知的效果。

从商品属性来看,企业所提供的产品往往具有同质性,服务往往由于提供者的不同而表现出异质性,体验作为从服务中分离出来的一种提供物,因顾客或消费者个人的背景、经历、理解、认识等的不同是完全个性化的。

从商品传递过程来看,产品是企业生产出来供消费者选择和消费的,其生产、分销与消费过程是分离的。在服务提供的过程中,服务的生产、分销和消费过程是同时发生的。从这个意义上讲,体验与服务很类似,其生产、分销和消费过程也是同时发生的。不同的是,体验过程中形成的各种感受并没有因为消费的结束而结束,而是延续到消费之后。

从商品特征来看,产品是一种有形的实体,服务是一种活动或过程,体验是一种过程、影响和主观感受的综合体。

从商品价值实现途径来看,产品在生产出来以后就有了价值,通过交换而实现了价值转移。服务的价值是在买卖交互过程中实现的。体验的价值是在买卖交互过程中及交互过程后实现的。

从商品所有权来看,产品的交换是有形物品从生产者手中转移到消费者手中,其过程涉及所有权的转移。服务是生产者或中间商提供给消费者的一种活动或过程,其过程不涉及服务所有权的转移。体验是消费者在生产者或中间商所搭建的消费平台中的所见、所感和所思,因人而异,属于每个消费者个体。

总之,体验是远远超越产品或传统服务,但又必须以产品或服务为媒介(以服务为舞台,以产品为道具)的完全无形化的一种过程、影响和主观感受,起始于体验营造者(服务企业)与体验主体(顾客)的互动过程,并可一直延续至互动过程结束之后。

(三)什么是体验营销

体验营销作为新经济时代一种创新的商业模式,自20世纪末21世纪初在美国诞生以来,已经得到了广泛的研究与应用,被应用于软件业、网络业、电影电视、金融领域、餐饮行业、商品零售业、旅游业、房地产等多个行业和领域。

施密特在1999年就界定了体验营销的概念,认为体验营销是"一种为体验所驱动的营销和管理模式",是企业"以满足顾客体验需求为目标,以营销空间为舞台,以产品或服务为载体,利用文化、艺术和科技等手段来增加产品内涵,更好地满足人们的情感及审美等多种体验需求,在给人们的心灵带来震撼的同时达到促进产品销售目的的一种全新的营销模式"。施密特利用"战略体验模块"(感官、情感、思考、行动、关联)和"体验媒介"(沟通、视觉与语言识别、产品、联合品牌塑造、空间环境、电子媒体与网站、人员等)相匹配构建了"体验矩阵",还构建了一个完整的顾客体验管理(Customer Experience Management,CEM)框架,包括:分析顾客的体验世界、建立客户体验平台、设计品牌体验、建立与顾客的接触、致力于不断创新。体验营销模式于21世纪初引入我国,也引起了我国营销学界的关注和企业界的广泛应用。

可以说,现代营销更加关注顾客体验价值而不是产品或服务的功能价值,顾客体验已经从一个饶有兴趣的概念进化为一种成功的商业模式,而体验营销已经被看作现代企业生存发展战略的有效方式,成为现代服务企业竞争制胜的有力武器。

(四) 体验营销与传统营销的差异

从以上对"体验营销"的分析界定可以看出,体验营销与传统营销相比具有显著的特色。体验营销与传统营销的比较见表3－1。

表3－1 体验营销与传统营销的比较

营销类型	传统营销	体验营销
理论基础	顾客是理性的	顾客更多的情况是感性的
关注焦点	产品、服务特色、质量和服务水平	顾客的体验感受
传播方式	企业到顾客的单向活动	注重企业与顾客的双向互动
顾客角色	接受者（被动、一定程度参与）	主动参与者、角色

首先,在理论基础方面,传统营销认为顾客是"理性的",顾客购买产品、服务是为了满足某种物质需求;体验营销打破了传统的"理性人"假设,认为购买者兼具理性和感性,体验侧重于满足顾客的情感和个性需求。

其次,关注焦点不同。传统营销注重产品/服务的特色、质量和服务水平,希望通过这些策略与竞争对手区别开来,从而打造企业的竞争优势;体验营销的重点是为顾客提供难忘的体验经历,强调如何营造消费过程中由体验所产生的乐趣、愉悦、感受等消费情境,从而使顾客为这种"体验"支付让渡价值。比较而言,前者侧重于消费结果的满足,而后者侧重于消费过程的满足。

再次,营销传播手段不同。传统营销的营销传播活动是信息流从企业到顾客的单向流动,强调产品的价格、质量与功能的推广,企业在整个营销传播过程中发挥主导和控制作用;体验营销强调企业与顾客的双向互动,强调消费氛围的整体营造,在互动过程中实现营销信息的整合和再传播。

最后,顾客扮演的角色不同。传统营销中的顾客是产品/服务的接受者或参与者,尽管存在一定程度的互动,但往往是经济提供物的被动接受者。体验营销强调顾客的主动性,只有在顾客主动参与到体验活动过程中的时候,作为经济提供物的体验才能产生并被让渡给顾客。

二、体验营销的理论工具

(一) 体验剧场与角色理论

派恩和吉尔摩在其《体验经济》一书中写道:"在任何企业中的每一个层次,员工们需要理解在体验经济中,每项业务都是一个舞台,因此工作就是剧场。"他们提出了体验剧场的概念,并据此建立了模型,同时认为,在这个剧场当中,每一个人都在扮演着不同的角色,而角色挑选这一步骤一直都在发挥着核心作用,任何商业的成功明显地依赖于挑选合适的人扮演恰当的角色。

体验营销的创立者施密特随后将派恩和吉尔摩的体验剧场理论发扬光大,在其《体验营销》一书中进一步论述了体验剧场及角色理论的思想,并构建了自己的体验剧场模型（见图3－1）,阐述了体验营销的构成要素。施密特提出,企业就是表演者,职场就是剧场。体验好比一场戏剧，体验剧场模型拥有与舞台产品一样的要素构成。在服务体验过程中，顾客和体验营销人员都在体验剧场中承担着一定的角色，发挥着各自的功能。同时，角色的扮演是可以后天习得的，体验效果的评判与角色期望相关联。

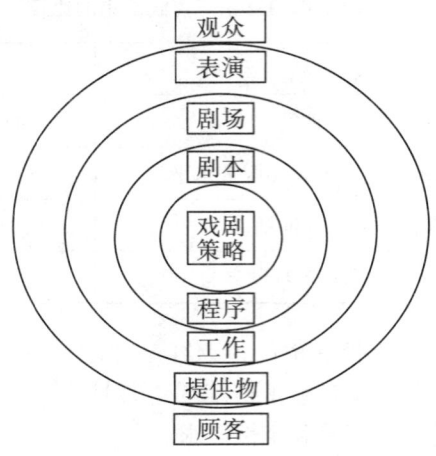

图3-1 施密特的体验剧场模型

施密特的体验剧场模型表明，体验演出的整体表现是演员、观众、设施之间动态互动的结果，员工的专业水平、能力，甚至服饰、风度与态度行为，都会影响客户的体验评价，其影响丝毫不亚于演员的舞台着装与角色扮演，体验设施的场景、道具、设备、照明、温度、色调等，都会影响客户对体验的期望及其对体验质量的评价，而且，前台的成功体验表现必须依赖后台的大力支持。总之，企业的体验产品和服务都具备多种戏剧特征，诸多戏剧要素相互影响整体展示，改变或重新设计任何一种要素都可能赢得和营造不同的体验表现。施密特还进一步将体验营销的构成要素区分为设施、产品、服务和互动体验过程，认为是这四个要素的有机结合共同营造了客户的体验过程，共同创造了客户的体验价值。

（二）战略体验模块与体验矩阵

施密特于1999年在其《体验营销》一书中提出了战略体验模块和体验媒介的概念。战略体验模块包含五种类型的顾客体验，即感官体验、情感体验、思考体验、行动体验和关联体验。其中感官体验是顾客在视觉、听觉、触觉、味觉和嗅觉几个方面的体验；情感体验是顾客内心的感触和感情的体验；思考体验是顾客认识问题、解决问题的体验；行动体验是顾客的身体体验、生活方式体验以及与企业互动的体验；关联体验是顾客与理想自我、他人或是文化产生联想的体验，包含了前四种体验。企业进行体验营销就是在这五种战略模块上进行营销，即进行感官营销、情感营销、思考营销、行动营销和关联营销，激发和创造顾客这五个方面的体验。

体验媒介是体验营销的执行工具，也就是实现战略体验模块的媒介，包括沟通、视觉与语言识别、产品、联合品牌塑造、空间环境、电子媒体与网站、人员。其中，沟通包括广告、宣传册、年报、公共关系活动等；视觉与语言识别包括名称、徽标等；产品包括设计、包装、品牌个性与展示等；联合品牌塑造包括活动营销、赞助、产品展露等；空间环境包括建筑、办工场所、工厂、零售地点、公共场所等。

施密特将战略体验模块和体验媒介进行匹配构建了"体验矩阵"（见表3-2），作为企业体验管理，特别是体验传播管理的有效工具，管理者可以通过体验矩阵决定采用哪种体验媒介来传播和创造某种体验模块。

表3-2 施密特的"体验矩阵"

战略体验模块	体验媒介						
	沟通	视觉与语言识别	产品	联合品牌塑造	空间环境	电子媒体与网站	人员
感官	√	√	√		√		√
情感	√				√		√
思考				√		√	
行动	√		√			√	√
关联				√	√	√	

三、体验营销的运行机理和实施模式

（一）体验营销的运行机理

体验营销是企业通过开发体验产品和营造体验情景，吸引顾客参与互动，从而形成体验价值并加以实现，以达到企业经营目标的一种创新商业模式。

企业体验营销的机理在于顾客体验价值的形成与实现，主要依赖两条路径实现营利：一是通过"免费"方式让顾客参与某种体验，二是通过"收费"方式让顾客消费某种体验，两者最终都能够通过促成顾客购买行为与口碑传播达到直接或间接营利的效果。企业通过顾客参与体验促成有效销售实现利润，同时通过口碑传播开发潜在顾客和培育顾客忠诚，如此循环以达成顾客价值目标和企业利润目标。企业体验营销营利模式模型见图3-2。

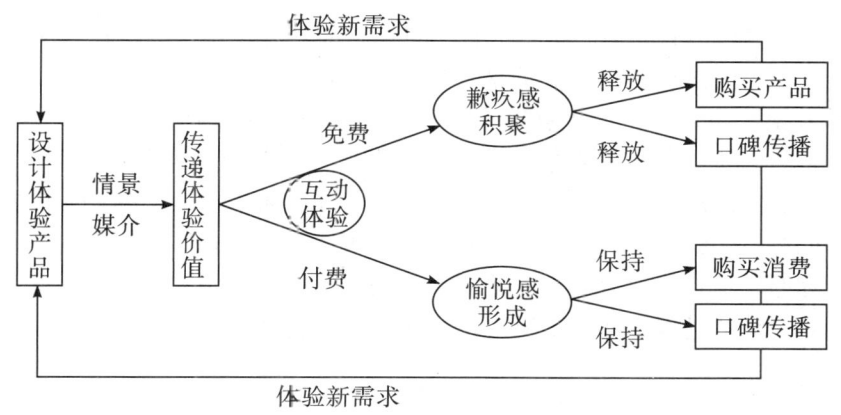

图3-2 企业体验营销营利模式模型

（二）体验营销的实施模式

体验需求既是体验营销的起点，又是体验营销的终点；顾客需求的研究和把握，是开发体验产品和选择体验营销方式的前提；体验场景的布置其实就是体验舞台的搭建；

体验产品、舞台、演员等要素借助一定的主题开展及体验信息传播，生成体验感觉，体验活动其实就是演员表演，有演员也有观众；体验生成以后需要实现（或释放），即形成销售，这是体验营销的目的所在；实现销售以后体验并没有完结，还需要维护保持并继续拓展，由此会激发形成新的体验需求，产生新的体验循环，体验营销就这样不断延展。由此形成体验营销实施模式的9S模型，如图3-3所示。

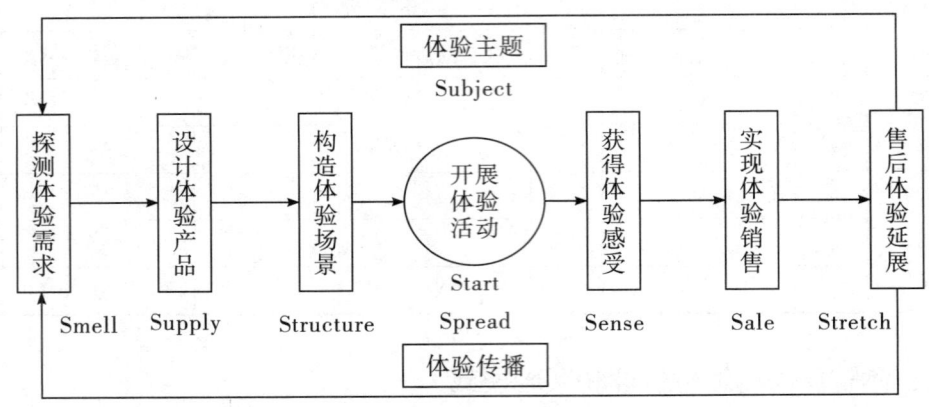

图3-3 体验营销实施模式的9S模型

1. 做好消费者需求的调研与体验定位

现代市场营销遵循"顾客导向"，强调"以消费者为中心"，根据顾客需求去开发和推广产品，因此，体验营销必须关注顾客的体验需求，研究消费者的体验心理和感受，才能击中消费者的心灵。为了正确把握消费者的体验需求，必须先进行目标消费群的细分定位，可以依据性别、年龄、收入水平、文化程度、社会阶层等诸多变量进行划分归类，只有这样才能准确识别目标消费群的体验特性并进行个性化的体验定位和体验产品设计。

2. 开发具有体验特征的产品与主题

体验产品与体验方式是体验营销的核心价值，能否开发出具有浓厚体验特征的产品载体和具有冲击力的体验主题，是企业体验营销模式成败的关键。这里有必要首先区分一下"体验营销"与"体验式营销"的概念，应该说，两者都包含在体验营销模式的内涵中。本书认为，体验营销主要指体验产品的营销，是指产品本身内含浓重体验色彩，或者是通过体验才能消费的产品，如旅游产品、服务产品等无形产品；而体验式营销主要是指产品的体验式销售，是指有形产品通过顾客体验的方式实现销售的营销模式。二者都包含着体验的形式和内容，不能分割，共同构成体验营销的内涵。因此，在产品开发环节和主题设计的过程中都要重视追求要素的体验特性与冲击力，才能形成对消费者的眼球吸引。

3. 营造具有亲和力的体验场景和舞台

体验就是剧场表演，需要场景和舞台，它是体验营销得以实施的载体，也是顾客获取体验的客体和来源。体验营销着意创造顾客愉悦难忘的感受，并期望由此驱动消费者的购买行为和品牌忠诚，因此更加关注场景的设置，温馨的、舒适的、轻松的、美观的、充满人情味的体验场景能够有效激发消费者的热情，拉近与顾客的心理距离，增强信任感,因此,尽可能将体验场景和舞台布置得亲近一些、和谐一些,对于顾客体验感觉的形成与体验价值的提升是有帮助的。

4. 选择合适的体验传播媒介和方式

为了达到体验目标,必须借助一定的媒体来传播体验信息,通过影响潜在顾客而形成体验效应。施密特把这种用来创造体验的工具称之为体验媒体。体验营销(或体验式营销)执行工具的体验媒体包括随时沟通、电视广告、包装识别、场景营造、口碑传播、产品演示、品牌展示、户外媒体、印刷媒体、电子媒体与网站、人员推广、终端促销、公共关系以及产品说明书、卖点广告(Point of Purchase)、纪念品、吉祥物、新闻发布会、产品推介会、知识讲座等。而体验传播媒介和方式的选择不能强求一律相同,要因时而异、因产品而异、因企业而异。选择什么媒体比较合适、划算,主要考虑媒介选择的有效性、经济性、可信度和影响力标准。媒介的有效性是指能否集中击中目标消费群,媒介的经济性是指媒体投入与效益产出的核算,媒介的可信度和影响力是其美誉度特征及权威性表现标准。

5. 有效体验营销活动的组织与开展

正如体验剧场理论所说,体验营销好比剧场表演,体验剧本的实现需要借助演员表演过程的展开,在这个体验过程中,整体的策划协调必不可少,前台、后台的支持配合也很重要,多种体验要素(如体验产品、体验服务、体验舞台、员工表现、体验品牌、体验文化、体验传播等)能否整合协调成为关键,只有精心策划组织并有序地整合展开,整场表演才可能成功,体验者才可能从中享受到体验活动所赋予的某种提供物。在体验营销活动的组织实施过程中,首先要开展内部体验,提高员工的参与度,让员工精神饱满、热情洋溢并富有专业水平和专业精神,因为员工表现的好坏直接影响体验顾客的体验感觉生成及体验满意度评价;其次,有效的体验活动有赖于顾客的积极参与,因此要注意提高顾客的参与度,特别要兼顾体验主题内容新颖与体验成本合理,体验过程的新颖、简单易操作与低成本是吸引顾客积极主动参与的内在动因,这里的成本包括货币成本、时间成本与精力成本。

6. 顾客体验实施的延展与客户保持

从服务营销的角度考察,体验作为一种无形产品,必然存在"售后服务"的问题,一次完美的体验活动应该延续到此次体验之后,甚至需要有一个不断强化的过程,才能使业已产生的美好体验固化成为习惯,并由此形成顾客的信任和忠诚,因此,体验实施必须延续到体验之后,这就需要引入客户关系管理。CRM是一种后续的营销管理策略,它的目标是通过与客户的交互式沟通,建立持久稳固的客户关系,创造顾客忠诚。

四、顾客体验管理的原则

顾客体验的管理,应遵循以下原则。

(一)适用性原则

适用性原则主要指向体验营销模式的适用范围和行业选择。不是所有的行业都适合体验营销,体验营销要求产品本身具备一定的体验特性,消费需要一个明显的过程,才能有体验产生的时间和空间。比如大米、农药、儿童服装、书本销售、配眼镜、医院就极少采用体验营销,而旅游、餐饮、房地产、IT、电信、医疗器械、家用电器、汽车、美容化妆等行业则广泛或必将广泛采用体验营销的模式。

(二) 合法性原则

合法性原则主要指向法律法规标准的执行。在一个法制管理的国家,任何经营行为都要受到国家法律法规的约束,体验营销本身、体验营销实施过程中具体的操作环节和内容,都应该在国家政策和法律允许的范围之内,不能违法经营或抗拒国家和地区的法律法规。有关的法律法规包括《消费者权益保护法》《反不正当竞争法》《商标法》《广告法》《劳动法》《公司法》《合同法》,以及《直销管理条例》《禁止传销条例》等。

(三) 适度性原则

适度性原则主要涉及社会伦理规范、社会道德标准、社会文化要求的软约束问题。一项体验营销活动能否被当地顾客接受,各地差异很大,因为每个国家和地区风俗习惯和文化不同,价值观会有差异,因此价值批判的标准不同,评价的结果当然会不一样。对此有人提出营销道德、道德营销甚至过度营销的问题,目的都是探讨营销执行的道德尺度和道德标准问题。任何事情都有一个"度",超过这个"度"就是超过顾客的心理承受界限和心理标准,事情的性质就会改变,比如服务过程中热情是好事,但过于热情则会令人生厌,正所谓"过犹不及"。

(四) 经济性原则

经济性原则很显然就是指向投入与产出、经营效率与效益的问题。企业的职责首先是营利,然后才是管理与创新,营利才能使企业有能力不断地为社会创造价值,这是一个良性的循环。所以,企业关注财务指标、关注投入产出的经济性指标,这是天经地义的,任何只追求效率考核而忽视效益测量的做法都是有失偏颇的。但这里要强调一个问题,即经济性的追求、投入产出的测量不能成为企业追求眼前利益和采用短期行为的借口,企业要做好短期核算、短期收益与长期投资、长期回报之间的平衡,不能因为眼前利益的"经济性"而牺牲企业的长期发展和远大前景。

第3节 网络营销理论

随着科学的发展,互联网的应用变得越来越广泛,它把世界各地的人们以近乎零成本的方式联系在一起,人们也越来越离不开互联网。建立在互联网基础之上的网络营销可以说是营销家族中的新生儿,可它的成长速度却是前所未有的。网络营销虽没有改变市场营销的本质,但却深深改变了顾客获取信息、消费和沟通的方式,进而强烈冲击着传统营销模式。

科特勒指出,互联网曾经是为具有一定的资金实力和科学技术的一群个体保留的一个精英王国。因特网正在使我们的思维发生变革,21世纪的企业必须适应借助网络的管理。换句话说,管理者需要用一套新规则武装大脑,必将从根本上改变顾客对便利、速度、价格、产品、信息和服务的观念,其新思维也随之影响到各行各业。

一、网络时代的四股力量

科特勒在《市场营销教程》一书中指出：在重塑世界经济的过程中，有4股主要力量构成了网络时代的基础：数字化、互联网爆炸、新型中间商和顾客定制。如今内部网、外部网以及互联网将人们与企业以及与重要的信息联系在了一起，互联网已经爆炸式地增长，变成新千年革命式的科技，赋予了消费者和企业联系的强大力量。

（一）数字化

数字化的时代已经到来。很多企业都开始运用数字化营销来争取更好的营销效果。比方说，国际茶饮巨头立顿公司就很擅长借用数字化工具来营销。中国人有一个特点，就是特别讲究礼尚往来，很喜欢互赠一些小礼物。立顿公司就抓住了这一点，它通过手机、网络发出广告信息，用户只需要向立顿公司提供亲友的姓名、手机号码和地址，立顿公司就会以该用户的名义向其亲友送出一份礼品。短短一个月时间，手机用户、网络用户参与活跃，共有10万人获得了立顿赠送的红茶礼盒。这不仅帮助立顿打开了红茶产品的市场，更掌握了一个准确而庞大的客户数据库，为未来的营销计划打下了良好的基础。

（二）互联网爆炸

互联网的快速发展与普及，不仅增加了网民的数量，更提升了网民的活跃度。在过去，信息传递大都是"一传十，十传百"，而现在，互联网却能产生爆炸效应，一个消息可以瞬间传遍世界各地。

比方说，2012年4月26日，人民网官方微博上的一段话引起了各方极大的关注——"微博女王，姚晨让人民日报人有了强烈的'危机感'。一位年轻编辑在社内培训时举出姚晨粉丝1 955万的事例，这意味着她一次发言的受众，比《人民日报》发行量多出近7倍。"人民网所做的这样一番对比，让人不得不惊叹，互联网时代的力量真的是强大至极。互联网爆炸就真真切切地发生在我们身边。

（三）新型中间商

互联网和其他新科技已经改变了企业为其市场服务的方式。新互联网营销商和渠道已经发展并替代了一些传统营销商。像搜索服务、网上商城、数字出版、电子支付等，这些数字化时代和网络时代所催生出来的新生产物发展势头强劲，甚至形成了初具雏形的、庞大的新兴产业。企业必须积极地去了解、研究、运用这些新型中间商，从而给企业削减更多成本，提升营销效率。

（四）顾客定制

在过去，大多数企业采取的是大规模生产的模式，而到了网络时代，时空观被打破了，从时间上来说，网络使得企业可以动态地响应用户的即时需求，可以及时地为顾客提供产品与服务；从空间上来说，虚拟企业可以彻底打破地理上的限制，订单生产完全可以实现。市场主导权由企业向顾客转移，个性化定制成为越来越多的企业吸引顾客的途径。比方说，戴尔就是如此，用户如果登录戴尔官网选配自己的电脑的话，可以提出自己的定制化方案，从机身颜色到内部配置，戴尔会竭尽所能满足顾客的需求。虽然目前一些企业在实施定制化策略时，仍然只能让消费者在有限的范围内进行挑选和定制，还不能做到完全的个性化定制，但在未来，顾客定制总会是一个大方向。

在网络时代的背景下,科特勒所总结的四股力量,既是企业必须面对的挑战,同时也是企业最好的助力。据相关部门统计,中国网民在 2017 年 6 月已经突破 7.5 亿人,位居全球第一。面对网络时代巨大的消费群体、潜藏的巨大商机,企业只有紧紧跟上,才能从网络经济中分得一杯羹,而慢半拍就可能被甩下一大截。网络科技正在使各行各业的界线变得模糊,企业如果能够把握好网络时代的发展大势,运用好这四股力量,积极地进行转型和变革,那么,网络就会成为企业最佳的平台和机遇。

二、网络营销的鲜明特点

网络营销是 21 世纪最有代表性的一种低成本、高效率的全新商业形式,有其鲜明的时代特征。

(一) 跨时空性

互联网络可超越时间约束和空间限制进行信息交换,使得企业与顾客之间脱离时空限制达成交易成为可能,企业能有更多的时间和更大的空间进行营销,可以 24 小时随时随地提供全球性营销服务。

(二) 高效性

传统营销依赖于一层层严密的渠道,还需要投入大量人力与广告以取得市场,而在网络时代却大不一样,在传统的人员推销中要几十个人甚至成百上千人做的事,可能在网上只需要两三个人,甚至只需要一个较为完善的系统就能完成了。在未来,人员推销、市场调查、广告促销、经销代理等传统营销组合手法必将与网络相结合,并充分运用网上的各项资源,形成以最低成本投入、获得最大市场销售量的新型营销模式。

(三) 多媒体渠道

借助于网络可以传输多种媒体的信息,如文字、声音、图像等信息,使得为实现交易进行的信息交换可以多种形式存在和交换,可充分发挥营销人员的创造性和能动性。

(四) 个性化

网络营销是一对一的、理性的、以消费者为主导的、非强迫性的、循序渐进的营销过程。顾客可以在网上了解产品的最新价格,选择各种商品,做出购买决策,自行决定运输方式,自行下订单,从而获得最大的消费满足。

(五) 整合性

互联网络上的营销可从商品信息、收款至售后服务一气呵成,是一种全程的营销渠道。同时,企业可以借助于互联网,将不同的传播营销活动进行统一设计规划和协调实施,以统一的传播资讯向消费者传达信息,避免不同的传播产生不一致性的消极影响。

(六) 速效性

网络营销的运用使营销进程加快,电子版本的产品目录、说明书等随时可以更新。而在软件、书籍、歌曲、影视节目等知识性产品的消费上,人们可以直接从网上下载,采用电子方式支付货款。

网络的蓬勃发展使得企业内外部沟通与经营管理均需要依赖网络,网络成了主要的渠道与信息源,甚至成了企业间竞争的主战场。

三、网络营销的竞争原则

在网络营销中，企业必须顺应环境的变化，采用新的竞争原则，才能在激烈的竞争中取胜。

（一）个人市场原则

在网络营销中，可以借助于网络，根据个人需要，有针对性地提供低成本、高质量的产品或服务。

（二）适应性原则

由于互联网的存在，市场竞争在全球范围内进行，市场呈现出瞬息万变之势。公司产品能适应消费者不断变化的个人需要，公司行为要适应市场的急剧变化，企业组织要富于弹性，能适应市场的变化而伸缩自如。

（三）价值链原则

一种产品的生产经营会有多个环节，每个环节都有可能增值。我们将其整体称作价值链。公司不应只着眼于价值链某个分支的增值，而应着眼于价值链的整合，着眼于整个价值链增值。

（四）特定化原则

首先找出具有代表性的个人习惯、偏好和品位，据此生产出符合个人需要的产品。然后，公司找出同类型的大量潜在客户，把他们视作一个独立的群体，向他们出售产品。

（五）主流化原则

为了赢得市场最大份额而赠送第一代产品的做法被称之为主流化原则。尽管企业最初建立数字产品和基础设施的费用很大，但继续扩张的成本却很小，由此产生了新的规模经济。

四、网络营销的新方法

（一）会员制营销

会员制营销已经被证实为电子商务网站的有效营销手段，国外许多网上零售型网站都实施了会员制计划，几乎已经覆盖了所有行业。总的来讲，国内的会员制营销还处在发展初期，不过已经看出电子商务企业对此表现出的浓厚兴趣和旺盛的发展势头。

（二）博客营销

博客营销是通过博客网站或博客论坛接触博客作者和浏览者，利用博客作者个人的知识、兴趣和生活体验等传播商品信息的营销活动。与传统营销相比，博客营销具有目标更为精确、营销成本较低、广告具有交互性等特点。

（三）微博营销

微博营销是刚刚推出的一种新的网络营销方式。每个人都可以在新浪、网易等注册微博账号，通过更新微博内容就可与大家交流，或者制造大家感兴趣的话题，以达到营销的目的。

（四）IM营销

IM（Instant Messaging）营销又叫即时通信营销，是企业通过即时工具IM帮助企业推广产品和品牌的一种手段，主要有两种情况。

第一种，网络在线交流。中小企业建立网店或者企业网站时一般会有即时通信在线，这样潜在的客户如果对产品或者服务感兴趣自然会主动和线上的商家联系。

第二种，广告。中小企业可以通过 IM 营销通信工具，发布一些产品信息、促销信息，或者通过图片发布一些网友喜闻乐见的表情包，同时加上企业要宣传的标志。

（五）SNS 营销

社会性网络服务（Social Networking Services，SNS）营销就是利用 SNS 网站的分享和共享功能，在六维管理①的基础上实现的一种营销。通过病毒式传播的手段，让产品被更多的人知道。

（六）RSS 营销

RSS（Really Simple Syndication）营销是指利用 RSS 这一互联网工具传递营销信息的网络营销模式，RSS 营销的特点决定了其比其他邮件列表营销具有更多的优势，是对邮件列表的替代和补充，RSS 营销中 RSS 的送达率近 100%，并完全杜绝未经许可发送垃圾邮件。

（七）SEM 营销

SEM（Search Engine Marketing）营销，即搜索引擎营销，它是以搜索引擎为平台，以调整网页在搜索结果页上的排名从而给网站带来访问量为手段，针对搜索引擎用户展开的营销活动。它利用用户检索信息的机会尽可能将营销信息传递给目标用户。简单来说，搜索引擎营销就是基于搜索引擎平台的网络营销，利用人们对搜索引擎的依赖和使用习惯，在人们检索信息时尽可能地将营销信息传递给目标客户。

第 4 节　口碑营销理论

口碑是历史最悠久的营销工具之一，在很早以前就被认为是影响人们理解、感觉和行为的一个主要因素。随着大众传媒的迅速发展，各种媒介成为营销传播的主要工具，口碑似乎被营销者忘却了。营销手段的复杂化，带来的是成本的上升、效果的下降、可信度的减弱和信息传递的不足，传统的营销方式已经表现出了局限性。随着信息技术的发展，口碑得以以各种电子产品和信息平台为载体传播，其蓬勃的发展态势让人们开始重新认识其价值。

一、关于口碑营销的概念

（一）什么是口碑

"口碑"可以说是人类历史上最原始、最古老的营销方式。"口碑"一词出自宋代诗词《五灯会元·宝峰文禅师法嗣·太平安禅师》："劝君不用镌顽石，路上行人口似碑。"而企业意义的口碑则可以理解为顾客对企业产品、品牌、服务或信息等的个人看法、评论或意见，"酒香不怕巷子深"就是传统口碑的真实写照。

---

① 六维管理是一门以文化管理为核心的管理学，包括文化管理、信息管理、知识管理、艺术管理、权变管理、整合管理。

《口碑营销》的作者埃曼纽尔·罗森认为：口碑是关于品牌的所有评述，是关于某个特定产品、服务或公司的所有的人们口头交流的总和。口碑可分为正向口碑和负向口碑，正向口碑会提高企业产品或品牌的知名度、美誉度，增加企业的盈利能力，而负向口碑则具有破坏力。

（二）什么是口碑营销

现代"口碑营销"借助互联网这个平台，具有强大的影响力。因此，现代口碑营销又被称为病毒营销（Viral Marketing）、蜂鸣营销。

有人认为，口碑营销就是把口碑应用于营销领域的过程，即吸引消费者、媒体以及大众的自发注意，使之主动谈论企业品牌或公司以及产品，并且在谈论的基础上，能够起到引人入胜的良好效果，同时得到消费者的一种认可，从而升华为消费者的一种谈论的乐趣。它是具有自发性和主动性的，因而也为媒体提供了报道的价值，由此形成良好的品牌效果。随着信息技术的发展，现代口碑营销（特别是网络口碑营销）作为一种主动的营销技术，越来越受到企业的青睐，并正在为众多企业创造价值。

口碑营销专家马克·休斯认为，口碑营销，就是要吸引消费者和媒体的强烈注意，强烈到谈论你的品牌或你的公司已经变成具有乐趣、引人入胜、有媒体报道价值的程度。

世界营销之父菲利普·科特勒将 21 世纪的口碑营销定义为：口碑营销是由生产者以外的个人通过明示或暗示的方法，不经过第三方处理、加工，传递关于某一特定或某一种类的产品、品牌、厂商、销售者，以及能够使人联想到上述对象的任何组织或个人信息，从而导致受众获得信息、改变态度，甚至影响购买行为的一种双向互动的传播行为。

国内学者郭国庆研究认为，所谓口碑营销，是指由生产者、销售者以外的个人，通过明示或暗示的方式，不经过第三方处理加工，传递关于某一特定产品品牌、厂商、销售者以及能够使人联想到上述对象的任何组织或个人信息，从而使被推荐人获得信息、改变态度甚至产生购买行为的一种双向互动的传播行为。

综上所述，口碑营销是企业有意识或无意识地生成、制作、发布口碑题材，并借助一定的渠道和途径进行口碑传播，以传播产品和品牌形象，实现商品交易，赢得顾客满意并提升经营业绩的营销行为及过程。

二、口碑营销的主要特点

口碑营销作为一种新型的市场营销策略，与传统价格策略、促销策略和渠道策略相比，主要具有如下三大特点。

（一）可信度高

因为一般情况下，口碑传播都发生在朋友、亲友、同事、同学等关系较为亲近或密切的群体之间，在口碑传播之前，他们之间已经建立了一种特殊的关系和友谊，相对于纯粹的广告、促销、公关、商家推荐等而言，可信度要高很多。

（二）具有团队性

不同的消费群体之间有不同的话题与关注焦点，因此各个消费群体构成了一个个攻之不破的小阵营，甚至是某类目标市场。他们有相近的消费取向、相似的品牌偏好，只要影响了其中的一个或者几个，在这个沟通手段与途径无限多样化的时代，信息会马上以几何级数的增长速度传播开来。

（三）传播成本低

口碑营销无疑是当今世界最廉价的信息传播工具，基本上只需要企业的智力支持，不需要其他更多的广告宣传费用。与其不惜巨资投入广告、促销活动、公关活动来吸引消费者的目光以产生"眼球经济"效应，不如通过口碑这样廉价而简单奏效的方式来达到这个目的。

三、口碑营销的价值

口碑营销是以满足顾客需求、赢得顾客满意和顾客忠诚、获得正向口碑、与顾客建立起良好的关系以及提高企业和品牌形象等为目标的。口碑营销的价值在于：

（一）口碑传播是消费者获取信息的重要渠道

口碑是一条比商业化大众沟通更加可靠、更加可信和值得信赖的信息渠道。

（二）口碑信息对消费者的购买行为产生巨大影响

口碑在让消费者知晓创新产品、促使消费者试用新产品、影响周围人群的消费等方面，比广告更有效果。

（三）口碑影响力有两面性

从哲学的观点来看，事情总有正反两个方面。口碑传播不但能够传递正面信息，也能传递负面信息。正所谓"好事不出门，坏事传千里"。

（四）口碑营销是企业非常有效的营销方式

总的来说，满意的顾客不仅会重复购买企业的产品/服务，而且会为企业做免费的宣传，影响邻居及朋友的消费。

（五）口碑营销是打造企业诚信品牌的有力工具

从长期看，口碑营销还是企业推动诚信营销、打造诚信品牌的有力工具。

四、启动口碑营销的关键按钮

在企业"过度传播"的今天，特别在网络时代，现代口碑营销的作用不可低估。然而，怎样才能有效激发口碑传播？口碑营销专家马克·休斯在《口碑营销》一书中提出了六大按钮启动"口碑营销"的思想，认为品牌故事、禁忌、争论、新事物、奇闻趣事、隐私等往往成为口碑传播的原动力。

口碑营销特别强调两个要素：注意力和公信力。一是要引起个人注意并谈论，二是要引起媒体注意并报道，其中媒体报道比谈论更具公信力。同时，为了更加有效地开展口碑营销，企业应该优化产品体验特性以改善口碑传播的理由；激发意见领袖热情以创造良好的口碑信源；加强顾客间关系强度以唤起顾客间的口碑传播。

五、现代网络环境下的口碑营销

随着互联网的兴起，网络经济已经成为当今社会最显著的时代特征。"互联网的交互性能给很多公司提供为消费者创造体验的理想空间，在一些行业里，电子媒体正在逐步取代现场体验并带来新的体验"。互联网的出现为消费者获取产品信息和消费体验提供了便利条件，也为现代口碑传播创造了理想的平台。以互联网为平台的网络口碑正在深深地影响着人们的生活，左右着年轻一代消费者的购买行为。

实际上，互联网的出现颠覆了传统面对面的人际传播，重新构建了一种借助互联网媒体的间接的人际传播方式。如今,消费者已经越来越习惯于通过互联网获取口碑信息。而随着互联网的发展,传统的面对面、口耳相传的口碑模式已经有所改变,消费者现在可以通过电子邮件、即时信息工具(如 MSN、QQ)、新闻组(News Group)、电子邮件名单服务、在线论坛(Online Forums)、门户网站讨论区等网络形式进行传播,鼠碑(Word of Internet)一词应运而生,消费者从此置身于新的信息环境中。

同时,借助互联网进行传播的现代网络口碑,有效地克服了传统口碑传播固有的效率低、范围小、信息失真等缺陷,并因其显著的及时性、互动性、指向性、经济性和影响力越来越受到商家的青睐,成为现代企业开展体验营销的重要工具,并正在发展成为新时期的强势媒介。可以说,是互联网的发展为现代口碑传播插上了翅膀,赋予了现代口碑以新的内涵。

第5节 创意营销

市场竞争时代,服务企业面对犹如烟海般的竞争者与营销招数,必须寻求新的发展理念和营销方式,于是,创意营销就在大风大浪的商海中应运而生了。

一、创意营销的思维

创意营销是先从创意者的思维开始的,思维方式大体可以分为以下两类。

(一) 抽象思维

人们通过概念进行判断和推理。概念、判断、推理是抽象思维的基本形式。抽象思维是人类特有的思维形式,抽象思维法是人类思维的基本方法。在学习生活和工作中,人们大量地使用抽象思维判断和解决各种问题。

(二) 形象思维

形象思维是依靠形象材料的意识得到理解的思维。形象思维具有形象性。形象思维所反映的对象是事物的形象,思维形式是意象、直感、想象等形象性的观念,其表达的工具和手段是能为感官所感知的图形、图像、图式和形象性的符号。形象思维的形象性使它具有生动性、直观性和整体性的优点。想象是思维主体运用已有的形象形成新形象的过程。形象思维并不满足于对已有形象的再现,它更致力于追求对已有形象的加工,而获得新形象产品的输出。所以,形象性使形象思维具有创造性的优点。这也说明了一个道理:富有创造力的人通常都具有极强的想象力。

(三) 两种思维的协调

人的大脑可分为左右两个半球。左半球主管语言、逻辑数字的运算加工,而右半球则主管音乐、美术、空间的知觉辨认。从思维角度看,即人的左脑主管抽象思维,而右脑则主管形象思维。人的思维活动往往是通过左、右脑机能的"谐振"来完成的。大脑左半球功能优势是处理语言、逻辑、数学和次序,被称为学术脑;大脑右半球功能优势是处理节奏、旋律、音乐、图像、想象和图案等信息,称为创造脑,也称为艺术脑。

左脑借助言语,按逻辑程序思考;右脑借助表象或形象,擅长模式识别和操作。在现实生活中,右脑能使人一眼就从人群中识别出一张面孔,进行整体形象认识;而左脑则能使人叫出这个人的名字,对个人面孔特点和个人专长加以比较。阅读时,左脑对字面意义进行理解；右脑能辨别音调、韵律、情绪和色彩等。

由此可见，在创意中，大脑左半球依靠言语思考，有意识，具有逻辑性，线性有序，把握重点，形成系统；大脑右半球的主要功能是形象记忆和形象思维，而右脑非语言性思考依靠空间图像，无意识，具有平行性、整体性、跳跃性、灵活性、直觉性和创造性。大脑两半球有相对独立的功能特点，在现实生活中，左、右脑功能又不能截然分开，而是不断协调一致发挥作用。爱因斯坦说过：想象力比知识更重要。他本人之所以能发现相对论，是因为他能经常保持童真的想象力。牛顿也是这样，他从苹果落地想象到万有引力，这一重大发现，靠的就是左、右脑两种思维并用。

二、创意营销的含义

（一）什么是创意

创意由"创"字与"意"字组成。顾名思义，"创"是创造、创始，言前人之未言，发前人所未发；"意"是一种表达。创意的过程是鉴别琢磨、琢璞为玉、深入挖掘、反复比较的过程。正如《论文管见》所言："犹如玉在璞中，凿开顽璞，方始见玉，不可以璞为玉。"

创意离不开"玉"的原始材料，即"璞"，也就是商品本身。商品是否具有独特性是创意的基础。发掘商品的独特性，有以下几种情况：或者独特性本身存在，需要去被发现；或者独特性不足，需要去包装；或者独特性很小，需要重新定位。创意的过程就是发现、包装、重新定位的过程。

创意需要关注谁在使用，即消费者是谁。他们因何买，在哪里买？他们住在哪里，是哪类人？他们是为自己买，还是为别人买？他们看中商品的什么卖点？把这些特点摸清了，吹沙见金，创意也就被发掘出来了。

创意需要关注使用场所。商品的属性决定了其去处。以洗头液为例，如果我们不去它使用的场所，则很难清楚地描述出其特点。调查往往就这样奇妙，消费者在浴室里告诉你的洗头液，与在马路边告诉你的洗头液，两者用的语言是不一样的。创意必须把自己置身在真实环境下，才不至于脱离现实太远。

创意还需要关注不同的看法。专家眼里的产品、记者眼里的产品、竞争对手眼里的产品、不同国家和地区的消费者眼里的产品，都是不一样的，我们必须理解这些同与异，才能更好地去发挥创意。

总之，本书认为，创意就是创异（差异）、创益（益处）、创忆（回忆）、创议（议论）、创艺（艺术），可以将其简写成以下公式：

$$创意 = 创异 + 创益 + 创忆 + 创议 + 创艺$$

（二）什么是创意营销

创意营销可以理解为就是旧有元素的重新排列和组合。主意的产生常常是旧元素的新组合，两个已经被人熟知的观念，合并在一起的时候就可能会成为全新的观念。有创意营销的人往往是能想出不相关事物的"相关性"的人。"永远专注于各种组合的可能"，这是对创意营销人的绝佳描述。

创意营销也可以理解为是通过营销策划人员，思考、总结、执行一套完整的借力发挥的营销方案。创意营销能给广告主带来意想不到的收获，市场往往会突飞猛进地发展，让企业利润倍增。

创意营销还可以是来自生活经验，以前我们强调快节奏生活，但是现在世界流行慢节奏的生活，这时如果具有适应慢节奏的新创意，就会受到市场欢迎。此外，把概念进行移植，把旧的东西装到新的东西里面，都会产生新的格局和思想。即使同样的品质、同样的才能，放到不同的地方，都会产生不同的效果。这都是创意营销的来源。以广告业为例，根据统计，只有1/3的广告能给观众留下一些印象，而这1/3的广告中只有1/2的内容被观众正确理解，仅有5%的广告能在24小时内被观众记住。而被观众记住的这5%的广告，无一例外都有好的创意营销。如果没有创意营销，只会被湮没在其他广告之中。

三、创意营销对营销者的要求

创意营销需要智力因素，包括记忆力、观察力（好广告要洞察力）、想象力、判断力、操作力；也需要非智力因素，包括毅力、意志力、胆识、追求卓越、自我激励。创意营销者的素质开发需做好以下环节。

（一）树立创意创新的意识

创意营销首先要有创新的意识。商场的竞争更是瞬息万变，停留或保持现状就是落伍。企业的成长和发展主要在于不断地创新。营销的开展必须以人为主体，人的新颖观念才是制胜之道，而只有接受新观念和新思潮才能促成营销进一步的发展。戴尔公司的成功，绝对不只是技术如何高超、产品如何先进，更多的是销售模式的创新、物流管理的创新。创新无处不在，创新不仅仅是产品的创新，还有一切使资源更好地创造财富的手段和方式，如何发掘客户和引导客户新的需求的手段和方式。

（二）培养强烈的创意营销动机

（1）培养兴趣。兴趣是最好的老师。做自己喜欢的事，是成功的开始。乐此才能不疲，主动才能自觉、自发，达到废寝忘食的境界。正如杨露禅"偷拳"；季羡林享受做自己想做的，看自己想看的，听自己想听的。

（2）求知欲。要具有探索精神，知道得越多，不知道得也越多。要勤学好问，三人行必有我师，能者为师。要敢于质疑，"疑者，觉悟之机也，一番觉悟，一番长进"。钟不敲不响，理不辩不明。只有不断提问，边学边问，才能做出学问。

（三）积累创新的知识

根和树冠是对应的，文化知识是根，根越扎实，扎得越深越广，树冠才会越大。必须拥有创新的知识基础，有些知识需要深入，有些知识需要建立印象，联系节点，在创意时能产生普遍联系。创意还需要拥有阅历。正如韦伯·扬所言："有些广告是你年纪不到就写不出来的，必须在生活中取得某些经验后，才写得出来。除非你拒绝生活于有情的世界，否则岁月的轮转会将一些有价值的事物注入你的资源宝库中去。"

四、创意营销的实施步骤

《智威汤逊手册》介绍了创意营销实施的几大步骤。其精华之处如下。

（一）收集资料

收集资料很重要，它需要大量的时间和精力来完成。如果因为时间和其他因素而忽略收集资料则是错误的做法，现在花时间以后就省事了。收集资料时，要尽量多了解与产品、与消费者有关的信息。

（二）消化信息

收集到的这些资料素材会萦绕于你的脑海，从不同角度、不同思路研究它们，着力寻找其新的关联点和新的结合点。如果将之与事实结合的任务变得费时费力，并且最终发现它是毫无希望的，那就不妨放弃。应该指出：把最初哪怕是疯狂的或不成熟的想法记下来，以后也许会派上用场。

（三）酝酿想法

先不提问题，而交由潜意识去想。这不应被认为不负责任，因为进行创意营销时，会创造神奇。有人称之为直觉，有人称"得来全不费功夫（灵感）"，不要无所事事，应持续刺激你的想象力和情感。听音乐、看电影、看电视、读书、与朋友聊天……一句话、一幅图、一个表情都能激发人们产生灵感。

（四）形成灵感

灵感无处不在，洗澡时、在车上、半梦半醒间、午夜梦回时，你的无意识可以变成新奇的想法。这是灵感飘然而至的方式：经常在放弃苦思冥想或求索之后的放松时到来。

（五）提炼精华

灵感不是一产生就是完善的。要耐心研讨，找出不足之处，以接受客观的批评，补充先前忽略的不足之处。不要太孤芳自赏，因为如果它是一个好的灵感，其他人亦会受到感染而补足它；不要以为这是多么了不起的主意，只有被人接受才有价值。

五、创意营销金点子

创意营销之所以备受关注，除了遵循了创意营销广告的相关性、原创性、简明性、合法性、真实性等基本原则外，还在于使用了不同的创意招法。创意招法多种多样，而且有不同的分类方法。吕波在《创意营销金点子》一书中提出了168种创意营销的方式，本书采摘其中10种。

（一）制造感动

新浪网科比整合营销的成功离不开以下三个方面的营销策略。

1. 偶像效应，势不可当

根据NBA中国公司提供的数据，全球喜欢打篮球的人口超过了3亿，其中15~24岁的年轻人中83%是NBA球迷，这其中，有1/5的球迷来自中国。由此可见，NBA在中国年轻人中的影响力非常大，而科比无疑是在中国最受欢迎的NBA球员之一。特别是在北京奥运会上，科比在中国受欢迎的程度，连美国人都非常吃惊。选定科比这个今日NBA第一人作为代言人，强化了新浪体育营销平台的资源优势和明星效应。

2. 话题营销，推波助澜

一个腿部有残疾的男孩——安安在新浪"绿丝带"论坛发表了"科比叔叔，我爱你"的帖子得到网友的强烈关注。帖子中，安安对科比叔叔倾诉了自己对篮球的热爱和对他的崇拜之情，以及自己要"考上好大学，成为一名真正的男子汉，成为对社会有用的人"的坚强心声。一场帮助双腿截肢的孩子找到NBA巨星科比的网络行动迅速展开。很快，安安如愿以偿地得到了科比的亲笔签名篮球和海报，还收到了科比的亲笔回信和勉励。这表明了网络穿越时空的强大优势。而热点话题本身更是为新浪的科比策划案起到了推波助澜的作用。

3. 线上线下活动相结合

（1）线上：整合博客、论坛、微信等互动平台，多角度策划，持续引发网友狂潮。在科比博客上，科比的立体呈现缩小了球迷与巨星的距离，全面带动了官网、论坛流量持续走高。短短5个月内，科比中文官网到访累计超过5 800万人次，创造了体育明星中文官网的最火爆成绩。新浪设计的一组凝聚科比精神的Widget插件和科比博客模板，可供网友添加到个人博客上，6个月内Widget插件被添加1.4万次。

（2）线下：通过"谁是科比大弟子•新浪葱动篮球争霸赛"等地面活动与目标大学生群体近距离沟通，让"科比精神"深入人心。全国11个城市的44所高校，在限制报名数量的前提下仍有3 369支队伍、13 500多人报名参赛，直接参与人数超过6万人，直接影响人数则超过60万人。

（二）以情动人

维他奶"背影篇"：一位香港少年暑假回乡村探望从未见过面的祖父。初到乡村，既感到新鲜又有些不适，走在高低不平的乡间小道上，难免发生磕磕碰碰。祖父为孙子摔得瘀青的膝盖擦跌打药水……淳厚真挚的亲情、潺潺流淌的清泉，融化了祖孙之间的一切隔膜。快乐的暑假过去了，祖父送孙子坐火车。开车前，祖父越过铁轨，爬上对面的月台，在小吃店买回一盒纸盒包装的维他奶给孙子途中解渴。火车开动了，祖父的音容渐渐远去，而他脸上淡淡的愁容却永远刻进了孙子的心田。此时，画面水到渠成地显现字幕——"始终的维他奶"。

（三）删繁就简

广告用语贵在精练，言简意赅，意尽言止，不说废话。这正如清朝郑板桥在诗中所写："删繁就简三秋树，领异标新二月花"。美国广告专家马克斯•萨克姆也说："广告要简洁，要尽可能使句子缩短，千万不要用长句或复杂的句子。"简洁广告比啰唆广告的效果要好。梁新记牙刷的"一毛不拔'；四通打字机的"不打不相识"；华丹啤酒的'没有华丹不成席"……这些简洁明了的广告，都能使人过目不忘，印象特别深刻。

（四）不同凡响

苹果电脑前些年在美国推出一条60秒的广告，里面出现了爱因斯坦、毕加索、邓肯、甘地等伟大人物的影像片段。旁白语："当时有人视他们为疯子，现在他们被视为天才，因为不同凡响，才改变了世界，就像你选择了苹果电脑。"

"不同凡响"是苹果电脑企业的使命、理念，并且加以实践，成为苹果电脑顾客的愿景及自我期许。近年来，苹果的迅速崛起表明，它不仅具有高人一等的技术，其营销创意也是非常高超的。

（五）以小见大

以小见大中的"小"，是广告画面描写的焦点和视觉兴趣中心，它既是广告创意营销的浓缩和升华，也是设计者匠心独具的安排，而它已不是一般意义的"小"，而是小中寓大，以小胜大的高度提炼的产物，是简洁的刻意追求。

（六）突出细节

乐百氏纯净水经过27层过滤、赊店老酒不含有害物质的诉求，均采用了这一方法。如果每一个细节都能完美，结合起来必然也无懈可击。高档名牌的机械表，经常喜欢将手表的内部——那些精巧手工打造零件，以超大特写展示。以展现工艺之美，也显现了品质。新近上市的PDA手机，除了运用超写实的摄影技巧展现高冷酷炫的铝合金外形、充满自信与高性能的形象外，也不忘在功能上加以详尽的介绍。因为，购买高科技产品的人，现在除了讲求外形，功能上的犀利感也必须高人一等。

（七）借力品牌

现在正处于一个品牌时代，有品牌就意味着有巨大的市场。聪明的经销商，常找那些成长中的品牌合作，然后跟这个品牌一起成长，品牌越做越大，经销商跟着分享里面的利润。

（八）满足想象

产品不断更新的过程，不一定是其功能有什么根本性的改变，但一定要带给使用者对其使用功能想象的空间，才能吸引消费者体验并购买。

（九）打破传统

现代营销观认为：医院营销的出发点是患者而不是医院；重点是患者所需要的医疗服务，而不是医院所能提供的医疗服务；目的是通过患者的满意获利，而不是通过增加患者数量获利。目前大多数医院还是坐等病人上门求医，以医院为中心，而不是站在消费者即病人的角度为其提供相应的服务。很多医生甚至还不知道要将病人当作消费者来看待，要对病人耐心解释，而多半是对病人居高临下，颐指气使。

某医院在急诊室的地板上贴上不同颜色的指引标记，以便引导病人及家属前往不同的服务室。结果，急诊室便立竿见影地提高了服务效率和服务质量。

（十）创新设计

"心中有使用者，才有设计"，这是摩托罗拉全球设计总监的观点。设计是人工创造物的灵魂核心；设计不是表象，也不是修饰和美化；设计是设计师用心的思考；设计没有喜欢或不喜欢，而是有多大热情、感情、迷恋；设计是让人狂喜甚至尖叫的事物；设计是从产品到服务再到经验，让人耳目一新的首要因素。市场营销大师菲利普·科特勒说："我希望人们能够把更多的金钱与时间花在设计优秀的产品上，而不是试图通过昂贵的广告来操纵人们的心理知觉。"创新是企业成长的关键。10 年前，创新指的是运用更新的科学技术；10 年后的今天，创新意味着更好的设计，设计可以改变未来。

本 章 小 结

本章以市场营销发展前沿为背景，着重介绍了近些年来活跃在学术界的服务创新营销、体验营销、网络营销、口碑营销和创意营销几种全新的服务营销理论。这是对服务营销基础理论的补充，能为后面各章的学习提供更为有效的理论支撑。

思考与练习

（1）简述支撑服务创新营销的主要因素。
（2）说出体验营销的内涵及体验营销管理的原则。
（3）什么是网络营销？支撑网络营销发展的主要力量是什么？
（4）简述口碑营销的内涵，口碑营销的启动按钮有哪些？
（5）举例说明创意营销的金点子。

第四章　服务营销管理及技术

教学目标

（1）了解服务承诺的含义与作用。
（2）知道顾客产生抱怨的因素。
（3）分析服务失误与顾客投诉的原因。
（4）掌握服务补救的方法。
（5）认识大客户管理的特点及价值。
（6）掌握 CRM 技术的内涵和管理模型。

服务是服务营销学的基础，而服务营销管理则是服务营销的核心。要提高企业的服务质量就必须妥善解决服务过程中的各种问题，尤其是服务承诺与客户抱怨与投诉。服务质量应被消费者所识别，消费者认可才是好的服务。接受成功服务的顾客会成为企业的忠诚客户，我们应该如何对这些忠诚客户进行管理，创造更好的服务口碑即大客户管理已成为服务营销研究的重点。本章主要介绍服务承诺相关理论、顾客抱怨解决方式、服务投诉处理、大客户管理、客户关系管理技术等基本理论与实践的相关知识。

第 1 节　服务承诺管理

随着我国经济的持续快速发展，服务业在我国产业结构中的比重和重要性日益突出，服务业的范围和服务商品的多样性也不断增加，服务商品已经与人们的生活密不可分。服务商品生产与消费的不可分性和无形性，使得消费者在选择服务商品时面临着巨大的风险和挑战。更多的消费者倾向于通过外部感受来判断服务商品的价值，服务承诺作为重要的外部感受日益得到企业的重视。

一、服务承诺的内涵

（一）服务承诺的定义

美国学者哈特于 1988 年首次提出服务承诺这一概念，他在《无条件服务承诺的威力》一文中,将服务承诺定义为企业用于解释被服务顾客在服务失败时可以期待企业以何种方式进行补救的一种声明,他的这篇文章刊发于《哈佛商业评论》。

泽丝曼尔和比特纳则将服务承诺定义为企业对于顾客能够得到何种服务的正式保证;埃文斯认为,服务承诺是一种企业以公开或隐含、有宣传或无宣传的方式保证让其顾客满意和开心的政策;瀚纳仕和希尔将服务承诺定义为企业保证所提供服务达到一定水平,并且如果达不到保证水平企业会通过某种方式来补偿顾客;利登和萨勒诺认为,服务承诺是企业针对服务失败所提出的一种补救方案;麦考勒和格兰姆勒认为,服务承诺是企业对顾客将要获得的服务质量所做出的一种保证。

在借鉴各位学者理论的基础上,联系服务承诺的自身特点,本书认为服务承诺是指服务企业在充分了解消费者的需求特点,了解、分析、比较其他企业竞争能力的基础上,结合自身实际,通过广告、服务人员和公共宣传等沟通方式向顾客预示服务质量或服务效果,并对服务质量或服务效果予以一定的保证。服务承诺是服务企业给予消费者的附加利益,也是消费者放心消费的前提。作为服务企业赢得顾客,是提高其市场占有率的重要途径,目前,一些卓有见地的企业家已将服务承诺作为竞争与促销的重要手段。

(二) 服务承诺的分类

1. HSM 服务承诺分类

哈特(Hart)、施莱辛格(Schlesinger)和马赫(Maher)(三人简称 HSM)将服务承诺分为以下三种类型。

(1)无条件服务承诺。无条件服务承诺即完全满意承诺,它强调的是使消费者得到百分之百的满意,若在服务传递过程中出现服务失误,致使消费者感到任何的不满,服务供应商都需要负责采取补救行为。

(2)特定服务承诺。特定服务承诺指的是针对特定的服务内容提出承诺,若违反了承诺约定,服务供应商才会进行服务补救。1993 年,哈特进一步将特定服务承诺分为单一属性特定承诺及多属性特定承诺。

(3)内含服务承诺。内含服务承诺是一种不需要书面及口头强调的无条件服务承诺,服务供应商在传递服务的过程中,承诺就已经包含在服务过程内,无须再用其他的方式进行承诺。一般情况下,服务质量卓越的企业往往被认为提供了内含服务承诺,因为这样的企业致力于顾客完全满意,只要顾客不满意,企业都会给以有效的服务补救。

2. 沃茨服务承诺分类

沃茨(Wirtz)综合各种因素,将服务承诺进行如下分类。

(1)依据承诺范围不同,可将服务承诺分为具体属性承诺和全面承诺。具体属性承诺指的是服务企业对其所提供服务的具体属性或要素进行承诺,又可进一步分为单一属性承诺和多属性承诺。前者是指服务企业对其所提供服务的某一属性或要素进行承诺;后者是指服务企业对其所提供服务的某几个属性或要素做出承诺。全面承诺又称综合承诺,是指服务企业对于其所提供服务的所有属性或要素做出承诺。

(2)依据承诺内容不同,可将服务承诺分为结果质量承诺和过程质量承诺。结果质量承诺是指服务企业对于所提供服务能够给予顾客最终带来的利益进行承诺,例如饭店对于饭菜口味、安全和分量等做出的承诺;过程质量承诺是指服务企业对于如何给予顾客提供服务进行承诺,例如饭店对于服务人员态度、顾客等待时间等做出的承诺。

（3）依据有无赔付条件限制，可将服务承诺分为有条件承诺和无条件承诺。有条件承诺是指具有一定的限制或附加条件的承诺；无条件承诺又称完全满意承诺，是指不附加任何限制条件的承诺。

二、服务承诺的作用与实施

由于服务具有无形性、差异性、不可分离性和不可存储性等基本特征，导致了服务质量难以控制，服务承诺对服务企业的作用是显而易见的。作为服务企业市场竞争策略的重要组成部分，服务承诺的市场价值在于降低顾客感知风险、调节顾客期望、提高顾客忠诚度和促进内部管理。

（一）服务承诺的作用

1. 服务承诺可以极大地增强服务企业的营销效果

服务承诺是在充分了解顾客的需求特点，分析比较其他企业竞争能力的基础上，向顾客提出了其他企业不愿意做或做不了的服务保证。这种承诺使本企业与其竞争对手产生了明显的服务差异，从而对顾客消费心理产生影响，并引导顾客进一步关注企业营销的其他方面，大大地增强了服务企业的营销效果。比如，在购买冰箱、彩电等耐用消费品时，顾客更愿意到大商场去选购，其原因是大商场商品品种多、购物环境好；而更重要的因素则是顾客对大商场的服务具有信心，他们相信大商场可以提供送货、退货等服务保证。顾客对企业的信心来源于企业对顾客的承诺。

2. 服务承诺有利于降低顾客的认知风险

由于服务的无形性，顾客通常要承担较大的认知风险，而服务承诺是对服务效果的一种有形的预示（对服务效果的描述）和保证，比如类似不满意可退款的承诺。因此，服务承诺可以起到一种保险作用，降低顾客由于各种不同的认知风险而产生的心理压力增强服务的可靠性质量和保证性质量。如有的企业在对外宣传中，宣称全国连锁，以此强调质量有保证。

3. 服务承诺可以提高顾客的忠诚程度

顾客的忠诚对于一个企业的生存与发展具有至关重要的作用。企业为了培养顾客对企业的忠诚，最重要的是保证顾客在该企业能享受到在其他企业无法得到的服务，其中服务承诺和服务承诺的兑现是顾客满意的重要保证。一项研究表明，如果服务产生问题以后，企业能及时改进，兑现其服务承诺，大部分有抱怨的顾客会继续购买该企业的产品和服务。相反，如果企业不能兑现其服务承诺，就会失去顾客，而且不满意的顾客会把他们不愉快的经历告诉其他人，这种影响可能导致企业顾客群的锐减。

4. 调节顾客期望，避免服务质量风险

服务承诺是影响服务期望的一个关键因素。服务企业通过广告、宣传、人员等市场沟通方式向顾客公开提出的承诺，直接影响着顾客心目中理想的或合格的服务期望的形成。服务承诺可以用来引导、控制和调节顾客的服务期望。当顾客对服务企业兴趣不大和期望不高时，企业可以增加承诺的内容和力度，以此增强顾客对服务企业的兴趣和提高顾客对服务的期望。当服务企业认为顾客自己期望过高和由此带来不利影响时，服务企业可以减少服务承诺的内容和力度，以此调低顾客对服务的期望。如某些旅游服务企业在淡季加大促销力度，而在旺季很少促销，是因为旅游企业淡旺季差别特别明显，旺季时旅游企业满负荷运转甚至加班加点是常事，员工体力透支，影响了服务质量，可能给顾客带来失望感。

5. 服务承诺可以促进企业员工以更大的热情投入到为顾客服务中去

对于顾客，服务承诺促使其产生合理的期望；对于企业员工，服务承诺则促使其增强责任感，自觉做好本职工作，在为消费者服务过程中投入更大的精力和热情。服务承诺既是对顾客期望的反映，又对企业员工提出了更高的要求，他们明确兑现服务承诺是满足顾客期望的重要方式，也是维系企业与顾客良好关系的重要纽带，尤其是当兑现服务承诺与奖励制度紧密联系起来的时候，它可以对企业员工的工作热情产生极大的推动力。

6. 服务承诺有利于企业营造团结向上的气氛

服务承诺为企业全体员工确立了一个共同追求的目标，那就是通过服务承诺的兑现，提高顾客的满意程度，从而扩大企业的市场份额，促进利润的持续增长。这一共同的目标有利于企业员工的团结合作，增强企业的凝聚力；同时，服务承诺促使企业员工全面分析服务过程中存在的不足，找出原因，并采取有力的措施，改进服务，以保证服务承诺的兑现，这样就会在企业中营造团结的气氛。

（二）服务承诺的实施

（1）在实施服务承诺前提高服务水平。当服务部门运行不好时，承诺不可能产生期望的结果。因此，在实施承诺之前必须先提高服务水平，以避免过多赔偿、商誉的损失，以及负面效应的公开影响。

（2）显性承诺与隐性承诺。所谓显性承诺是指企业明确向消费者传达的承诺，隐性承诺则是指企业内部执行的承诺，而没有向消费者明确传达。从承诺的营销效果看，显性承诺可能会将消费者从竞争对手那里吸引过来，而隐性承诺则不能。同时，在达不到承诺标准时，由于并不是全部消费者都会起诉，隐性承诺的赔偿额也较少，而较少的服务抱怨和赔偿对于改进服务的激励也会较小。

隐性承诺被企业运用的原因在于：一是检验某项服务承诺的实际成本，以避免过大赔付损失，并确定是否进一步作为显性承诺向消费者正式公布。如荷兰电话公司的服务承诺是从1994年12月开始在企业内运作的，但公司选择进行两个月的测试，在1995年2月普通大众才知道这些承诺的存在。如果赔偿额大得公司无法承担，公司就可能在不引起各种很大负面影响的情况下撤除承诺，先行改进，完善公司的经营活动。二是防止消费者滥用承诺。如一家图书光盘连锁店事实上执行无条件退货，即所购买的图书或光盘无论何种原因均可退货，但为了防止某些消费者将书店当作图书馆，这种退货承诺是隐性的。当企业面对较大不确定性时，在显性承诺实施前可以先进行一段时间的隐性承诺，以便对承诺的实际成本和收益有更好的了解。

采用显性承诺与隐性承诺相结合的方式不如完全公开承诺的效果好，但消费者与企业长时间合作后，一般可以达成默契，相互信任，消费者明白企业会解决服务差错。这样，企业既可以通过消费者投诉改进和提高服务水平，又避免了承诺带来的过高风险。

（3）服务补偿与补救服务承诺公布后，就会出现因承诺没有兑现应当给予顾客的赔偿。假如服务承诺包含太多的免责条款，或顾客必须经过繁杂的程序才能索赔，承诺就不能行之有效。因此，真诚有效的服务承诺应当是援引方便、索赔简单快捷的。赔偿的形式可以多种多样，如全额退款、免费维修等。一般地，我们可以把类似于"以修代退"的方法称为服务补救，与补偿相比，补救尽量用较小代价挽回局面。补救（包括补偿与补救）理论研究表明，当服务失误发生时，企业可以试图通过服务补救来对顾客的评价产生影响。在这一领域的研究中，研究者发现，高效的服务补救努力可以产生一个"服务补救悖论"现象，即顾客第二次的满意（即服务失误和服务补救后的满意）比起失误之前的满意水平还要高。应当指出的是，即使优异的服务补救在失误严重性不大时能带来短暂的顾客满意，但顾客对企业形象、服务质量的稳定性等评价方面的负面影响是难以消除的。即使在恰当的条件下能够出现服务补救悖论的良好效果，但是这时因实施高水平的补救措施而带来的高补救成本也会影响公司的经济效益。

（4）避免消费者滥用承诺带来的道德风险与对实物产品的承诺相比，对服务的承诺风险由于消费者滥用而更大。例如，企业可能对其实物产品实行"如果质量不符合标准保退换"的承诺，消费者用原来买的产品才能换到新产品。而服务发生了不能收回，如果客人对酒店的服务不满而拒绝付款，谁也不能要他"返还"服务。针对这个问题，企业可以通过建立"消费者黑名单"减少消费者滥用承诺带来的损失，如美国一家连锁旅店发现一个客人在一年内行使承诺竟达 18 次，他们便将这个客人列入了"黑名单"。

三、服务承诺需避免的误区

在实施一项服务承诺前，有许多重要因素需要考虑。承诺不足，对顾客没有吸引力；承诺过度，会导致顾客不满。因此，对于服务承诺的管理也是服务营销管理的一项重要工作。

（一）承诺服务水平应超出行业平均期望值

在设计服务承诺条款时，不应当对消费者总是期望的服务属性进行承诺。一般来讲，服务承诺是一个企业向消费者承诺的超出其对行业的平均期望值的服务水平，以超过其竞争对手。如果将消费者期望的服务属性列为服务承诺，例如某航空公司承诺旅客的行李将与他们一起到达，这会向消费者发出错误信息，认为该企业将会比其他企业更容易发生服务偏差。

（二）服务承诺条款应具体化

有意义的服务承诺条款应当是明确具体的，否则就不能起到对顾客和企业两方面的作用。诸如"提供优质服务""提供快捷服务"这样的服务承诺，对于顾客来说，对企业提供的服务仍然得不到明确的期望，因此并没有减少消费的风险性；对于企业来说，不能形成对员工有效的约束，也不能形成与竞争对手相比的服务质量优势。如果将承诺"提供快捷服务"改为承诺"两个工作日内完成"这样更加具体化的服务保证，就能够更好地发挥承诺的作用。

（三）必须严格遵守承诺

如果不能遵守承诺，就会出现让消费者失望的不良后果。在激烈的竞争中，已有越来越多的企业发布周全的服务承诺，但不少企业的服务职能很容易被其他职能所淹没，在企业的预算中，服务开支往往是弹性最大的条款，结果将造成服务承诺多顾客意见大的局面。如 2015 年夏天北京的高温天气使空调销售格外火爆，可安装和售后维修服务问题成了厂商最大的难题。在空调的热销中，出现了服务承诺大打折扣甚至无法兑现的问题，服务承诺原本是为了使服务质量有形化，而当承诺无法兑现又没有合理的补偿时，企业将更快地失去顾客。

第2节　顾客抱怨与服务失误管理

顾客抱怨行为是客户关系管理的重要组成部分，近些年来在管理学中研究较广，也越来越受到企业管理者、学者和政府的重视，抱怨行为的管理已经成为客户关系管理的重要组成部分。有关于抱怨的研究是大量的顾客不满意结构；一般认为顾客在抱怨的时候，有三种意图即寻求赔偿、抱怨与个人抵制。关于客户抱怨，现在已经形成了比较完整的理论体系。

一、顾客抱怨的内涵

（一）顾客抱怨的定义

1. 什么是抱怨

抱怨从心理学上来看，是因为顾客在外部环境中产生了冲突，这种矛盾或问题形势超越了人所能控制的范围。当问题形势超出个体的控制范围时，个体就有可能出现思维和认识上的混乱，然后这种认知秩序的混乱，会给个体制造一种不舒服的心理压力，因此为了发泄和减弱这种心里不舒服的感觉和压力，人们往往会产生轻蔑、发脾气、抱怨等一些行为，用来舒缓心理上的压力。在研究中，从矛盾或问题的出现到抱怨行为的结果产生，这中间存在一个心理的感知过程，也就是说抱怨的产生是由个人心理上的感知来决定的。在管理学中，关于抱怨，大部分学者都同意抱怨产生于不满意的经历之后，也就是在抱怨发生之前，不满是一个重要的中间变量。

2. 什么是顾客抱怨

20世纪70年代顾客抱怨行为开始进入学者的研究视角，早期的研究主要集中在顾客抱怨内涵、顾客抱怨行为方式等上面。20世纪80年代多名学者对顾客抱怨行为的定义进行了研究，强调了抱怨产生的背景和心理过程。费耐尔和沃纳菲尔特研究顾客抱怨的内涵，强调了抱怨的目的性。

但对于顾客抱怨的内涵来说，大家普遍认同的观点是：顾客抱怨是顾客由于在购买或消费商品（或服务）时感到不满意，受不满驱动而采取的一系列（不一定是单一的）行为或非行为反应。随着顾客抱怨理论的不断发展，根据两个维度把顾客抱怨行为最终分为四类：沉默抵制、负面口碑、直接投诉及第三方投诉。

研究发现，顾客抱怨行为的影响因素涉及了很多方面，不仅涵盖了个人特征、服务失误、心理因素等，同时也要考虑到文化背景对它的影响。心理学的抱怨更强调个体"人"的心理反应，管理学中的抱怨更加强调抱怨与周围环境的关系，大部分定义都认为顾客抱怨行为是由一定的不满引起的。

（二）顾客抱怨行为分类

顾客抱怨行为的分类由于标准与侧重点的不同，所划分出的结果也有差异，大体上有三种论断。

1. 按照抱怨的表现形式分类

根据顾客抱怨的表现形式,可以将抱怨分为采取行动和不采取行动两种,并对"采取行动"这种反应类型做了进一步划分,分为公开行动与私下行动。其中公开行动包括直接与商家进行交涉和采取法律手段,而私下行动则包括抵制商家和告诫亲友等。而"不行动"反映出顾客内心变化与实际行为的不一致状态,很多顾客即使心有不快,但是依旧会继续购买。

2. 按照抱怨的目的分类

根据顾客抱怨的目的将其抱怨行为分为三类。第一类为寻求赔偿:通过与商家进行交涉或其他公开的途径获得补偿,包括直接向商家索赔、采取法律行动等;第二类为表达不满:目的并非索要赔偿,仅仅是进行发泄,如负面口碑等;第三类是个人抵制:目的是不再购买或使用该产品或服务。

3. 按照抱怨的对象分类

根据消费者抱怨所接受人群的不同,将顾客抱怨行为分为三种:直接抱怨、负面口碑和第三方抱怨。1997 年将此类分类更加细化,首先看所抱怨对象是否为顾客本身社交圈之人,其次视对象是否和有不满情绪的消费者有关,从而将抱怨行为分为沉默抵制、负面宣传、直接抱怨和第三方抱怨四种。

(三) 顾客抱怨行为的影响因素

顾客抱怨行为影响因素的探讨一直是学术界和企业界研究的热点问题,全面、充分地了解顾客抱怨行为有助于企业更好地改善服务水平。将影响顾客抱怨行为的因素归纳起来主要包括四个方面:总体环境、顾客特征因素、企业失误状况、具体情境因素。

1. 总体环境

总体环境主要包括文化背景和行业背景。

(1) 文化背景。在不同的地域环境和文化背景下,人们的思维方式以及价值观都会有所不同,顾客面对同样问题时的反应也会存在差异。过去 30 年的研究中,顾客抱怨行为的研究主要是在欧美文化背景下进行的,所得出的研究结果是否适用于其他非西方文化的市场还有待探寻。通过对韩国消费者和美国消费者的抱怨行为进行对比,发现崇尚个人主义的文化中(美国样本),顾客更倾向于直接抱怨。而集体主义文化盛行的国家(韩国样本),私下抱怨则是使用较多的抱怨方式。在中国文化"命"或者"缘"这种价值观的引导下,消费者会认为很多事情由上天注定,这种观念对其消费行为影响很深,也包括抱怨行为。

(2) 行业背景。顾客抱怨行为在不同的市场结构环境下存在着差异。在完全竞争市场上,同种类型的商品或者服务能够轻易地获得,消费者选择的范围扩大,对于企业服务质量下降的敏感性增加,因此,大部分顾客在遇到不满时,会采取品牌转换行为。相反,在垄断或松弛垄断的市场结构中,商家之间的竞争较小,在这种情况下,直接抱怨较少甚至是不存在的,顾客对于不满的反应大多是沉默、继续保持忠诚或者进行坏的口碑宣传。

2. 顾客特征因素

顾客特征因素又反映在人口统计变量和心理变量两个方面。

(1) 人口统计变量。学者们在研究顾客抱怨行为影响因素时，试图根据消费者的年龄、性别、教育程度、居住区域等因素将其进行分类，虽然未达到完全一致的结论，但是部分人口统计变量对于抱怨行为的影响已获得较为一致的结论。通常，受教育程度和收入水平对顾客直接抱怨行为有着正向影响，这一结论已经获得很多学者证实，并且在发达国家和发展中国家同时适用；年龄方面，研究发现年轻的消费者比年长者更倾向于直接抱怨；性别方面，男性对于在公开场合表达自己的愤怒比女性更为坦然，但是也有学者认为，消费者作为一种混杂的群体，人口统计变量的解释力是相当薄弱的。

(2) 心理变量。除了人口统计特征之外，国内外学者还研究了性格、态度等心理变量对抱怨行为的影响。性格变量包括一般意义上的性格和与市场有关的性格。在对新加坡的顾客抱怨行为进行的研究发现，直接抱怨的顾客更加具有自我肯定意识，个性更强；反之，不抱怨的顾客则更加保守和循规蹈矩。巴克利通过对600个顾客进行电话访谈，发现直接抱怨的顾客更追求独特性，并且有较强的孤立感。态度变量主要是指顾客对待抱怨所持的态度对抱怨行为的影响。顾客对待抱怨的态度主要包括顾客是否认为抱怨是正常的行为，抱怨所带来的麻烦是否值得，自己或他人是否能从抱怨中得益。若消费者认为自己的抱怨行为能使其他人受益（公共感知），他们则会更倾向于直接抱怨。若消费者在之前有过积极的抱怨经历，并对抱怨有积极的态度的话，他们也更倾向于直接抱怨。

3. 企业失误状况

企业失误状况即企业所提供的产品或服务未能达到顾客期望的水平，导致顾客不满意的情形。服务失误的产生取决于顾客服务系统的满意程度，大多数顾客在感到不满意时会直接离开。企业服务失误，可以从结果失误和过程失误两个方面体现出来。结果失误是企业未能够满足顾客基本需求，或在履行核心服务的过程中出现失误；过程失误是指顾客在接受服务过程中的失落体验，也是核心服务在传递时具有某些方面的瑕疵和缺陷。

4. 具体情境因素

研究者都认为对特定情境的衡量是诸多影响因素中的关键，情境因素是指那些与交易没有直接关联的其他刺激，以及个人因环境所引发的暂时性特征。顾客抱怨行为受四类情境变量影响：消费事件的重要性、顾客的购买知识与经验、抱怨求偿成功可能性、寻求赔偿的困难程度，前三者对直接抱怨有显著正向影响，第四类因素对直接抱怨有负向影响。

情境因素是预测顾客抱怨行为的重要因素之一，主要包括产品的价格、问题的严重程度、抱怨成本、抱怨机制的方便性等。根据史蒂芬产品不满意归因表（见表4-1），可以发现责任归因对抱怨行为的影响。其中，内部因素是在个人掌控下的因素，外部因素则是归因于情境或环境的因素。一般而言，外部因素引起的不满会使顾客直接投诉、负面口碑或向第三方投诉，而内部引不满时顾客则不会采取任何行动。

表4-1 产品不满意归因表

项目	内部因素	外部因素
稳定因素	缺乏必要的能力	厂商的原因
不稳定因素	用于消费的时间不足	碰巧购买到瑕疵产品

二、服务失误管理

服务失误将难以避免地造成顾客的负面情绪甚至顾客流失。为了留住顾客,当服务失误发生后,企业应进行服务补救。经研究发现服务失误越严重,产生的顾客负面情绪越严重;服务补救中,顾客所感知的结果公平和交互公平正面影响服务补救满意度;服务补救满意度正面影响补救后口碑,顾客负面情绪负向调节服务补救满意度与补救后口碑的关系。因此,服务企业应在管理顾客负面情绪的基础上换位思考采取有针对性的服务补救措施,从而提高服务补救满意度进而获得顾客的正面口碑传播。

(一) 服务失误的定义

服务具有无形性、生产与消费同步性、异质度,而不同的顾客补救满意度将影响顾客的储存和不可储存性等特点。除了依靠机器工具如口碑传播、重购等后续行为外,大多数服务是通过服务人员提供的。服务顾客对服务企业的服务补救措施会有一个过程。因为人员不可能像机器一样工作,难以控制和完全标准化,所以企业要实现"零缺陷"的目标较为困难,服务失败的发生在所难免。另外,服务提供中包含大量的步骤和衔接,这使服务产生了更多出现失误的机会。因此,在服务失误发生以后,企业总是试图采取一定的补救措施,使顾客重新达到满意。

格隆鲁斯将服务失误定义为不按照顾客的期望进行服务。

Kevaeney(1995)认为当顾客对服务系统不满意时,服务失误就发生了。大多数不满意的顾客(90%~95%)将离开公司,根本不进行抱怨。

Wsbtorok(1981)提出,零售业顾客对企业不满意的原因主要来自三个方面:一是销售系统(产品和销售系统的提供能力);二是购买系统(零售点的布置、实际选择和购买产品);三是消费系统(产品购买以后的使用和消费)。服务失误产生于产品的来源、实际购买过程到消费者实际使用的一系列过程中。

宾特研究证明大多数的服务失误是由服务人员的行为或态度不当而造成的,并指出43%的不满意顾客保持不满是因为雇员对于服务失误的消极反应。通过对航空公司、旅馆、餐馆三种行业进行研究,发现有三大主要服务失误来源:第一类是服务传递系统失误的雇员反应,例如对无法提供的服务的反应、超出合理时间的延迟服务反应、其他关键服务失误的反应等;第二类是对顾客需要和要求的雇员反应,例如对有特殊要求顾客的反应、对有特殊偏好顾客的反应等;第三类是不好的多余的雇员行动,例如遭受斥责时的员工行为。

帕拉休拉曼、赞瑟姆、贝利等认为顾客评价服务质量主要比较其期望与认知。服务失误的发生分为两种:一种失误是服务的结果没有达到顾客的期望;另一种是服务的过程没有达到顾客的期望。顾客对于企业服务不仅仅重视最后的服务结果,对于服务过程也有各种期望和要求。

施密特认为当服务提供者不能按照顾客期望提供服务,并且导致其不满的时候,服务失误就发生了。

本书认为,服务失误是指企业所提供的服务没有达到顾客可接受的最低标准,不能满足顾客的要求和期待而导致的顾客不满意的状态。

（二）服务失误的类型

当出现服务失误时，顾客需要并期望有效的服务补救，补救则给企业提供了取悦和保留顾客的机会。要把握住这个宝贵机会，就必须寻求服务失误的规律，了解服务失误的类型。

根据研究方法的不同，可将服务失误分为三大类，即服务传递系统失误、对顾客的需求和请求的反应失误、员工自发而多余的行动。这一分类方法普遍适用于服务业。

根据研究角度的不同，将服务失误归纳为四种。一是服务传递系统失误，如无法提供的服务、不合理的延迟时间或其他核心服务的失误；二是对顾客需要和要求的失误，如顾客要求特殊或偏好、容忍顾客错误的反应和可能干扰其他顾客的反应等；三是员工自发性行为的失误，如员工对顾客的注意程度、不寻常的员工行为、文化模式中的员工行为，以及员工受到斥责后的反应；四是顾客问题行为，如醉酒、口头或肢体怒骂、破坏企业政策或规定和拒绝配合的顾客。

根据服务接触不同，可将服务失误大致分为核心服务失误与服务接触失误两大类。

（三）服务失误的原因

1. 服务质量构成的特殊性

与有形产品质量的技术质量相比，服务质量是由技术质量、职能质量、形象质量、真实瞬间构成。其中，技术质量是服务过程中的产出；职能质量是服务推广过程中，顾客所感受到的服务人员在履行职责时的行为、态度、着装和仪表等给顾客带来的利益和享受；形象质量是企业在社会公众心目中形成的总体印象；真实瞬间是服务过程中顾客与企业进行服务接触的过程。一般来说，技术质量有客观的标准，容易为顾客所感知和评价，而职能质量、形象质量和真实瞬间带有强烈的主观色彩。对服务质量的认可不仅是服务的提供者，而且是服务的接受者，而服务的提供者和服务的接受者对同一服务产品的质量认识并不相同，特别是服务接受者对服务质量的评价不但要考虑服务的结果，还要注重服务过程的质量。

2. 服务提供者方面的原因

从服务提供者（商家）的角度来看，失误包括服务的系统性失误和员工的操作性失误两方面。系统性失误是由于服务架构的缺损而导致服务中的失误，通常表现为，企业的服务体系不完善、服务设计不科学、服务架构不完备、服务要求不到位、缺乏有效的服务监管体系或没有完备的服务保障措施来满足顾客的要求等。员工的操作性失误一般表现为服务一线的员工在接待顾客的过程中，因违反服务规程而出现的行动迟缓、态度欠佳、业务不熟、用语不当等现象，从而引发服务失误或服务失败。上述服务失误的出现，既可能与企业的服务理念有关，又可能与员工的素质有关，还可能与店家对服务的监管不力有关。

3. 顾客方面的原因

从服务接受者（顾客）的角度来看，服务具有生产与消费的同步性等特点，从而在很多情况下，顾客对于服务失误也有一定的责任。顾客的服务期望中既有显性的服务需要，又有隐性的服务欲求，还有模糊的服务期盼。如果顾客无法正确地表述自己的服务期望，就会带来服务失误与失败。

4. 随机因素的影响

在有些情况下，随机因素也会造成服务失误。如电脑病毒突然发作，引发收银系统发生故障，导致顾客长时间排队等候而引发不满等。对于由此造成的服务失误，企业补救的重点应是如何及时准确地将服务失误的原因等信息传递给顾客，与顾客进行沟通，以期得到顾客的理解。服务失误的后果有隐性后果和显性后果之分，服务失误的显性后果是导致顾客流失。目前，随着竞争的不断加剧，零售企业间的竞争十分激烈。在激烈的竞争下，服务的失误、失败必然会导致顾客的流失。而服务失误的隐性后果则是"坏口碑"的形成与传播即因不满意客户的"抱怨"，而在周围人群中迅速传播，使潜在顾客对企业产生不良印象。由于服务产品具有较高的不可感知性和经验性特征，顾客在接受服务、购买产品前，其服务或产品信息更多地依赖于从人际渠道获得，顾客通常会认为来自关系可靠的人群或专家的信息更为可靠。因此，对服务产品的口头传播是消费者普遍接受和使用的信息收集手段。"坏口碑"传播导致的结果是企业形象受损，潜在顾客减少，竞争能力下降，形成恶性循环。可见，服务失误的后果是严重的，对失误的服务进行及时的补救则是至关重要的。

（四）服务失误的评价

服务失误评价的内容，主要包括以下两个方面。

1. 失误性质评价

失误的性质分为结果失误和过程失误两种。其中，结果失误是核心服务失误，主要是指服务提供者没有实现基本服务内容；过程失误是指服务传递方式上的缺陷和不足，使客户感知受到影响。从资源交易理论的角度来讲，结果失误与过程失误分别属于客户效用与交换经历中的问题。服务失误的结果维度涉及客户实际从服务中得到（或损失）的经济利益，而过程维度涉及的是客户如何获得服务及其获得服务的方式。

2. 失误严重程度评价

服务失误的严重程度可以表述为由于服务失误而给客户带来的损失大小。服务失误的严重程度会对客户满意和行为意向产生影响。随着失误严重程度的上升，客户的损失越来越大，客户就越有可能认为其参与的交换是不公平的，从而更加不满意。服务企业需要根据失误的严重程度选择不同层次的服务补救策略。

第3节　顾客投诉与服务补救管理

当一个顾客对产品感到不满意时，他会有两种选择：要么说出来要么离开。如果他们选择离开，那就是不给企业任何机会去弥补过失；相反，愿意说出来的顾客其实仍然在和企业沟通，使企业有机会改进工作。因此，不管多么不情愿听到负面的反馈意见，企业还是应该心怀感激地认为，那些投诉是顾客送给企业的一份礼物。但是，很多调查都表明顾客遭遇不满时会向公司投诉的比例很低，这对于公司和整个社会的发展都是不利的。对于公司来说，首先，它失去了修补过失的机会，极有可能造成顾客流失；其次，为了消除心理不协调的感觉，顾客可能会进行负面的口头传播，而这会损害公司的声誉；

最后，公司若不能得到顾客关于其产品或服务质量的负面反映，就会影响它对于产品质量的改进。另外，对于整个社会来说，顾客不向公司说出自己的不满，公司没有机会改正错误，当一个行业的大多数公司都处于这样一种状态时，行业发展就会被阻碍，社会成本将非常高。

一、顾客投诉内涵

我们通常所说的顾客投诉，是指消费者在经历不满意的产品或服务后向产品或服务提供的企业或企业以外的第三方部门进行投诉。这个定义包含两个方面：首先是顾客投诉的原因，消费者在接受产品或服务的过程中，所获得的过程或结果未达到消费者的期望产生消费者不满，是投诉的直接原因。其次是顾客投诉的渠道，一般来说顾客投诉有两种渠道，一是向产品或服务提供企业进行投诉；二是向第三方渠道进行投诉。第三方部门消费者协会等专门机构，各种传统媒体（如电视、报纸）以及新媒体（主要指互联网及其他电子媒体）所设立的专门的消费者投诉版块、通道或者曝光平台等。在电子商务情境下，消费者更偏向于向第三方部门或渠道投诉。

二、影响顾客投诉的因素

之所以要将影响顾客投诉行为的因素单独进行阐述，是因为不同的抱怨方式之间是相互独立的，不同的抱怨方式受不同的因素影响，即使同一个因素对它们都有影响，作用方式也是不一样的，将其单独讨论很有必要。在不同的抱怨方式中，顾客投诉行为对于企业最有利，就如前文所说，投诉是顾客送给企业的一份礼物，因此着重讨论。

（一）个人因素

个人因素就是个体之间相互区别的一些相对稳定的特点，包括人口特征、个性、态度、价值观等。个人特征不同的顾客，其投诉行为往往也是有区别的。

1. 人口特征

很多研究关注投诉者和不投诉者的差别，其中最普遍的就是人口特征的比较。人口统计特征包括性别、年龄、教育程度、收入等。研究发现，投诉的顾客中，中年人居多，他们大部分受过良好的教育，有较高的收入，处于社会的上层，较之不投诉的顾客，他们更喜欢收集信息，对消费者协会之类的组织抱消极的态度，因此更愿意直接向企业而不是第三方投诉。

部分学者认为不应该单纯地讨论人口特征，而应该加入投诉者的态度和行为方面的因素。而那些虽然有不满但不投诉者则相对受的教育较少，并且经济状况不好，不经常参加社会活动或消费维权活动，他们是孤僻的群体，远离社会活动，投诉经验较少，由于缺少知识和经验，经常无所适从，对于自己的境遇通常听天由命。由此可知，人口特征并不能直接决定人们是否会去投诉。人口特征的不同决定着所掌握的资源、所拥有的经验和所持的态度，从而影响顾客投诉行为。

投诉必然包含着信息的搜寻，比如应该向谁投诉，投诉程序是什么样的，受过良好教育的人更擅长于此，另外社会地位较高的人比较自信，对投诉的态度更为积极。有研究表明老年顾客抱怨倾向较低。可借助实验心理学中习得性无助理论解释老年人抱怨倾向较低的原因。该理论认为，在结果不能由自己控制的情况下，如果经过反复失败，人会变得消极被动。老年顾客抱怨倾向较低,是因为他们在早年生活中,抱怨没有得到很好的解决,使他们"学会了被动"。也就是说他们对投诉持消极的态度,因而阻碍了实际的投诉行为。然而,也有学者发现,在医疗服务业,老年人比较爱抱怨。这是因为他们经常接触这个行业,有比较丰富的经验,容易发现问题,也经历许多的不满消费。因此,人口特征只是表现出来的形式,拥有共同的人口特征的人们会有相似的投诉行为并不是因为这些特征本身,而是特征背后可能是相似的经验、态度。因此研究的重点应该是相同人口特征背后的共同点,而不是人口特征本身。

2. 个性特征

个性是一个人特有的心理结构,这种心理结构会影响一个人对环境做出反应的方式。个性对顾客不满的反应会有影响。其具体表现为以下两方面。

(1) 自我肯定对投诉行为的影响。自我肯定是指这样一种品质,它使一个人能够按照自己的兴趣行事,坚持自我时不会产生过度的焦虑,可以比较随意地表达自己真实的感觉,在不伤害他人的权利下坚决捍卫自己的权利。通过问卷调查能发现自我肯定与投诉行为之间的正相关关系,但是比较微弱。比如,在对酒店顾客的研究中发现投诉的人比进行口头传播的人更自信、自我肯定,而口头传播的人又比什么都不做的人更自信和自我肯定。国内也有学者认为以前的顾客行为研究主要是在欧美环境中,很少对亚洲国家进行研究,因此选择对新加坡的顾客抱怨行为进行实证研究,发现投诉的顾客往往更加自信、个性、与众不同、果断,而不投诉的顾客则更加保守,更愿意遵从社会规范和长辈的意见。

(2) 顾客对市场的疏远感。顾客与市场的疏远也受到了研究者的关注,它是指顾客感觉到自己与市场规范和价值的疏远,包括缺乏对市场中各渠道成员的认同和市场行为的信任,在消费时感觉自己被孤立。这是顾客对整个行业的一种整体感觉,认为无论是企业还是员工都不重视顾客的需求,对顾客是否满意没有兴趣。研究表明越是与市场疏远的顾客对政府的干预越信任,因为当他们感到自己的无助和无能为力时,就渴求有别的力量来代表他们的利益,另外疏远的程度与收入有关,随着收入的提高,疏远的程度会降低。顾客与市场的疏远程度也会影响顾客在与商家交易过程中的期望,因此,越是与市场疏远的顾客对投诉的期望价值越低。

顾客与市场越疏远,对投诉的态度越消极。顾客的个性和心理对投诉的行为的影响作用并不是直接的,可能是通过顾客认知的投诉成本和对投诉的态度来作用的。顾客的个性会影响顾客认知的投诉所需的努力,对于一个低自我肯定的人来说,让他去面对与销售商的冲突,可能会比高自我肯定的人要难。因此可以推断个性会影响顾客认知的投诉成本,尤其是投诉的心理压力。个性可能也会影响顾客对投诉的态度,尤其是投诉的个人规范,因为投诉可能会给人带来麻烦制造者的印象,只有自我肯定程度高的人才能坚持自己的想法,并且没有过度的压力。此外,如上所述,顾客与市场的疏远程度会影响顾客对投诉的态度和投诉成功的可能性。

3. 顾客对投诉的态度

社会心理学上对态度的定义是:态度是我们对现实社会世界所有方面的评价,包括我们对问题、观点、他人、社会团体、物品等的满意或不满意的反应。顾客对投诉的态度是指顾客对向企业投诉的整体感觉,是一般性态度,不针对某件具体的事情。

瑞典学者里奇斯对16位顾客进行了深度访谈，总结出会影响顾客对投诉的感觉的四个因素：一是投诉中产生的负面情感，被访者反映在投诉中总会遇到不愉快的冲突，让人觉得尴尬；二是包含一些实际的成本，比如时间、金钱、企业的反应，有些人认为企业不会愿意提供赔偿，处理投诉也很低效；三是社会利益的认知，有些人认为如果有足够多的人投诉，那么产品要么会得到改进，要么从市场上消失，对整个社会是有利的；四是个人规范，有些人会考虑投诉是否合适，自己会不会被认为是麻烦的制造者。随后里奇斯根据上面的结论，提出了投诉的态度应包含以下三个维度。

一是投诉的成本，即顾客对于投诉中麻烦的判断；二是个人规范，即顾客认为投诉行为是否与自己的身份或形象相符；三是对于由投诉所带来的社会利益的认知，有的顾客认为如果足够多的人对某个产品投诉的话，那么最终产品会得到改进或从市场上消失，而有的顾客则认为投诉不会带来任何的变化。

但是因为态度是一种较为稳定的、一般性的感觉，而投诉的成本会随情景的不同而不同，因此，我们认为对投诉的态度中不应该包括投诉的成本这一维度。社会心理学认为，当态度建立起来时，它对行为的影响尤其明显。对于态度与行为的关系，社会心理学上也认为态度并不总能预测行为，情景因素会削弱态度与行为的联系。合理行动理论认为做出某一特定行为的决定是通过理性思考的，在这个过程中，个体会考虑各种行为方案，评价各种结果，然后做出行动或不行动的决定，因此这个决定反映了行为的意向，而且对个体的外显行为产生强烈的影响。根据这个理论，态度影响行为意向，通过行为意向影响外显行为。

（二）情景因素

情景因素指所有那些在某时某刻某地点非由个人的长期特性发生改变而具有的特性，如在某一次购买或消费过程中所包含的主体（如零售商）、指向的对象（产品或服务）、责任的归属等。以前的学者所讨论的情景因素包括产品的重要性、不满的强度、归因、投诉的成本、成功的可能性等。

1. 产品的重要性

一个产品如果不重要，比如只是一支圆珠笔，即使存在很大的瑕疵，顾客可能也不会去抱怨。一个产品的重要性可以从以下几个方面来衡量。

首先是产品的价格。顾客对一个产品是否满意与它的价格没有关系，但是是否采取投诉行为则和价格有关，里奇斯对荷兰的服装和家电两个行业的顾客的调查证明了产品价格与投诉行为的关系，产品价格越高，顾客投诉的可能性越大。其次是产品的使用时间。耐用产品和使用频率较高的产品出现问题的时候，顾客投诉的可能性要大一些，投诉与不投诉的顾客会受到产品使用时间和使用频率的影响，但关系不是特别强。最后是产品的可见度。如果一个有瑕疵的产品经常会被朋友看见，顾客更趋向于选择投诉。

2. 不满的程度

一般去投诉的顾客都是因为对产品或服务不满，所以，学者们在研究顾客投诉行为时都会把不满当作投诉的前提。不满有不同程度，从有一点不满到极度不满，不满的程度越高，顾客越可能选择投诉。尽管不满的程度与投诉行为之间的关系显著，但是它对投诉行为的解释非常有限，而且有数据表明选择投诉的顾客只占所有不满顾客中的一少部分。因此，学者们普遍认为投诉是在不满的前提下发生的，但是不满对投诉行为并不是一个很重要的影响因素。以前的学者都认为不满与投诉行为之间的关系是线性的，但也有可能是非线性的。当不满的程度没有达到抱怨门槛时，顾客就不愿意花力气去抱怨，但是不满的程度高到某一程度之后，再多的不满也不会增加顾客的额外的行动，相当于经济学中的边际效益为零。通过对银行、金融行业的顾客抱怨行为的调查，发现顾客不满与投诉行为之间是线性关系，但是与口头传播和停止购买之间是非线性的关系，只有当不满的程度达到一定的高度之后，顾客才会采取这两种行为。另外，还发现了不满的程度在投诉的态度与投诉行为之间起着调节作用，不满意的程度较高时，对投诉的态度与投诉行为之间的关系会加强。顾客的不满程度对投诉行为有一定的影响，顾客的不满程度通过影响投诉意向从而影响投诉行为。

3. 探究心理——归因

当产品或服务出现问题时，人们不仅仅会关注问题本身，还会去探究问题发生的原因，也就是对事情进行归因，从而决定后面的行为。归因是个体根据有关信息、线索对行为原因进行推测与判断的过程。归因理论基于这样的假设：人是理性的信息处理器，其行为会受到自己对某事发生的因果关系的推论的影响。

根据归因理论，在顾客抱怨行为中，顾客对于产品或服务失败的原因的认知会影响其如何反应。迄今为止，学者们普遍认同的成功或失败原因的分类是由韦纳在1980年做出的。韦纳将原因划分为三个维度：一是稳定性，导致失败的原因是暂时的、会随时间变化的，还是相对永久的、不随时间变化的；二是原因归属，是内在原因还是外在原因；三是控制性，失败是否是人为所能控制的，是否是由意志所决定的。

这三个维度被视为二分变量，即是否稳定，是否会影响顾客对未来结果的预期和对赔偿的选择。当失败的原因被认为是稳定的，顾客会认为失败的结果会再次发生，就更有可能要求金钱赔偿；当归因于不稳定的因素时，顾客对未来的结果的预测是不确定的，有可能意愿只是更换产品。而责任的归属则影响着顾客是否应该得到补偿和道歉，根据公平交易的原则，顾客付出的钱应该得到相应的利益，如果没有的话，则公司应该给予补偿。值得注意的是在责任归属不明显时，顾客自我保护心理往往使得他们将责任归咎于他人。另外，责任的归属和原因是否可控制都会对顾客的情绪产生影响，一个不好的结果如果是由他人可以控制的行为引起的将会引发愤怒，如果产品或服务的失败是由于公司可以控制的原因导致的，顾客会觉得生气，并有可能想要伤害公司的利益。

顾客对原因归属和控制性的分析会影响顾客的情绪，引发愤怒，另外原因归属会影响顾客对投诉成功可能性的认知；而对原因稳定性的分析，影响的是顾客投诉后想要的结果，比如更换产品或者获得赔偿，并不是顾客去不去投诉的考虑。因此，我们认为原因归属和控制性通过影响顾客不满和认知的投诉成功可能性而影响投诉行为，而对原因的稳定性分析，更多的是影响顾客投诉的目的，甚至是以后的购买意向。

4. 认知的投诉成本

顾客不管有多么不满，都会权衡自己投诉的成本与收益后再采取行动。顾客认知的投诉成本包括客观的时间、金钱上的付出，还包括主观的心理压力，很多顾客反映在投诉中会面对一些尴尬的场面，有时会发生冲突。投诉的心理压力越大，顾客就越不会去投诉；同样，投诉所花费的时间、金钱、精力越多，顾客越不可能去投诉。相对来说，投诉的心理压力是主观的感觉，不同的人感知不一样。比如，富有经验的顾客与销售商打交道时更为自如,他们投诉所花费的努力要小一些,因此投诉的可能性更大。另外,不同文化背景中的人感知的心理压力也不一样。国内学者通过研究面子文化来定义国内顾客的投诉行为。研究结果表明在中国公众普遍注重面子,在他人面前揭发一个人的错误就是不给人面子。因此,为了尽力避免冲突,人们不愿意去投诉。通过在香港进行的试验研究证实了这一结论,当人们觉得去投诉会使别人丢面子,从而给别人留下卑鄙、残酷的感觉,就不会去投诉。

从另外一个角度来看,顾客去投诉可能会使自己丢面子,比如被粗鲁和无理地对待,不得不进行一些辩解,有时厂商还会将产品或服务出错的责任归咎于顾客,有可能会处于尴尬的处境,这对于关注面子的顾客也是一种心理压力。此外,如果投诉渠道不畅通、投诉程序复杂,也会增加顾客的投诉成本。顾客在投诉过程中可能会遇到各种麻烦,比如不了解公司的投诉程序,找不到受理投诉的人,需要花大量的时间去填表,排很长的队,等等,这些都会降低顾客投诉的可能性。还有人认为,顾客在选择不满的反应方式时,会比较不同的方式所需付出的努力。

投诉是需要付出努力的,在很多情况下不满意的顾客需要联系销售商,向他们解释问题的所在,并要求合理的赔偿,这些工作不仅需要体力、时间上的付出,而且需要顾客的认知努力——决定是否投诉、怎样进行,这是个信息处理过程。而人们对有限资源的使用,比如时间、决策能力,是非常吝惜的,他们会对各种方式所需的努力进行权衡。因此,当顾客感知的投诉成本不高时,顾客的口头传播意愿不受投诉意愿的影响;但当顾客感知成本较高时,可能会加强顾客的口头传播的意愿,因为不满的顾客需要找到一个宣泄的方式。由此可见,顾客感知的投诉成本是预测顾客投诉行为的一个重要变量。即使一个顾客非常想去投诉,现实的情况也可能会阻碍他,比如不存在投诉渠道或者投诉会引发很高的成本等。

5. 认知的投诉成功可能性

人们决定是否要采取某一行为时,除了会考虑所需的努力外,还会考虑能否得到自己想要的结果。戴维在顾客投诉行为的概念模型里把投诉成功的可能性作为一个重要的变量。认知的投诉成功可能性是指顾客所认为的,通过向企业投诉所能获得的补偿的可能性,比如更换产品、退钱、免费维修、道歉等,这是一种主观的认知,不同的人观点不一样。对于认知的投诉成功可能性的研究分为两类:一是将它作为顾客在不同抱怨方式之间选择时的影响因素,通过对家电和服装两类产品的研究,发现当顾客认为投诉成功的可能性大时,会采取投诉行为,反之则选择口头传播;二是将它作为影响顾客投诉行为的影响因素,如里奇斯基于同样的背景研究了认知的投诉成功可能性与投诉行为的关系,结论表明,如果顾客认为企业一贯地乐意做出补偿,那么顾客就愿意去投诉。

由此可见,顾客认知的投诉成功可能性是影响顾客投诉的重要变量,它对投诉行为的影响可能是直接的,也可能是通过投诉倾向,还有可能两者皆有。

(三) 环境因素

环境因素是指顾客与企业所不能控制的、在短期内难以改变的因素,包括经济、政治法律、社会文化、科学技术等方面。在前人研究中,主要讨论了文化背景及其生活水平、政府管制等因素对顾客抱怨行为的影响。

1. 文化背景

在不同的文化背景下,人们的思维方式、做事风格有别,因此顾客投诉行为也存在差异。过去30多年,顾客投诉行为的研究主要在欧美文化背景下进行。不过,在此背景中得出的研究结果不一定适用于其他非西方文化的市场。有学者应用韩国和美国的样本,比较了在集体主义文化和个人主义文化中顾客的投诉行为,总结了以下三个结论。

第一,较之个人主义文化中的顾客(美国的样本),集体主义文化中的顾客(韩国的样本)不满时更喜欢私人抱怨,不太采取投诉的行为;而采取了投诉行为的顾客,不再购买的可能性也更大。

第二,如果同样令人不满的问题再次发生,集体主义文化中的顾客私下抱怨的倾向更高,个人主义文化中的顾客则是投诉倾向更高。

第三,在两种文化中,顾客遭遇了不满意的经历之后,一般都会有所作为,但是都不愿意采取第三方投诉的方式。造成这种区别的原因包括:在集体主义文化中,人们的行为遵从社会规范,追求集体成员间的和谐,按照"我们"的方式思考;不喜欢在公众场合表露自己的情感,尤其是负面的;对事物的态度取决于其是否使个人获得归属感,是否符合社会规范,能否保持社会和谐并给自己和他人保全面子。因此,他们更倾向于顾客私下抱怨。而在个人主义文化中,人们追求独立和自足,用"我"的方式思考,喜欢通过表现自己的与众不同,表达自己的内心感受,来实现自我尊重,因此,他们更倾向于投诉。由此可见,文化背景对投诉行为的影响是通过影响顾客的观念,比如对投诉的态度来达成的。

2. 其他环境因素

除了文化背景和行业特征之外,戴维还认为一个国家或地区的生活水平和市场体系的有效性、政府管制、消费者援助等都会影响顾客的投诉行为。在个人消费水平很低、消费品的制造处于初级阶段、市场效率较低、顾客难以满足基本需求的经济环境中,顾客会接受劣质产品并毫无怨言。相反,在生活水平高、市场体制健全的环境中,顾客一般会对产品或者服务有较多的了解,熟知消费者权益和厂商的投诉处理政策,此时不满意而又不投诉的比例就会相对低一些。政府如果对产品制造和市场交易的管制较多,就会为更多的产品设立标准,强化质量水平,要求披露更多的产品或服务信息,界定销售商的责任和消费者的权利。这些都会降低顾客选择产品和处理不满时的不确定性。

因此,政府管制如果应用得当,会降低顾客不满而又不投诉的现象。尤其当法律要求若产品未达标企业应当给予顾客补偿时,就会有更多的顾客因不满而投诉。很多人对产品和服务知之甚少,也不知道他们作为消费者应该享有什么样的权利和如何去行使权利。另外,还有人即使被告知这些,也缺乏胆量和自信要求赔偿或者抱怨。如果在便利的地点设立消费者援助中心,让工作人员提供信息和建议,帮助顾客做出明智的购买决策及遇到不满时采取合适的行为,并在顾客索赔遇到困难时提供帮助,那么就会降低顾客不满而又不投诉的水平。这些因素会影响顾客认知的投诉成功的可能性和投诉成本。

三、顾客投诉处理步骤

根据顾客面临服务失误时的反应,可以将顾客投诉处理分为以下步骤。

1. 安抚和道歉

不管顾客的心情如何不好，不管顾客在投诉时的态度如何，也不管是谁的过错，企业的服务人员要做的第一件事就应该是平息顾客的情绪，缓解他们的不快，并向顾客表示歉意。公司还得告诉他们，公司将完全负责处理顾客的投诉。

2. 投诉记录

详细地记录顾客投诉的全部内容，包括投诉者、投诉时间、投诉对象、投诉要求。

3. 判定投诉性质

先确定顾客投诉的类别，再判定顾客投诉理由是否充分，投诉要求是合理。如投诉不能成立，应迅速答复顾客，婉转说明理由，求得顾客谅解。

4. 明确投诉处理责任

按照顾客投诉内容分类，确定具体接受单位和受理负责者。属于合同纠纷的交企业高层主管裁定，属于运输问题的交货运部门处理，属于质量问题的交质量管理部门处理。

5. 查明投诉原因

调查确认造成顾客投诉的具体原因，以及具体责任部门和个人。

6. 提出解决办法

参照顾客投诉要求，提出解决投诉的具体方案。

7. 通知顾客

投诉解决办法经批复后，迅速通知顾客。

8. 责任处罚

对造成顾客投诉的直接责任者和部门主管按照有关制度进行处罚，同时对造成顾客投诉得不到及时圆满处理的直接责任者和部门主管进行处罚。

9. 提出改善对策

通过总结评价，吸取教训，提出相应的对策，改善企业的经营管理和业务管理，减少顾客投诉。

10. 跟踪

解决了顾客投诉后，打电话或写信给他们，了解他们是否满意。一定要与顾客保持联系，尽量定期拜访他们。

11. 构建顾客投诉管理系统

企业客户服务部门为企业内部环境与外部环境相互作用的交接点，可在此基础上设计一个完整的，由若干个相互影响、相互作用的子系统组成的顾客投诉行为管理系统，它由顾客投诉预警系统、投诉行为响应系统、投诉信息分析系统、顾客投诉增值服务系统、内部投诉信息传递系统、人力资源系统以及服务绩效监督系统共同构成。

四、服务补救管理

（一）服务补救的内涵

在服务补救的内涵上，学者们从不同的角度对服务补救做出了界定。

从顾客期望的角度给出定义：认为如果顾客接收到的服务恰好与其期望相匹配，那么顾客就会满意，否则就会不满意。顾客都希望服务提供者能尽其全力满足其需要，并且当过失出现时,能够及时矫正。后者就是"补救",所有的顾客都有让组织满足其期望的补救期望。

从顾客行为角度给出定义:认为服务补救是企业在服务失误后所采取的补救行动,是服务组织避免顾客流失和拥有顾客的关键。

从服务补救目标出发:认为对服务补救进行评估是公平判断的一部分,认为服务补救的终极目标就是维持企业与顾客的关系。

从归因理论角度分析:服务补救是在内部原因前提下对服务过失负责,并采取行动将类似的失误再次发生的可能性降到最低的行为。服务补救是一种管理过程,它首先要发现服务失误,分析失误原因,然后在定量分析的基础上,对服务失误进行评估并采取恰当的管理措施予以解决。

可以看出,服务补救的实质是在出现服务失误后,服务企业所做出的一种实时性和主动性的反应,旨在于将服务失误对企业所带来的负面影响降低到最低限度。服务失误是服务业的重要事件,任何公司都无法避免服务失误的发生,而服务补救则是企业用来解决顾客抱怨的策略,并以此增强顾客对企业的信赖。

一般来说,广义的服务补救是指在企业对于服务系统中已出现或可能出现的失误进行预防及补救,并对经历失误的顾客进行补偿的一系列活动,其目的是不断完善服务系统和维持良好的顾客关系;而狭义的服务补救是指针对服务系统中可能导致失误或已发生失误的任一环节所采取的一种特殊措施。它不仅包括失误的实时弥补,而且涵盖了对服务补救需求的事前预测与控制,以及对顾客抱怨和投诉的处理。

(二) 服务补救的影响因素

通过国内外众多学者的研究,他们发现,除了服务补救的具体措施会对服务补救效果产生直接的影响外,还有众多其他因素会对服务补救的效果产生影响,其中影响较大的有以下几个因素。

1. 服务失误的严重性

一般来说,服务失误的严重性与服务补救效果成负相关关系。依据社会交换理论和感知公平理论可知,服务失误严重性越大,顾客满意程度越低,即当服务失误更加严重时,顾客会认为交换更加不公平而更加愤怒,从而影响了服务补救的效果。

2. 服务失误归因

服务失误归因是指发生失误的原因,归因情况将影响顾客对服务失误的反应方式,也对服务企业采取服务补救措施的有效性有一定的影响。有不少研究者认为顾客的失误归因会影响顾客的补救满意度。如果顾客将造成服务失误的责任归于自己时,他们不大可能会产生抱怨,其满意度和抱怨倾向与服务失误时没有明显差别,此时如果企业提供服务补救,会给顾客带来更高的满意度。稳定性和可控制性与服务失误归因特别相关,前者对顾客满意产生负向影响,后者对顾客满意和顾客感知质量均产生负面影响。如果是由于可控性因素导致的服务失误,顾客会对此产生较大不满,对于服务补救的期望较高,而实际的服务补救感知较低;如果来自于不可控的因素,顾客对于服务补救的要求则没有那么苛刻。国内学者的研究也表明,遭遇不同归因服务失误的顾客对于同样的服务补救会有不同的评价:由于第三方原因而遭遇服务失误的顾客对于服务补救水平的评价将明显高于因外因而遭遇服务失误的顾客的评价,但明显低于因内因而遭遇服务失误的顾客的评价。即消费者服务补救满意度按归因来看是按照内因、第三方因素、外因依次降低的。

3. 顾客补救期望

顾客补救期望与实际感知的补救绩效之间存在差距，会直接影响顾客的满意水平。服务补救期望与服务补救满意成负相关关系，当顾客对服务补救期望越高，其对实际的服务补救的感知就越低，就对服务补救越容易产生不满。顾客的补救期望是其判断服务补救效果的参照标准，顾客满意则是"补救期望""感知的补救绩效"以及"补救不一致"的函数。

4. 文化差异

研究者以不同的文化背景为研究情境，从不同的角度论证文化因素对服务补救效果的影响。根据四维文化量表，以顾客满意度、正面口碑和重购倾向为尺度分别检验了文化在顾客对服务补救进行评价的过程中对三种补救策略——道歉、协助和赔偿的影响。得出的研究结果表明，文化差异显著地影响着补救策略的实施结果。学者对英国和意大利两家航空公司一线服务员工面对服务失误和补救的态度和行为做了跨文化的比较研究，他们发现在感情、群体定位和授权上，两个国家的员工对服务补救的态度和行为截然不同，服务补救满意水平也是由不同因素决定的。因此，文化对于服务补救的满意度有着重大影响。

5. 顾客与服务企业的关系状况

顾客与服务企业的关系状况也是服务补救效果的重要影响因素。顾客与组织的关系会影响顾客对服务失误的反应，从而间接影响顾客对服务补救的满意判断。与服务企业之间存在不同关系水平的顾客，在服务补救的满意判断和后续的行为意向等方面，与交易型的顾客存在差异。基于关系的顾客，特别是有愉快感受和特别经历的关系型顾客，其满意判断很容易受到情感内容的影响，其与某个公司的关系会影响他们对服务失误和补救的反应的评判。研究结果表明与服务企业有较高保持关系意愿的顾客会在服务失误后有较低的服务补救预期，并把失误的发生归因于不稳定因素。而较低的补救预期与低稳定性的归因会在补救后带来更大的满意感。

顾客关系对结果失误和过程失误之间的交互效应具有调节影响作用，从而间接地影响服务补救评价。不同的关系类型对服务失败后对顾客的反应会有不同的影响。另外，顾客与一线员工的关系也会对补救造成影响，当顾客与一线员工相处不够融洽或者是感觉到一线员工的态度不够真诚时，都会对服务补救满意度造成影响。

（三）服务补救类型

1. 主动式服务补救和反应式服务补救

有效的服务补救包括主动式服务补救和反应式服务补救两部分。主动式服务补救是在顾客投诉发生之前，企业主动识别了已经或可能发生的服务失误，而及时地采取行动进行补救。反应式服务补救是在服务失误已经发生，顾客投诉之后企业针对该问题所采取的补救措施。施密斯等学者明确指出：服务补救比顾客抱怨处理包含了更广泛的活动内容，因为其所处理的状况包括了服务失误已经发生但顾客并未提出抱怨的情境。

2. 内部服务补救和外部服务补救

内部服务补救是基于内部营销这个概念而产生的。内部营销的概念包括两个基本的理念：一是员工是企业内部的顾客；二是内部顾客只有在工作中得到必要的服务和支持，保持身心愉悦，才能有效地为外部顾客提供优质的服务。基于此，国外学者提出了"内部服务补救"的概念，将服务补救分为内部服务补救和外部服务补救。他们提出，以前学者的研究都是注重于外部服务补救，即对企业外部顾客因过失而造成不满的服务补救，忽略了内部服务失误会对员工产生消极影响，而员工会将此种情绪带到工作中，在为顾客提供服务时把不满情绪传递给顾客，引起顾客抱怨，从而由内部服务失误转为外部服务失误；而内部服务补救的提出，补充了这一不足。由此我们可以看出，内部服务补救是对企业内部出现的服务失误进行补救，通过内部服务补救使员工增加对工作的满意度，进而提升顾客满意度。外部服务补救则是企业对企业组织及员工对于组织以外的其他对象所采取的补救，主要是针对外部顾客。

（四）服务补救的意义

尽管全面质量管理倡导"零缺陷"和"第一次就把事情做好"，但由于各种原因，服务提供者却难以真正做到。因为服务本身的特点决定了服务失误在所难免。导致服务失误的原因是多方面的，但是企业应该在每次失误发生后总结经验教训，避免再犯。在发生服务失误后，企业应该承认问题的所在，向顾客解释道歉，并积极采取有效的补救措施。及时恰当的服务措施不仅能维持顾客满意度，增加顾客忠诚，还能帮助企业在服务失误后发现自身的不足，所以实行服务补救对于企业的生存和发展具有极其重要的意义。

1. 维持良好的客户关系

在对所购买的商品或服务持不满意态度的顾客当中，经历了服务失误的顾客如果经公司努力补救，并对服务补救感到满意，将比那些问题未被解决的顾客更加忠诚。所以实行有效的服务补救，能留住顾客，维持顾客的忠诚度，这种忠诚度会促使消费者日后保持或增加在餐饮企业里就餐，或者传递好口碑，给企业带来盈利。同时研究表明，争取新顾客所投入的营销成本是留住老顾客的 3~5 倍，而好口碑的传递无异于免费帮企业做了宣传，节省了成本。研究证实：服务补救的效果越好，顾客就越会对服务企业产生满意的认知并愿意继续接受该企业的服务。当服务失误发生时，经处理服务失误后的第二次满足，即服务补救，会比原始服务满足所带来的顾客忠诚度强。也就是说，一个有效的服务补救策略有多方面的潜在的影响，它能提高顾客满意度和忠诚度，并给企业带来盈利。

2. 树立企业良好的形象

如果企业不妥善处理顾客抱怨，则很可能使顾客从小抱怨变成极大的不满，促使顾客向消费者权益保护机构或大众传媒等第三方组织表达自己的不满，给企业造成重大的公共关系危机，产生负面影响。对顾客的抱怨，企业如果能够恰当应付顾客的抱怨，及时采取恰当的补救措施，可使顾客对该企业持有良好的印象，感受到企业对顾客的重视。而其他潜在顾客也会因看到企业完善的抱怨处理机构、制度及良好的态度而对企业产生好感，起到一种宣传作用，从而在社会上树立良好的企业形象。顾客对服务流程的满意度有助于增加其忠诚度，而顾客高度的忠诚度可以创造高利润，因此服务补救和企业获利率之间有密切关联。良好的服务补救不但能留住经历失误后不满的顾客，还能增强顾客对企业形象的认知。在服务失误后，企业通过分析顾客抱怨的原因，找出自身所存在的缺点与不足，进行服务补救，解决顾客问题，能促进企业服务流程的合理化，提高企业运作效率，从而降低企业的经营成本，提高盈利。

第4节 大客户管理

近些年来,大客户已经成为众多企业争夺的焦点,而传统基于交易的营销模式越来越不适应供应商—大客户关系的处理。欧美国家的营销学者从20世纪90年代初就从工业品营销、关系营销与客户关系管理研究中发现大客户管理的独特性与重要性,并将其单独分离出来,对大客户进行差异化管理研究。科特勒曾经指出:"善于与主要客户建立和维持牢固关系的企业,都将从这些客户中得到许多未来的销售机会。"可以说,与大客户建立长期关系是在激烈的市场竞争中立于不败之地的关键。

一、大客户管理内涵

(一)大客户及其甄别

1. 大客户的含义

对于大客户概念的内涵与外延目前尚无统一的界定。主流观点认为大客户就是对市场卖方具有战略意义的客户。大部分学者认为,企业管理的重点就在于核心客户关系管理。任何企业都不能企图满足市场上所有客户的全部需求,不仅如此,企业所选择的目标客户还必须进一步细分和筛选,因为每一个客户对企业的贡献率相差很大。很多情况下,企业80%的营销费用花在只产生20%效益的客户群身上,而对创造了80%效益的客户却只投入了20%的营销资源。我们认为,大客户是相对于中小客户而言的,具体指对企业在长期发展和利润贡献上有着重要意义的客户。大客户的界定并不局限于客户的规模或实力,而是相对于其为企业所做的贡献而言。如果某一客户在企业所有销售利润中所占的比例较大,哪怕其规模不如其他客户,但对这个企业来说,它就称得上大客户。关系管理指导下的企业销售额的增长来自两个方面:一是较大规模的大客户让渡价值,因为关系是建立在"双赢"的基础上,而不是一方讨好另一方;销售额增长的另一方面是来自企业努力促成的中小客户升级为大客户。总之,大客户划分的标准是帮助企业找到或者培养"高质量的重要客户",也就是"和企业建立长期、稳定的关系,愿意为企业提供的产品和服务承担合适价格"的客户。

2. 大客户的甄别

企业客户很多,我们一般将公司客户分为大客户、小客户与一般客户。那么,我们怎么识别大客户及其价值?基于不同角度,有多种界定和评价大客户的方法。

(1) 从企业与客户的互动关系划分。根据科特勒对企业与客户之间五种不同程度的关系水平划分,来分析大客户与企业之间的关系。

基本型:销售人员把产品销售出去就不再与顾客接触。

被动型:销售人员把产品销售出去并鼓动顾客在遇到问题或者有意见的时候和公司联系。

责任型:销售人员在产品售出以后联系客户,询问产品是否符合顾客的要求;销售人员同时需求有关产品改进的各种建议,以及任何特殊的缺陷和不足,以帮助公司不断地改进产品使之更加符合客户需求。

能动型：销售人员不断联系客户，提供有关改进产品用途的建议以及新产品的信息。

伙伴型：公司不断地和客户共同努力，帮助客户解决问题，支持客户的成功，实现共同发展。

需要指出的是，这五种程度的客户关系类型并不是一个简单的从优到劣的顺序，企业所能采用的客户关系的类型一般是由它的产品以及客户决定的，科特勒根据企业的客户数量以及企业产品的边际利润水平提供了一个图表帮助企业选择自己和客户的关系类型（见图4-1）。

客户数量 多 ↓ 少	责任型	被动型	基本型
	能动型	责任型	被动型
	伙伴型	能动型	责任型

边际利润水平　高　　　　低　→

图4-1　科特勒客户关系矩阵

大客户处于的位置在左下角，即在企业客户中所占比例小、能给企业带来高边际利润的那部分客户。

（2）"二八"法则。"二八"法则是在19世纪末20世纪初由意大利经济学家帕累托提出的。它建立在"重要的少数与琐碎的多数"原理的基础上，指在特定群体中，重要的因子通常只占少数，而不重要的因子则占多数，因此只要能控制具有重要性的少数因子即能控制全局。具体到客户识别即80%的利润来自20%的大客户。因为这些大客户在一定意义上来讲支撑着企业的运营，代表着企业的未来，而另外80%的客户可能带给企业的只是20%的销量或利润，所以，管理应向20%的大客户、重点客户倾斜。

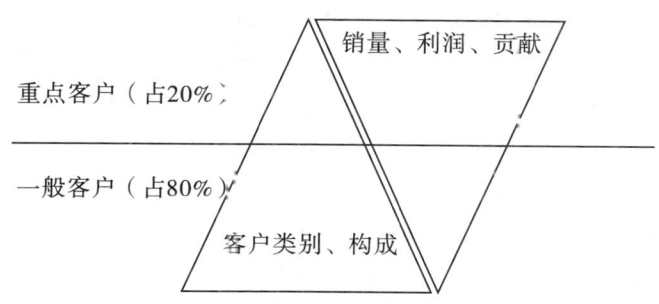

图4-2　客户类别、构成与销量、利润、贡献的关系

在甄别客户的过程中，要注意不能仅以一次的消费量大小来作为衡量其"大""小"或"好""坏"的标准，要考虑客户的持续性、发展性，考虑其能为企业带来高销量、高利润和大影响的贡献能力。对于企业而言，选择客户要考虑其成长性。确定大客户应考虑的是：需求量大且重复消费的客户，能够帮助企业降低成本，与企业合作过程中能够带来高销量、高利润的回报。

科特勒对客户关系的划分与帕累托的"二八"法则不谋而合，这也正解释了企业80%的利润来自于20%的客户这一经验规则。

（二）大客户管理

1. 什么是大客户管理

在早期的销售中，大客户管理有以下几种说法：大客户销售、全国性客户管理、全国性客户销售、战略客户管理、主要客户管理以及全球客户管理。大客户管理是目前被大家广泛接受的说法，并且在欧洲得到最广泛的使用。大客户管理是指从特定的外部或内部客户组织获得最大销量的一种方式。大客户管理是由公司提出的旨在通过为大客户提供量身定做的产品、服务和持续满足客户需求来建立大客户群的一种方法。它是一种关系导向的营销管理方法，重点处理 business to business 市场上主要客户的关系。根据这个定义，大客户管理涉及公司的以下活动：识别和分析大客户；选择合适的策略，以建立、培育、维持和巩固与客户的长期关系。从大客户销售到大客户管理不仅仅是改变了一个词，管理相对于销售来说，是个系统工程，是一种经营哲学，它涉及整个企业组织与文化的配套，而不只是"销售"。大客户管理是卖方采用的一种方法，目的是通过持续地为客户量身定制产品与服务，以满足大客户的特定需要，从而培养出忠诚的大客户。为了保持与大客户的日常联系，卖方通常建立许多小组，每组由一名大客户经理领导，向某个大客户提供专门服务。这种特殊对待大客户的方式将对企业的组织结构、价值传播和管理效果产生重大影响。大客户管理在引入更多的综合管理而不是单纯的销售管理之后，其销售方法由传统方法向更加强调客户导向的方法转变。

通过定义大客户，通过分析诸如力量均衡、信息交换、冲突/协调、决策小组的承诺和购买者的不确定性等关系变量，来探讨购买者和销售者的关系。关系成分的增加是大客户管理的关键，在这种框架下商业机会被创造出来，并且强化了购买者与销售者之间的关系互动。紧密的关系是建立在迎合大客户利益关注点的基础上的，并由此形成其主要差别优势。

传统意义上，企业资产的定义相对狭窄，资产仅仅是公司控制下的有形财产。然而企业在大客户的开发与维护过程中投入了大量的企业资源，这些投资是需要得到长期的预期收益，所以大客户也应该被定义为资产，是企业的外部资产。这进而产生了一个革命性的观点。如果他们是资产，那么他们就必须像其他资产一样得到有效的管理。大客户管理就是对这样一笔投资的管理，是管理一种非同寻常的关系，也是管理此种关系对企业自身业务的影响。简而言之，大客户管理就是对企业未来的管理。

大客户管理的理论基础是客户关系管理，而客户关系管理始于 20 世纪 70 年代兴起的关系营销学说。关系营销强调企业的营销活动不仅是为了实现与客户之间的某种交易，而且是为了建立起对双方都有利的长期稳定的关系。大客户管理是企业识别、挑选、获取、发展和保持大客户，以获取销售收入和利润，实现企业中长期战略的整个商业过程。

2. 大客户管理的内容

大客户管理的内容主要包括：建立有效的大客户识别体系；建立系统化客户关系管理流程；建立强有力的客户关系管理支持系统，完善内部相关支持流程，保证跨部门的合作有效地推进；优化大客户服务团队组织结构，明确岗位职责，做到责任清晰、有效管理，完善激励机制；建立市场分析、客户分析和竞争分析的科学管理模型。

二、大客户管理的目标和优势

实施大客户管理是通过深入了解客户的需求和发展需要,为客户提供优秀的产品和解决方案,为客户创造价值;同时通过建立和维护客户关系,为企业创造利益,帮助企业保持竞争优势。通过有效的大客户管理,可以将有限的企业资源合理地投放到大客户上,实现企业资源的合理配置。

(一) 大客户管理基本目标

概括起来,大客户管理基本目标,主要包括以下两点:通过个性化的产品与服务为大客户创造价值;通过建立和维护客户关系,从而使得企业获取长期、持续的收益。

(二) 大客户管理优势

通过大客户管理,企业可以在如下几个方面保持市场竞争优势:保持企业市场地位及竞争优势;准确把握市场动态,充分了解客户需求,制定个性化解决方案以帮助企业在市场上形成差异化竞争优势;精确地掌握市场发展趋势,以保持企业在市场竞争中的领先;形成规模效应,获得成本优势。

大客户管理不是孤立的管理流程或方法,而是一种企业市场竞争战略,更是企业实现战略目标的必要手段。因此,大客户管理必须和企业整体战略有机结合,要用战略的思维对大客户进行系统管理,这不仅需要营销部门的努力,同时还需要组织全体成员通力配合。

三、大客户管理的策略

大客户管理是一项长期并具有战略意义的行为,至少需要 3 ~ 5 年的时间来实践,从识别一个客户的价值到将其完全发展成具有合作潜力的大客户需要长达 10 年的时间。既然大客户管理是建立并管理与大客户的战略伙伴关系而非一般客户关系,那么维护好这种关系就不可能是"一日之功"。因此,我们需要从长远角度规划与大客户的关系,以及关注大客户的终身价值。

(一) 从长远角度规划与大客户的关系

正如论述大客户管理内涵时提到的,大客户关系尤其是战略伙伴关系的实现不可能在短期内完成,而是需要企业细心的培养和耐心的维护,通过反复实施大客户管理的几个要素来将双方关系向前推进。一般来说,企业和大客户之间的关系从建立到发展成熟大致需要经历孕育阶段、初期阶段、中期阶段、伙伴阶段和协作阶段,我们将最后较为成熟的伙伴阶段和协作阶段统称为战略伙伴阶段,其过程见图 4-3。

图 4-3 中,纵轴的客户参与程度代表企业提供的产品和服务占客户总采购额的比例,横轴是双方关系的紧密程度。从事该方面研究的学者普遍认为,企业与大客户的关系发展往往伴随着往复甚至倒退,并不会一帆风顺。当企业能够很好地满足大客户需求为其不断创造价值时双方关系就会变得更为紧密,关系向图中的右上方发展,反之亦然;而供应商交付产品和服务的严重失误还会导致大客户关系的间断。因此,企业应该清楚大客户关系发展的这一属性,从长远角度规划大客户管理工作,扎实地重复大客户识别、大客户需求分析、内部资源管理和为大客户创造价值这些要素,而不是采取"短、平、快"的短期促销手段,任何对大客户业务抱有短期利润想法的最终都只能给企业带来失

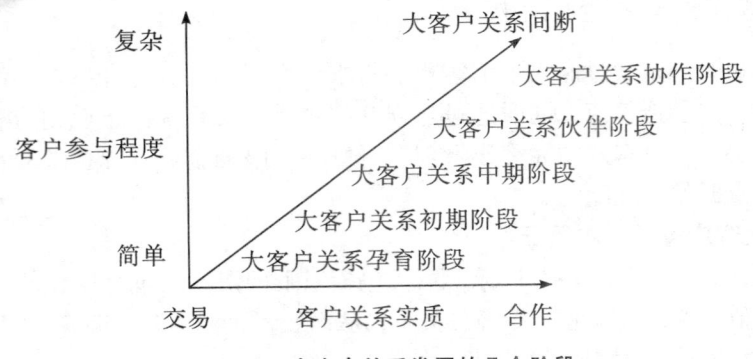

图 4-3 大客户关系发展的几个阶段

望。从大客户角度看，对方也不会允许企业将任何"短视"的管理手段运用在发展双方的战略伙伴关系中，否则大客户只能主动选择中止关系，即大客户关系的间断。

（二）关注大客户终身价值

大客户管理的另一个特点是企业需要关注大客户的终身价值。无论客户意图进行短期交易还是建立长期关系，投资和收益都是企业服务任何客户必须计算的要素，大客户终身价值就是衡量大客户业务盈利性的标准。企业可能在前期为开发大客户投入了大量的成本，利润为负值。但不同于只满足短期交易关系的一般客户，大客户寻求与合适的供应商建立长期战略伙伴关系。随着双方信任的建立和关系的紧密，在较长的大客户生命周期中企业承接的业务量逐年增加，由于维护原有客户的成本要普遍低于开发新客户的成本，所以服务大客户的投入也在逐年降低，以至于整个生命周期中企业取得了丰厚的利润，赢得了宝贵的大客户终身价值。但是，盈利趋势是建立在双方关系良好发展的前提下，任何追逐短期效益的管理手段对这种关系都是一种损害。另外，大客户对产品服务质量和技术含量的要求往往高于其他客户，需要企业投入额外的资源给予其特殊待遇，因此对大客户的前期投入成本也可能明显高于其他客户。因此，企业需要根据收集的信息准确评估每个客户是否真正具有"战略意义"，识别出大客户，并基于其终身价值进行投资和管理，不能因为顾及一时的成本投入而放弃与大客户发展战略伙伴关系的机会，从而错失大客户终身价值带来的长期丰厚利润。我们可以发现，大客户终身价值揭示了大客户业务的一个特性，即由于大客户也期待与合适的供应商发展战略伙伴关系其生命周期往往要长于一般客户。

关系营销学者雷奇汉的研究其实已经证实，根据行业不同，如果企业每年能减少5%的客户流失率其利润会增加25%~100%不等。雷奇汉的结论也正解释了为什么大客户业务的这个特性会使供应商在与大客户发展战略伙伴关系的长期过程中获得丰厚的利润。

第5节 CRM 技术及其运用

自 21 世纪以来，全球的客户关系管理（Customer Relationship Management，CRM）已经在爆炸式地快速发展，其主要应用在一些制造行业、通信行业等。这些行业的许多大公司已经率先树立一个榜样，并取得了显著的性能。美国思科公司的客户服务领域，在全面实施客户关系管理方面，创建了两个奇迹：一是每年 3.6 亿美元的客户服务费用可以节省下来；二是客户满意度从原来的 3.4 分发展到目前的 4.7 分（共 5 分），在新增工作人员不到 1%的条件下，达到了 500%的利润增长。作为世界上最大的、访问人数最多的和最有利可图的网上书店——亚马逊公司，以年销售持续保持 100%的高增长速度令人印象深刻，客户关系管理就是它的法宝之一。客户关系管理系统在北美、欧洲等发达国家发展得非常迅速。许多国家都投入了大量的人力、物力和财力来发展市场。

一、CRM 的内涵

CRM 的定义有很大一部分源于电脑公司的定义，它们被视为从客户关系管理技术角度来看，认为客户关系管理系统，是由销售自动化发展而来，后来才发展到公司的其他部门，之后逐步渗透到了采购、物流、生产等其他领域，最后进入了管理决策层。这种解释只是介绍了客户关系管理系统的发展过程，而客户关系管理的核心，最终没有表达。下面，我们来了解对它的各种各样的定义。

（一）初始定义

——客户关系管理就是在设计工作流程和信息流进时，首先考虑客户的需求，其次考虑企业内部的需求。

——客户关系管理是将客户信息转到互联网上的应用软件。

——客户关系管理是注重客户的业务方式。

——客户关系管理是在客户联系点的客户信息管理能力。

——客户关系管理是一种电子商务应用。

——客户关系管理是在销售和营销部门引入信息技术。

——客户关系管理是销售自动化、服务自动化和营销自动化软件。

——客户关系管理是新一代的数据库营销。

（二）来自大客户的定义

这些定义都没有准确完整地描述出客户关系管理。CRM 的理论基础来自关系营销，其核心也是整合企业资源，通过为客户创造价值来提升客户忠诚度进而建立和保持对企业有价值的客户关系，这是 CRM 的营销理念内涵。其中建立和保持有价值的客户关系也是企业实施 CRM 的目的。在这个过程中，企业内部资源如组织结构、人事安排和企业文化都需要面向客户进行调整。在此基础上，企业可根据自身情况选择性地安装涵盖销售、营销和售后服务模块在内的 CRM 软件，搭建客户界面，这是 CRM 的实施方案内涵。同时，呼叫中心、数据库和数据挖掘等现代 IT 技术的强大功能让企业能够收集、整理、分析并内部共享与客户价值链相关的全部信息，形成清晰的客户需求框架，为制定各种策略提供依据，保证客户资产最大化，这是 CRM 的技术支持内涵。上述三个内涵是企业成功实施 CRM 不可或缺的组成部分，是一个统一和相互关联的整体，其关系见图 4-4。可以说，营销理念是指导思想，实施方案是具体路线，而技术支持则是必不可少的保障条件，三者共同促成了客户关系的建立。

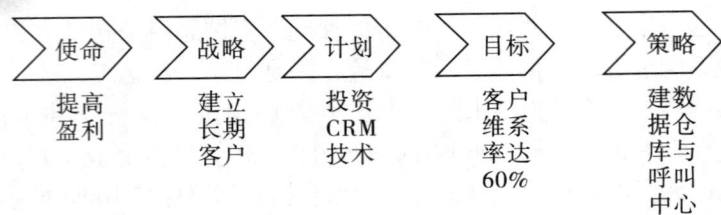

图 4-4 客户关系管理理念

二、CRM 技术

(一) 客户关系管理技术分类

CRM 技术可以分为企业应用系统和客户应用系统。

1. 企业应用系统

企业应用系统也就是指客户信息系统,主要是指企业对客户所做的一些行为,例如收集客户信息、整理客户资料、分析客户价值,从而制定公司的营销战略并采取相应的行动。

2. 客户应用系统

客户应用系统也就是指客户交互系统,主要是指客户与企业间的交流。CRM 技术最初的部分主要是客户应用系统,包括销售自动化系统、客户服务自动化系统和营销自动化系统。

(二) 两者的关系

CRM 的企业应用系统和客户应用系统是互为依托的,客户应用系统为企业应用系统提供客户信息数据,而企业应用系统所制定的行动要靠客户应用系统来完成。企业应用系统是企业内部处理的过程,目的主要是了解客户需求,而客户应用系统是企业同客户的接触过程。另外,二者实施过程中采用的技术也不同。

三、CRM 系统的分类及其核心内容

CRM 系统的主要工作有两个方面:一是提高企业的数据分析水平;二是提高整个业务流程的自动化水平。同时,CRM 系统要求建立企业商业流程的闭环模式,以保证客户信息在企业中的共享和流转。所以,美国调研机构把 CRM 分为三类,即操作型、分析型和协作型。图 4-5 所示的就是这三类应用的功能定位。

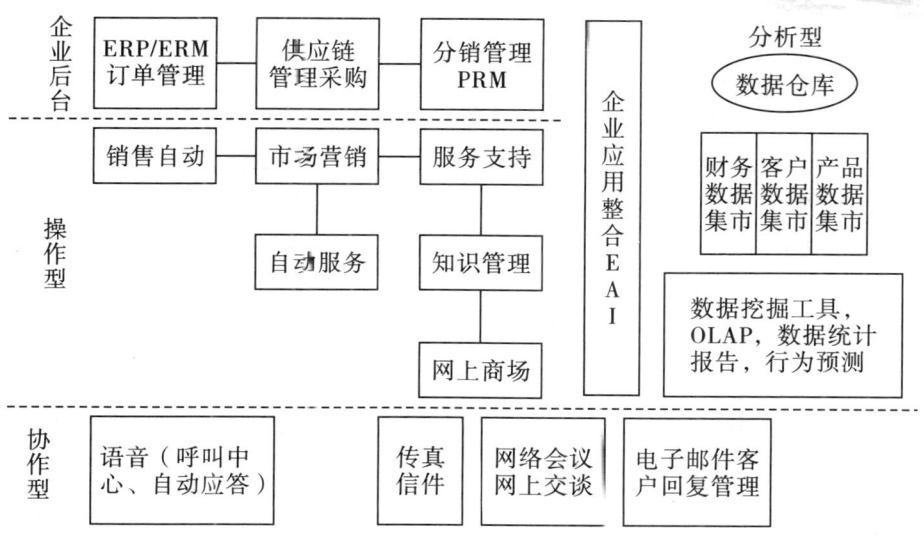

图 4-5 三类 CRM 应用的功能定位

（一）操作型 CRM

操作型（又称运营型）CRM，主要是指一些业务流程的自动化，例如销售与客服之间业务的自动化，主要应用在一些前端的办公中。它将这些部门有机地结合在一起，同时也将公司的采购、研发等后端的业务流程发生联系，将整个公司的前端业务和后端业务进行无缝集成，从而提高工作效率，提高与客户沟通的能力，发挥 CRM 系统的作用。

（二）分析型 CRM

分析型 CRM，顾名思义，主要工作就是后台的分析活动。它强调的是对客户信息的再加工。通过前台对客户信息的收集，运用一些技术，例如数据仓库、数据挖掘等手段对这些数据进行后台分析，从而形成对决策有支持的资料。因此，从某种意义上说，分析型 CRM 系统是将企业原有的客户信息管理系统提升到客户知识管理系统的高度。

（三）协作型 CRM

协作型 CRM 只须在一个多媒体设立联络中心，为客户沟通建立平台即可，从而方便客户信息的收集和整理，为客户服务提供更多更有效的联系渠道，并利用在线聊天、语音处理和其他以因特网为基础的技术，探索新的沟通方式。

它主要由电话中心、网页服务、电子邮件、传真等一些与客户沟通的渠道构成的客户服务中心构成，同时也有一些在公司内部与 ERP 系统或其他系统整合的模块。

四、CRM 应用系统模型

从概念角度分析，CRM 应用系统模型是一种管理上的理念，是提高企业竞争力的一种工具。而从技术角度分析，它是实现客户价值增值的一个平台，在这个平台之上对客户的信息进行管理，可支持企业理念的实现。建立 CRM 系统的目的是实现客户价值的增值，降低经营成本，提高效率，因此，这些活动的展开都是紧紧围绕"客户价值"这一中心的。图 4-6 所示的是 CMR 应用系统的模型图。整个应用系统强调对多点客户联系渠道的整合以及对条块型业务功能的流程整合，以最大化地实现所蕴含的商业理念。

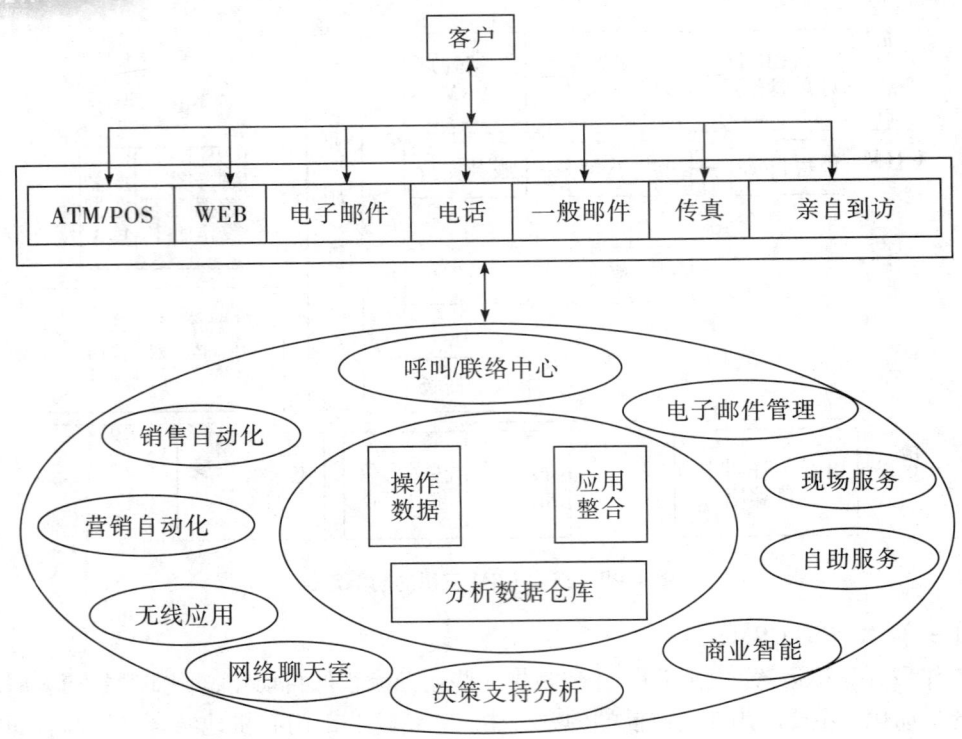

图 4-6 CRM 应用系统的模型

虽然每个提供商所开发的模块在技术和功能上都不尽相同,但总的说来,一个能够有效实现经营理念的应用解决方案有以下几个基本特征。

1. 基于一个统一的客户数据库

客户信息作为公司重要的资产,必须由全公司统一管理。其所有权在公司层面,而不是由部门或个人部分占有。

2. 具有整合各种客户联系渠道的能力

整合各种渠道,就是不论客户来自电话、传真、电子邮件还是通过访问网页甚至自己到访所得到的各种信息必须准确、完整地反映到数据库中,也就是说要做到客户信息的"零流失"。

3. 将信息快速、准确地传递给系统的使用者

CRM 系统的各种用户包括客服人员、市场营销人员、现场服务人员、销售人员以及合作伙伴等,均能以各种方便的方式和设备获取各种与客户有关的信息。如可以通过电脑、无线设备、互联网等,实现目标。

4. 使销售、服务和营销三个业务流程实现自动化

CRM 系统的使用者,无论是销售人员还是客服人员都能够方便、快捷地操作系统,而且能打破各个业务之间的壁垒,使各个业务的衔接快速、准确。

5. 要能从大量的交易信息中提炼出有用的信息

CRM 系统应用方面一个重要的特点就是对客户行为具有预测能力,否则就很难做到

有差别地管理客户关系。因此，系统一定要具有商业智能处理能力。

6. 要与企业中的其他应用系统相整合

要基于一个整体的开放标准，具有与其他应用系统相整合的能力。

五、CRM 系统中相关技术研究

数据仓库技术、数据挖掘技术以及联机分析处理技术的使用才使得系统能够发挥作用，使得公司的经营决策有了参考的依据。数据仓库技术将来自企业内部和外部的各种信息综合到一起，通过数据挖掘技术对仓库中储存的数据进行挖掘、更换，从而发现一定的规律性，并将这些信息归纳、处理，反馈给系统的使用者。

（一）数据仓库

目前一些企业也会有一些交易处理系统，但是这些系统大多数都是彼此独立的，各系统的数据不共享，这就使得对客户行为进行分析比较困难。只有对一些积累下来的能够反映历史变化的数据进行全面、完整的分析，才能看出客户的某些特征，以达到营销目标。然而，这种传统的数据库系统是难以满足这种要求的。因为传统的数据库系统存储容量较小，不能够存储大量的数据，而且对各个单独的数据系统在集成方面也很难做到，所以，数据仓库技术的引进是不可避免的。

1. 数据仓库具备海量的存储能力

数据仓库不仅自身具备海量的存储能力，而且它还可以增加外设硬件，比如扩充硬盘、增加处理器数量等，这样就可以满足系统对数据量和计算量的增加。此外，数据仓库存储库的设计与传统的数据系统也不一样，它可以保留一定的冗余数据，并没有严格遵循实体关系建模和数据库设计范式。

2. 数据仓库具有整合数据的能力

数据仓库技术可以将各个分散的数据系统中提取出来的数据进行统一的整合，这不是简单的复制，而是经过了大量的计算、综合，去除了很多无用的数据，同时也有可能添加了很多有用的外部数据，这样就能确保数据的质量，方便客户的使用。

3. 数据仓库具备实时更新的能力

数据仓库中的数据包括了现有的数据和历史数据的变化，并且这些数据信息将随着时间的变化而不断更新。每隔一段固定的时间后，在数据库中的源数据将被提取到数据仓库，积累数据到一个新水平后，这些数据将被整合，以满足更高的水平分析需要。

（二）数据挖掘

"数据挖掘是从大量源数据中自动获取潜在的、对决策有价值的信息、模型和规则，并能够根据已有的信息对未发生行为做出结果预测，为企业经营决策、市场策划提供依据。"在 CRM 系统中，数据挖掘是在数据仓库的基础上进行的。数据仓库技术将大量的、复杂的客户信息数据集中起来，建立了一个综合的、结构化的数据模型，数据挖掘技术则对这些数据进行分类、估计、预测、相似分组或市场分析和聚集，它们可以应用到企业决策分析及管理的不同领域和阶段。在 CRM 中，它可以应用在以下几个方面。

（1）客户特征的分析。客户特征的分析是指挖掘客户个性需求，例如客户的年龄、性别、职业、收入、家庭地址等多个方面，同时还可以进行组合型的分析，给出符合条件的客户名单和数量。

(2) 客户行为的分析。客户行为的分析主要是指客户一些购买行为的分析,从而针对不同的消费习惯进行个性化营销。

(3) 客户关注点分析。客户关注点分析是指针对客户对某一产品的性能、价格、核心价值等关注程度的分析。

(4) 客户忠诚度分析。客户忠诚度分析是指客户的活跃度、稳固性分析等。

(5) 产品销售的分析。产品销售的分析可以是对某一产品的销售,也可以是对销售渠道的分析。

(6) 企业参数调整。企业参数调整是指为了提高分析结果的灵活性,扩大其适用范围,企业需要对有关参数进行调整。

(三) 联机分析处理

联机分析处理 (Online Analytical Processing, OLAP) 技术是一种数据仓库的处理技术,也称多维数据分析方法,运用数据仓库技术的最根本的目的就是对企业的决策提供支持,而进行决策之前,最重要的前提就是要对数据进行分析。在数据仓库中各个数据用"维"的结构存储,以便于决策的使用,而存储汇集数据进行操作结果的地方称作多维数据库。它的思路是,直接对用户感兴趣的数据视图进行分化,从而进行联机分析。

OLAP 中常用的用于分析多维数据的方法有数据切片、数据切块、数据钻取、数据上翻(也叫上钻)、数据旋转。

本 章 小 结

本章介绍了服务承诺及管理,顾客抱怨产生的原因及解决方式,在顾客抱怨及服务投诉产生后如何提高顾客满意度并进行服务补救,在现有的大环境下怎么实施大客户管理,以及在管理过程中如何运用 CRM 技术等内容。

服务企业在充分了解消费者的需求特点,分析、比较其他企业竞争能力的基础上,结合自身实际,通过广告、服务人员和公共宣传等沟通方式向顾客预示服务质量或服务效果,并对服务质量或服务效果予以一定的保证。作为服务企业有好的服务承诺并忠诚地兑现企业的承诺是赢得顾客、提高其市场占有率的重要途径。一旦发生了顾客抱怨与投诉,企业要及时进行服务补救。服务补救的实质是在出现服务失误后,服务企业所做出的一种实时性和主动性的反应,旨在将服务失误对企业所带来的负面影响降低到最低限度。服务失误是服务业的重要事件,任何公司都无法避免其失误的发生,而服务补救则是企业用来解决顾客抱怨的策略,并以此增强顾客对企业的信赖。只有忠诚的顾客才能成为企业的大客户,才能保持良好的商业机会。CRM 技术,在提高工作效率、增强与客户沟通能力等方面,发挥着重要的作用。

思考与练习

（1）什么是服务承诺？如何做好服务承诺？
（2）举例说明当你遇到服务投诉时，作为一线服务人员应该如何处理。
（3）什么是大客户？怎样甄别大客户？
（4）简述 CRM 技术模型及分类。
（5）如果你是一家大型国企客户服务人员，你将如何开展客户管理服务？
（6）在工作中，可能出现客户投诉，你将如何面对客户的投诉？
（7）请结合发生在你身边的服务失败案例，阐述服务失败后进行服务补救的重要性。

第五章　服务营销战略规划

> **教学目标**
>
> （1）了解企业与服务战略的内涵，以及SWOT分析法。
> （2）认识服务营销四大竞争战略的含义及实施途径。
> （3）知道服务市场细分的标准和步骤。
> （4）理解服务目标市场选择的依据和模式。
> （5）掌握服务市场定位的步骤和方法。

战略理念名列前茅的服务企业基本上都是以顾客为中心的，它们十分了解目标顾客和他们的需要，并且也都制定了满足客户需求的独特战略。爱德华·琼斯金融服务公司在美国有超过10 000个分支机构，比其他任何经纪公司都多。该公司为了服务目标顾客，每个办公室都配有一名财务顾问和一个管理人员。虽然成本高昂，但是这样的小团队确实能促进公司与顾客间的个人关系。

第1节　服务营销战略分析

当一个公司成功地制定和执行价值创造的战略时，它就能够获得战略竞争力（Strategic Competitiveness）。

一、战略与企业战略

（一）战略与企业战略的含义

"战略"一词源于古希腊语"strategos"，意为"将军的艺术"。公元580年东罗马拜占庭皇帝毛莱斯（Mauricius）的《为将之道》（Strategikon）被称之为西方第一部战略方面的著作。在中国，"战略"一词源远流长，"战"指战争，略是"谋划""谋略"。《辞海》对战略的定义是"军事名词"，春秋时期的《孙子兵法》被认为是中国最早的军事战略著作。

今天，"战略"一词已被广泛应用到社会经济生活的各个领域。在现代市场经济条件下，市场犹如战场，是企业激烈竞争的场所，因而经济学家和企业家们也常用"战略"一词论述经营管理中的问题，泛指重大的、带有全局性的和决定全局的计谋。

企业战略是指企业在市场经济竞争激烈的环境中，在总结历史经验、调查现状、预测未来的基础上，为谋求生存和发展而做出的长远性、全局性的谋划或方案。它是企业经营思想的体现，是一系列战略性决策的结果，又是制定中长期计划的依据①。

（二）企业战略的特征

企业战略具备一般战略的特征，主要有以下几个方面。

1. 全局性

全局性，是企业战略最根本的特征。企业战略以企业的全局为研究对象来确定企业的总目标，规定企业的总行动。也就是说，企业战略的重点不是研究企业某些局部性质的问题，而是企业的整体发展。这就提醒企业在整体经营管理中要以企业战略为目标关注全局、关注整体。

2. 长远性

企业战略是企业为了谋求长远发展，对未来较长时间为企业的生存和发展问题的通盘考虑。

3. 指导性

企业战略为企业确定了目标、方向和重点并拟订要采取的基本方针、重大措施和主要步骤，是企业的行动纲领，对企业全体人员起到强有力的号召和引导作用。

4. 抗争性

企业战略是企业在竞争中战胜对手，应付外界环境的威胁、压力和挑战的整套行动方案。它是针对竞争而制定的，具有直接的对抗性。企业战略在企业的整体经营管理中容易激起全体员工的斗志和士气，从而保持团队旺盛的"竞争力"。

5. 客观性

企业战略是在充分认识企业的经营环境，估价企业自身的经营资源及能力的基础上制定的，是既体现企业目标又切实可行的发展规划。

（三）企业战略的层次

企业内部的组织结构形成里有不同的管理层次，与此对应，企业战略也有不同层次，包括总体战略、经营战略和职能战略（见图5-1）。总体战略考虑的是企业应该如何选择、进入哪种类型的经营业务；经营战略考虑的是一旦选定某种类型的经营业务，企业或战略业务单位应该如何在这一领域里竞争②。

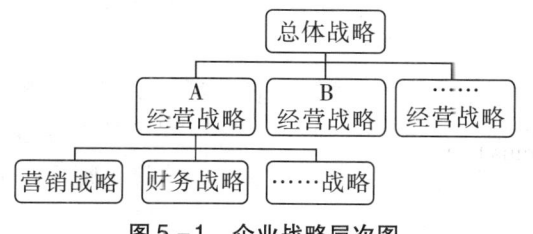

图5-1 企业战略层次图

---

① 熊高强，陈志雄. 市场营销学 [M]. 沈阳：东北大学出版社，2015.
② 解培才，徐二明. 西方企业战略 [M]. 北京：中国人民大学出版社，1992.

1. 总体战略

总体战略是一个企业最高层次的战略，又称公司战略。大企业特别是多种经营的企业，需要根据企业使命选择不同的业务领域，合理配置资源，促使各项业务相互支持、协调。总体战略的主要内容是经营范围的选择和资源的配置。通常，总体战略由企业高层负责制定、落实。

2. 经营战略

经营战略又称经营单位战略、竞争战略。大企业特别是多种经营的企业，在组织形态上往往把一些具有共同战略因素的二级单位，如事业部、子公司或其中的某些部门，组成不同的战略业务单位（Strategic Business Unit，SBU）。一般企业如果各二级单位的产品和市场具有特殊性，也可以作为独立的战略业务单位来管理。经营战略是战略业务单位或有关事业部、子公司的战略。

3. 职能战略

企业各职能领域的战略，又称职能层战略。职能战略可帮助职能部门更清楚地明确自己在总体战略、经营战略中的任务、责任和要求，有效运用有关管理职能，保证企业整体目标的实现。职能战略一般可分为营销战略、人力资源战略、财务战略、生产战略、研究与开发战略、品牌战略等。

二、服务战略的制定

（一）服务战略的含义与内容

1. 服务战略的含义

所谓服务战略，是指企业在一定发展阶段，以服务为核心，以顾客满意为宗旨，使服务资源与变化的环境相匹配，实现企业长远发展的动态体系。

服务战略是为达成服务企业与服务环境二者间动态平衡关系的一种长远规划。由于竞争环境变化的加剧，服务战略的时间跨度也逐渐缩短。同时，随着服务竞争环境的变化，服务战略也将随之变化。例如，随着国内航空业管制的放松，一些航空公司采取常客计划，增进顾客忠诚消费；一些航空公司则开发短途的支线航运服务，实施航线网络空白点业务计划；还有不少航空公司降价促销，争夺乘客；等等。在竞争过程中，一些服务企业赢得了顾客，也赢得了利润。同时，也有一些服务企业遭受失败。不同的竞争结局，根源于服务企业是否在特定的竞争环境中实施了特定、有效的竞争战略和策略，而后者又取决于服务企业是否具有正确的服务战略理念和框架。

2. 服务战略的内容

服务战略是一个系统工程，它需要管理者和员工不仅从思想观念上做出转变，还要求企业当局要有条不紊地安排各项工作。完整的服务战略至少包括六个方面的内容：①树立服务理念；②确定顾客服务需求；③服务设计与实施；④服务人员的管理；⑤服务质量的管理；⑥实现顾客满意与忠诚。

这六个方面构成了完整的服务战略实施体系，是一个分析、计划、组织和控制的管理过程。

（二）服务战略制定思路

服务战略的主要目标是为服务企业创造有别于竞争对手的竞争优势。所谓服务竞争优势，是指由于服务企业具有区别于其竞争对手的特定能力，而为服务企业建立的一种优势，而且这种优势被服务企业的目标消费者认可，并成为创造企业利润的重要源泉[1]。因此，服务企业需要确立明确的服务战略。

企业制定服务战略的目的是为了在特定的竞争环境中，使企业的资源与顾客的需求达成一致，充分发挥企业业务优势，构建企业核心竞争力。换言之，制定服务战略是为了让企业在已有资源的基础上，形成自身的核心能力。

20世纪80年代初，迈克尔·波特提出了对企业战略制定产生全球性深远影响的"五力模型"，五力分别是：供应商的讨价还价能力、购买者的讨价还价能力、潜在竞争者进入的能力、替代品的替代能力、行业内竞争者现在的竞争能力。

"五力模型"主要用于竞争战略的分析，可以有效地分析客户的竞争环境。"五力模型"将大量不同的因素汇集在一个简便的模型中，以此分析一个行业的基本竞争态势。企业战略的制定与其所处的市场环境高度相关，而企业所处的产业环境最为关键。不同力量的特性和重要性因行业和公司的不同而变化，服务战略的制定首先应该确认并评价这五种力量。

因此，服务战略制定的第一步，就是分析服务企业行业结构。运用迈克尔·波特的行业"五力模型"，通过现有企业竞争者、潜在竞争者、替代产品、供应方及购买方五方面的分析，了解企业所面对的行业竞争力量。在此基础上，服务企业必须自我定位，利用相应的优势将企业与这五种力量隔离开来，超越竞争对手。同时，服务企业还必须识别行业中的细分市场，寻找有利的目标市场。此外，服务企业还可以通过具体的战略和策略，努力改变服务行业中的这五种力量，从而为企业创造可持续的竞争优势（见图5-2）。

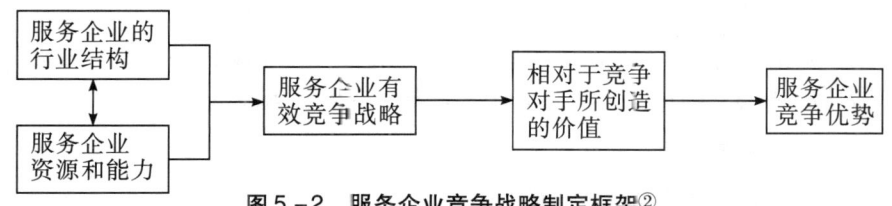

图5-2 服务企业竞争战略制定框架[2]

（三）服务战略制定要求

企业要制定好服务战略，需要做好以下几个方面工作。

1. 将服务战略和企业的营销战略结合起来

企业在制定营销战略时，要充分考虑服务在价值链上的作用。企业参与行业竞争，究竟靠什么来获胜？是产品领先、技术领先、成本领先，还是服务领先？对工业品制造企业、消费品生产企业和社会服务企业来说，客户服务的地位是不一样的。小型企业、中型企业和大型企业在考虑服务定位时也有差异。企业的产品结构、渠道状况、市场布局、人员结构、管理水平也影响着服务定位。

因此，服务战略的制定需要遵守以下原则：在制定营销战略时要考虑服务战略，在

---

[1] 郭国庆. 服务营销管理[M]. 3版. 北京：中国人民大学出版社，2013.
[2] 范秀成. 服务管理学[M]. 天津：南开大学出版社，2006.

服务战略定位时也要考虑营销战略，最好是能将营销战略与服务策略有机结合起来。

2. 在客户细分的基础上制定服务战略

制定服务战略时，要充分考虑客户细分情况。因为客户的服务需求是有差异的，服务是需要成本的，客户对公司贡献的价值也是不一样的。我们要认真分析企业产品针对的目标市场，分析不同产品需要的服务支持，同时分析不同客户的不同服务需求，决不能无差异地开展服务活动。我们建议，基于服务的客户细分，一是按照客户需求的服务内容不同进行细分；二是按照客户的价值不同进行细分。把客户的服务需求差异找出来，然后再把此类客户的特征描述出来，服务策略就有了针对性，就会明白什么样的客户应该提供什么样的服务了，客户服务的质量就会提高，企业服务成本与效益的比例就会非常合理。

3. 建立服务文化，倡导全员服务理念

服务战略的制定与实施需要将服务作为企业文化，建立一种全员服务理念。一种好的文化，能激励企业员工保持良好的工作心态，塑造团队良好的工作氛围，提升员工工作的质量和效率，从而保证企业健康、和谐、持续地发展。如果将服务定位到战略高度，那么这种服务文化的倡导就十分重要，将服务理念持续灌输，直至深入到每个人的内心，并渗透到日常行为，长此以往，企业服务文化就会形成。

4. 服务战略需要制定完善的服务体系来保障实施

服务战略定位一旦形成，如何保证服务战略落地就至关重要。除了要建立企业服务文化外，还要建立成套的服务策略。例如企业应提供哪些服务内容，服务方式如何，做出何种服务承诺，服务操作规范是怎么样的，服务满意度评价体系是怎样的，还有服务组织、服务人员和服务设备应该如何保证服务战略落地等，这些都是应该考虑的。没有完善服务体系保障的服务战略也是空中楼阁。企业有了服务体系仍不够，还需要很强的执行力。"做服务就是做细节"，对企业而言，基于客户接触点的服务行为质量提升非常关键，因为细节决定服务成败。

三、服务营销战略 SWOT 分析

服务营销战略分析是制定营销战略的重要组成部分和先决条件。其分析方法可采用 SWOT 分析法，此法即是对服务企业的内因分析（优势 S、劣势 W）、环境分析（机会 O、威胁 T），从而确定应选择的战略方针的方法。

SWOT 分析法（也称 TOWS 分析法、道斯矩阵）即态势分析法，20 世纪 80 年代初由美国旧金山大学的管理学教授韦里克提出，经常被用在企业战略制定、竞争对手分析等场合。SWOT 分析是对公司优势（Strength）、劣势（Weakness）、机会（Opportunity）和威胁（Threat）进行全面评估，是一种探查企业外部营销环境和内部营销环境的方法。SWOT 分析，可以帮助企业把资源和行动聚集在自己的强项和有最多机会的地方，并让企业的战略变得明朗。

（一）外部环境分析

经济、科技等诸多方面的迅速发展，特别是世界经济全球化、一体化过程的加快，全球信息网络的建立和消费需求的多样化，使得企业所处的环境更为开放和动荡。这种变化几乎对所有企业都产生了深刻的影响。正因如此，环境分析成为一种日益重要的企业职能。

外部环境分析必须监测能影响企业盈利能力的关键宏观环境因素和重要微观环境因素。服务营销战略的制定应该建立一个营销情报系统来观察它们的演化趋势、重要的发展趋势，以及任何相关的机会和威胁。

环境发展趋势分为两大类：一类表示环境威胁，另一类表示环境机会。环境威胁指的是环境中一种不利的发展趋势所形成的挑战，如果不采取果断的战略行为，这种不利趋势将导致公司的竞争地位受到削弱。环境机会就是对公司行为富有吸引力的领域。在这一领域中，该公司将拥有竞争优势。

1. 环境机会

好的营销是发现机会、开发机会和从机会中获利的艺术。营销机会是买方存在需求且感兴趣的一个领域，一旦进入，公司可以很容易地在满足市场需求的同时赚取利润。

（1）机会来源。营销机会主要来源于以下三个方面。

第一，现有的产品或服务供不应求。这基本上不需要营销能力，因为需求是相当明显的。

第二，使用一种新的或优良的方式去提供现有的产品或服务。怎么做呢？通过问题探查法询问消费者的建议。理想的方法是让消费者描绘理想的产品或服务。另外，通过消费链法询问消费者获取、使用、处置产品的步骤，可发现改进顾客价值的途径和手段。

第三，开发一个全新的产品或服务。

（2）机会发掘。营销人员需要善于发现机会，具体可以从以下几个方面思考和寻找：①公司可以从整合产业发展趋势的过程中受益，向市场引入全新的混合产品或服务。例如，手机制造商现在开发的手机拥有数码照相、视频录像、全球定位系统（GPS）等功能。②公司可以将购买过程变得更便捷和高效。例如，麦当劳引入自助点餐机，让消费者快速、轻松地点餐。③公司可以设法满足需要更多信息和建议的市场需求。例如，美国一家本地服务点评网站Angie's List所属公司将个人对家装产品的改进建议和对其服务的评论链接到公司的信息系统。④公司可以向顾客提供定制产品或服务。例如，添柏岚（Timberland）允许在顾客购买靴子时，选择局部颜色，添加字母或数字，并选择不同的工艺和装饰。⑤公司可以引入新功能。例如，消费者可以使用iMac创建和编辑数字电影（iMovie），并上传到苹果的服务器，或者像YouTube这样的网站，与世界各地的朋友共享。⑥公司可以更快地提供一项产品或服务。例如，联邦快递公司就发现了一种能够比美国邮政服务更快速地运送邮件和包裹的方法。⑦公司也许能够以很低的价格提供产品。

（3）机会评估。为了确定环境机会是不是企业的营销机会，我们可以通过询问以下问题，进行营销机会分析。①我们能否向目标市场传递清晰且令人信服的利益？②我们能否通过经济有效的媒体和营销渠道接触到目标市场？③当我们需要交付客户利益时，公司是否拥有或可以获得这些关键资源和能力？④我们提供的顾客利益是否能好于任何现有的或潜在的竞争者？⑤投资收益率能够达到或超过我们所设定的期望水平吗？

在图5-3所示的机会矩阵中，电视摄影棚照明设备公司面对的最好营销机会是左上角单元格①，右下角的单元格④机会太小不值得考虑，右上角的单元格②和左下角单元格③的机会，值得密切观察以便于改进。

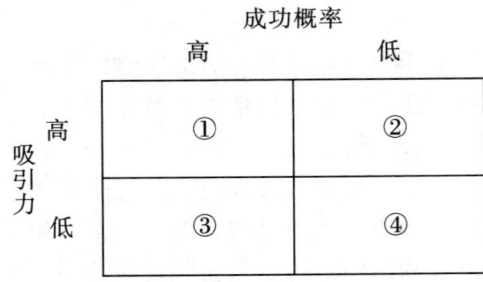

图 5-3 机会矩阵

注：①公司开发更强大的照明系统；②公司开发可以测量任何照明系统的能源效率设备；③公司开发一种测量照片水平的设备；④公司开发可以对电视制片厂的工作人员进行有关照明基础知识培训的软件包。

2. 环境威胁

环境威胁是一些因素不利的发展趋势所形成的挑战，如果缺乏预防性的营销行动，将导致更低的销售额或利润。

图 5-4 描述了电视摄影棚照明设备公司面临的威胁矩阵，左上角单元格①的威胁是主要的，因为它们发生的概率高，而且会严重危害公司；右下角单元格④威胁较小，基本上可以忽略；公司必须密切观测右上角单元格②和左下角单元格③的威胁，它们很可能发生或者变得更加严重。

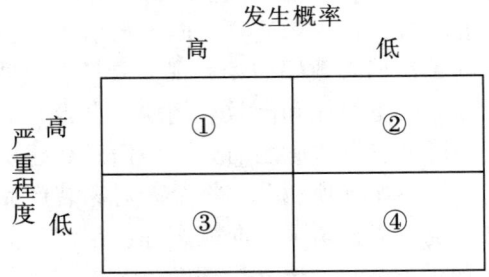

图 5-4 威胁矩阵

注：①竞争对手开发更好的照明系统；②严重的长期经济萧条；③成本增长；④法律要求减少电视制片厂的数量。

（二）内部环境分析

识别环境中有吸引力的机会是一回事，拥有在机会中成功所必需的竞争能力是另一回事，每个企业都要定期检查自己的优势与劣势。

当两个企业处在同一市场或者说它们都有能力向同一顾客群体提供产品和服务时，如果其中一个企业有更高的盈利率或盈利潜力，那么，我们就认为这个企业比另外一个企业更具有竞争优势。换句话说，所谓竞争优势是指一个企业超越其竞争对手的能力，这种能力有助于实现企业的主要目标——盈利。需要注意的是：竞争优势并不一定完全体现在较高的盈利率上，因为有时企业更希望增加市场份额，或者多奖励管理人员或雇员。

因为企业是一个整体，而且竞争性优势来源十分广泛，所以，在做优劣势分析时必须从整个价值链的每个环节上，将企业与竞争对手做详细的对比。如产品是否新颖，制造工艺是否复杂，销售渠道是否畅通，以及价格是否具有竞争性等。如果一个企业在某一方面或几个方面的优势正是该行业企业应具备的关键成功要素，那么，该企业的综合竞争优势也许就强一些。需要指出的是，衡量一个企业及其产品是否具有竞争优势，只能站在现有或潜在用户角度上，而不是站在企业的角度上。我们可以参考一下中国电信的优势、劣势分析。

每个公司都可以评估自己的优势和劣势，但是没有必要改进所有的劣势，也不应该为它所有的优势而得意。关键的问题是，公司是应该把自己限定在优势所对应的机会上，还是考虑这些机会所需要的优势或者开发新的优势。

第2节　服务营销战略选择

制定服务营销战略的目的是为服务企业创造竞争优势，服务企业竞争优势则取决于服务企业是否能够比竞争对手更好地为顾客创造价值，而服务企业是否具备这种特殊的创造价值的能力，又取决于服务企业是否制定了有效的竞争战略。迈克尔·波特提出了总成本领先战略、差异化战略、集中化战略等多种通用竞争战略。此外，勒妮·莫博涅、克里斯·安德森等也提出了蓝海战略、长尾战略等创新型服务战略。在线航空旅游业、城市旅游公司、特惠旅游公司等行业或企业，均有明显收效。

一、总成本领先战略

（一）总成本领先战略的含义

总成本领先战略即公司努力以最低的生产成本和最低的分销成本组织经营活动，以低于竞争对手的价格赢得市场份额。总成本领先战略也叫低成本战略，是指通过有效途径，使总成本降低，以建立一种不败的竞争优势。这种战略要求企业努力取得规模经济，以经验曲线为基础，严格控制生产成本和间接费用，以使企业的产品总成本降低到最低水平。处于低成本地位的战略经营单位能够防御竞争对手的进攻，因为较低的成本可使其通过削价与对手进行激烈竞争后，仍然能够获得盈利，从而在市场竞争中站住脚跟。

成本领先是最为基本的竞争能力，任何战略都是建立在成本优势的基础之上。换言之，不管企业采取何种竞争战略，成本优势都是不得不重视的核心问题。

（二）总成本领先战略的适用条件

1. 外部条件

（1）企业所处行业的产品或服务基本上是标准化或者同质化的，由于产品或服务在性能、功能、质量等方面几乎没有差异，顾客购买决策的主要影响因素就是价格高低。

（2）企业的市场需求具有价格弹性。顾客对价格越敏感，就越倾向购买低价格企业提供的产品或服务。

（3）实施差异化战略的途径很少。企业很难进行特色经营以使自己的产品或服务具有独特的优势。

（4）现有竞争企业之间的价格竞争非常激烈。绝大多数顾客使用产品或服务的方式都是一样的，相同标准的产品或服务就能满足顾客的需要，此时较低的价格就成了顾客选择品牌的主要决定因素。

（5）顾客的转换成本低。当顾客从一个企业转向另一个企业所承担的成本较低时，他就有灵活性，从而容易转向同质量、价格更低的企业提供的产品或服务。

2. 内部条件

（1）持续的资本投资和良好的融资能力。

（2）流通加工工艺技能。

（3）业务流程便于整合。

（4）低成本的分销系统。

（5）企业的信息能实现共享。

（6）企业要有很高的购买先进设备的前期投资，进行激烈的定价和承受亏损，以攫取市场份额。

（7）低成本会给企业带来高额的边际收益，企业为保持这种低成本地位，可以将这种高额边际收益再投资到新的物流设施设备上。这种再投资方式是维持低成本地位的先决条件。

（三）实施总成本领先战略的途径

所谓低成本领先战略，是指企业提供相同的产品、服务的时候，通过在内部加强成本控制，在研究、开发、生产、销售、服务和广告等领域内把成本降低到最低限度，使成本或者费用明显低于行业或者竞争对手，从而赢得更高的市场占有率或者更高的利润，成为行业中的成本领先者的一种战略。[①] 在市场竞争中有效运用成本领先战略，通常有两种方法：一种是在企业价值创造的每一个环节上实行有力的成本控制手段，另一种是重新构建新的成本更低的价值链。不管采用哪种方法实现成本领先战略，都离不开下面几点措施。

1. 规模经济——实现产品的大批量生产

规模经济是指某种产品的单位生产成本随着产量的增加而下降的现象。如果某项活动的开展，规模大比规模小成本更显得低，以及如果公司能够将某些成本，如研究与开发费用分配到更大的销售量之上，那么就可以获得规模经济。一个企业若要成功实现成本领先战略，实施产品大批量生产是最重要的途径。

2. 经验效应——专业化分工

亚当·斯密早就指出，分工和专业化能带来劳动生产率的提高。随着企业规模的不断扩大，企业内部可以进行更细的专业化分工。工人专门从事单一重复的工作，会变得越来越熟练，越来越有效率。流水线生产方式的效率远比非流水线生产方式的效率高。同时，企业也不必高薪聘请能胜任多项工作的更高素质的员工，所花培训费用也会降低，

---

① 李成文. 塑造服务企业战略的企业文化：基于成本领先战略 [J]. 生产力研究，2010（9）：200－202.

从而使得企业的人工成本降低。

3. 设备改进——技术的创新

生产设备的改进、技术的进步都会提高生产率，降低成本。先进设备、新技术、新工艺等硬技术的投入必然会带来成本优势，而现代信息技术与通信技术的合理利用，更能为企业降低费用，节约成本。二者的有效结合使得企业能有效地降低成本，保证质量。

4. 与供应商保持合作关系——达到双赢

企业要想获得成本优势，就必须做好供应商营销，搞好协调与配合，以降低输入成本和分摊成本。供应商营销，也就是与上游供应商（如原材料、能源、零配件等）建立起长期稳定的亲密合作关系，以便获得廉价、稳定的上游资源，并能影响和控制供应商，对竞争对手建立起资源性壁垒。

5. 流程再造——削减附加的无用之物以降低成本

从价值最大化出发，一切从零开始重新设计活动，寻找革新性的途径来改造业务流程。削减产品或服务的附加，更经济地为顾客提供基本的产品或服务，可以带来巨大的成本优势。如企业可以简化产品设计，对产品采用标准化、通用化、模块化等的"易于制造"的设计方式；也可以采用敏捷的生产流程，既能更高效率地利用设备又能满足顾客之需；企业还可以寻找各种途径避免使用高成本的原材料或零部件，寻找低廉实用的替代品等方式都可以使产品成本降低。

6. 充分利用领先优势——选准时机，打好"价格战"

企业应时刻关注竞争对手的战略反应、市场产品动态和顾客需求变化，选择最佳时机，充分利用成本优势发起价格战，将竞争对手挤出市场，从而获得更大的市场份额，成为行业中主导价格的领先企业，树立起企业的品牌。如沃尔玛的"天天平价"，薄利多销的原则使其成为世界零售业的巨擘。

（四）实施总成本领先战略的风险

当众多企业在大张声势地实施成本领先战略，期望通过该战略的有效实施尽快帮助企业重新夺回流失的顾客以提高企业的市场占有率时，其也伴随着不可忽视的经营风险。一旦企业没有控制与管理好这些风险，可能导致企业战略的失败，并造成企业经营面临重大的危机直至破产。如何认识隐藏的风险并预防风险的发生是企业在实施成本领先战略时必须思考的问题。对企业而言以下一些风险须引起重视。

1. 利润下降

从理论上讲企业把自身产品的价格调低会增加顾客的购买量，从而在弥补由于降价而造成损失的基础上提高企业的利润水平。然而，在实际市场运营当中，由于竞争者可能也采取了同样的战略，以及消费者需求的快速变化等众多不确定性因素的增加，导致企业不可预测的变量加大，降价的结果并没有带来销售量的大幅度上升，造成利润不升反降，使企业的经营陷入困境。

2. 由于技术的更新引起设备等资产的失效

企业为了支持成本领先战略的运转，就需要做到大规模生产，往往就会投入大量的资金用于购买生产所需的设备等有形资产。但由于当今的科技日新月异，当企业把生产好的产品要投入到市场，甚至还没生产好产品，随着技术的更新与突破，导致整个市场需求观念的改变，以及消费者爱好的变化等因素使得企业由现有设备生产出的产品遭到市场的拒绝。这样一来，企业现有的设备就面临着严重的贬值直至被淘汰出市场，使企业蒙受巨大的资产损失风险。

3. 容易忽视顾客需求的变化

由于企业在实施成本领先战略过程中，往往过多关注于如何运用各种措施来努力降低产品的成本，追求以同行业中最低的价格把产品卖给消费者。然而随着社会经济的发展与技术的进步，越来越多的企业具备提供满足同样功能需求的同类产品或替代品的能力，而且伴随着人们收入水平的不断提高，消费者对产品的选择已超出原来对价格的高度敏感界限，更多的顾客在购买产品时，除了考虑价格这一因素外更关注产品的质量、品牌、服务、时尚等其他变量。由于企业过分关注成本本身而忽视了消费者需求的这些变化，使企业的成本竞争力大幅度下滑。

4. 投资风险加大

成本领先战略的重要特征之一就是企业要投入大量的资金来支持现有产品成本的降低。然而，企业所面临的周围环境在不断变化，可能出现企业因不适应总体的环境改变或出于企业战略调整的需要，当企业要进行转型时由于在成本领先战略下所投入的资金过大而无法顺利完成。因此，在动态的环境下企业的大规模投资隐藏着巨大的风险，也即"船大不好掉头"。总体来讲，企业成本领先战略的核心内容就是在较长时期内保持企业产品的成本处于同行业中的领先地位，并以此获得比竞争对手更高的市场占有率，同时使企业的盈利处于同行业平均水平之上。在当今资源稀缺和竞争激烈的环境下，任何一个企业要想获得更多的利润，都离不开成本领先战略。

二、差异化战略

（一）差异化战略的含义

差异化战略，即公司业务集中于市场上绝大部分顾客关注的重要利益，并在此利益上表现卓越。差异化战略被认为是将公司提供的产品或服务差异化，形成一些在全产业范围中具有独特性的东西。差异化战略，又称差别化战略或标新立异战略，是指企业针对大规模市场，通过提供与竞争者存在差异的产品或服务以获取优势的战略。

差异化战略要求企业就客户广泛重视的一些方面在产业内独树一帜，或在成本差距难以进一步扩大的情况下，生产比竞争对手功能更强、质量更优、服务更好的产品以显示经营差异。

（二）差异化战略的适用条件

企业决定实施差异化战略，必须仔细研究顾客的需求或偏好，以便决定将一种或多种差异化特色结合在一起，用独特的产品、技术或服务以满足顾客的需要。同时，差异化与高市场占有率是不相容的，企业实施差异化战略有可能要放弃较高的市场占有率目标。

1. 外部条件

（1）存在很多途径创造企业与竞争对手服务的差异，且此差异被顾客认为是有价值的。

（2）顾客对服务的需求和使用要求是多种多样或经常变化的，即顾客需求是有差异的。

（3）采用差异化战略的竞争对手很少。

（4）企业的物流技术尤其是物流信息技术变革很快，市场上竞争的焦点主要集中在不断推出新的特色技术上。

2．内部条件

（1）企业具有很强的物流研发能力，且研究人员有创造性的眼光。

（2）企业在物流行业中具有服务质量或技术领先的声誉。

（3）企业具有很强的物流营销能力。

（4）企业能够得到供应链上各单位强有力的帮助。

（5）企业的研发部门与各业务部门能够实现密切协作。

（三）实施差异化战略的途径

1．产品差异化

造成产品差异化的主要因素有：产品特征、工作性能、一致性、耐用性、可靠性、易修理性、样式和设计等。

2．服务差异化

服务的差异化主要包括送货服务、安装服务、顾客培训服务、咨询服务等因素。

3．人员差异化

训练有素的员工应能体现出以下六个特征：胜任、礼貌、可信、可靠、反应敏捷、善于交流。

4．形象差异化

形象差异化是指在产品的核心部分与竞争者类同的情况下塑造不同的产品形象以获得差别优势。形象就是公众对产品和企业的看法和感受，塑造形象的工具有名称、颜色、标识、标语、环境、活动等。

（四）实施差异化战略的风险

1．可能丧失部分客户

如果采用成本领先战略的竞争对手压低产品价格，使其与实行差异化战略的厂家的产品价格差距拉得很大，在这种情况下，用户为了大量节省费用，可能会放弃取得差异的厂家所拥有的产品特征、服务或形象，转而选择物美价廉的产品。

2．用户所需的产品差异的因素下降

当用户变得越来越老练时，对产品的特征和差别体会不明显时，就可能发生忽略差异的情况。

3．大量的模仿缩小了顾客得到的差异

特别是当产品发展到成熟期时，拥有技术实力的厂家很容易通过逼真的模仿，减少产品之间的差异。

4．过度差异化

如果一个企业不懂得利用买方价值链和期望价值的机制，就很有可能产生非常明显的差异化。比如服务水平超过用户需求，那么相对于价格便宜的竞争对手而言，该企业的竞争优势就很弱。

三、集中化战略

（一）集中化战略的含义

集中化战略又叫专一化战略、聚焦战略，指业务集中在一个或多个更狭窄的细分市场，深入了解，并在目标细分市场内追求成本领先或差异化战略。这一战略整体是围绕着为某一特殊目标服务，通过满足特殊对象的需要而实现差异化，或者实现低成本。

与成本领先战略和差异化战略不同的是，它具有为某一特殊目标客户服务的特点，组织的方针、政策、职能的制定，都要考虑到这样一个特点。集中化战略常常是总成本领先战略和差别化战略在具体特殊顾客群范围内的体现。或者说，集中化战略是以高效率、更好的效果为某一特殊对象服务，从而超过面对广泛市场的竞争对手，或实现差别化，或实现低成本，或二者兼得。例如，专为石油开采油井提供钢棒扳手的企业，就是通过钢棒的充足库存、广泛分布服务网点，甚至提供直升机送货服务而成功地实行了专一化战略。

这种战略的核心是取得某种对特定顾客有价值的专一性服务，侧重于从企业内部建立竞争优势。

（二）集中化战略的适用条件

1. 外部条件

（1）购买者群体之间在需求上存在着差异。

（2）目标市场在市场容量、成长速度、获利能力、竞争强度等方面具有相对的吸引力。

2. 内部条件

（1）在目标市场上，没有其他竞争对手采用类似的战略。

（2）企业资源和能力有限，难以在整个产业实现成本领先或差异化，只能选定个别细分市场。

（三）实施集中化战略的途径

1. 单纯集中化

单纯集中化是指企业在不需要过多地考虑成本差异化的情况下，选择或创造一种产品、技术和服务为某一特定顾客群体创造价值，并使企业获得稳定可观的收入。

2. 成本集中化

成本集中化是企业采用低成本的方法为某一特定顾客群提供服务。通过低成本，集中化战略可以在细分市场上获得比较领先者更强的竞争优势。实际上，绝大部分小企业都是从集中化战略开始起步，只是并不一定都能意识到它的战略意义，并采取更具有战略导向的行动。

3. 差别集中化

差别集中化是企业在集中化的基础上突出自己的产品、技术和服务的特色。企业如果选择差别集中化，那么差别集中化战略的主要措施都应该作用到集中化战略中来。但不同的是，集中化战略只服务于狭窄的细分市场，而差别化战略要同时服务于较多的细分市场。同时，由于集中化战略的服务范围较小，可以较之差别化战略对所服务的细分市场的变化做出更为迅速的反应。

（四）实施集中化战略的风险

1. 狭小的目标市场导致的风险

由于狭小的目标市场难以支撑必要的生产规模，所以集中战略可能带来高成本的风险，从而又会导致在较宽经营范围内的竞争对手与采取集中战略的企业在成本差别上日益扩大，抵消了企业在目标市场上的成本优势或差异化优势，使企业集中战略失败。

2. 购买者群体之间需求差异变小

由于技术进步、替代品的出现、价值观念的更新、消费偏好变化等多方面的原因，目标市场与总体市场之间在产品或服务的需求上差别变小，企业原来赖以形成集中战略的基础也就失掉了。

3. 竞争对手的进入与竞争

以较宽的市场为目标的竞争对手采取同样的集中战略，或者竞争对手从企业的目标市场中找到了可以再细分的市场，并以此为目标来实施集中战略，从而使原来实施集中战略的企业失去了优势。

四、创新型服务战略

在现代服务营销活动中，创新型服务战略主要有蓝海战略、长尾战略，以及 CI、CS 与 CC 营销战略等几种类型。

（一）蓝海战略

"蓝海战略"是在研究 1880—2000 年的 30 多个产业 150 次战略行动的基础上提出来的。该战略将市场分为"蓝海"和"红海"，"红海"代表已知的市场空间，"蓝海"代表未知的市场空间，企业如果要赢得明天，就不能只靠与对手在现有"红海"市场竞争，而是要靠开创"蓝海"——蕴含庞大需求的新市场空间，来走上增长之路。换句话说，所谓的"蓝海战略"，就是企业把目光从关注并超越竞争对手（摆脱"红海"），扭转到创新并开启巨大潜在需求，从而重建市场和产业边界（开创"蓝海"）。

"蓝海战略"的实质就是创造没有人与其竞争的市场空间，实现超越竞争。旅游业的竞争不是拼价格，就是拼服务，这就造成了一片"红海"，因此，旅游市场营销中注重消费人群细分，寻找旅游"蓝海"，显得尤为重要。"蓝海战略"致力于增加需求，并力图摆脱竞争，不再汲汲营营于瓜分不断缩小的现有顾客需求。此外，"蓝海策略"也重视人性层面，特别强调应该了解如何建立信任和决心，以及了解智慧和感情认知的重要性。借着改变传统经营思维来打破现有市场的限制，去创造广大无竞争的市场，蓝海策略为旅游企业提供了解决路径。不少专家指出，实际最为高明的竞争是"红海"和"蓝海"的组合，将价格战与价值创新进行有机结合，先是价值创新，开创"蓝海"，然后面对跟随者展开"红海"竞争，同时进行新的价值创新，开创新的"蓝海"，如此循环往复，保证自身的市场地位和丰厚的利润，从而立于不败之地。

（二）长尾战略

"长尾"是统计学中幂律和帕累托分布特征的一个口语化表达，由美国人克里斯·

安德森提出。长尾理论认为，由于成本和效率的因素，过去人们只能关注重要的人或重要的事，如果用正态分布曲线来描绘这些人或事，人们只能关注曲线的"头部"，而将处于曲线"尾部"、需要更多的精力和成本才能关注到的大多数人或事予以忽略。通常 20%的是传统大客户，80%的是中小客户。

在销售产品时，厂商往往关注的是少数"VIP"客户，"无暇"顾及大多数的普通消费者。但由于网络技术的发展，使得关注的成本大大降低，人们有可能以很低的成本关注正态分布曲线的"尾部"，关注"尾部"产生的总体效益甚至会超过"头部"。这其中的关键点就在于如何降低长尾部分的交易成本，而网络平台和网络的聚合效应为此提供成功的可能。

长尾战略的销售逻辑是：销售成本越低，销量就越大。实现这一点要靠长尾"集合器"，就是能将数不尽的各类产品集合起来，将它们变成易于寻找的公司和服务。一类企业是网上网下相结合的混合零售商，产品一般是通过邮件或者是联邦快递运送的，而效率来自两个方面：第一，用集中化仓储法降低供应商成本；第二，尽量利用网站的搜索功能和其他信息优势提供无限的产品选择。纯数字集合器企业只需要把产品信息储存在硬盘上，然后通过宽带运送它们。例如，一家大型书店通常可摆放10万本书，但亚马逊网络书店的图书销售额中，有四分之一来自排名10万以后的书籍。这些"冷门"书籍的销售比例正高速增长，预估未来可占整体书市的50%以上。这意味着消费者在面对无限的选择时，真正想要的东西和想要取得的渠道都出现了重大的变化，一套崭新的商业模式也跟着崛起。

（三）CI、CS 与 CC 营销战略

CI 是英文 Corporate Identity（企业形象或企业识别）的缩写，它是一种企业形象设计的战略，是把企业所希望塑造的在社会公众中的印象，通过鲜明的标准化、统一化的视觉形象体系（包括听觉、嗅觉、触觉）展现给观众，从而有别于其他企业并具有明显的个性。CI 组合，即企业识别系统，由三个子系统组成：理念识别（Mind Identity，MI）、行为识别（Behavior Identity，BI）、视觉识别（Visual Identity，VI）。CI 策划，就是运用 CI 方法对企业进行整体策划，帮助其创造富有个性和感染力的全新形象。CI 策划作为完整的、统一的形象塑造方法，它的导入往往使企业由显层标识到深层理念都发生积极的转变。

CS 是英文 Customer Satisfaction 的缩写，是指顾客满意。CS 营销战略是20世纪90年代初在国外一些先进企业开展的，以消费者为中心、围绕顾客而进行的崭新营销战略，它包括五大满意系统：①理念满意系统（Mind Satisfaction，MS）；②行为满意系统（Behavior Satisfaction，BS）；③视听满意系统（Visual Satisfaction，VS）；④产品满意系统（Product Satisfaction，PS）；⑤服务满意系统（Service Satisfaction，SS）。

CS 战略的指导思想是把顾客需求作为企业开发产品的源头，在产品功能、价格设定、分销促销环节的建立以及完善售后服务系统等方面以利于顾客的原则，最大限度地使顾客感到满意。它的目的是提高公众对企业的满意程度，营造一种适合企业生存发展的良好内外部环境。

一般认为，CI 是以"企业中心论"为出发点和战略重点的，而 CS 则以"顾客中心论"为出发点和战略重点。CI 有战略性、系统性、差别性、标准性和可传播性等特点，应把它看成是将企业从表面视觉到深层次进行合理规划、重塑和整合的系统工程。CS 则把顾客是否满意作为衡量各项经营活动和管理活动的唯一标准，围绕顾客进行产品开发、生产、销售和服务，它要求企业通过发掘自身经营范围内的产品和服务，接近顾客满意的标准，实现其经营个性化，让顾客在接受该产品和服务后达到满意状态。

CC（Corporate Culture，企业文化）与 CI、CS 合称为"3C"理论。从三者对比而言，CI 和 CS 具有较明显的"工具性"，而 CC 更具"理念性"。企业文化既是一种理论，也是一种管理方式。把企业文化作为一种管理方式看，使用什么样的"工具"进行管理，反映着不同的管理风格，也会造就出不同层次的企业文化。因此，CI、CS 与 CC 既反映了不同的企业营销方式，也反映不同的企业营销文化。

第3节 服务营销战略实施

随着社会经济的发展，消费者的需求量越来越大，消费的差异性也越来越明显。任何一家企业，即使规模很大，也很难满足所有的市场需求。所有服务企业在进入市场之前，都需要对市场进行细分，从而选择合适的细分市场作为目标市场，并在目标市场上塑造自己的竞争优势。

一、服务市场细分

（一）市场细分的概念

市场细分就是企业根据自身条件和营销目标，以顾客需求的某些特征和变量为依据，区分具有不同需求的顾客群体的过程。即根据消费需求的差异将一个整体市场划分为若干个子市场的过程，将具有不同需求的消费者划分为不同的子市场，将具有相同需求的消费者归为同一子市场。

市场细分理论是建立在需求的差异性、相似性以及企业资源的有限性的基础上的。

1. 顾客需求的差异性

顾客需求的差异性是指不同的顾客之间的需求是不一样的。在市场上，消费者总是希望根据自己的独特需求去购买产品，我们根据消费者需求的差异性可以把市场分为同质性需求和异质性需求两大类。

同质性需求是指由于消费者的需求的差异性很小，甚至可以忽略不计，因此没有必要进行市场细分。而异质性需求是指由于消费者所处的地理位置、社会环境不同，自身的心理和购买动机不同，造成他们对产品的价格、质量款式上需求的差异性。这种需求的差异性就是我们市场细分的基础。

2. 顾客需求的相似性

在同一地理条件、社会环境和文化背景下的人们形成有相对类似的人生观、价值观的亚文化群，他们需求特点和消费习惯大致相同。正是因为消费需求在某些方面的相对同质，市场上绝对差异的消费者才能按一定标准聚合成不同的群体。所以消费者的需求的绝对差异造成了市场细分的必要性，消费需求的相对同质性则是使市场细分有了实现的可能性。

3. 企业有限的资源

现代企业由于受到自身实力的限制，不可能向市场提供能够满足一切需求的产品和服务。为了有效地进行竞争，企业必须进行市场细分，选择最有利可图的目标细分市场，集中企业资源，制定有效的竞争策略，以取得和增加竞争优势。

（二）市场细分的意义

1. 有利于选择目标市场和制定市场营销策略

市场细分后的子市场比较具体，比较容易了解消费者的需求，企业可以根据自己经营思想、方针及生产技术和营销力量，确定自己的服务对象，即目标市场。针对较小的目标市场，便于制定有效的服务营销策略。同时，在细分的市场上，信息容易了解和反馈，一旦消费者的需求发生变化，企业可迅速改变营销策略，制定相应的对策，以适应市场需求的变化，提高企业的应变能力和竞争力。

2. 有利于发掘市场机会，开拓新市场

通过市场细分，企业可以对每一个细分市场的购买潜力、满足程度、竞争情况等进行分析对比，探索出有利于本企业的市场机会，使企业及时做出投产、移地销售决策或根据本企业的生产技术条件编制新产品开拓计划，进行必要的产品技术储备，掌握产品更新换代的主动权，开拓新市场，以更好地适应市场的需要。

3. 有利于集中人力、物力投入目标市场

任何一个企业的资源、人力、物力、资金都是有限的。通过细分市场，选择适合自己的目标市场，企业可以集中人、财、物及资源，去争取局部市场上的优势，然后再占领自己的目标市场。

4. 有利于企业提高经济效益

前面三个方面的作用都能使企业提高经济效益。除此之外，通过市场细分后，企业可以面对自己的目标市场，生产出适销对路的产品，既能满足市场需要，又可增加企业的收入；产品适销对路可以加速商品流转，加大生产批量，降低企业的生产销售成本，提高生产工人的劳动熟练程度，提高产品质量，全面提高企业的经济效益。

（三）市场细分的标准

市场细分的标准即导致顾客需求差异的因素，主要有地理因素、人口因素、心理因素和行为因素。

1. 地理因素

地理因素主要是按照消费者所处的地理位置和自然环境等来细分市场。例如，根据国家、地区、城市规模、气候、人口密度、地形地貌等方面的差异将整体市场分为不同的小市场，同一地区的人们消费需求具有一定的相似性，不同地区的人们有不同的消费习惯和偏好。地理细分方法比较简单明了，为许多服务企业所偏爱，如提供饮食服务的企业需要考虑当地人的口味状况，肯德基就针对中国人的饮食习惯和口味偏好开发出了很多新产品，如老北京鸡肉卷、川味嫩牛五方等。

地理因素之所以可作为市场细分的标准和依据，是因为处在不同地理环境下的消费者对于同一类产品往往有不同的需求与偏好，他们对企业采取的营销策略与措施会有不同的反应。服务策划者可以决定在一个或几个地区开展经营活动，但要注意各地区的偏

好和差异。例如，广东人因气候和水质问题有喝凉茶的习惯，但北方各城市的居民没有这个习惯。希尔顿酒店根据所处的地理位置设计个性化的房间：美国东北部酒店更雅致和全球化，而西南部的酒店则更乡村化。

地理细分对不同区域的识别和划分也有意义，企业可以根据产品在该区域上市的时间，将市场分为引入期或发育期市场（1~5年）、成长期市场（6~11年）、成熟期市场（11年以上）。显然，这样的划分有利于识别不同阶段市场的特征，制定具有针对性的营销策略。

就总体而言，地理环境中的大多数因素是一种相对静态的变量，企业营销必须研究处于同一地理区域的消费者和用户对某一类产品的需求或偏好所存在的差异，而且还必须同时依据其他因素进行市场细分。

2. 人口因素

人口因素主要指各种人口统计变量，包括年龄、性别、婚姻、家庭规模、家庭生命周期、收入、职业、教育程度、宗教、种族、国籍、社会阶层等。人口细分是区分顾客群体最常用的方法之一，原因主要有两个：①消费者的需求、偏好及对服务产品的使用状况常常与人口因素密切相关；②人口因素比其他因素更易衡量。即使是用非人口统计的术语描述市场，也必须联系到人口统计的特征。

一向以创新出众的招商银行，在竞争日趋激烈的今天，为实现战略转型，加强零售业务，以期再创佳绩。2005年，招商银行进一步细分客户，推出"伙伴一生"金融计划，对零售产品和服务进行整合。招商银行的"伙伴一生"金融计划以鲜明独特的形象隆重推出，并采用整合传播手段进行全面推广。在这一项目中，招商银行对零售客户进行细分，将客户群踏入工作后的人生分为五个阶段，分别为初涉社会阶段、成家立业阶段、养儿育女阶段、事业有成阶段、安享晚年阶段。相应地，它根据各个阶段的生活形态特点、理财需求、投资风格，有针对性地提供不同的金融产品和服务。

需要注意的是，在用人口因素来进行市场细分时，用单一标准细分市场很容易得出偏颇的结论，往往需要和其他细分标准结合，对市场做出进一步的细化研究，从而发现显著的顾客需求特征差异，以分别制定有针对性的营销战略及策略。

3. 心理因素

心理细分即根据服务购买者所处的社会阶层、生活方式、个性特点等心理因素细分市场。

社会阶层指在某一社会中具有相对同质性和持久性的群体。处于同一阶层的成员具有类似的价值观、兴趣爱好和行为方式，而不同阶层的成员所需的服务、产品也各不相同。识别不同社会阶层消费者所具有的不同特点，对于很多服务产品的市场细分将提供重要依据。

人们追求的生活方式的不同也会影响他们对产品和服务的选择。例如有的追求新潮时髦，有的追求恬静、简朴，有的追求刺激、冒险，有的追求稳定、安逸。西方的一些服装生产企业为"简朴的妇女""时髦的妇女"和"有男子气的妇女"分别设计不同服装；烟草公司针对"挑战型吸烟者""随和型吸烟者"及"谨慎型吸烟者"推出不同品牌的香烟，均是依据生活方式细分市场。

个性指一个人比较稳定的心理倾向与心理特征，它会导致一个人对其所处环境做出相对一致和持续不断的反应。一般地，个性会通过自信、自主、支配、顺从、保守、适应等性格特征表现出来。因此，个性可以按这些性格特征进行分类，从而为企业细分市场提供依据。在现实生活中，人们对诸如旅游、餐饮、保险、理财产品等的消费都跟个性有关。

4. 行为因素

行为因素即根据购买者对产品的了解程度、态度、使用情况及反应等将他们划分成不同的群体。很多人认为，行为变数能更直接地反映消费者的需求差异，因而成为市场细分的最佳起点。

按消费者进入市场程度以及对服务的接纳程度，通常可以将消费者划分为不知晓、知晓、已了解、感兴趣、渴望、准备购买等类型。一般而言，资力雄厚、市场占有率较高的企业，特别注重吸引潜在消费者，企业通过营销策略，特别是广告促销策略及优惠的价格手段，把潜在消费者变为企业服务的初次消费者，进而再变为常规消费者。而一些中小企业，特别是无力开展大规模促销活动的企业，主要注重吸引常规消费者。在常规消费者中，不同消费者对产品的使用频率也很悬殊，可以进一步细分为"大量使用者"和"少量使用者"。例如，根据二八定律，商业银行80%的利润都来自占顾客数量20%的高端客户，剩余20%的利润由普通储户提供，因此抓住"少量使用者"，就能实现利润的最大化。

消费者对产品的偏好程度是指消费者对某品牌的喜爱程度，据此可以把消费者市场划分为4个群体，即绝对品牌忠诚者、多种品牌忠诚者、变换型忠诚者和非品牌忠诚者。在"绝对品牌忠诚者"占很高比重的市场上，其他品牌难以进入；在"变换型忠诚者"占比重较大的市场上，企业应努力分析消费者品牌忠诚转移的原因，以调整营销组合，加强品牌忠诚程度；而对于那些"非品牌忠诚者"占较大比重的市场企业来说，则应审查原来的品牌定位和目标市场的确立等是否准确，并且随市场环境和竞争环境变化重新对定位加以调整。

（四）市场细分的步骤

美国营销学者麦肯锡提出了市场细分的7个步骤，对我们进行服务市场细分有重要参考价值。

1. 选定服务市场范围

选定服务市场范围，也就是确定服务企业进入什么行业，提供什么服务。服务市场范围的确定应以顾客的需求为标准，而不是服务产品本身的特性。比如说一家旅行社想要开发老年人旅游线路，若单从旅行线路规划来讲，行程内景点多些有利于吸引消费者选择；其实不然，一些年龄稍大、体能较差的老年人行动可能会慢一些，行程内景点太多，他们可能会跟不上，又觉辛苦，而且大多是走马观花式浏览。所以在选择的时候一定要从消费需求的角度出发，确定好细分标准。

2. 明确潜在顾客的基本需求

潜在顾客的基本需求也是一个非常重要的因素，企业应该通过调查，了解潜在顾客的基本需求。再以旅行社为例，潜在顾客对旅行产品和服务的基本需求包括目的地选择、行程安排、酒店餐饮安排、导游服务、自费项目、费用说明和服务标准等，企业只有了

解了这些需求之后才能去开发和规划旅游产品和服务。

3. 了解不同顾客的需求

顾客的需求是多种多样的,不同层次的顾客群对于同一产品诉诸的需求也是不一样的,也就是说在了解到的这些需求当中,不同顾客强调的重点可能不一样,比如同样的旅行线路、酒店、餐饮、价格等可能是所有顾客都会关心的问题,但是对于其他的基本需求,有的顾客会关注导游服务,还有的顾客则会关注自费项目等。因此这个时候就应该定位好,通过比较,不同顾客的需求差异便会显现出来,在这样差异的基础上,什么样的细分市场更能取得效益,就应该优先选择。

4. 选取重要的差异需求为细分标准

在选择市场细分的时候,可以抽掉顾客的共同需求,把顾客的特殊需求作为市场细分的标准,这样才能够将顾客的需求具体化,直入顾客的内心,满足顾客的需要。

5. 根据所选标准细分市场

在营销时根据潜在顾客需求上的差异性,将顾客划分为不同的群体或者子市场,做到具体的市场细分。比如旅游公司将顾客划分为偏爱自然景观和偏爱人文景观等多个群体,并据此采取不同的营销策略,这样就能够更加直接地定位到某种需求上。

6. 分析各个细分市场的购买行为

分析各个细分市场的购买行为是确定选择哪一种细分要素的最根本要素,每一个企业的目的是为了盈利,因此,能够带来较大收益的市场细分才是最佳的选择,这就要求,进一步细分市场的需求和购买行为,并找到其原因,以便在此基础上决定是否可以合并这些细分市场或者对细分市场做进一步的细分。

7. 评估各个细分市场的规模

在仔细调查的基础上,评估每一细分市场的顾客数量、购买频率、平均每次购买数量等,并对细分市场上的产品的竞争状态及发展趋势做出分析。因为这些因素影响着消费者的购买力,也就间接地影响到了企业的利润。

二、服务目标市场选择

(一) 服务目标市场选择的依据

服务目标市场是服务企业决定进入的、具有共同需求或特征的顾客的集合。企业的服务营销组合策略是围绕着目标市场而展开的,因此,选择目标市场、明确企业的服务对象是企业服务营销规划的首要内容和基本出发点,关系到服务营销战略的实现和经营目标的完成。

服务目标市场的选择,实际上是服务企业对细分市场进行评估和可行性分析,并最终确定进入哪个或哪几个细分市场的过程。选择目标市场的依据有以下4点。

(1) 可衡量性。即待选细分市场的规模、特征和发展前景可以测量或预测。

(2) 可进入性。即服务企业有足够的资源进入细分市场,并能保证占有一定的市场份额。

(3) 可营利性。即待选细分市场能保证服务企业获取足够的利润。

(4) 可区分性。即待选细分市场对不同的服务营销组合策略的反应是不同的。如果一个细分市场对服务营销组合策略的反应同其他细分市场没有差别,则没有必要把它当成一个独立的细分市场。

根据上述4点,服务企业可以总结自己的优势劣势,扬长避短,对细分市场进行全面考察,选择适合自己进入的细分市场作为目标市场。

(二) 服务目标市场选择的模式

服务目标市场选择模式即服务企业选择细分市场的5种进入模式。通过对不同细分市场的评估,服务企业会发现一个或几个值得进入的细分市场,下一步就是要决定进入哪一个或哪几个细分市场。通常情况下,服务企业可以选择以下方式进入选定的细分市场。

(1) 服务/市场专一化。即企业只提供一种服务,供应某一特定的顾客群,以取得在这一特定市场上的竞争优势。它适用于刚起步的小型服务企业,见图5-5 (a)。

(2) 服务专业化。即企业向各类顾客同时供应某种服务,只在档次、价格、质量等方面塑造差异。企业通过这一策略可以在某个服务方面获得较高的声誉,并且有利于降低成本。但是当面临替代服务的威胁时,这种策略对企业很不利,见图5-5 (b)。

(3) 市场专业化。即企业向某一特定顾客群提供系列化的服务组合。这一策略可以使企业在特定的顾客群体中获得较高的声誉,见图5-5 (c)。

(4) 选择性专业化。即企业有选择地进入几个不同的细分市场,为不同的顾客群提供不同的系列性服务组合。其中,每个选定的细分市场都具有吸引力,并且符合企业的经营目标和资源状况,但各个细分市场之间很少或根本没有联系,然而在每个细分市场上企业都可获利。此种策略有利于企业分散经营风险,见图5-5 (d)。

(5) 完全市场覆盖。即企业全方位进入市场,用各种服务满足不同顾客群体的需要。通常只有那些实力雄厚的大型服务企业才可能采取此种策略,见图5-5 (e)。

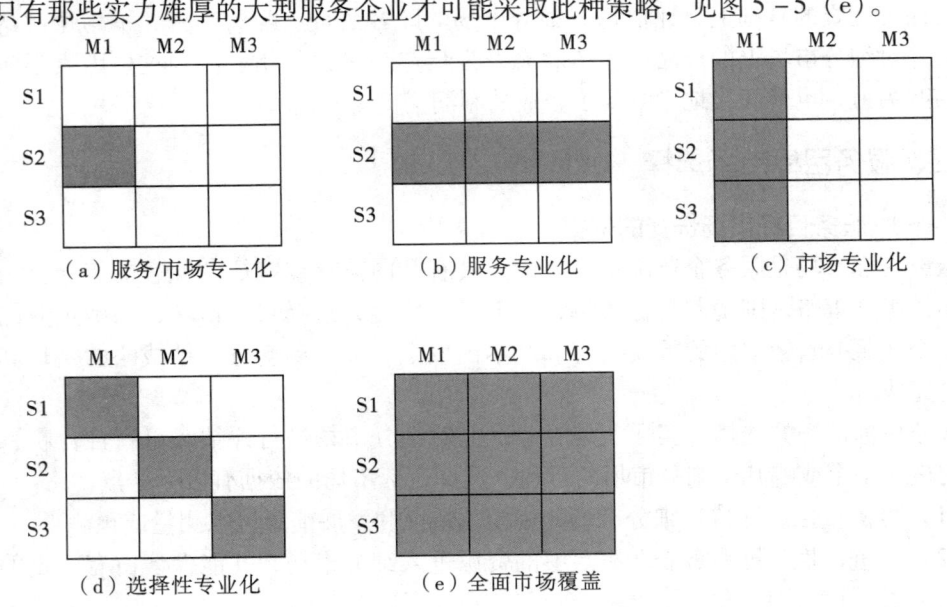

图5-5 服务目标市场选择模式

注:S = Service,M = Market

(三) 服务目标市场战略

服务目标市场战略主要包括无差异营销战略、差异化营销战略和集中性营销战略，这 3 种服务目标市场战略各有利弊，分别适用于不同的企业和市场状况，服务企业需要根据自身实力选择合适的服务营销战略。在这 3 种战略中，差异化营销战略和集中性营销战略在本章第 2 节已做了详细说明，就不再赘述，这里主要介绍无差异营销战略。

无差异营销是指企业决定不进行服务市场细分，而是以服务的整体市场作为企业的目标市场，向整个市场提供服务产品。这是一种针对市场共性的、求同存异的营销战略，它只强调消费者需求方面的共同点，而不考虑需求的差异性，只提供一种服务、设计一套服务营销组合方案，来吸引尽可能多的消费者。企业采取这一战略的前提是消费者需求的同质性，即认为它所面对的是同质的市场，或者忽略消费者需求的多样性，而着眼于其共同的需求或偏好。企业采取无差异战略可能是由于市场太小，细分后企业无法在细分市场上获利，也可能是因为该企业已经在市场上占据了主导地位，如果再选择其中某些细分市场会造成企业整体利益的降低。

采用无差异营销战略的优势是可以获得规模效益，它是一种与大规模生产和标准化生产相适应的营销方法。首先，无差异营销的广告宣传、单一的销售程序、相同的管理模式，降低了销售费用和管理费用；其次，以整个市场作为目标市场，节约了市场细分的调研和规划费用，从而降低了企业的经营成本。

无差异营销战略也有其不足之处。首先是无法满足消费者需求的差异性偏好。实际上很难找到一个需求完全相同的市场，所以用同一种服务营销组合策略去满足所有消费者的需求是不可行的。尤其是消费者需求个性化、差异化的趋势日益明显，无差异营销战略正面临严峻挑战。其次是应对竞争风险的能力较差。无差异营销战略容易受到竞争者的冲击，一旦竞争者将市场细分化，进而从各个细分市场进入，则企业的市场地位将岌岌可危。

三、服务市场定位

企业通过市场细分只是确定了所要进入的目标市场，然而进入该目标市场的服务企业可能不止一家，服务企业要如何在该目标市场上塑造竞争优势、确定企业自身的市场地位，就是市场定位的问题了。

(一) 服务市场定位的含义

所谓服务市场定位，是指服务企业根据市场竞争状况和自身资源条件，建立和发展差异化竞争优势，以使自己的服务在顾客心目中形成区别并优于竞争者的服务的独特形象。当服务企业选择了目标市场并遇到竞争对手时，自然而然地要做定位分析。比如，企业需要了解在这一细分市场上顾客心目中所期望的最好服务是什么，竞争对手所能够提供服务的程度，以及本企业提供的服务是否与顾客需求相吻合，如果顾客的期望尚未满足或很少被满足，那么企业应该采取怎样的措施使自己的产品达到顾客期望的水平等。

从 20 世纪 80 年代开始，定位的战略意义逐渐被一些领先的服务企业认识，因为它给不可触摸的服务提供了一个实实在在的框架。进入 90 年代以后，定位对于服务企业的重要意义就表现得更加明显了。由于市场竞争的加剧，顾客很容易被铺天盖地的广告信息所淹没，他们要区分不同企业所提供的服务日益困难，此时服务企业的定位宗旨就是如何使顾客比较容易地识别本企业的服务。

定位是一种战略性营销工具。据此，企业主管能够明确企业现有的位置、希望占据的市场，企业可以确定自身的市场机会，并在竞争情况发生变化时采取相应的措施。服务市场定位是服务差异化的先决条件，更是服务品牌形象确立的基础。每一种服务都会因提供者和提供标准的不同而形成一系列区别于其他服务产品的特征，其中有的是实质性的，有的是感觉上的。市场定位就是使这些特征在顾客心目中和市场舆论中得以强化和固化的过程。

（二）服务市场定位的步骤

服务市场定位可参考产品市场定位，按如下步骤进行：①确定目标顾客最关注的两个指标（如服务的质量与价格）；②用这两个指标建立坐标系（该坐标系即表示目标市场，见图5-6）；③在目标市场上确定竞争对手的位置（图5-6中的A、B、C等位置）；④根据本企业的资源条件及拟采取的市场定位策略，确定本企业在目标市场上的位置（图5-6中的甲、乙等位置）。

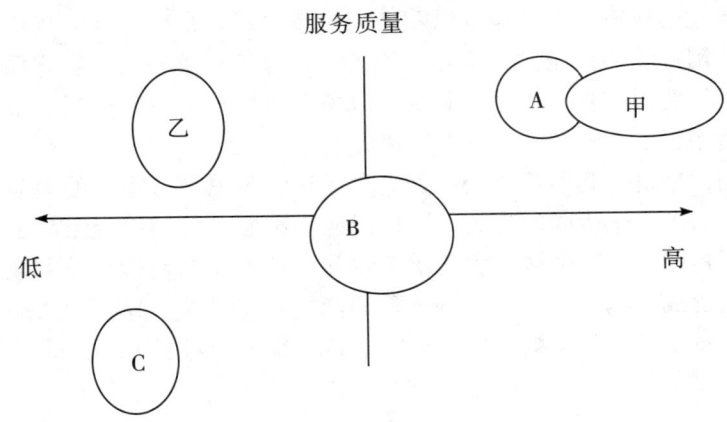

图5-6　市场定位示意图

（三）服务市场定位方式

1．迎强定位

迎强定位是一种面对市场领导者或主要竞争对手"针锋相对"的定位策略。显然，迎强定位是一种危险的市场争夺策略，其中蕴含着时刻敦促服务商奋进的激励因素，以及一旦成功即可获得巨大的市场份额和竞争优势的可能性，仍使不少服务商乐此不疲。实行迎强定位必须知己知彼，尤其要充分认识自己的实力和潜力；而且要适可而止，防止"渔翁得利"，新来者能获得平分秋色的竞争格局已经算是大获全胜了。

具体到图5-6中，方案甲便是矛头直指服务商A的定位策略。该服务商必须特别关注如下3点：①高档服务的市场容量能否足以承载两大服务商的供应；②本企业的服务是否有区别于其他服务商的特色，如样式更新、流程更便利、人员更专业、环境更幽雅等；③这种高档定位与本企业的资源、实力、声望和应变力是否相称。

2．避强定位

避强定位是一种避开市场既存强大竞争对手的市场定位策略。如果假设A、B、C为目标市场中的三个主要服务商，那么定位方案乙便采用了避强定位策略。该策略能帮助企业迅速在市场中站稳脚跟，并在消费者心中迅速树立明确的形象。由于该策略市场风险较小，成功率较高，所以多为新进入的服务商采用。但从另一方面考虑，值得注意的是剩余的市场真空带除了市场不认同的区域，往往只剩下风险大、利润薄的部分，这本身就是一种定位风险。

具体到图5-6中，乙方案若要成功实施，必须具备如下三个条件：①服务商要具备提供高档服务的技术、设备、人员条件；②要在低价进入的前提下，仍能实现最低限度的利润目标；③通过宣传，能有效地送达这样的市场信息——本企业服务"性价比"要高于A、B、C三家服务商。

3. 重新定位

对已有过市场定位的服务重组并二次定位称为重新定位。重新定位反映了市场定位的灵活性和动态性，但它同时也是决策失误后亡羊补牢的无奈之举。当然，战略性的重新定位是市场拓展的利器，是强势服务商对外扩张的先锋。

具体而言，重新定位存在两个维度：①重新定位服务感受；②重新定位沟通宣传方式。对前者而言，要变更的是顾客预期的中心好处，或构成服务的一个或几个核心因素。一个典型案例是美国西部航空公司在20世纪90年代中期美国航运业竞争白热化的阶段主动放弃了已成残羹冷炙的东西航线，而通过各种运营管理策略，苦降成本，低价承担起南北线中长距离飞行服务，由此取得了巨大成功。对后者而言，通过对顾客可以从服务中获得的好处的重新定位和全新宣传，以实现新的定位。对服务而言，预期和满意度更多地被心理因素左右，这便给宣传沟通策略留下了很大的发挥空间。比如，a、b两家公司提供同种服务，a公司的定价更高，但这并不一定使a公司处于市场劣势。如果a公司能成功说服潜在购买者相信其提供的服务价有所值，高价不仅会带来更大的利润空间，甚至可能转化为一种竞争优势。美国纽约附近的长岛有一家小银行叫作长岛信托公司，面临着来自纽约城市银行等大银行的激烈竞争，该公司在分支行数目、服务范围、服务质量、资本金等排名最后的情况下，把自己重新定位为"长岛人的长岛行"，排名立即大幅度提高。

（四）服务市场定位的方法

1. 定位图法

前面已经提及，企业在进行服务市场定位时，可以绘制一幅市场定位图，在定位图上标示当前市场上竞争对手和已存在产品的特性和位置。从定位图上可以比较清晰地看到，哪些位置的企业较少，市场尚有空缺没有填补。因此，企业可以选择这些竞争较少且尚存市场空白的位置来定位企业的服务，从而实现竞争的差异化。

2. 价值链分析法

价值链分析法（VCA）将商业行为看作一系列的活动，这些活动把商业投入转化为顾客价值，即从输入向输出转化的过程。波特的价值链理论认为，价值链上的活动可以分成两种类型，一种是基本活动，包括直接面对消费者的各个环节，如物流运输、生产作业、营销和服务等。另一种是支持活动，如基础设施的建立和维护、人力资源管理、研发等。

在服务行业中，可以针对不同的服务行业，设计出不同的价值链模型。比如，一家证券公司的价值链包括券商经纪业务、市场数据收集、证券信息分析、投资建议、营销组合、客户服务、顾客管理等。再比如，一个房地产开发商的价值链包括融资、楼宇设计和开发、销售、服务、促销渠道等。

价值链的作用在于，它可以让企业更加明确它们为顾客创造的价值来源于何处。企业可以通过降低价值链上面的成本和不断将价值链上面的项目进行差异化来获得差异化优势。与此同时，企业也应当注意价值链上的各个项目并不是完全割裂开来的，它们经常存在着许多联系，并且总是互相影响的。因此，企业应当根据实际情况，对这些活动或职能进行协调和整合，以达到有效为顾客创造和传递价值的目的。

本 章 小 结

本章首先介绍了服务战略的含义与内容，服务战略的制定思路和要求，并进一步讲述了服务战略的 SWOT 分析；接着主要从战略含义、战略适用条件、战略实施途径和实施风险 4 个方面，分别介绍了总成本领先战略、差异化战略、集中性战略和创新型服务战略；最后讲述了服务市场的 STP 战略，即服务市场细分、服务目标市场选择和服务市场定位，分别介绍了服务市场细分的概念、意义、标准和步骤，服务目标市场选择的依据、模式和战略，服务市场定位的含义、步骤、方式和方法。本章要重点掌握服务战略的 SWOT 分析，3 种服务战略适用条件和实施途径，服务市场细分的标准和步骤，服务目标市场选择的模式和战略，服务市场定位的步骤和方式。

思 考 与 练 习

(1) 什么是服务战略，服务战略的制定有哪些要求？
(2) 什么是 SWOT 分析，如何进行服务战略的 SWOT 分析？
(3) 什么是总成本领先战略，如何实施总成本领先战略？
(4) 什么是差异化战略，如何实施差异化战略？
(5) 什么是集中化战略，实施集中化战略有什么风险？
(6) 什么是蓝海战略和长尾战略，如何实施 CI、CS 与 CC 营销战略？
(7) 什么是服务市场细分，如何进行服务市场细分？
(8) 什么是服务目标市场，如何选择服务目标市场？
(9) 什么是服务市场定位，如何进行服务市场定位？

第二篇
服务营销组合策略

第二節

第六章 传统 4P 服务营销组合策略

教学目标

（1）了解服务产品的整体概念以及新服务开发的程序。
（2）掌握服务定价的方法与策略。
（3）认识分销渠道的类型和渠道设计步骤。
（4）知道服务促销的意义以及促销组合类型。

《中华人民共和国国民经济和社会发展第十三个五年规划纲要（2016—2020 年）》中指出："加快开展发展现代服务业行动，扩大服务业对外开放，优化服务业发展环境，推动生产性服务业向专业化和价值链高端延伸、生活性服务业向精细和高品质转变。"服务产业的潜在发展空间为企业提供了一个巨大的市场机会图，于是越来越多的服务企业意识到市场营销的重要性，并开始寻找有效的手段以期在激烈的竞争中立于不败之地。

第 1 节 服务产品策略

正如产品制造企业努力寻找最佳产品组合一样，服务企业也要制定出能够成功吸引顾客的服务组合。但是，服务产品不同于有形产品的特性，使得服务企业不能完全照搬有形产品的营销策略，企业需要根据服务产品和服务目标市场的特点以及服务市场环境的变化制定有效的服务产品策略。

一、服务产品与服务产品组合

服务通常被定义为一种能满足消费者和组织客户需求的隐性职能。与有形产品相比，服务产品呈现众多差异性。

（一）服务产品的整体概念

1. 服务产品整体概念的含义

在服务营销中，要清晰理解服务产品的概念，有必要厘清两个前提。第一，产品、服务、服务产品、无形产品在服务营销中容易概念模糊、互用，因此，要明确它们之间的主要区别。第二，服务产品是一种产品，那么服务产品必然具有产品的 5 个层次，它也是一种整体产品，而且具有该类产品的特殊性。

一方面，产品是一个大概念，根据菲利普·科特勒的定义，它是指以整体产品形式存在，能够提供给市场以满足需要和欲望的任何东西①。服务、无形产品、服务产品是产品概念体系的基本组成部分。产品是既定的，而服务的范围与界定程度是无尽的；相对无形产品而言，服务可用客观标准来衡量。可以说，服务存在于任何产品之中，如对有形产品的订购、销售及售后服务，服务产品所提供的核心服务等。服务产品则是产品的一类，其分类标志是整体产品所提供的核心利益。值得一提的是，虽然服务可以对应于有形产品，无形产品却不等同于服务产品，因为事实上无形因素是无所不在的，即便是一个有形产品，如某新型起重机，在其还未生产出来时，就无法确切判断成品是否能够达到最初设计的起码要求，那么对需求客户而言，此时的起重机也是一种无形的概念。

另一方面，随着市场竞争的日益激烈，服务营销管理者必须理解服务产品的 5 个层次（如图 6-1 所示），并对其进行运用。

我们以美发行为为例，具体说明服务产品的 5 个层次。

对服务产品 5 个层次的理解，由内层到外层依次进行，越内层的越基本，越具有一般性，越外层的越能体现产品的特色。

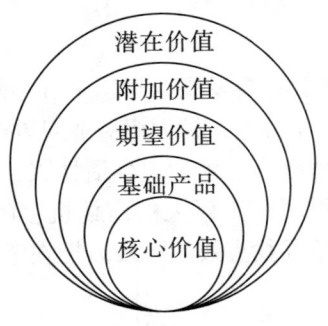

图 6-1 服务产品的层次

第一层次是核心利益，是无差别的顾客真正所购买的服务和利益，实际上就是企业对顾客需求的满足。也就是说，服务产品是以客户需求为中心的，因此，衡量一项服务产品的价值，是由客户决定的，而不是由该产品本身或服务提供者决定的。对美发的顾客而言，其真正购买的是"好看的发型"。

第二层次是抽象的核心利益转化为提供这个真正服务所需的基础产品，即产品的基本形式。如这个美发厅应配备美发的桌子、椅子、镜子、洗发工具和用品、洗剪吹等美发工具和用品等。

第三层次是顾客在购买该产品时期望得到的与该产品密切相关的一整套属性和条件。对美发的客人来说，期望得到的是干净的桌椅、毛巾以及洗剪吹烫等美发工艺、安全的美发用品、安静的美发环境。因为大多数的美发厅都能满足顾客的这种最低限度的期望，因此，美发消费者在选择档次大致相同的美发厅时，一般会选择一家最便利的。

---

① 科特勒. 营销管理：分析、计划、执行和控制 [M]. 9 版. 梅汝如，等译. 上海：上海人民出版社，1999.

第四层次是附加价值,指增加的服务和利益。这个层次是形成产品与竞争者产品差异化的关键,"未来竞争的关键,不在于工厂能生产什么产品,而在于其产品所提供的附加价值。"例如,给美发的顾客提供免费的茶水、服装与发型搭配方案和建议等。

第五层次是潜在价值,是指服务产品的用途转变,由所有可能吸引和留住顾客的因素组成。如美发的顾客来美发厅可能不仅是为了获得一个好看的发型,还想从身体健康的角度养护头发等。

2. 树立服务产品整体概念的意义

(1) 有利于服务企业弄清顾客对服务产品追求的基本效用(核心服务)是什么。

(2) 有助于服务企业围绕核心服务增强附加价值和潜在价值,从而吸引顾客购买。

(3) 有助于塑造服务产品的特色,推行服务差异化战略。

(二)服务包

1. 服务包的含义和层次

服务包是指在某种环境下所提供的一系列产品与服务的组合,即提供的一种服务产品被认为是一个包裹,集合着各种利益和服务的提供①。

格隆鲁斯提出了服务模型理论,为服务企业提供了一个服务产品的分析模型。服务作为一种产品,被认为是一个包裹,是一系列无形和有形的服务的集合,是满足目标市场需求的一系列服务②。

服务包实质上是服务产品的组合,基本的服务包可分为三个层次:核心服务、便利性服务和支持性服务,见图6-2。

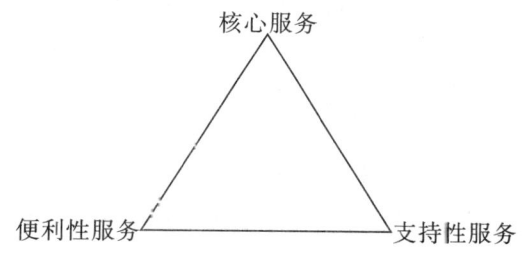

图6-2 基本的服务包

(1) 核心服务。格隆鲁斯认为核心服务体现企业提供服务的最基本功能,也是企业进入市场并得以存在的原因。核心服务是企业的服务产品为市场所接受的关键,它是服务产品最基本的功能,满足顾客对这类服务最基本的需要,如饭店提供住宿,银行吸收存款、提供贷款等。一个企业可以同时提供多个核心服务,如航空公司既可以提供旅客运送,也可以提供货物运输。

(2) 便利性服务。便利性服务是方便核心服务使用的附加服务,如果没有这种服务顾客便不能方便地使用核心服务。由此可见,便利性服务是实现核心服务必不可少的服务,没有便利性服务,核心服务就不可能实现或者不能顺利实现。如航空公司的订票服

---

① 李雪松. 服务营销学 [M]. 北京:清华大学出版社,北京交通大学出版社,2009.
② 格隆鲁斯. 服务管理与营销:服务竞争中的顾客管理 [M]. 李福祥,译. 北京:电子工业出版社,2008.

务和接送顾客到机场的服务、银行的银行卡业务和网上银行业务等。

（3）支持性服务。支持性服务也是一种附加服务，但与便利性服务的功能不同，它不是方便核心服务的消费和使用，是基本服务以外的供顾客能够感受或在其模糊意识中形成的其他利益。支持性服务是提高服务价值，使企业的服务与其他竞争对手的服务区别开来的一系列活动，可以使服务企业取得差异化的竞争优势。如酒店向顾客提供当地的旅游地图和旅游手册，银行提供查账业务，就属于这一类服务。

格隆鲁斯指出，便利性服务和支持性服务之间的区别有时并不十分明显。一些服务在某个时间或某个场合是便利性服务，而在另外的时间或地点却可能是辅助性服务。但不管怎样，对二者加以区别是十分必要的，因为便利性服务是必需的、不可或缺的，而且往往是义务的。没有便利性服务，企业的基本服务组合就会失去意义，顾客也不会购买。而辅助性服务不是不可或缺的，缺少了辅助性服务，核心服务仍然可以发挥作用，但服务产品对顾客将缺乏吸引力和竞争力。

2. 服务包的质量

服务包的质量不仅取决于所开发的服务包所包含的若干服务的组合，还取决于服务过程，即服务过程也会对服务包的质量产生影响。从管理的角度来看，服务过程即服务传递的过程，由3个基本要素组成：服务的可接近性、买卖双方的相互作用和顾客参与。

（1）服务的可接近性。服务的可接近性是指顾客能否比较容易地接触、购买和使用服务，主要可取决于：①服务人员的数量和技能；②服务工作的时间以及服务工作的时间定额；③服务网点；④服务地点的摆设和布置；⑤接受服务的顾客数量和他们的知识、素质等。如果一家服务公司不能立即向消费者提供所需的服务，将严重影响顾客对服务产品质量的认知。

（2）买卖双方的相互作用。由于服务生产和消费的同一性，顾客与服务提供者的相互作用将直接影响顾客对服务质量的感知。这种相互作用包括：①服务人员与顾客之间的相互沟通；②顾客与组织的各种物资和技术资源的相互作用；③顾客与企业规章制度之间的相互作用，如维修制度、预约制度、申诉处理制度和接待制度等；④顾客与其他顾客之间的相互作用。

（3）顾客参与。在一般情况下，顾客都将参与服务产品的生产过程，因为服务产品的生产和消费是同时进行的，顾客直接参与服务产品的生产过程，并影响到他们对服务产品的认知。比如，在服务过程中，顾客通常会被要求填写一些表格或提供一些信息等，如果顾客对此有充分准备，或者愿意去做这些事情，则无疑会提高服务产品的质量。

（三）服务产品组合

1. 服务产品组合的概念

由产品组合的概念我们可以类推出服务组合，即一家服务企业在一定时期内经营的所有服务线和服务线上服务项目的组合。一个服务企业的服务包是由各种服务线组成的，它有宽度、长度、深度和相容度之分。以某酒店的服务产品为例来进行说明（如表6-1所示）。服务产品线是相关联的一组服务，这些服务出自同一生产过程，或针对统一的目标市场，或在同一销售渠道里销售，或同属于一个服务档次。比如，酒店提供不同的房间在同一销售渠道里销售。宽度是指一个企业提供服务的大类的多少，即服务线的条数。在表6-1中，共有3条服务线，故其服务组合的宽度是3。服务组合的长度是指各服务线长度的总和，而各服务线的长度则是指服务线中服务项目的数量。3条服务线上的服务项目数分别为6、5、5，3条服务线上服务项目的总和为16，即产品组合的长度为16。服务组合的深度是指每个服务项目中包含的服务子项的数量，如双人间又分为普通双人间和豪华双人间，那么双人间的深度就是2。服务组合的相关性是指各服务线在最终效用、提供条件、分销渠道及其他方面的关联程度。关联度越大，服务组合的相关性就越大；关联度越小，则服务组合的相关性就越小。由于客房服务、餐饮服务与会议服务总是很容易为客户所共同使用，可以说酒店的服务包具有很高的相关性。

表6-1 某酒店服务组合的宽度与服务线的长度

	服务组合的宽度		
	客房服务产品	餐饮服务产品	会务服务产品
服务线的长度	单人间	中餐服务	贸易展销会
	标准间	西餐服务	化装舞会
	双人间	风味食品服务	宴会
	双套间	酒吧服务	冷餐会
	多套间	咖啡厅	鸡尾酒会
	总统套房		

2. 服务产品组合的策略

（1）扩大服务组合。扩大服务组合包括开拓服务组合的宽度和加强服务组合的深度。开拓服务组合的宽度是指增加一条或几条服务线，扩展服务经营范围；加强服务组合的深度是指在原有的服务线内增加新的服务项目。一般而言，扩大服务产品组合，可使企业充分利用人、财、物等资源，分散经营风险，增强竞争力。扩大服务组合的具体方式有以下几个方面：①在维持原服务品质和价格不变的前提下，增加同一服务的子服务；②增加不同品质和不同价格的同一种服务，如一家旅行社在做国内旅行线路的基础上，增加国外旅行线路；③增加与原服务相类似的服务，如一家教育培训机构在面授的基础上，增加在线授课服务；④增加与原服务毫不相关的服务，如一家做餐饮的服务企业，增加了艺术品鉴赏培训的服务。

扩大服务组合可以满足不同偏好的消费者多方面的需求，提高服务产品的市场占有率；可以充分利用企业信誉和商标知名度，完善服务产品系列，扩大经营规模；可以充分利用企业资源和剩余经营能力，提高经济效益；可以减小市场需求变动性的影响，分散市场风险，降低损失程度。

（2）缩减服务组合。缩减服务组合是指削减服务线或服务项目，特别是要取消那些获利小的服务，以便集中力量经营获利大的服务线和服务项目。例如，当市场不景气或原材料、燃料供应紧张时，收缩服务线反而能使总利润提升。缩减服务组合的方式有①减少服务线数量，实现专业化经营，如一家市场调研公司，不再提供数据收集服务，只做数据分析服务；②保留原服务线削减服务项目，如一家餐馆停止制作饮品，外购饮品继续销售。

缩减服务组合可以集中资源和技术力量，改进保留服务的品质，提高服务商标的知名度；可以从事专业化经营，提高经营效率，降低经营成本；有利于企业向市场的纵深发展，寻求合适的目标市场；有利于减少资金占用，加速资金周转。

（3）服务市场定位延伸。每一个服务项目都有其特定的市场定位。服务市场定位延伸策略指的是全部或部分地改变服务原有的市场定位，具体办法有向下延伸、向上延伸和双向延伸3种。①向下延伸。这种策略是把原来定位于高档市场的服务线向低档市场延伸，目的在于利用高档服务的声誉来吸引购买力水平低的顾客光顾新设的低档服务项目。公司经常会在产品线的低端增加新品种，以宣传其品牌从较低价格开始。因此在宣传期，旅游公司会推出某些特价线路。公司还可能出于如下原因而延伸其产品线：公司在高档产品市场上受到攻击，决定以拓展低档产品市场作为反击；公司发现高档产品市场增长缓慢；公司最初步入高档市场是为了树立质量形象，然后再向下延伸；公司增加低档的产品项目，是为了填补市场空隙，否则，其竞争对手会乘虚而入。采取向下延伸策略时，公司会有一定的风险。新的低档服务项目也许会蚕食掉较高档的服务项目，因为低档细分市场可能会吸引高档市场的客户。公司向低档市场延伸可能会激发竞争者将服务项目相应地转移到高档市场。②向上延伸。即原来定位于低档服务市场的服务企业，在服务线内增加高档服务项目。向上延伸同样存在风险，管理者和服务人员可能会因能力不足，不能很好地为高档市场服务；在低档市场上赢得的形象可能无法吸引高档市场的客户等。③双向扩展。定位于中端市场的公司可能会决定朝上下两个方向延伸其服务线。马里奥特公司对其旅馆供应线实行双向扩展。在其中档价位旅馆的旁边，为高档市场增加了马里奥特侯爵线，为较低档市场增加了庭院线，而集市式小旅店则安排度假者和其他有低档需求的旅客。该战略的主要风险是旅客在其他的马里奥特连锁旅馆发现了低价并能提供他们相应的同等满意服务时，就会转向低价产品。但对于马里奥特公司来说，顾客选择了低档品种总比转向竞争者好。

（4）服务包现代化。在某些市场条件下，虽然服务包的宽度、长度和深度都十分合适，但服务包在生产形式和服务理念上已全面落后于竞争对手或顾客期望，这时就必须通过服务创新或技术改造适应新的竞争形势。

二、服务的生命周期

（一）服务生命周期的含义

与有形产品类似，服务也存在生命周期。有形产品的生命周期分为引入、成长、成熟和衰退4个阶段，服务的生命周期大致相同。随着科技的进步以及市场竞争的激烈，服务的生命周期逐渐变短。以前要10年才进入衰退期的服务，现在可能半年就已经退出了市场。更短的生命周期让服务商品化的速度加快，这一趋势在互联网时代更加明显。比如银行服务，银行柜台前曾是人满为患，而现在经常看不到人影，有的人可能长达半年甚至一年的时间都不需要到银行柜台办理业务了。不管你销售的是银行服务、电话服务还是保险服务，成功的服务将会很快被模仿或改进。因此，对现有服务进行不断的修正是保持现有服务活力的有效方法，也因此延长了服务产品的生命周期。

由于顾客是从享用服务的过程中获得利益和满足的，因此，设计和开发服务便成为服务企业营销决策的重要内容，而服务设计和开发的理论基础则是服务的生命周期理论。

（二）服务生命周期曲线

每种产品都有从无到有、自盛而衰的演进过程，营销学家形象地称之为产品生命周期，服务也一样。服务生命周期是指某一种服务从进入市场到逐步被市场淘汰的过程。全面认识服务生命周期并依据不同生命周期阶段的特征制定相应的营销策略和改进方案，是促进服务快速成长、保持服务长盛不衰的必由之路。

由于新服务在诞生之后的各个阶段会遇到不同的机遇和挑战，因此在各阶段的成长速度和生产规模也不相同。典型的服务生命周期曲线呈现为"S"形，如图6-3所示。

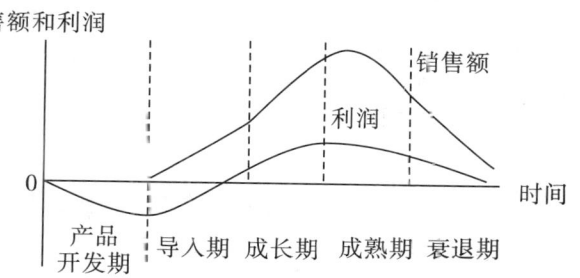

图6-3 典型的服务生命周期曲线

服务生命周期曲线显示了典型产品的生命周期现象，其中包括生命周期的两个关键要素，即营业额和利润，以及在变化过程中两者之间的关系。彼得·多伊尔（Peter Doyle）指出："从这些模式中所得到的结论主要是：①管理者必须开发新产品以弥补缺口并维持营业额和利润的持续成长；②生命周期的每一阶段，对营销策略和利润潜量而言，都可以说提供了显著的机会和值得研究的问题。"

（三）服务增长战略

根据服务生命周期理论，任何服务都会经历一个从诞生、成长到成熟，最终走向衰亡的过程。换句话说，任何服务最终都会被市场淘汰。因此，服务企业需要不断开发新的服务，以维持企业的长远发展。

安索夫提出了基于服务发展和市场发展两个方向的增长战略，并将其归纳为服务/市场矩阵，即安索夫矩阵，如表6-2所示。

表6-2 服务/市场矩阵

	区分	服务层面				
		现有服务	服务改良（品质、品型、表现）	服务领域延伸（规格变化、种类变化）	新服务（关联技术服务）	新服务（非关联技术服务）
市场层面	现有市场	市场普及战略	服务重新构成战略	服务领域延伸战略	服务开发战略	横向（广度）多元化战略
	新市场	市场开发战略	市场延伸战略	市场区域产品差异化	服务多元化战略	纵向（深度）多元化战略
	资源/配售市场	一体化战略				

1. 市场渗透

市场渗透战略是指企业通过各种营销措施，努力扩大现有服务在当前市场上的份额。

实现市场份额的提高需要企业进行明确的市场定位，将精力集中于主要的细分市场和充分利用营销组合策略。在这里，顾客保留和提高使用频率是两个极为重要的方面。顾客保留就是企业能够始终拥有现有顾客，而不使其转向其他竞争者，企业可以通过诸如会员制等办法实现顾客保留。提高使用频率是指鼓励顾客经常购买和消费企业的各项服务。比如，许多商场、超市推出积分优惠卡，以折扣和奖励等形式鼓励持卡顾客进行消费。

2. 新服务开发

新服务开发战略是指企业通过改进原有服务或增加新服务而达到扩大销售的目的。这一战略在企业营销决策中占有重要地位。

3. 市场开发

市场开发战略是指企业将现有服务打入更大的市场范围，从而获得更多的购买群体。比如，许多银行通过在国外设立分支机构而吸引国外客户。相对而言，这种战略的风险较大，因为企业必须进行深入的市场调研，以确保能够了解国外客户的需求从而予以有效满足。遗憾的是，不少服务企业并未对不同顾客的需求差异给予足够的重视。如果企业能够在新的市场上向原有的顾客提供服务，那么，采用市场开发战略的风险将会大大降低。例如，一家咨询公司在海外设立办事处，而其现有客户恰巧也在那里开展业务，这样，这些客户不仅是企业在新市场上开展经营活动的基础，而且也将有意无意地帮助企业建立更多的客户关系。

4. 多元化经营

多元化经营战略是指企业向本行业以外发展，实行跨行业经营。这种战略的风险最大，因为在新的行业里服务企业原来建立的竞争优势几乎不复存在，该战略比较适合成熟行业的企业，企业无法在本行业内获得进一步的发展，只能瞄准行业以外的市场。

三、新服务的开发与推广

（一）新服务开发

1. 新服务开发的必要性

随着服务业的不断发展，市场竞争日益激烈，服务企业很难保持鲜明的独特性，难以适应当今日渐兴旺的个性化消费。要改变这种状况，服务企业必须高度重视服务创新，服务创新的目的在于将本企业的服务与其他企业的服务严格区分开来，并使这种差别让顾客明显地感觉和认识到，从而在顾客心目中占有特殊的位置，达到吸引客户、留住客户的目的。

（1）开发新服务产品是为了保持企业竞争力的需要。若要维持现有销售或成果及获得足够资金以适应市场变动的需求，就必须开发服务新产品。

（2）在服务产品组合中弃旧换新，取代已经不合时宜及营业额锐减的服务产品。

（3）利用超额生产能力。如多余的戏院座位或体育中心的未利用健身设施等，新服务产品的引入可以创造优势利益。

（4）抵消季节性波动。许多服务业公司，如旅游业可能存在各种季节性销售变动，新服务产品的引入有助于平衡销售上的波动。

（5）减低经营风险。目前的销售形态可能只是高度依赖于服务产品领域中的极少数服务而已，新服务产品的引入可以平衡目前偏颇的销售形态。

（6）探索新机会。新的市场机会的出现往往是由于一家竞争对手公司从市场撤退，或者由于顾客需求的变化。

新服务开发是实现营销差异化策略的根本途径。没有创新，企业就没有发展。因此，服务企业要不断推陈出新，形成人无我有、人有我优、人优我特、人特我变的局面，才能在市场中立于不败之地。

但是，进行新服务的开发通常具有一定的难度。事实上，以服务为导向的企业的研发工作不同于以产品为导向的企业。后者可以某种方式设计和试验新产品，而新服务由于无形性很强，因此研发任务艰巨得多。另外，构思服务的全过程涉及观念的更新，研发完成后，还必须吸引顾客来体验这种服务。虽然服务可能以设备为基础，也可能以人为基础，但是预测哪种服务概念可以被顾客接受和吸引顾客是很难的，这就意味着成功地推出一种新服务的成本可能很高。

更为重要的是，以服务为导向在某种意义上等同于以顾客为导向，因此顾客最基本的需求才是服务创新的依据。一方面，顾客要求企业应给予顾客需要和追逐的利益，然而顾客可能由于缺乏足够的知识、经验和能力来清楚表达其需求，从而使企业无法真正识别顾客的利益所在；另一方面，顾客在享用服务的过程中会得到或好或坏的体验，这些体验将导致顾客追求新的利益，从而使企业难以把握顾客的利益所在。开发服务的一个实例是利用电脑进行转账，为什么这项服务会停滞不前呢？其原因十分复杂，包括政治、经济和法律等方面的因素。不过最重要的还是来自顾客的抵触心理，他们担心电脑出错，侵犯隐私权。导致该项产品失败的不是技术方面的问题，技术可以创造所谓不用现金的社会，但是顾客并不需要这种服务，开发者往往忽略了这一点。

2. 新服务开发的类型

服务生命周期理论告诉我们，任何服务在市场上都要经历一个从成长到衰退的市场过程。因此，服务企业要想在激烈的市场竞争上获得成功，必须不断地引入新服务，以适应不断变化的市场需求。服务营销学中对新产品的定义要比制造业中对新产品的定义宽泛得多。通常，新服务或者说服务创新包括以下类型。

（1）完全创新的服务。完全创新的服务是指采用全新的方法来满足顾客的现有需求，例如第一广播电视服务与联邦快递推出全国昼夜小件快递服务。这种方式风险较大，但回报也会很高。

（2）进入新市场的服务。即一些已有的服务进入新的市场时也被视为新服务。网景（Netscape）通信公司在短时间内赢得了80%的因特网浏览器软件市场，其客户包括哥伦布计算机服务公司和美国在线，其成功的关键在于它的网络导航器不仅使尤尼斯（UNIX）的用户可以浏览网页，而且扩展到使用 Windows NT 到 Macintosh 的用户，都能在统一的模式和信息标准化下自由使用信息和软件。

（3）新服务产品。新服务产品包括一切为现有市场的同类需求提供的新服务，而该市场已存在服务满足同类需求。比如，健身俱乐部为健康服务提供了不同的形式，支付宝已成为新的银行货币流动形式。这种新服务的开发方式风险较大，不但有创新的风险，还有同竞争对手争夺市场份额的危险。

（4）为现有服务市场提供新的服务。为现有服务市场提供新的服务是指向组织现有的顾客提供组织原来不能够提供的服务（也许其他组织可以提供）。例如一家健康俱乐部开设营养课程，航空公司提供空中传真和电话服务等。

（5）服务改善。即用新技术对现有服务的特征予以改进和提高，它实质上是对服务核心层以外的各层次进行改善，以调整产品的期望价值，增加顾客的附加利益。服务改善是服务变革中最普遍的一种形式，包括加快已有服务过程的执行、延长服务时间和扩大服务内容，如在饭店客房中增加一些便利设施。

（6）风格变化。即对现有服务的特征予以改进和提高，如改变饭店的色彩设计、修改组织的标志或给飞机涂上不同的颜色等。风格变化是新服务开发中最时尚的一种形式，表面上这种改变最为显眼，并可能在客户感知、情感与态度上产生显著的营销。但这些改变并不是从根本上改变服务，只是改变其外表，犹如消费品改换包装一样。

实践中，服务企业应根据其经营及资源（生产能力、设备和市场）状况，提出能采取的服务策略及市场选择策略。这些选择及其对企业资源的影响，见表6-3。

表6-3 新服务的选择

策略	企业资源
向现有顾客销售更多的现有服务	利用现有产能、设施及市场定位
向新顾客销售现有服务	利用现有产能、设施，但无市场资源
向现有顾客销售新服务	利用现有市场资源，但无产能及设施
向新顾客销售新服务	无任何资源

开发新服务还需要强调以下4个有关事项。

第一，新服务的定义是什么。威尔逊认为服务业的产品定义涉及的面越广越好，新服务应该包括：第二代及其后续的服务；对某一服务企业是全新的服务但在市场上早已有之；现有服务但适用于新市场；全新的服务。

第二，资源基础对于任何服务企业进行产品创新都是非常重要的，企业要据此调整所提供或考虑要提供给新市场的服务的范围。市场机会对于服务创新可形成一种驱动力，但必须仔细考察服务企业目前所有或可以获取的资源。服务企业的生产能力对于其获得机会有"创造"和"限制"两种作用。

许多企业所面临的一个普遍问题是，企业对其本身所拥有的种种能力相当"无知"，这种情况在一些实体性要素较少而非实体性要素相当大的服务企业（以人的技术和才能为主者）中最显著。因此，了解服务企业本身的能力是顺利开发新服务的一个重要步骤。

第三，服务产品的领域是什么？服务产品领域即有关服务业公司所提供的整套或组合的服务产品。新服务的开发必须适应服务企业内部的需要或回应外界的影响。例如，一家休闲公司增加服务项目以适应其季节性的销售变动。同时，企业也可能因为接受顾客的意见或回应竞争对手的可能行动而增加更多的服务项目。

第四，是自己生产还是外购。服务企业所面临的一个相关性决策问题是，在开发新服务时，是依靠自身的努力和资源进行投资，还是向外界购置资源？从更广泛的观点看，自制或外购决策可以说是影响服务企业竞争力的一个要素。

3. 新服务开发的程序

任何一种新产品和服务的开发都有风险，而且新产品和服务的开发失败率都很高。有研究报告指出：新产品的失败率中消费品为40%，工业品为20%，服务为18%。导致新产品开发失败的因素主要有产品构思上的错误、实际产品没有达到设计要求、市场定位错误、营销策略失误或产品设计达不到顾客要求等。因此，同有形产品的开发一样，开发服务产品也要遵循科学的程序。服务产品的开发也需要经过构思、筛选、概念形成与测试、商业分析、开发试制、市场试销和正式上市等7个步骤。

（1）构思。构思是对未来新服务的基本轮廓架构的设想，是新服务开发的基础和起点。这些设想可以通过许多方式产生，既可能来自企业内部，也可能来自企业外部；既可以通过正规的市场调查获得，也可以借助非正式的渠道。这些构思可能是为公司提供递送新服务的手段，或者为公司取得服务的各种权利（如特许权）。从外部看，顾客、竞争对手、科研机构、大学和海外企业的经验等都是企业获得构思的主要来源；而从内部看，企业科研人员和营销主管人员是主要的来源。有时，一般员工的设想对企业也具有启示意义。

（2）筛选。对于所获得的构思，企业还必须根据自身的资源、技术和管理水平等进行筛选，因为有些比较好甚至很好的构思并不一定能付诸实施，通过筛选可以较早地放弃那些不切实际和错误的构思。筛选的过程主要包括两个步骤：第一，建立评选标准以比较各个不同的构思；第二，确定评选标准中不同要素的权数，再根据企业的情况对这些构思打分。一些服务企业习惯于采用市场大小、市场增长状况、服务水平和竞争程度等标准。必须强调的是，没有任何一套标准能适合所有的服务企业，各企业均应视其本身的特殊情况来开发、制定出自己的一套标准。

（3）概念形成与测试。经过筛选之后的构思要转变成具体的服务概念，包括概念形成和概念测试两个步骤。在概念形成阶段，主要是将服务的构思设想转换成服务概念，并从职能和目标的角度界定未来的服务。然后进入概念测试阶段，其目的是测定目标顾客对服务概念的看法和反应。此外，在形成和测试概念的过程中还要进行定位，即将该产品的特征与竞争对手的产品进行比较，并了解它在顾客心目中的位置。其目的在于使新服务的属性与竞争对手提供的服务相比较，并与顾客本身需求的服务进行比较。

（4）商业分析。商业分析也就是经济效益分析，即了解这种服务概念在商业领域的吸引力有多大及其成功或失败的可能性。具体的商业分析包括很多内容，如推广该项服务所需要的人员和额外的物质资源、销售状况预测、成本和利润水平、顾客对这种创新的看法以及竞争对手的可能反应。毫无疑问，在这一阶段要想获得准确的预测和评估是不切实际的，企业只能做一个大体的估计。一些常用的分析方法如盈亏平衡分析、投资回收期法和投资报酬率法等也有助于企业的商业分析。在此阶段经常需要一些开发性的技术和市场研究，以及掌握新服务推出上市的时机和成本控制手段。

（5）开发试制。如果服务构思经过概念形成和测试，又通过商业分析被确定为可行，就进入了具体的服务开发阶段。这意味着企业要增加对此项目的投资，招聘和培训新的人员，购买各种服务设施，建立有效的沟通系统。此外，还要建立和测试构成服务的有形要素。与有形产品不同的是，在新服务的开发试制阶段，除了要注意服务的实体性要素，还要注意服务的递送体系。

（6）市场试销。无论是有形产品还是无形产品，在新产品研制出来之后通常都要经过市场试销，因为顾客对设想的产品与实际产品的评价可能会存在某些偏差。实践表明，很多产品试制出来之后仍然会被淘汰。要想试销某些新型服务总是存在一些困难。

比如，一家航空公司推出某项专为残疾人服务的新业务，它可以选择某个航线或者某些顾客进行试销，但是，如果它想在另外的某个城市设立一个办事处，就没有必要进行市场试销，因为这种服务从一开始就必须达到设计的标准和要求。事实上，由于服务的无形性特征，服务企业并无实体产品可供测试，因此，只有实际的市场销售才是检验服务优劣的一个最可行的办法。

（7）正式上市。这一阶段意味着企业开始正式推广新服务，新服务开始进入其生命周期的引入阶段。虽然一开始业务的经营可以选择适当的规模，但企业必须在新服务上市以前做出决策，即在适当的时间和地点，采用适当的推广战略，向适当的顾客推销其新服务。显然，企业市场营销组合策略的正确与否将直接影响到新服务正式上市后的销售组合策略正确与否，直接影响到新服务正式上市后的销售效果。就此意义而言，该阶段也是最重要的阶段。

科特勒认为，新服务在正式上市时，应进行以下基本决策：①何时推出这项新服务？②从何处开始推出新服务？服务是地方性的、区域性的、全国性的还是国际性的？③向什么人推出新服务？④如何开始推出新服务？

（二）新服务的推广

在新服务开发出来之后，被市场接受之前，总有一段必要的过程，其间潜在的目标顾客在营销人员的引导下，经历了从第一次接触这种新服务到最终接受并采用这一服务的演进，我们称这一过程为新服务的推广。从本质上说，新服务的推广就是通过营销策略说服顾客采用新服务的过程。如果说新服务的开发过程是在研发人员的主导下进行的，营销人员只起到了辅助决策的作用，那么，新服务的推广则要以服务企业的营销人员为中心，在服务开发的基础上进行市场开发。

1. 新服务推广的原则

（1）提高新服务的传播性。在服务推广初期，服务知名度低，造成了大量潜在目标顾客的流失。营销人员应当通过广告、人员促销和专业机构认证等手段提高新服务的知名度。只有知道了新服务的存在，顾客才会有接受这种新服务的可能。

（2）强化新服务的优越性。顾客知道了新服务的问世，并不代表他们能够接受该服务。如果潜在顾客发现该服务并没有区别于其他同类服务的特色和优势，就不会产生进一步了解它的兴趣，服务的推广可能也就到此为止了。所以营销人员应该突出新开发服务的特色和优越性，并通过恰当的比较宣传、适度的效果描述以及必要的服务承诺来引发消费兴趣。

（3）降低新服务的专业性。如果服务对服务对象的专业知识技术、信息了解程度要求很高，就会使服务的采用受到限制。所以通过必要的营销策略普及服务信息，相对降低服务的专业性，将有助于推动顾客接受新服务。

（4）创造新服务的可分性。当顾客对新服务感兴趣，并认定自己有资格接受这项新服务时，便会产生尝试的念头。但当顾客面对复杂、昂贵的服务项目时，这种念头可能就会受到遏制。因为试用毕竟会有不满意的地方，而为不满意的服务付出高额的成本是顾客所不愿意接受的。针对这个问题，营销人员如能创造条件分割出部分服务供顾客试用,将大大缓解顾客的焦虑心理,鼓励他们向采用新服务再迈出一步。例如,辅导班提供第一次课程给学员免费试听,健身俱乐部给顾客提供首次免费体验等。

(5) 改善新服务的适用性。服务的适用性源于服务的设计和生产,但服务营销人员可以通过预期引导和心理调节,改善顾客的感知质量和满意度。当试用结束时,顾客会发现新服务符合自己的价值观念和消费习惯,又能满足自己的需求和预期。此时再利用适时的营销沟通解决一些没有澄清的问题,顾客采用这项服务便会水到渠成。

2. 新服务推广的过程

新服务推广的过程就是新服务在目标市场上从未知到被采用的过程。新服务能否得到顺利推广,关键在于目标市场能否顺利地接受该服务。处理好影响目标市场从认知到采用服务的各种因素,就成为服务推广过程的关键因素。图 6-4 描述了新服务推广的过程。

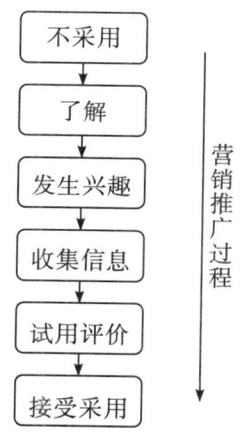

图 6-4 新服务推广过程

第 2 节 服务价格策略

有史以来,价格都是影响消费者购买的主要因素,即使近些年影响消费者购买的非价格因素也越来越重要,但价格仍是决定企业市场份额和盈利率的最重要因素之一。

一、服务定价的特殊性

与实物价格相比,服务价格具有明显的特殊性。具体而言,服务定价的特殊性主要体现在以下几方面。

1. 服务的无形性

对于有形产品而言,其生产成本与价格之间的关系再明显不过了,但服务的无形性特征则使得服务的定价远比有形产品的定价更困难。虽然大多数顾客在选择产品时会很自然地检视产品,并根据其质量和自身的经验判断价格是否合理。但是,在购买服务时,顾客却不能客观、准确地检查无形的服务,第一次购买各种服务的顾客甚至不知道服务到底包含什么内容。再加上很多服务都按照各类顾客不同的要求对服务内容做适当的增减，使得顾客只能猜测服务的大概特色，然后进行价格比较，对结论却缺乏信心，这就解释了为什么服务的定价区域一般要比有形产品的定价区域宽，而且最低价格与最高价格之间的差距极大。这种例子在管理咨询、医疗和美容服务等行业比比皆是。因此，顾客在判断价格合理与否时，更多地受服务中实体要素的影响，从而在心目中形成一个价值概念，并将这个价值与价格进行比较判断，以确定是否物有所值。

所以，企业定价时所考虑的主要是顾客对服务价值的认识而不是服务成本的认识。一般来说，有形产品成分越高，定价往往越倾向于使用成本导向方式，而且越倾向于采取多种标准；反之，有形产品成分越低，则越多地采用顾客导向定价，而且价格越缺少标准可循。服务的非实体性意味着提供服务比提供实体产品有更多的变化，服务水准和服务质量等都可以依照不同顾客的需求而进行调整，价格必然也可以经由买主和卖主之间的协商来决定。

2. 服务的差异性

由于服务产品是无形的，难以标准化，服务公司在所提供的服务形态上具有很大的灵活性。服务差异性对于服务价格的影响缘于两个方面：一方面是专业的服务机构，会根据所提供的服务组合的不同，设置不同的价格选项，顾客可根据自己的需求和兴趣进行选择，形成不同的服务成本；另一方面是不同的服务机构之间定价标准也不完全一样。各个服务机构的专业化程度各有差异，收费标准无法统一。即使同一个服务机构，也会因为服务人员的资质不同进行差别收费。

3. 顾客需求的差异性

每个顾客需求是不同的，服务公司需要针对顾客的差异化需求制定具有针对性的解决方案。对于顾客来讲，这种方案是独一无二的，是个例的解决方案，因此不具有可比性。例如，顾客甲、乙都需要烫发和染发，但是顾客甲要求用最好的药水和技术最好的设计师，还要对头发进行日常护理；顾客乙认为普通的药水就好，对设计师也没有要求，也不需要日常护理。因此，两者的服务成本是不相同的。

4. 信息的不确定性

服务机构在一定时期内会随着广告宣传、战略计划对服务价格进行相应的调整，或者在同一价格下会提供更多的附加服务。顾客往往会根据这一价格形成对某类服务的印象信息，并以此对服务及价格进行评价。同时，服务的环境、有形展示等也都是形成价格差别的因素。单纯地对比价格信息是不合理的。

5. 服务的不可储存性

服务的不可储存性使服务的供求难以平衡。当供大于求时，服务业可能进行优惠或降价促销，以充分利用相对过剩的生产能力，在边际定价策略的指导和驱使下，追求利润最大化。例如，很多旅游景点的门票在淡季时打折吸引顾客。同时服务的生产和消费是同时进行的，受到时间和地理条件的限制，这都会对服务定价形成影响。

6. 服务的不可分性

服务与提供服务的人的不可分性，使得服务受到地理因素或时间的限制。同样，顾客也只能在一定的时间和区域内才能接受服务，这种限制不仅加剧了企业之间的竞争，而且直接影响其定价水平。

二、影响服务定价的主要因素

影响服务定价的主要因素是服务企业定价的基础和主要依据，也是影响其价格制定和实施的主要原因。服务企业只有很好地掌握了影响服务定价的因素，才能准确地预测市场对同一服务产品在某一价格的接受程度，从而选择适当的定价方法和价格策略。

（一）定价目标

大部分有形产品的生产商都是将利润最大化作为价格策略的目标指向，利润是竞争性企业追求的最终目标，把利润作为企业战略目标的航标，价格制定就有了明确的取向。然而，服务业毕竟要比产品制造业更复杂。制造业的定价至少要在市场上实现盈亏平衡，服务业中却有不少企业并不在乎在盈亏平衡点以下长期经营。这种价值理念上的差别，决定了服务业的价格目标和定价哲学会偏离利润最大化，而更趋于多样化。

1. 投资回报或滚动发展目标

一些服务企业，特别是资本密集型的公共事业服务机构，多由国家财政投资兴办并拨款运营，所以这类服务企业的定价原则是在把成本分摊到国家拨款中的基础上进行适当的加成定价。其管理目标在于分期偿还国家投资，并用积累的部分利润进行设备更新、技术改造等二期投资，以实现滚动发展。

2. 市场份额目标

服务领域的规模效益远比有形产品生产更难实现，原因在于服务的个性化强、需求分散和需求波动大等。所以为达到规模生产的目的，不少服务企业在相当长的时间内会将市场份额目标作为定价哲学的首要指导原则。基于服务高固定成本、低边际成本的生产特点，在市场份额目标的引导下，起初低于成本的定价会随着市场份额的不断提升而使固定成本不断摊薄，最终实现服务增值。

3. 社会效益目标

对于那些以提供社会公益服务为己任的服务组织来说，它们往往以覆盖一定比例的成本，或完全以细分市场顾客平均收入水平所能承担的价格作为定价标准，比如食堂、大众健身运动场、普通公园等。而另外一些国有的服务业，为了社会或国家的整体利益，也可能制定低于成本或低于行业平均水平的价格。比如，为配合国家优先发展旅游业的政策，在旅游节、旅游月中，航空公司、铁路客运公司等纷纷用低票价来配合整个旅游促销活动。

4. 顾客满意度目标

服务企业的长远发展依赖于顾客忠诚度的不断提高，而顾客忠诚又来自顾客对服务的满意。所以不少服务企业会以顾客满意度作为定价目标，为不同的顾客提供多样化、个性化的服务。正是在满意度目标的指引下，服务市场上出现了大众服务与高档服务并存的态势。

（二）成本因素

企业的最终目标是追求利润，从长远来看，服务的价格只有高于成本费用才能产生利润，成本费用的高低直接影响价格的高低。

从定价的角度看，服务的成本可以分为3种，即固定成本、变动成本和准变动成本。

固定成本是指不随服务产出变化而变化的成本，即无论产量如何都要负担的成本和费用。例如建筑物、服务设施、工资、维修成本等，其在成本中占主要比例，对服务企业定价影响较大。一般而言，在企业的最大服务承受能力内，为越多的客户服务，越能在弥补固定成本的基础上获得更多收益。变动成本则是随着服务产出的变化而变化的成本，如临时雇员的工资、电费、运输费、邮寄费用等，其在总成本中占的比例往往很低。准变动成本是指介于固定成本和变动成本之间的那部分成本，它既与顾客的数量有关，也与服务的数量有关。比如，清洁服务地点的费用、员工加班费等。这种成本取决于服务的类型、顾客的数量和对额外设施的需求程度，不同服务之间的差异性较大。同时，这种成本的变动所涉及的范围比较广。比如，如果飞机已经满员，要想增加另外一个旅客，那么所增加的就不仅是一个座位，在人力资本、资源消耗方面的要求也相应增多。准变动成本不能直接计入某一变动成本，但是上限可控，这种控制以业务发生的要求为基准，其最低固定额也可以用一定的方法来降低，如服务流程再造等。

在许多服务企业，固定成本在总成本中的比重较大，比如航空运输与金融服务等，由于它们需要昂贵的设备和大量的人力资源，其固定成本的比重高达60%；而变动成本在总成本中所占的比重往往很低，甚至接近于零，如铁路运输和剧院等。

在产出水平一定的情况下，服务的成本等于固定成本、变动成本与准变动成本之和，而服务企业在制定价格策略时必须考虑不同成本的变动趋势，经验曲线有助于营销人员认识服务业的成本行为。经验曲线（Experience Curve）是表示在一种产品的生产过程中，产品的单位成本随着企业经验的不断积累而下降的曲线。在这里，经验意味着某些特定技术的改进。正是由于改进了操作方法、使用先进的工艺设备、经营管理方法的科学化而形成规模经济，才导致企业成本的逐步下降。经验曲线为企业降低产品成本提供了有效的分析工具。

（三）需求因素

根据市场营销学中有形产品定价的原理，我们可以得出：服务的最高价格取决于服务的市场需求，而需求又受收入和价格变动的影响。经济学上把价格和收入的变动与其引起的需求的变动之间的比率称为价格弹性，具体可分为收入弹性、价格弹性和交叉弹性。

1. 需求的收入弹性

需求的收入弹性是指由于收入变动引起的需求的相应变动率。收入弹性越大，意味着消费者货币收入增加引起的该服务的需求量有更大幅度的增加；收入弹性越小，意味着消费者货币收入增加引起的该服务的需求量的增加幅度越小。如高档服务消费、休闲娱乐服务支出属于前者，生活中必需的服务消费则属于后者。

2. 需求的价格弹性

需求的价格弹性是指由于服务价格变动引起的需求的相应变动率，它反映了需求变动对价格变动的敏感程度。正常情况下，市场需求会按照与价格相反的方向变动。价格提高，市场的需求量会下降；价格下降，市场的需求量会增加。

需求的价格弹性也称需求的弹性系数，用 Ed 表示，为了便于分析，通常取 Ed 的绝对值。当 $|Ed|<1$ 时，表示缺乏弹性，即价格变动时，需求量的变化不明显，例如我国的铁路客运。当 $|Ed|>1$ 时，表示富有弹性，意味着价格的微小变动，会引起需求量发

生较大的波动，例如我国的市区公共交通服务。

价格弹性对企业收益有着重要的影响。通常企业销售量的增加会产生边际收益，而边际收益的高低又取决于价格弹性的大小。在现实生活中，不同服务产品的需求是不尽相同的，如果对服务的需求是有弹性的，那么其定价水平就特别的重要。

3. 需求的交叉弹性

在为服务大类定价时还必须考虑各服务项目之间相互影响的程度。服务大类中的某一个服务项目很可能是其他服务的替代品或互补品，同时，一项服务的价格变动往往会影响其他服务项目销售量的变动，两者之间存在着需求的交叉弹性。需求的交叉弹性等于 X 的需求量的变动率比 Y 的价格的变动率。交叉弹性可以是正值，也可以负值。如果是正值，则此两项服务是替代品，表明一旦服务 Y 的价格上涨，服务 X 的需求量必然增加，例如机票价格上涨，选择高铁的乘客就会增加；相反，如果是负值，则此两项服务为互补品，也就是说，当服务 Y 的价格上涨时，X 的需求量会下降，例如某一旅游地的酒店住宿价格上涨，去该地旅游的顾客数量就会减少。

（四）竞争因素

服务的无形性迫使顾客在消费时使用各种各样的参照系，其中竞争者的同类服务就是最佳参照体系，服务的同质性使这种参照更容易导致激烈的价格竞争。市场竞争状况直接影响着企业的定价。在服务差异性较小、市场竞争激烈的情况下，企业在价格方面的活动余地也相应缩小。也就是说，对提供相近服务产品的企业而言，谁的价格高，谁就有失去客户的风险。另外，越是独特的服务，卖方越可以自行决定价格，只要买主愿意支付此价格就行。市场竞争所包含的内容很广，比如在交通运输行业，企业之间的竞争不仅有不同品种之间的竞争，而且在不同运输工具之间、对顾客时间和金钱的利用方式之间都存在竞争。总而言之，凡是服务之间区别很小而且竞争较强的市场，都可以建立相当程度的一致价格。

对于服务企业来说，在市场上除了从竞争对手那里获得价格信息，还要了解它们的成本状况，这将有助于企业分析、评价竞争对手在价格方面的竞争能力。借鉴竞争对手确定其成本、价格和利润率的做法，将有助于服务企业自己制定适宜的价格策略。

三、服务定价方法

（一）成本导向定价法

成本导向定价法是一类主要以服务成本为依据来制定价格的方法。这类方法因为简单易操作，在实际中被广泛应用。常用的成本导向定价方法有：成本加成定价法、目标利润定价法、盈亏平衡定价法、边际成本定价法。

1. 成本加成定价法

成本加成定价法是指在单位服务的成本中加入一定比例的利润作为服务的销售价格的定价方法。采用这种方法定价，关键在于确定加成百分比。其计算方法为：

单位价格 = 单位成本 × （1 + 成本利润率）

= （单位固定成本 + 单位变动成本）× （1 + 成本利润率）　（式6-1）

例如，某企业全年提供某种服务产品 10 万件，服务产品的单位变动成本为 10 元，总固定成本50万元,该企业要求的成本利润率为20%,则该服务产品的价格=(10+5)×(1+20%)=18(元)。

成本加成定价法的优势是:①计算成本比估计需求更有把握,企业不仅可以简化自己的定价工作,并且可省去根据需求变化频繁调整价格的麻烦。②如果行业都采用这种方法,那么其价格相差不大,价格竞争就会比较缓和。③这种定价方法似乎对买卖双方都较为合理,但是买方需求急迫时,坚持这一定价方法的卖方有可能会失去额外的利益。但是,如果企业处于激烈的市场竞争环境中,或是企业的服务组合比较复杂,则不宜采用这种方法,因为这种方法缺乏对市场变化的适应性和对供求变化的灵活性。

2. 目标利润定价法

边际成本定价法是把单位服务变动成本和可接受价格的最低界限作为定价依据的定价方法。在价格高于变动成本的情况下,企业出售服务的收入除完全补偿变动成本,尚可用来补偿一部分固定成本,甚至可能提供利润。其计算方法为:

$$产品价格 = [(单位变动成本 + 单位固定成本) \times (1 + 成本利润率)]/(1 - 销售税率)$$
(式6-2)

例如,某产品预计销售量为2 000件,固定成本为200 000元,单位变动成本40元,目标利润为80 000元,销售税率为0.7%,试问该产品价格应该定为多少?

产品价格 = (40 + 200 000/2 000)/(1 - 0.7%) + 80 000/[2 000×(1 - 0.7%)] = 181.27(元)

边际成本定价法的实际意义在于:在保持固定成本不变、企业总收入不减少的情况下,可以通过增加服务销售量的办法来降低价格,以低价格策略增强服务的市场竞争力。

3. 盈亏平衡定价法

盈亏平衡定价法是指在销售量既定的条件下,服务企业的服务价格必须达到一定的水平才能做到盈亏平衡、收支相抵。既定的销量就称为盈亏平衡点,这种制定价格的方法就称为盈亏平衡定价法。科学地预测销量和已知固定成本、变动成本是采用盈亏平衡定价法的前提。其计算方法为:

$$盈亏平衡点销售量 = 固定成本/(单价 - 单位变动成本)$$
(式6-3)
$$盈亏平衡点销售额 = 固定成本/(1 - 单位变动成本率)$$
(式6-4)

其中,单位变动成本率是单位变动成本与单价的比值。

例如,某企业只生产一种产品,企业的固定成本为1 200万元,产品单价为60元,产品的单位变动成本为20元,则此产品的盈亏平衡点的销售量Q为:$Q = 1 200 \div (60 - 20) = 30$万件。如果在60元的价格下,企业发现市场需求可能降到30万件以下,此时应当对价格政策做一定的调整,以免企业陷入亏损的困境。

以盈亏平衡点确定价格只能使企业的生产耗费得以补偿,而不能得到收益。因此,在实际中通常将盈亏平衡点价格作为价格的最低限度,再加上单位产品目标利润后才作为最终市场价格。为了开展价格竞争或应对供过于求的市场格局,企业常采用这种定价方法以取得市场竞争的主动权。

4. 投资报酬率定价法

投资报酬率定价法是指服务企业为了确保按期收回投资并获得利润,在总成本中加入预期的投资回报来确定价格的方法。这个价格在投资回报期内不仅包括单位产品分摊的投资额，还包括单位产品分摊的固定成本和变动成本。

成本导向定价法的优点是相对简单，并且容易保证服务企业合理利润的实现。但由于脱离了市场，制定的价格很有可能不符合市场的实际情况，价格过高就会抑制需求，价格过低则使企业的利润受到损失并容易遭到竞争对手的排挤。成本导向定价法在产品有形性较强的领域，如餐饮、零售等行业比较常见。

（二）需求导向定价法

需求导向定价法是一种以市场需求强度及消费者感受为主要依据的定价方法，其着眼于消费者的态度和行为，服务的质量和成本则为配合价格而进行相应的调整，服务价格是以客户愿意支付的金额为基础的。以需求为导向的定价方法主要有两种。

1. 感知价值定价法

感知价值定价，就是根据购买者对产品的感知价值制定价格。感知价值定价与现代市场定位观念相一致。企业在为其目标市场开发新服务的时候，在质量、价格和服务等各个方面需要体现特定的市场定位观念。因此，首先要界定所提供的价值及价格；其次，企业要估计在此价格下所能销售的数量，再根据这一销售量决定所需要的产能、投资及单位成本；最后，管理人员还要计算在此价格和成本之下能否获得满意的利润。如果能获得满意的利润，则继续开发这一新产品。否则，就要放弃这一产品概念。

感知价值定价的关键，在于准确地计算产品所提供的全部市场感知价值。企业如果过高地估计感知价值，便会定出偏高的价格；如果过低地估计感知价值，则会定出偏低的价格。如果价格大大高于感知价值，消费者会感到难以接受；如果价格大大低于感知价值，也会影响服务在消费者心目中的形象。

2. 逆向定价法

逆向定价法，又称可销价格倒推法，是指企业根据产品的市场需求状况，通过价格预测和试销、评估，先确定消费者可以接受和理解的零售价格，然后倒推批发价格和出厂价格的定价方法。其计算方法为：

批发价格 = 零售价格/(1 + 零售商毛利率)　　　　　　　　　　（式6-5）
出厂价格 = 批发价格/(1 + 批发商毛利率)　　　　　　　　　　（式6-6）

逆向定价法不以企业实际成本为主要定价依据，而是以市场需求为定价的出发点。显然，这一定价方法仍然是建立在最终消费者对商品认知价值的基础上的。它的特点是：价格能反映市场需求情况，有利于加强与中间商的良好关系，保证中间商的正常利润，使产品迅速向市场渗透，并可根据市场供求情况及时调整，定价比较简单、灵活。这种定价方法特别适用于需求价格弹性大、花色品种多、产品更新快、市场竞争激烈的商品。

（三）竞争导向定价法

竞争导向定价法是指企业在制定价格时主要以竞争对手的定价为依据，而不过多考虑成本及市场需求因素的定价方法。使用这种定价方法的服务企业往往对竞争对手的价格变动较为敏感，一旦竞争对手采取降价策略，他们会采取对应措施积极地反击。竞争导向定价主要包括随行就市定价法、服务差别定价法和密封投标定价法。

1. 随行就市定价法

大多数以竞争为导向定价的企业都采用随行就市定价法。在垄断竞争和完全竞争的市场结构条件下，任何一家企业都无法凭借自己的实力在市场上取得绝对的优势。为了避免竞争，特别是价格竞争带来的损失，大多数企业都采用随行就市定价法，即将本企业某产品的价格保持在市场平均价格水平上，利用这样的价格来获得平均报酬。此外，采用随行就市定价法，企业就不必去全面了解顾客对不同价差的反应，从而为营销和定价人员节约了很多时间。

采用随行就市定价法，最重要的就是确定目前的行市。在实践中，行市的形成有两种途径：第一种途径是在完全竞争的环境里，各个企业都无权决定价格，通过对市场的无数次试探，相互之间取得一种默契而将价格保持在一定的水准上。第二种途径是在垄断竞争的市场条件下，某一部门或行业的少数几个大企业首先定价，其他企业参考定价或追随定价。

2. 服务差别定价法

从根本上说，随行就市定价法是一种防御性的定价方法，它在避免价格竞争的同时，也抛弃了价格这一竞争的利器。产品差别定价法则反其道而行之，它是指企业采取不同的营销策略，使同种同质的服务在顾客心目中树立起不同的形象，进而根据自身特点，选取低于或高于竞争者的价格作为本企业提供服务的价格。因此，产品差别定价法是一种进攻性的定价方法。产品差别定价法的运用，首先，要求企业必须具备一定的实力，在某一行业或某一区域市场占有较大的市场份额，顾客能够将企业产品与企业本身联系起来。其次，在质量大体相同的条件下，尤其对于定位为质优价高形象的企业来说，实行差别定价只能在一定限度内，因为它必须支付较大的广告、包装和售后服务方面的费用。从长远来看，企业只有通过提高产品质量，才能真正赢得顾客的信任，进而在竞争中立于不败之地。

3. 密封投标定价法

当多家服务供应商竞争企业的同一个项目时，企业经常采用招标的方式来选择供应商。服务供应商对标的物的报价是决定竞标成功与否的关键。尽管各服务供应商在报价时会考虑产品的成本因素，但是预测竞争者的报价却是非常重要的，特别是在竞争者之间的实力不存在很大差别的情况下。例如，某大型化妆品公司对全年的广告进行招标，各广告公司根据要求设计广告方案进行投标。价格报得过高自然会得到更多的利润，但是却减少了中标的可能性；反之，则可能由于急于中标而失去可能得到的利润。很多企业在投标前往往会拟定几套方案，计算出各方案的利润并根据对竞争者的了解预测出各方案可能中标的概率，然后计算各方案的期望利润，选择期望值最大的投标方案。

四、服务定价策略

（一）新服务产品定价策略

很多服务企业都会面临给新服务产品定价的问题，新服务产品正确与否，直接关系到该服务能否顺利进入市场、占领市场，取得较好的经济效益。常见的新服务产品定价策略有：撇脂定价策略和渗透定价策略。

1. 撇脂定价策略

撇脂定价策略是指在新服务刚上市时，尽可能地制定高价，以希望在短期内获得丰厚的利润，迅速收回投资。新服务刚进入市场时竞争对手少，企业有意识地将产品价格定得偏高，然后根据市场供求情况，逐步降低价格，赚头蚀尾，犹如从牛奶中撇去奶油一样，由精华到一般，故称此定价策略为撇脂定价策略。使用撇脂定价策略在市场导入阶段的目标市场通常有较高收入，且针对价格不敏感的消费者群体。一旦有竞争者进入，企业就会逐步降低价格，一方面是为了对抗竞争者的挑战，另一方面也是为了吸引新的消费者群体，扩大目标市场。

采用撇脂定价策略可使新服务在短期内收回产品和服务的开发费用，迅速积累资金。另外，可以在部分求新欲强又有支付能力的顾客中树立独特的、高价值和高质量的产品形象，以期达到开发特定市场的目的。

服务企业要采用撇脂定价策略，需要具备以下条件中的一个或几个。

（1）新服务具有一定的垄断性，供给缺乏弹性。新服务或是具有一定的技术秘密，不易被仿制；或是受专利保护，使竞争者不能轻易地进入市场。

（2）新服务价格弹性较弱。消费者对服务的需求强度不会因高价而受到抑制。

（3）高价容易使消费者产生高档形象的认知。给这类服务制定高价，会让顾客感觉到服务符合自己的身份，是一种地位的象征。

（4）短期需求的服务以及对未来需求难以预测的服务。这类服务的寿命周期较短，必须以高价在短期内赚取足够的利润，否则企业就可能亏损。

（5）新服务在市场上供不应求，企业给服务定一个高价，可以达到平衡供需的目的。随着生产能力的增强，供求格局的改变，价格再适当降低。

2. 渗透定价策略

渗透定价策略与撇脂定价策略恰恰相反，它是在新服务产品的导入期就将价格定得较低，以吸引大量购买者，扩大市场占有率。这种定价方法有利于新服务产品快速被市场接受，并借助大批量的销售来降低成本，以低成本的竞争优势获得长期稳定的市场份额；有利于企业利用低价下的微利使竞争者望而却步，减缓市场竞争的激烈程度。

服务企业要实施渗透定价策略，必须具备以下条件中的一个或几个。

（1）新服务的市场需求价格要有弹性，降低价格能够较大地增加销售量。

（2）新服务产品存在规模经济效益，只有这样才能保证服务企业利用低成本竞争优势来维持低价格。

（3）新服务要有较长的寿命周期，市场的需求潜量要足够大。如果服务在很短时期内就会被其他服务所取代，那么低价可能导致企业无法收回投资。

（二）心理定价策略

心理定价策略是指利用消费者在购买决策时的一些心理特点，通过制定迎合消费者心理需求的价格来促进消费者购买。常见的心理定价策略有整数定价策略、尾数定价策略、声望定价策略和招徕定价策略。

1. 整数定价策略

对于无法明确显示其内在质量的服务产品，顾客往往通过其价格的高低来判断其质量的好坏。但是，在整数定价方法下，价格高并不是绝对的高，只是凭借整数价格来给顾客造成高价的印象。整数定价常常以偶数，特别是"0"为尾数。例如，精品旅游风景区的门票可定为 100 元，而不必定为 98 元。这样定价的好处，既可以满足购买者炫耀富有、显示地位、崇尚名牌和购买精品的虚荣心，又在顾客心中树立了高档、高价、优质的服务产品形象，还省却了找零钱的麻烦。在星级宾馆等场所，由于其顾客收入相对较高，整数定价得以大行其道。

2. 尾数定价策略

尾数定价策略是指企业给服务定价时定一个整数，以零头尾数结尾的价格。例如，某美发服务价格为 498 元，而不是 500 元。尾数定价是利用顾客的求廉心理和要求定价准确的心理进行定价的。在服务产品定价中，尾数定价策略表现在两个方面：一是服务产品价格。即用尾数定价策略给服务产品确定价格，一般情况下，由于服务产品的特性，即使是尾数定价，也很少出现小数点以后的零头。二是服务产品的尾数。例如电话号码的尾数、汽车牌号的尾数，也就是消费者所谓的吉祥尾数，这种尾数本身没有差别，但是由于消费者观念或文化等的差异而对其产生了不同的偏好，从而导致了价格的差异。例如，以"168"结尾的号码要比以"174"这样的号码更受消费者喜欢，价格也相对较高。

3. 声望定价策略

声望定价策略是指利用服务产品的高价格来树立服务及品牌在消费者心目中的形象。声望定价是根据服务产品在顾客心中的声望、信任度和社会地位来确定价格的一种定价策略。声望定价可以满足某些顾客的特殊欲望，如地位、身份、财富、名望和自我形象等，还可以通过高价格显示名贵优质，这一策略适用于一些有知名度、有较大市场影响、深受市场欢迎的品牌服务企业。比如，满汉全席的定价。为了使声望价格得以维持，需要适当控制市场容量。声望定价必须非常谨慎，若估计不准，客户很容易被竞争者抢去。

4. 招徕定价策略

招徕定价策略是指企业通常利用消费者的求廉心理，故意降低几项服务的价格，以吸引顾客在购买"便宜货"的同时，购买其他未降价的服务项目。例如在节假日实行"大减价"销售，以及某些语言培训机构推出 1 元抢购课程等。这种廉价招徕顾客的策略，往往会吸引不少顾客在购买这种服务时，同时购买其他服务项目，从而达到扩大连带服务项目销售的目的。需要注意的是，招徕定价中使用的降价服务应该与残次、过时服务区别开来，它们的质量必须得到保证。

（三）折扣定价策略

折扣定价策略就是指企业在原价基础上给购买者一定的价格折扣或折让，以争取用户，扩大销售。常见的折扣定价策略有 6 种：数量折扣、付款方式折扣、预订折扣、功能折扣、季节折扣和组合折扣。

1. 数量折扣

服务的提供商根据企业购买的服务产品数量的多少给予不同的折扣。购买的服务产品越多，折扣越高，买方获利也越多。实行这种策略的目的在于鼓励买方大批量购买服务产品。数量折扣可分为累进折扣和非累进折扣。顾客在一定时间内购买服务产品总量达到一定额度时，按其总量的多少给予折扣叫作累进折扣。同一顾客一次购买的服务产品达到一定额度时，按其总量的多少给予的折扣叫非累进折扣。如某美容机构推出的背部护理折扣，买10次送2次，即付10次的钱享受12次背部护理。

2. 付款方式折扣

服务业为了鼓励购买者采用指定的付款方式或者有利于服务提供商尽快收取服务费用以降低发生损失的可能性的付款方式，而对按此方式付款的购买者给予的价格折扣。其中，最常见的是现金折扣。现金折扣是在企业实施赊销政策的情况下产生的，现金折扣的直接目的并不是扩大销售，而是鼓励赊购的顾客尽早支付货款，以加速自己流转，减少财务风险。在一些较大的专业服务机构中，对一次性以现金方式支付咨询服务费的企业给予一定的折扣。随着互联网金融的发展，出现了各种电子支付方式。例如，某餐饮店推出微信支付8折的优惠活动。

3. 预订折扣

预订就是在享受服务之前一定的时间交付费用，消费者在约定时间按照预订时规定的内容享受服务。目前比较普遍的就是飞机票预订和旅游产品预订。提前预订一方面给企业在运营安排及现金流量等方面带来好处，另一方面也为消费者提供了低于正常价格的服务。除此之外还能促进淡季服务产品的销售。

4. 功能折扣

功能折扣也叫贸易折扣，是服务提供商对中间商在商品流通中的流通地位和作用给予的不同折扣，其目的是对中间商在执行销售功能时所耗费的成本费用及所承担的风险进行补偿，以使中间商在经营中获得足够的利润。在服务市场中，这一折扣定价策略应用较多的是下设服务代理商和服务加盟商的服务企业。一般情况下，服务企业为服务代理商和加盟商提供的辅助是不相同的，他们在签订服务代理合同或加盟合同时所规定和限制的内容也不完全相同，企业对他们的控制及他们对企业支付费用的方式各不相同，服务企业也会根据其地位，制定不同的价格折扣。

5. 季节性折扣

季节性折扣是指提供季节性服务产品的企业，对销售淡季来采购的买主所给予的一种折扣。这种价格折扣是企业给那些过季商品或服务的顾客的一种减价，使企业的生产和销售在一年四季保持相对稳定。季节性折扣的目的是鼓励购买者提早进货或淡季采购，以减轻企业仓储压力。合理安排生产，做到淡季不淡，充分发挥生产能力。季节性折扣实质上是季节差价的一种具体应用。例如，滑雪橇制造商在春、夏季给零售商以季节折扣，以鼓励零售商提前订货；旅馆、航空公司等在营业下降时给旅客以季节折扣，旅游景点制定淡旺季差异价格等。

6. 组合折扣

组合折扣就是将相关的服务产品组合配套出售，对购买此产品的客户给予价格折扣。一般情况下，组合购买的价格低于分别购买的价格之和。例如，一家技能证书考试培训机构的精讲班定价3 980元，强化班定价2 980元，两个班一起报定价6 500元。组合定价一方面能促进教育培训业收入的增加，刺激人们教育消费的热情；另一方面这种定价方法能够更有效地利用教育资源满足人们知识和技能提升的需要。

（四）差别定价策略

差别定价是指服务企业以不同的价格向不同的消费者销售相同或类似的产品。差别定价法主要运用于两种情况：一是建立基本需求，尤其是对高峰期的服务最为适用；二是用以缓和需求的波动，降低服务易消失性的不利影响。

差别定价的形式包括：销售时间差别定价，例如公用事业及电话服务在假期使用的价格和平时不同；顾客差别定价，例如某咨询服务公司的同一项咨询服务会根据客户的需求强度以及业务知识的不同索取不同的价格；服务品种差异定价，例如银行推出的信用卡与储蓄卡业务定价有差异；服务消费地点差别定价，例如剧院不同的座位价格不同，美容美发到店消费和上门服务价格不同。

采用差别定价法的条件在于市场可以根据价格进行细分。使用差别定价有可能产生下列问题：①顾客可能延缓购买，一直等到差别价格的实施。②顾客可能认为采用差别定价的服务属于"折扣价格"，并认为这是一种例行现象。

由于上述原因，有些服务企业故意拒绝使用差别定价法而干脆采用单一价格制度，不论在什么时间、地点，还是顾客有什么样的支付能力，对所有的顾客都制定相同的价格。

第3节 服务分销渠道策略

在服务市场上，服务的生产者和消费者在时间、地点、数量、品种、信息、服务估价和所有权等多方面都存在着差异和矛盾。企业生产出来的服务以及产品必须通过一定的分销渠道才能在适当的时间、地点以适当的价格供应给顾客，才能化解服务的生产者和消费者之间的矛盾，实现服务企业的营销目标。

一、服务渠道的类型

服务的分销渠道是指服务从生产者移向顾客所涉及的一系列公司和中间商。一般而言，服务的分销销售以直销最为普遍，而且渠道相对较短。但也有许多服务企业的销售渠道包括一个或一个以上的中介机构，这一类的服务企业采用的是间接渠道。

（一）直接渠道

服务的不可分离性和不可储存性决定了服务产品最佳的分销方式是直接销售，即没有中介的分销渠道，服务由生产者直接销售给顾客。服务企业使用直接渠道有可能是因为服务的不可分离性和不可储存性所致，也有可能是服务企业自主选择而定，其选择直销的目的往往是希望获得某些特殊的营销优势。具体如下：

（1）对服务的供应与表现可以保持较好的控制。若经由中介机构处理，往往会造成失去控制的问题。

（2）以真正个性化的服务方式，在其他标准化、同质化以外的市场，产生富有特色的服务的差异化。

（3）可以从顾客那里直接了解当前的需求、这些需求的变化及其对竞争对手服务的意见和态度等信息。

（4）能够保证经营原则始终得到贯彻，尤其是在推出新服务时。

（5）能够保证服务组织的利润在内部进行分配，而不需要与其他组织分享。

有些投资顾问机构或会计师事务所可能会有意地限制客户的数量，以便能提供个性化服务。但如果直销是由服务和服务提供者之间的不可分割性（如法律服务或某些家政服务）而决定的，这时服务提供者可能面临如下问题：一是成本较高。直接销售需要做大量投资，需消耗大量的管理精力和企业资源，成本比较高，风险在于投资与收益之间的比例浮动很大。二是影响市场拓展。对于某些特定专业的个人服务提供，直销会严重影响其市场拓展，如著名的辩护律师、资深的咨询专家。三是地域的局限性。在人的因素所占比重比较大的服务项目中，如果供需双方之间没有有效的联系方法（如网络终端等设备联系、分支服务提供点等机构联系）作为中间桥梁，服务提供者的不可复制性便会造成服务市场的地域局限性。

（二）间接渠道

服务的间接渠道是指通过中介销售服务，即存在中间商的服务分销渠道。由于一些新产品的推出，克服了服务不可分割性的问题，使服务得以"库存"，使服务商有能力维持远距离的客户。

许多服务组织发现把某些工作授权给他人完成具有较高成本效益。例如，航空公司、旅行社等依靠代理商处理与顾客之间的互动关系，如发布信息、接受订票和付款；一所大学既可以在自己的校园里，也可以在当地的中学提供夜间和周末继续教育课程；物流公司利用各地代理商而不是到处设立分支机构和购买卡车。值得注意的是，服务分销间接渠道不同于实物产品分销间接渠道，它所分销的只是一个在何时何地以何种方式提供服务的承诺，而不是服务产品本身，就像邮政服务的间接分销，是通过邮票销售来实现的。

服务业市场的中间商的形态很多，常见的有下列5种。

（1）代理。一般在观光、旅游、通信、运输、保险、信用、雇用和工商服务业市场出现。

（2）代销。专门执行或提供一项服务，然后以特许权的方式销售该服务。

（3）经纪人。在某些市场，服务必定要或因传统惯例经由中介机构提供才行，如股票市场和广告服务。

（4）批发商。批发市场的中介机构有投资银行等。

（5）零售商。包括照相馆和提供干洗服务的商店等。

中介机构可能的形式还有很多，在某些服务交易进行时，可能会涉及好几家服务企业。例如，某人长期租用一栋房屋，可能涉及的服务业包括：房地产代理、公证人、银行和建筑商等。另外在许多服务业市场，中介机构可能会代表买主或卖主（如拍卖）行使一定的权利。

二、服务渠道的设计

(一) 影响服务渠道设计的因素

1. 顾客特性

渠道设计受顾客人数、地理分布、购买频率、平均购买数量以及对不同促销方式的敏感性等因素影响。当顾客人数较多时，服务生产者倾向于使用同一层次有多家分销商的宽渠道。购买者人数的重要性，又受到地理分布的影响。例如，服务生产者直接销售给集中于同一地区的500个顾客所花的费用，远远比给分散在500个地区的500个顾客要少。购买者对不同促销方式的敏感性，也影响渠道选择。例如，越来越多的消费者选择网购，使得服务企业不得不开发网络销售渠道。

2. 中间商特性

设计渠道时必须考虑执行不同任务的中间机构的优缺点，并在成本、可获得性以及提供的服务三方面对中间商进行评估。例如，当服务生产商代表与顾客接触时，花在每一位顾客身上的成本较低，因为总成本由若干顾客分摊。但服务生产商代表对顾客所付出的努力，不如中间商的推销员。一般来讲，中间商在执行运输、广告、储存及接纳顾客等方面，以及信用条件、退货特权、人员训练等方面，都有不同的特点和要求。

3. 竞争特性

服务生产者的渠道设计受竞争者所使用渠道的影响。某些服务企业的生产者希望在与竞争者设立相同或相近的经销处，与竞争者的服务抗衡，另一些服务企业的生产者则选择使用与竞争对手不同的分销方式，以避免激烈的市场竞争。所以服务企业必须参照同行业企业所采取的比较成功的渠道形式，进而分销本企业可以采用的分销渠道。

4. 企业特性

企业特性在渠道选择中也十分重要，体现在以下方面。

(1) 总体规模。企业总体规模的大小决定了其市场范围、客户规模及与中间商合作的能力。

(2) 资金实力。资金实力的强弱决定了哪些市场营销职能可由自己执行，哪些应给中间商执行。财力薄弱的企业一般采用"佣金制"的分销方法，尽量利用愿意并能吸收部分储存、运输及融资等成本费用的中间商。

(3) 服务产品组合。企业的服务产品组合宽度越大，与顾客直接交易的能力越大；服务产品组合的深度越大，使用独家专售或选择性代理商就越有利；服务产品组合的关联性越强，越应使用性质相同或相似的渠道。

(4) 渠道经验。企业过去的渠道经验，也会影响渠道设计。曾经通过某种特定类型中间商销售服务产品的企业，会形成渠道偏好。

5. 环境特性

社会、政治、经济、法律、文化、商业和市场等对企业的整个活动都有巨大的影响，在进行渠道设计时需要考虑环境因素的制约。尤其是国家的法令政策对分销策略有很大的影响，企业在制定分销策略和设计分销渠道的时候必须符合国家的政策与法律。如果国家的经济发展要求或者人们的消费偏好发生了变化，从而使顾客群体和目标市场地域发生变化，企业的分销决策也要发生相应的变化；当经济衰退时，服务生产者希望采用能使最终顾客以廉价购买的方式，将服务产品送到市场。这也就意味着使用较短或直接渠道，并免除那些会提高最终服务产品售价又不必要的附加服务。

（二）服务渠道设计的原则

渠道设计原则是进行渠道设计、评价、选择和渠道调整的基本准则，是进行渠道管理的主要依据，也是对渠道成员进行衡量的标准。主要有以下几个方面。

1. 目标一致性原则

渠道的选择要与本企业的战略目标一致，这是进行渠道设计的根本前提。并且企业与渠道成员在渠道建设上的目标也应当一致，在相同的目标指引下，才能减少冲突，促进合作，增进相互了解，发挥渠道优势。

2. 经济性原则

所选择的渠道一定要经济合理，正确评估各渠道的销售量与销售成本，在双赢原则的指导下，选择盈利能力较强的渠道。

3. 可控性原则

服务渠道成员的可控性较差，容易引起服务质量的不稳定。一旦发生渠道冲突，协调难度加大，因此应当尽量选择易控制的渠道。

4. 适应性原则

公司提供的服务产品应当与渠道成员的经营范围有紧密联系。渠道应有灵活性，可以根据内外环境的变化及时调整。

5. 发展性原则

选择的服务地点应为公司提供发展机遇。渠道成员间应当优势互补，共同发展，只有这样才能建立起持久、稳固的伙伴关系，从而为公司带来长期收益。

6. 好声誉原则

由于服务生产商提供的服务往往与中间商提供的服务融为一体，而中间商也是追求利润的独立组织，导致服务生产商对服务产品质量的控制、对服务渠道成员的控制很难。所以选择一个声誉好的中间商极其重要。声誉好、规模大、财务状况优良、竞争能力强的中间商可以减少公司的协调成本，同时也有利于服务产品的销售。

（三）服务渠道设计的步骤

服务企业应当生产和提供什么样的服务，如何传递这种服务，采用直接销售还是中间商的形式，服务渠道的设计过程就是回答这些问题的过程。服务渠道的设计要讲究业务的优良性和客户的亲密性。业务的优良性是指组织应以有竞争力的价格向客户提供可靠的产品和服务，同时把困难和不便降到最小。客户的亲密性是指对市场进行精确的细分，更好地满足每个细分市场客户的需要。服务地点越贴近顾客，服务机会就越大，赢得的顾客就越多。

服务渠道的设计是一个开放型系统工程，公司应首先进行SWOT分析，然后在渠道目标的指引下对渠道方案进行评价、比较、选择，最后还要根据环境的变化做出相应的调整，具体如图6-5所示。

渠道策略一旦制定，需要稳定运行一段时间，如果变动过于频繁，将影响公司的形象，也不利于服务质量的稳定。

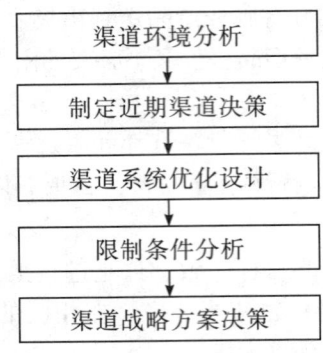

图6-5 渠道设计步骤

三、服务渠道策略

（一）分销网点选择

从某种程度来说，分销渠道的决策是服务企业管理最重要的决策之一。渠道是企业连接顾客的桥梁，通过它服务产品可以快速准确地销售到顾客手中，也就是说，无论服务产品质量如何，服务标准如何高，如果服务企业不能在合适的时间将合适的服务产品交到合适的地点，企业所做的一切等于零。因此，服务网点的位置选择对于服务型企业而言是非常重要的。一旦服务企业的决策层认定有必要建立分散的网点，就需要进一步考虑网点数量和地址选择的有效标准，具体可从以下4个方面来看。

1. 营销战略和竞争战略

这是决定服务企业是否采取多点定位最根本的参照标准。如果一家服务企业在营销和竞争战略上采取全球扩张、主动竞争的态势，那么它的网点数量和地址选择的标准自然就是基于全球范围的多点定位和全线出击的策略；如果只希望在某一区域内逐步扩张，那么它的网点定位标准就可能是以重点地区的重要网点为中心，进行梯度扩张的策略。

2. 追求目标和服务特征

所有服务企业在定位问题上都会以追求某种利益最大化为决策标准。不同的是竞争性的服务企业，网点定位策略由成本最小化（如各类服务分销商）或利润最大化（如零售商等服务生产点）决定；而公共服务组织的定位决策则更多地考虑社会整体利益的最大化。

3. 竞争对手的网点分布

这是影响服务企业网点定位和地址选择的重要条件和标准。在竞争策略上采取积极抗衡、同步竞争策略的服务企业往往把网点设置在竞争对手网点的邻近区域甚至附近，比如肯德基和麦当劳两大快餐店，网点遍布全球，数量庞大，竞争十分激烈。几乎所有能看到肯德基的地方附近就有麦当劳。

4. 行业的网点分散程度

服务企业所在行业的网点分散程度也是决策中应当重点考虑的因素。举例来说，对超级市场连锁集团而言，15万人以上的商圈可以支持一家超市，而在60万人的区域范围内至少应有两家分店,以便居民能在短时间内完成日常购物。类似的银行、诊所、干洗店、公共浴室等行业内部都存在以距离或居民人口为基础的网点分布惯例。依据这些惯例,可以寻找潜在的可进入的商圈,并兼顾竞争对手的定位和长远发展的潜力确定待进入的商圈,供下一步参考。

(二) 特许经营

特许经营是指特许经营权拥有者以合同约定的形式,允许被特许经营者有偿使用其名称、商标、专有技术、产品及运作管理经验等从事经营活动的商业经营模式。由于服务大部分是无形的,供应商按照其固定的服务程序提供服务,而潜在的受许人可能想得到完整的营销系统以支持其服务过程,这一类型的关系就是特许经营,如快餐店、酒店、汽车旅馆与商业服务等。许多全球性服务企业都是通过特许经营成长起来的,如麦当劳、必胜客、肯德基、假日酒店等。自20世纪70年代早期开始,通过特许经营的形式开设的会员店都使其销售额得到了稳步上升。

特许经营按特许权的内容划分为两种基本类型。

(1) 产品商标型特许经营。产品商标型特许经营,又称产品分销特许。这是较早出现的特许经营方式,是指特许者向受许人转让某一特定品牌产品的制造权和经销权。这类特许形式的典型例子有汽车经销商、加油站及饮料的罐装和销售。目前在国际上这种模式发展趋缓并逐渐向经营模式特许演化。

(2) 经营型特许经营。经营型特许经营,被称为第二代特许经营,目前人们通常所说的特许经营就是这种类型。它不仅要求加盟店经营总店的产品和服务,而且质量标准、经营方针等都要按照特许者规定的方式进行。受许人缴纳加盟费和后继不断的权利金,这些经费使特许者能够为受许人提供培训、广告、研究开发和后续支持。这种模式目前正在快速发展。

(三) 网络营销渠道

随着电子商务的迅猛发展,越来越多的服务企业使用网络渠道销售其服务产品。网络营销渠道是一种使个人与电脑和调制解调器建立通信的渠道。调制解调器将电脑与电话线连接,从而使电脑用户得到网上的各种信息服务。利用网络进行销售是一种新生事物,相对于传统的服务渠道,它运用系列化、系统化的电子工具,将原有的纸张流动、货币流动甚至人员流动几乎全部变成了电子流动。

1. 网络营销渠道的优势

(1) 提供服务的时间随意化、空间虚拟化。这是网络营销渠道的最大特点与优势。从购物时间看,顾客可以任意安排时间,增加便利性。从空间看,网络营销渠道构成的空间没有地域限制,是一个依靠互联网进行交流的虚拟空间。

(2) 企业经营成本低廉。一是设备的购置费用低,而传统的服务店铺需要昂贵的租金。二是一个经营良好的网上服务点,可以将库存降至最低,减少库存品的资金占压。三是网上服务可以节省大量的时间,减少通信、谈判、交通等方面的支出,服务供应商与客户可以直接在网上进行沟通。

(3) 信息处理快捷。一方面,在网上收集、处理、传递信息以电子化的方式进行,增加了沟通的便利性;另一方面,服务供应商可以与顾客就交易的内容在短时间内达成一致,大大缩短了交易的时间。

（4）强调个性化服务。网络营销渠道的最大特点是以顾客为导向，顾客将拥有比过去更大的选择自由，可以根据自己的个性特点和需求在全球范围内寻找服务提供商，不受地域限制。通过进入感兴趣的网站或虚拟店铺，顾客可以获取企业的相关信息，购物更显得有个性。

（5）降低成本。在交易成本方面，互联网提供了最低成本的交易途径。研究表明，通过互联网与1 000个用户建立联系的成本几乎只相当于采用传统方式与1个用户建设联系需要的成本。也就是说，通过互联网进行交易的边际成本几乎为零，但边际效益却大于零。

2. 网络营销渠道的弊端

尽管网络营销渠道具有多方面的优势，服务供应商也必须明白它的局限性。

（1）服务的人性化程度降低。服务质量具有主观性，服务质量的高低包含人性化的成分。网络渠道的服务接触不是人际的面对面的接触，服务的人性化程度受到影响。例如，电视大学、网络大学都存在这个问题，普通大学的教师与学生面对面地接触，即教师不但向学生传授知识，而且展现自己的人格，给学生一种人性化的感受。这一点在电视大学或网络大学很难做到。

（2）顾客自助服务的能力要求高。网络渠道能增强顾客的参与感，但同时也对顾客自助服务能力有一定的要求。例如，网络渠道要求用户学会计算机操作，在计算机普及率较低的地区，很难采用网络渠道。因此，采用网络渠道的服务机构存在一个帮助顾客提高自助服务能力的问题。

（3）网络安全保密问题存在隐患。网络安全保密问题就是网络对顾客个人隐私权的保护问题。有的服务公司在接受顾客上网时，要求顾客进行身份注册，这难免涉及顾客个人隐私问题，从而会影响顾客上网，服务公司应保证顾客个人隐私权，不能强迫顾客进行所谓"身份注册"。

（4）网络渠道产生大量的信息，使人难以处理。许多不受欢迎信息的存在使不少顾客不喜欢使用这一渠道。太多的宣传资料与垃圾邮件也对顾客使用电子渠道产生负面影响。

（5）电子渠道是一种技术环境，服务供应商不能对此进行调整。这一渠道适用于事先设计好的服务，不能用于顾客定制。这里很难为满足顾客需求进行及时的改变。

第4节　服务沟通与促销策略

服务营销不仅要求服务企业生产适销对路的服务产品，制定合适的价格，在适当的地点为顾客提供所需的服务，还要求服务企业能够采取适当的促销方法吸引顾客购买。正确制定并合理运用促销策略是服务企业在市场竞争中赢得竞争优势的必要保证。

一、服务促销概述

在服务营销活动中，顾客不仅需要知道核心服务的存在，还需要获得服务的地点、时间、价格和针对他们需求的种种建议信息。能够与顾客进行有效沟通将直接决定前期服务营销活动的成败。

服务促销是针对顾客而专门设计的，它是营销组合中的一个要素，综合运用各种促销工具，是服务企业具有战略意义的重要工作。例如，迪士尼公司的许多促销措施都对其服务的整体价值提升有重要贡献。除了对其顾客进行不同的信息传播，迪士尼的促销还令该组织光彩照人，对顾客充满吸引力，从而扩大顾客对其提供的服务的需求。

（一）服务促销与有形产品促销的差异

服务促销与产品促销存在着一些差异。这些差异既受服务业特征的影响，又受服务本身特征的影响。

1. 服务行业特征造成的差异

服务业因类型不同而各有特点，要找出所有类别的共同差异很难。下面列举的各项因素旨在说明为何有形产品和服务促销之间会有区别。

（1）缺乏市场营销导向。有些服务业是产品导向型的，因而不太了解市场营销战略对业务有什么影响和帮助，只把自己当作服务的生产者而不是满足顾客需要的服务者。这类服务业的经营管理者只有接受必要的培训，提高专业技术水平，才能懂得促销在整体市场营销中应该扮演的角色。

（2）专业和习俗限制。在采取某些市场营销和促销方法时，可能会遇到专业和习俗上的限制。传统和习俗可能会阻碍某些促销工具的运用，使许多促销方法不能自由发挥。

（3）业务规模限制。许多小规模的服务企业，认为自己没有足够的财力用于开展市场营销或促销，所以不重视促销活动。

（4）竞争的性质和市场条件。许多服务企业认为现有范围内的业务已经能够充分利用生产能力，因而不去积极地扩展其服务范围。这些企业普遍缺乏远见，看不到促销有助于维持稳固的市场地位，而且具有长期性的意义。

（5）促销知识有限。通常服务企业对于可利用的促销方式只了解广告和人员推销，想不到利用其他各种各样行之有效而且花费不多的促销方式。

2. 服务本身特征造成的差异

调查显示，消费者虽然对有形产品营销和服务营销的反应行为有许多相同之处，但还是有很大的差异，主要体现在以下几个方面。

（1）消费者的态度。这是影响购买决策的关键。消费者往往是凭着对服务与服务表现者或出售者的主观印象来购买服务，而这种对主观印象的依赖性在购买有形产品时则没有那么重要。

（2）购买的需要和动机。在购买的需要和动机上，制造业和服务业大致相同。不论是通过购买实体产品或是非实体产品，同类型的需要都可以获得满足。有一种需求对产品或服务都很重要，那就是对个人关注的欲望。凡是能满足这种需要的服务企业，必能使其服务产品与竞争者产生差异。

（3）购买过程。在购买过程上，制造业和服务业的差异较为显著。有些服务的采购风险较大，部分原因是买主不易评估服务的质量和价值。另外，顾客也经常受到其他人的影响，尤其是会受到对采购和使用有经验的相关人群的影响。而这种现象对于服务市场营销有着十分重要的意义。也就是说，在服务的供应者和顾客之间，有必要形成一种专业关系，或在促销努力方面建立一种口头传播渠道。这两种做法都可以促使服务促销更富有成效。

（二）服务促销的目标

服务促销的目标与有形产品促销目标大致相同，主要有以下几个方面。

（1）形象认知。即建立对该服务产品及服务企业和服务品牌的认识和兴趣。

（2）竞争差异。即使服务内容和服务企业本身与竞争者产生区别。

（3）利益展示。即沟通并描述服务带来的各种利益、好处和满足感。

（4）信誉维持。即建立并维持服务企业的整体形象和信誉。

（5）说服购买。即说服顾客购买或使用该项服务，帮助顾客做出购买决策。

对服务促销目标的具体描述，如表6-4所示。

表6-4 服务促销目标

目标类型	目标内容
顾客目标	增进对新服务和现有服务的认知
	鼓励试用服务
	鼓励非用户（参加服务展示、试用现有服务）
	说服现有顾客（继续购买服务而不转向竞争者、增减顾客购买服务的频率）
	改变顾客需求服务的时间
	沟通服务的区别利益
	加强服务广告效果，吸引群众注意
	获得关于服务如何、何时及在何处被购买和使用的市场研究信息
	鼓励顾客改变与服务传递系统的互动方式（如自供服务，或采用新技术）
中间商目标	说服中间商递送新服务
	说服现有中间商努力销售更多服务
	防止中间商在销售场所与顾客谈判价格
竞争目标	对一个或多个竞争者发起短期攻势或进行防御

总之，任何服务促销努力的目的都在于通过传达、说服和提醒等方法，来促进服务产品的销售。但是，前面列出的只是一般性目标，任何一种服务的特定目标都会根据服务业及服务产品的性质而有所不同。以健身俱乐部为例，其促销目标包括：增加市场销售额；发展新客户；激励顾客连续、反复地购买；培养和增强顾客的忠诚度，消除已存在的错误观念；扩展产品和服务的价值，增加顾客的兴趣；塑造顾客的品牌意识，告知市场有关各种新的服务渠道。

（三）服务促销的意义

服务促销是服务企业营销组合中的重要因素，对服务企业扩大销售、提高顾客满意度、增强企业竞争优势都有重要意义。

1. 宣传服务

当顾客面对一项新的、复杂的，甚至专业性很强的服务项目时，没有额外的帮助，他很难对这项服务的功能、特色、质量等有清楚的认识。服务促销的沟通活动对于消除这种服务陌生感、提供服务购买信息具有决定性的作用。

2. 说服尝试

在购买不可触知的服务时，光靠简单的服务内容介绍无法消除顾客消费的感受风险。服务不仅需要提供完备的信息，还要能提供服务的信息保证，而保证最有效的方式就是亲身尝试。所以接受免费试听、体验健身运动分别是说服顾客接受全程培训和加入健身俱乐部的最好沟通方式。

3. 明确定位

服务应该以一定的形象被企业的目标顾客所接受。这个形象是战略性的，应该与竞争对手的定位区别开来。所以需要通过服务沟通来明确这种形象定位，让顾客在沟通中体会，达成共识，而不仅仅是宣扬某些口号。

4. 展示差别

顾客往往希望了解企业与其他竞争对手服务之间，甚至同一企业现在提供的服务与以往的差别，来为自己的消费选择提供充足的理由。服务促销沟通的一大任务就是展示本企业服务的优势和特征，帮助顾客比较鉴别，尽快做出购买决定。

5. 纠正偏差

由于受某些原因的影响，顾客感受到的服务缺陷经常会超过实际的不足。这种感觉上的偏差往往会恶化对服务和服务企业的印象。通过服务促销的沟通，解释纠正顾客感受上的偏差，表达企业努力改进业务的决心，会给顾客留下真诚的感觉。

6. 培养忠诚

服务感受风险的存在使得顾客每一次消费都会小心谨慎。一旦跨越了这道障碍，对风险的回避便转向对品牌的忠诚。通过服务促销与沟通定期消除顾客刚刚萌芽的不满，将有利于对品牌忠诚的坚定。

7. 强化记忆

促销沟通的第一层目的就在于让顾客了解服务，第二层目的在于向顾客保证他们选择的正确性，第三层目的就是不断强化顾客对服务的记忆。如果顾客相信自己体验过的服务具有比较优势，那么不时地强化会树立起他对服务品牌的忠诚。

二、服务促销组合

服务促销是指服务企业针对服务产品的特点和企业营销目标，综合各种影响因素，对广告、人员推销、营业推广、公共关系和口碑传播等多种促销方式的选择、编配和运用。

（一）广告

1. 服务广告的指导原则

（1）使用明确信息的原则。服务业广告的最大难题在于要以简单的文字和图形，传达所提供服务的领域、深度、质量和水准。不同的服务具有不同的广告要求，广告代理商因此而面临的问题是如何创造出简明精练的言辞，贴切地把握服务内涵的丰富性和多样性，使用不同的方法和手段来传送广告信息，发挥良好的广告效果。

（2）强调服务利用的原则。能引起人们注意的有影响力的广告，应该强调服务的利益而不是一些技术性细节。强调利益与营销观念，也与满足顾客需求有关，服务广告所强调的利益必须与顾客寻求的利益一致。因此，广告中所使用的利益诉求，必须建立在充分了解顾客需要的基础上，才能确保广告的最大影响效果。

（3）只宣传企业能提供或顾客能得到的允诺的原则。"使用服务可获得的利益"的诺言应当务实，而不应提出让顾客产生过度期望而公司又无力达到的允诺。服务业公司必须实现广告中的诺言，这方面对于劳动密集型服务业较为麻烦，因为这类服务业的表现，往往因服务递送者的不同而各异。这也意味着，有必要使用一种可以确保表现的最低一致性标准的方法。对不可能完成或维持的服务标准所做的允诺，往往会对员工造成压力（如旅馆服务业和顾问咨询服务业）。最好的做法是，只保护最起码的服务标准，如果能做得比此标准更好，顾客通常会更高兴。

（4）对员工做广告的原则。服务业雇用的员工很重要，尤其是在人员密集型服务业及必须由员工与顾客互动才能满足顾客的服务业。因此，服务企业的员工也是服务广告的潜在对象。由于顾客所要买的服务是由人表现出来的，服务广告者所要关心的不仅是如何激励顾客购买，而且更要激励自己的员工去表现。

（5）在服务生产过程中争取并维持顾客合作的原则。在服务广告中，营销者面临两项挑战：一是如何争取并维持顾客对该服务的购买；二是如何在服务生产过程中获取并保持顾客的配合与合作，这是由于许多服务业，顾客本身在服务的生产与表现中扮演相当积极的角色。构思周到的广告总能在服务过程中争取和维持顾客的配合与合作。

（6）建立口碑传播的原则。口碑传播是一项营销者所不能支配的资源，对于服务业公司及服务产品的购买选择有着较大的影响，服务广告必须努力建立起这一沟通形态，其可使用的具体方法有：说服对服务满意的顾客向其他消费者表明自己的态度。制作一些资料供顾客转送给非顾客群体；针对意见领袖进行直接广告宣传活动；激励潜在顾客去找现有顾客谈一谈。

（7）提供有形线索的原则。服务广告者应该尽可能使用有形线索作为提示，才能增强促销努力的效果。这种较为具体的沟通展示可以变成为非实体性的化身或隐喻。知名的人物和物体（如建筑、飞机）经常可用来作为服务提供者本身无法提出的有形展示。

（8）发展广告的连续性原则。服务公司可以通过在广告中，持续连贯地使用象征、主题、造型或形象，以克服服务业的两大不利之处，即非实体性和服务产品的差异化。英国航空公司的标语广告"Fly the flag"，就是连续性使用，使得有些品牌和象征变得非常眼熟，消费者甚至可从其象征符号的辨认中得知是什么公司。一项对于服务业公司使用的各种广告主题的研究调查中发现，效率、进步、身份、威望、重要性和友谊等主题最为突出。

（9）解除购买后的疑虑的原则。产品和服务的消费者，经常都会对购买行动的合理性产生事后的疑虑。对于产品可以通过对实物客体的评估解除疑虑，但对于服务则不能如此。因此，在服务营销中，必须在对买主保证其购买选择的合理性方面下更多的功夫，并且应该鼓励顾客将服务购买和使用后的利益转告给其他人。不过，最好也是最有效的方式是在购买过程中，在消费者与服务业公司人员接触时，得到体贴的、将心比心的、合适的和彬彬有礼的服务，这时，人员的销售方式就显得尤为重要。

值得强调的是，以上各项指导原则，尤其适用于消费者服务业的营销。

2. 服务广告的任务

服务广告可以通过借用的媒介将信息传递给顾客，为他们提供有价值的信息、有说服力的论点和强有力的证据。服务广告的任务主要有以下几个方面。

（1）在顾客心目中创造公司的形象。包括说明公司的经营状况和各种活动；服务的特殊之处；公司的价值等。

（2）建立公司受重视的个性。塑造顾客对公司及其服务的了解和期望，并促使顾客能对公司产生良好的印象。

（3）建立顾客对公司的认同。公司的形象和所提供的服务，应和顾客的需求、价值观和态度息息相关。

（4）指导公司员工如何对待顾客。服务业所做的广告有两种诉求对象，即顾客和公司员工，因此，服务广告也必须能表达和反映公司员工的观点，并让他们了解，唯有如此才能让员工支持并配合公司的营销。

（5）协助业务代表顺利工作。服务业广告能为服务业公司业务代表的更佳表现提供有利的背景。顾客若能事先就对公司和其服务有良好的倾向，则对销售人员争取生意有很大的帮助。

（二）人员推销

1. 推销产品与推销服务的差异

人员销售的原则、程序和方法，在服务业和制造业的运用上具有许多相似的地方，如销售工作必须予以界定；应该招募合格的推销员并加以训练；应该设计并执行有效的奖酬制度；销售人员必须予以监督和管理。虽然各种主要项目的工作大体类似，但在服务市场上，这些工作和活动的执行手段与制造业市场有相当大的差异，一项有关人寿保险业的调查结果，见表6-5。

表6-5 推销产品与推销服务的差异

差异类型	差异内容
消费者对服务购买的看法	顾客任务服务企业比制造业缺乏一致的质量
	购买服务比购买有形产品的风险高
	购买服务似乎总会伴随比较不愉快的购买体验
	服务的购买主要将某一特定卖主作为考虑对象
	决定购买某一项服务时，对该服务企业的了解程度是一个重要因素
顾客对服务购买的行为	顾客对服务不太做价格比较
	顾客对于服务的某一特定卖主给予最多关注
	顾客受广告的影响较小，受别人介绍的影响较大
服务人员推销	在购买服务时顾客本身的参与程度很高
	推销人员往往需要花费很多时间说服顾客做出购买决策

虽然以上调查结果主要是关于人寿保险服务业的，但其调查结果与已发表的其他服务业的营销调查结果相同。可见服务营销中人的接触的重要性和人的影响力已被普遍认

同。因此,人员推销与人的接触已成为服务业营销中最受重视的因素。还有调查报告指出,服务购买所获得的满足往往低于对有形产品购买所获得的满足。此外,购买某些服务往往有较大的风险性。因此服务业比制造业更应采取一些降低风险的策略。

总之,以上调查结果对于服务企业促销措施的取舍和调整必能有所帮助,而对于人员销售工作则更有帮助。这些调查结果肯定了一件事情,即服务业市场的正式销售人员比产业市场的更重要。而推销的人员定义则是较为广义的,其责任也较为重大。

2. 服务人员推销的模式

关于服务业的人员推销,人们提出了一个包括6项指导原则的模式,这个模式原是从具有代表性的产品和服务厂商调查,发现推销产品和服务有所不同的实证资料中总结出来的。该模式的6项指导原则如下。

(1) 积累服务采购机会。包括:①投入——寻求卖主的需要和期望,获取有关评价标准的知识;②过程——利用专业技术人员,将业务代表视为服务的化身,妥善管理卖主/买主和卖主/生产者互动的各种印象,诱使顾客积极参与;③产出——愉快的满意的服务采购经验,且使其长期化。

(2) 便利质量评估。主要有:①建立合理的预期表现水平;②利用既有预期水平作为购买后判断质量的基础。

(3) 将服务实体化。包括:①教导买主应该寻求什么服务;②教导买主如何评价和比较不同的服务产品;③教导买主发掘服务的独特性。

(4) 强调公司形象。包括:①评估顾客对该基本服务、该公司及该业务代表的认知水平;②传播该服务产品、该公司及该业务代表的相关形象属性。

(5) 利用公司外的参考群体。包括:①激励满意的顾客加入参与传播过程(如口传广告);②发展并管理有利的公共关系。

(6) 了解所有对外接触员工的重要性。即:①让所有的员工感知其在顾客满足过程中的直接角色;②了解在服务设计过程中顾客参与的必要性,并通过提出问题、展示范例等方式,形成各种顾客所需要的服务产品规范。

(三) 销售促进

销售促进是针对某一事件、价格或顾客群的营销活动,通过提供额外利益鼓励顾客或营销中介做出直接的反应。销售促进对于服务人员特别重要,因为它是一种短期因素,能用来加快服务的推进、吸引顾客的注意力和激励他们迅速采取行动。

1. 销售促进的作用

(1) 调整需求和供应的波动周期。例如,为保证航空公司和旅馆一直都有稳定的顾客流,两者可以共同推出一项具有吸引力的假期服务捆绑销售,并以低价格和优质服务来吸引顾客,填充那些可能出现空闲的座位和房间。

(2) 形成强有力的防御手段。销售促进也可被服务企业用作强有力的防御手段。比如,当某一航空公司通过降低票价来争取客源时,其他竞争者通常会紧急跟进,否则就会面临顾客大量流失的风险。

(3) 形成新的服务特色。经过认真选择的销售促进手段,可以为服务注入新的内容。有奖销售或竞赛的激情、降价以及特别销售的刺激,都能提升顾客对服务的整体感知。在某些情况下,销售促进甚至能制造轰动效应,帮助组织从竞争者中脱颖而出。麦当劳快餐推出的游戏促销就曾经引发了很大的轰动。

2. 销售促进的方式

服务营销人员可以采用6种促销技术来增加顾客对服务的兴趣，刺激他们采取购买行动。这些方法包括样品赠送、价格/数量促销、优惠券、未来折扣补贴、礼品赠送和有奖销售。

（1）样品赠送。样品赠送给了顾客一个免费试用服务的机会。比如，信用卡公司可以向信用卡持有人提供信用卡保护计划中的一个月免费试用。美国在线公司向电脑所有者提供调制解调器10分钟的试用，以鼓励他们使用其网络服务。

（2）价格/数量促销。这种方法如果被顾客理解为短期促销而不是鼓励持续的大额订购，那么应该在一个有限的时间内采用，而不宜做长久之策，如航空公司向商务旅行人员提供特定航线上的多年通行证，条件是他们在某一个特定的时间范围内与航空公司签约。这样的策略有助于迅速建立顾客基础，同时还可以提高预付的现金流入。

（3）优惠券。优惠券通常有以下3种形式：直接降价；与最初购买者同来的一个或多个顾客可享受折扣或费用减免（如两张半价戏票的优惠券）；在基本服务的基础上提供免费或有价格折扣的延伸服务（如在每一次洗车时都提供免费上蜡服务）。传统的做法是将优惠券印刷在报纸和期刊上，或者通过直邮方式寄给顾客。但是在许多城市，中间商成功地把各种优惠券组合成优惠券簿出售，激励购买者使用大量各种各样的服务，涉及餐厅、酒吧、电影院和其他服务供应商。

（4）未来折扣补贴。这种补贴被竞争性市场上的航空公司、酒店和汽车租赁公司广泛用来保持那些频繁外出旅行人员的品牌忠诚度，这类顾客在加入某一个特定的常客计划之前必须签约。这类折扣采取一系列分阶段奖励的形式，如提供免费的服务升级（提供头等舱标准的服务、房间更大、汽车更好）、免费的陪同票等。另外，更直接的折扣例子是百货商店未经申请，主动将优惠卡邮寄给潜在的顾客，并且在一个确定的期限内对所有商品的购买都提供折扣。采用这些折扣方案的一个有利之处在于，可以对服务的价格进行调整以反映竞争程度和需求的季节性。

（5）礼品赠送。礼品赠送是一种为了给短暂易逝的服务增加有形要素而提供的特殊促销方式。例如，银行和保险行业提供的服务很难进行差异化，在美国，这些行业就广泛使用礼品赠送。银行定期卷入礼品战，向储户提供金额大小逐步累进的礼品，从厨房用品到钟表、收音机，作为对拥有不同的最初存款额的储户的回报。如果顾客在较长的时间里把存款放在银行，这种方法可能比提供更高的存款利率成本更低。为了鼓励顾客（可能拥有几张信用卡）增加信用购买额或把其应付款项集中在一个账户中，银行已经开始尝试一种促销活动，即向那些在一个给定时间段内应付款超过一定金额的顾客提供不同种类的奖品。

（6）有奖销售。这种方式引入了机会这个要素，如抽签中奖。它可以有效地增加顾客对服务经历的参与和兴奋感，并鼓励顾客增加对服务的使用。

（四）公共关系

1. 服务公关的特点

服务和产品的公关工作基本上无明显差别。在争取报纸杂志评论版面的方式上，公关的目标及公关工作对于服务业公司的重要性等方面也可能有所不同。竞争性公关的内容及诉求却都是相同的，而且都具有以下 3 个显著特点。

（1）可信度。新闻特稿和专题文章往往比直接花钱买的报道具有更高的可信度。

（2）解除防备。公关是以新闻方式表达，而不是以直接销售或广告方式，更容易被潜在顾客或使用者所接受。

（3）戏剧化。公关工作可以使一家服务业公司、一种服务产品戏剧化，以加深相关受众的印象和理解。

2. 服务公关的任务

公共关系的任务通常被认为是在各种印刷品和广播媒体上获得不付费的报道，以促销或"赞美"某个产品、地方或个人。目前，随着公关宣传的日渐增长，它还有助于完成以下任务。

（1）协助新任务的启动。公关宣传能够帮助组织树立一个良好形象，进而容易使其以一种令人信服的方式向社会推荐新型或风险型产品，比如，媒体评论与宣传是电影、戏剧等推出新项目的首选手段。在其他服务行业中，宣传在新服务早期接受过程中也会扮演类似角色。

（2）建立并维持形象。成为积极的新闻素材能帮助服务树立良好的品牌形象，如果服务组织能够作为技术领先者或服务冠军被提及，将有助于在顾客心目中形成高品质、高信誉的形象。

（3）处理危机。如果反应及时、处理得当，公共关系能抵消诸如飞机坠毁或食物中毒等事件的负面宣传效应，帮助企业渡过灾难性危机。

（4）加强定位。步入成熟期的组织，通过媒体的经常报道或组织精心策划的公关宣传，有助于顾客保持认知和加强定位。

3. 服务公关的工具

（1）宣传报道。宣传报道是介绍企业新型服务的重要工具，它通过发表免费的新闻信息或肯定的评价来帮助企业宣传新服务。宣传报道的信息要想被新闻单位采用，必须真实可靠、实事求是，而且还应包含媒体和受众感兴趣的内容。

（2）事件赞助。公共关系经理可以通过赞助有足够新闻价值的事件或社区服务来实现新闻覆盖。同时，这些事件也有助于提高企业的品牌知名度。

（3）公益赞助。企业也可以选择为社会上的公益事件提供赞助，从而将自己定位为富有爱心和社会责任感的企业，势必会受到人们的广泛关注并赢得他们的好感。

（4）互联网传播。互联网是新出现的一种公共关系工具。事实证明，企业在互联网上进行的新闻发布有助于新闻界、现有及潜在顾客、行业分析家、股东及其他人了解企业的相关信息。同时，网站也是新服务构思和改进的公开论坛，可以获得访问者的各种反馈信息。

（五）口碑传播

服务业最突出的特征之一就是口碑传播方式非常重要，它突出了人员因素在服务促销中的重要性。口碑就是关于某个机构的信用、可信度、可依赖性、经营方法和服务等方面的信息，从一位顾客传达到另一位顾客。研究表明，口碑传播式的个人推荐是顾客最重要的服务信息来源之一。

1. 口碑传播对促销的影响

口碑传播对促销的影响是巨大的，如果在口碑信息和促销信息之间存在矛盾，那么促销信息通常会失去影响力。口碑越不好，营销沟通如广告、推销等的效率就越低下。

此外，积极的口碑会减少利用广告和推销等进行营销沟通的庞大预算。良好的口碑是服务组织与顾客之间最有效的沟通载体，良好的口碑能使顾客以更积极的态度来配合服务企业的外部沟通。

2. 口碑传播的蝴蝶效应

口碑传播的蝴蝶效应就是指口碑传播的乘数效应，这种效应在不同行业和不同情况之间差别很大。一般来说，消极效应通过口碑放大的速度要远远大于积极经历通过口碑放大的速度。乘数值一般在 3～30 之间。也就是说，当一位顾客有不好的服务经历时，他不仅会停止购买，而且还可能告诉周围的 3～30 个人，使得他们也取消购买打算；相反，顾客通常也会把一些好的服务经历告诉其他人，但人数会有所减少。

3. 利用口碑传播开展业务

专业的服务营销人员应经常鼓励他们的顾客把服务介绍给周围的其他人。比如牙医要求满意的患者为他介绍朋友和熟人等。

三、服务促销规划与设计

（一）影响服务促销设计的因素

选择了一项服务促销方式以后，营销人员面临着具体促销活动的设计问题。一般而言，服务企业设计促销活动需要考虑以下 6 个因素。

1. 产品范围

产品范围解决的是应当针对哪些特定的服务或辅助性的商品进行促销的问题。如果促销的目的是防卫性的，那么就应当对那些特定的服务或辅助性的商品进行促销的问题；如果促销的目的是防卫性的，那么就应当对那些面临竞争压力的服务进行促销；如果促销的目的是吸引顾客，那么就可能是对那些低风险、低价格的服务进行促销，以吸引顾客，不然，它们就会成为其他服务交叉销售的对象；如果促销的目的是在竞争中主动攻击，那么就可能要照这样一种产品进行促销（如 6 个月的储蓄存单），这样可以让服务营销人员与顾客建立一种更长期的关系。

服务线越宽，服务促销选择决策的挑战就越多。一个要连续上演一出戏的戏院除了可以对座位进行促销外，几乎没有其他可以促销的服务，除非通过餐厅和零售商一起对一整套娱乐组合进行促销；相反，一个酒店连锁集团可以对不同地点、餐厅的菜肴、度假者等提供各种促销方式中的一种。

2. 市场范围

市场范围考虑的促销活动是在所有市场上进行还是在有选择的市场上进行。考虑所存在的价格歧视问题，服务营销人员在这方面比有形商品的营销人员拥有更多的弹性空间。尽管一个酒店连锁集团可以通过开展定期的全国性的促销活动来建立统一的企业形象，但是也应看到，在单个市场上存在着开展不同水平的价格促销的需要。此外，服务营销人员可以把一次促销活动限制在某一特定的消费人群范围内。

与顾客之间有着会员关系的服务企业能够追踪每一个顾客对服务的使用，并以服务的数量、时间、地点和其他使用类型为标准来开发细分市场。市场细分方案也可把首次签约或以后续约时收集的顾客概况作为依据。

3. 促销价值

促销价值是指服务营销人员设计促销计划时必须考虑到提供给顾客什么样的价值与形式。一些促销活动（尤其是数量或价格促销）提供给顾客的是一定的现金价值，即以较低的价格提供同样的服务；另外一些促销活动提供给顾客的是一种延时价值，通常与所促销的服务价格没有联系，即以同样的价格提供更多的服务。

服务营销人员在决定提供给顾客的价值形式和水平时，必须考虑顾客的偏好、成本和促销目标。当顾客对服务的使用差异很大时，可以提供不同价值的奖励。以飞行的里程数、入住的酒店数、信用卡应付款项的金额水平作为依据的促销活动就是很好的例子。

任何促销活动都包含着一定的价格折扣。服务营销人员应当认识到顾客对此的反应可能随促销种类的不同而不同，但不可能是线性的。例如，10%的价格折扣的促销所导致的销售量的增加不一定是5%的价格折扣所增加的销售量的两倍。

4. 促销时间

设计促销活动还应该明确一个问题，那就是时间。"什么时候？""多长时间？""频率是多少？"这是关于促销的3个关键问题。任何促销的时间长度都应该考虑目标顾客的购买周期、企业提供的促销价值及竞争对手的压力。以平衡需求为目的的服务促销时间的设定，应当减小而不是加剧销售的周期性变化。此外，在促销活动中引入"出其不意"这个要素是有利的，精明的顾客就不会因为等待一次预期的促销活动而延迟购买。

5. 受益对象

由于促销是用来影响或强化顾客行为的，选择正确的细分市场就非常重要。有时候，不一定是服务的使用者本人付钱，商务旅行人士使用的酒店和交通服务就是如此。向那些每天不享有固定津贴的人提供价格折扣产生的吸引力可能有限，因为节省的钱并不属于个人。航空公司和酒店已经通过常客计划对这种情况做了巧妙的应对，因为常客计划奖励的是旅行者个人而不是公司；但有的公司坚持认为所有的空中常客奖励都属于公司，应用于将来的商务旅行。

6. 竞争防卫

最后一个要素是设计一种能够提供独特竞争优势的促销活动，许多服务企业在设计促销活动时发现很容易被对手模仿。需要设计一种防卫竞争的促销活动，例如，活动非常复杂以至于无法迅速模仿，或者一个或多个著名企业进行的排他性联合促销，这样其他企业就不可能直接复制这种计划。

（二）有效服务促销管理的原则

随着服务竞争的加剧，服务营销人员对服务促销的运用正在迅速增加。为了使促销更好地为企业的整体营销服务，避免人力、物力和财力的浪费，营销管理者必须考虑以下促销管理的原则。

1. 规划促销策略

服务营销人员需要对服务促销活动进行详细规划，表明对哪些人服务，在什么时间、什么地点，在哪些市场上促销，促销的目标及使用的促销技巧，而不是仅仅依靠采取无差异的促销作为对竞争者的反应，从而确保促销活动的统一协调和多样性。

2. 限制促销目标

服务营销人员应该正确看待促销的结果，不应该过分夸大一次促销活动可能实现的目标。任何一次既定的促销活动都应当有选择性地集中于一两个目标，以使其产生最佳效果。

3. 限制促销时间

服务营销人员希望每一次促销活动都能引发特定顾客的即刻购买行为，这就要明确限定活动的截止日期。无限期的促销会被竞争者模仿，从而可能成为服务供给的一个组成部分，这样促销就成为一个永久性的成本中心而不是收益来源了。

4. 联合促销

服务营销人员通过同时对几种自有的服务进行促销组合或加入其他企业的力量，常常能够有效地利用它们的促销资源并设计出影响更大的促销活动。商场消费和游乐园消费的联合，常常会给顾客带来惊喜，并且双方都可以从中盈利。

5. 搭配促销

随着越来越多的企业对促销活动的利用，服务企业可以通过搭配使用几种销售技巧来制造爆炸性的活动。

6. 激励分销渠道

最有效的促销能够通过激励销售渠道中的各方（顾客、促销人员、中介机构等）来同时创造"推"和"拉"的效应。例如，服务企业可能针对顾客采取抽奖活动，同时针对促销人员和中介机构则提供相似主题和奖品结构的销售竞赛活动。

7. 平衡创新与简易的关系

服务促销活动的设计应该考虑到创新性，以便从众多的促销活动中脱颖而出，吸引顾客的目光，又必须考虑简易性，使其容易被顾客理解与尝试，以利于企业组织的发展。

8. 评价促销效果

服务营销人员必须衡量每次促销活动产生的效果，比较促销前后销售量的差异，检验是否达到了促销的目标，考虑产生差距的原因，为将来的促销活动积累经验与基础。

本 章 小 结

本章首先从服务与服务产品组合、服务生命周期、新服务开发与推广3个方面介绍了服务产品策略；接着从服务定价的特殊性、影响服务定价的因素、服务定价的方法和服务定价的策略4个方面介绍了服务定价策略；再从服务渠道的类型、服务渠道的设计和服务渠道的策略3个方面介绍了服务渠道策略；最后从服务促销概述、服务促销组合和服务促销规划与设计3个方面介绍了服务促销策略。通过本章的学习，使我们对传统4P服务营销策略，有进一步的认识。

思考与练习

(1) 简要说出服务产品和服务包的内涵。
(2) 说出服务新产品开发的意义和类型。
(3) 简述服务定价特殊性,以及影响服务定价的因素。
(4) 何谓成本导向定价法,它主要适应于哪些行业定价?
(5) 简要说出服务渠道的类型和主要的渠道策略。
(6) 服务促销和有形产品促销有什么不同,如何确定服务促销的目标?
(7) 简要说出服务广告的指导原则和主要任务。
(8) 比较人员推销与销售促进的不同点。

第七章　服务人员策略

教学目标

（1）认识服务人员的定义、种类、角色与重要性。
（2）熟悉服务人员招聘考察制度及筛选技术。
（3）知道服务人员培训的方法和内容。
（4）了解服务人员激励的原则和方式。
（5）掌握企业文化的功能，以及服务文化的建设途径。

在服务营销的7P组合中，"人员"是一个不可或缺的要素，在服务营销中占有重要地位。对服务企业而言，制定合理有效的服务人员策略，包括招聘合适的服务人员并对他们的服务态度、服务技巧等进行培训，以及对他们实施有效的激励是提高顾客对服务满意程度的有效手段。因此，制定服务人员策略，对服务人员进行管理是服务企业成功的重要保障。

第1节　服务人员的价值

服务的不可分离性使得服务人员成为服务的一部分，服务人员的职业素质直接影响到服务营销的效果，"人员"在服务营销中的作用越来越重要。本节重点介绍服务人员的定义、种类及重要性。

一、服务人员的定义

服务人员是指在一定范围内为顾客提供必要服务的人员，包括一线直接为顾客服务的员工和提供支援性服务的其他员工。服务行业的具体服务人员包括：出租车驾驶员、电梯服务员、图书管理员、餐馆厨师、餐馆服务生、旅馆接待员、保安警卫人员、银行柜员、电话接线员和飞机乘务员。

这些服务人员在服务企业中很大程度上是与顾客直接接触的角色。在顾客眼中，服务人员就是服务组织的化身，服务人员所说、所做等表现都会影响顾客对组织的感知。服务人员的一言一行和服务态度都影响到整个服务组织的形象。这些服务人员能否有效地完成其工作任务是很重要的。

一个高素质的服务人员能够弥补由于物质条件的不足可能使顾客产生的缺憾感，而素质较差的服务人员则不仅不能充分发挥企业拥有的物质设施上的优势，还可能成为顾客拒绝再次消费企业服务的主要缘由。

二、服务人员的种类

（一）根据是否与顾客直接接触来划分

根据是否与顾客直接接触，可将服务人员分为两类，一是与顾客直接接触的服务人员（一线员工），如医院的医生、餐厅的服务员、航空乘务员；二是不与顾客直接接触的服务人员，如医院的药剂师、餐厅的厨师、飞机上的行李处理人员。

（二）按照中国职业划分的方法

按照中国职业划分的方法，可将其分为六大类，即商业服务人员；餐饮服务人员；旅游娱乐服务人员；运输服务人员；医疗卫生辅助服务人员；社会和居民生活服务人员。

（三）根据所提供服务活动的本质来划分

根据所提供服务活动的本质，可将服务员分为四类：一是为人体服务的人员。这类服务人员对顾客的身体提供有形服务，如外科医生、理发师。二是为物品或其他实体财产服务的人员。这类服务人员对顾客所拥有的物品提供有形服务，如汽车修理工、园丁。三是进行精神服务的人员。这类服务人员对顾客的头脑提供无形服务，如播音主持、心理医生。四是为无形资产服务的人员。这类服务人员对顾客的无形资产提供无形服务，如理财师。

（四）根据所提供服务的稳定性与变动性来划分

根据所提供服务的稳定性与变动性，可以将服务人员分为两类：一是标准化服务人员。这类服务人员是在标准化思想的指导下，向顾客提供统一的、可追溯的、可检验的、可重复的服务，如迎宾、收银员。二是定制化服务人员。这类服务人员是按照消费者自身需求，为其提供适合其需求的服务，如医生、律师等。

三、服务人员的角色

由于服务人员的素质、态度、专业水平甚至外表、心情都会影响到顾客的服务评价，因此服务人员在服务过程中扮演了极其重要的角色。

（一）服务提供者

对于绝大多数服务提供者来说，生产与消费是同时进行的，服务的生产过程同时就是服务的消费过程。在一些高接触的服务行业，服务产品的生产依赖于服务人员的现场活动，服务人员与服务产品是不可分割的整体，他们是服务的重要组成部分。尤其在个性化的服务提供（如理发、维修等）中，服务人员承担了大部分或者整个服务的提供，甚至不需要借助任何工具。对于顾客而言，他们就是服务的提供者，他们本身甚至就等同于服务。

（二）服务营销者

由于服务人员会直接与顾客接触，并且代表着组织，他们能直接影响顾客对服务的满意程度。从这个角度看，服务人员也扮演了营销人员的角色。他们的一言一行，就是服务组织的"活广告"。许多服务组织（如银行），要求其员工在提供服务的同时也向顾客推销各类服务产品。但不论其是否执行了营销职能，在顾客心目中，他们始终是营销者。

（三） 形象代表者

在服务传递过程中，顾客接触最多的就是服务人员（尤其是一线员工），即使不是由他们单独提供服务，但在顾客心目中，他们就是服务组织形象的代表。无论是正在工作的员工，还是休息的人员，都代表着服务组织的形象。换句话说，即便这些员工没有上班，只要他们表现出对顾客的不专业或者不满，仍然会对组织的服务质量产生影响。例如，迪士尼公司坚决要求其员工只要出现在公众面前，就必须永远保持台上的工作态度和行为，只有下班后在顾客看不到的真正的幕后或"后台"，他们才可以放松其行为。

四、服务人员的重要性

服务人员在服务传递和服务展示过程中，往往发挥着关键性的作用。

（一） 对于企业信守诺言具有重要作用

著名的服务营销专家格隆鲁斯在其研究过程中，提出了服务营销三角形理论。该理论认为，企业、顾客和服务提供者是三个关键的参与者，服务企业要想在竞争中获得成功，就必须在这三者之间开展外部营销、内部营销和交互营销，这三种类型的营销活动相互影响、相互联系，共同构成了一个有机的整体。从三者的功能来看，外部营销使企业对所传递服务或产品设定顾客期望，并向顾客做出承诺；内部营销是企业要保证员工有履行承诺的能力，保证员工能够按照外部营销做出的承诺提供服务或产品；互动营销是指顾客与组织相互作用，以及服务被生产和消费的一瞬间，企业员工必须信守承诺。从服务营销三角形理论可以看出，在企业向顾客做出承诺后，承诺的实现必须依赖于企业的员工，只有员工积极地为顾客提供服务，才能持续不断地信守承诺，实现顾客满意，确保企业获得顾客的青睐。

（二） 影响到顾客满意度和企业利润

1994年，由哈佛商学院的赫斯克特、萨塞、施莱辛格等组成的服务治理课题组，在经历了20多年对上千万家服务追踪、考察和研究的基础上提出了服务利润链模型。该模型指出了员工满足、顾客满足和企业利润之间存在着一定逻辑关系。服务利润链的逻辑内涵是：企业获利能力的增强主要是来自顾客忠诚度的提高；顾客忠诚度的提高是由顾客满意度决定的；顾客满意度是由顾客认为所获得的价值大小所决定的；顾客所认同的价值大小最终要靠员工来创造。追根溯源，员工才是企业竞争力的核心。服务利润链理论明确地指出了满意的员工能够产生满意的顾客，企业的员工影响到顾客满意度和企业的最终利润。

（三） 其行为直接影响到服务质量

1. 服务人员直接影响服务的可靠性

在以人为本的服务中，服务人员的可靠性就意味着服务的可靠性。如果一位医生精神恍惚，那么他的诊断质量在患者看来就很不可靠。所以服务企业应该重视员工状态的稳定性，并加强对员工行为的监督和控制。

2. 服务人员直接影响服务的响应性

一名反应迟钝的西餐厅服务员，肯定无法适应不同顾客多变和多样化的需求。服务企业应该筛选头脑灵活、反应快的一线服务人员，并向他们适当授权，使他们有能力及时解决顾客的问题。

3. 服务人员直接影响服务的安全性

一名律师缺乏经验并对委托人流露出不耐烦的态度，会使客户对律师事务所的服务质量感到不放心、不安全，以至于敬而远之。服务企业应该选择具有一定服务资质、经验和能力的员工为顾客服务，并且培养他们对顾客的谦恭态度。

4. 服务人员直接影响服务的移情性

除了投入脑力和体力外，服务工作还要求服务人员投入情感。热情、敏感和富于同情心的员工，会使顾客感觉到在服务企业中他们是独特的个体。服务企业应尽量招募和筛选情感密集型劳动者，让他们承担一线服务工作。

5. 服务人员直接影响服务的有形性

服务人员本身就是服务的一种有形表现。服务人员的仪表、穿着、打扮、表情、姿势、动作乃至化妆品的气味等，都会影响顾客对服务质量的感知。服务人员应该有整洁的仪表和优雅的风度。

第2节 服务人员的招聘与培训

任何服务企业的管理者都希望服务人员能够为顾客提供卓越的服务，从而使企业能够有在经营中获得持续的成功，招聘合适的服务人员以及积极地培训服务人员能够引导企业朝着这一方向发展。

一、服务人员的招聘

服务人员的招聘是指服务组织为了填补服务岗位空缺，利用各种面试技术对应聘者进行考察、筛选，其目的是选拔具有良好服务意识和服务能力的人员，为顾客提供优质的服务，从而有效提升组织整体服务质量。

（一）服务人员招聘考察测度

服务人员的招聘主要考察应聘者的服务意愿与服务能力、外部形象等。

1. 服务意愿

服务意愿，主要反映应聘者对从事相关服务工作的兴趣与态度，以及对在某个岗位上服务顾客或他人的看法。招聘的服务人员必须是对服务职业有兴趣的人。其中，一类是天生喜欢服务职业的人。一些喜欢社交、富于同情心、乐于助人和人员关系较好的人，往往是对这类服务职业有内在兴趣的人。这类人选择服务职业的一个动因就是通过服务获得社交的满足和喜悦。大多数属于另一类人，即对服务职业不一定有内在兴趣但能扮演服务角色的人，也就是能通过角色扮演同样表现出对服务有"浓厚兴趣"的人。这一类人通过培训也是合适的人选。

2. 服务能力

服务能力是指从事服务工作所必需的技能和知识，人员的服务能力包括技能、知识、专业化水平和体质等。

（1）服务技能。服务技能是指服务人员服务的技巧、技艺、能力等。服务技能包括业务技能和人际技能，服务技能在服务营销中具有重要作用。服务人员没有业务技能就犹如外科医生不会开刀，厨师不会炒菜。人际技能主要指员工的沟通、协作、激励、合作等方面的能力，在服务过程中，人际技能显得尤为重要。

（2）服务知识。服务知识是指服务人员所掌握的与服务有关的产品、政策、程序、市场知识和社会知识等。每个人的能力是有限的，而广博的知识则能够弥补能力的不足，同时，博学可以使人在面临困难时充满自信，全方位、多角度地积极寻找解决问题的办法，从而不断提高自身技能。服务知识是服务技能的基础，在服务营销中也具有重要作用。目前，不仅高层次的服务需要越来越渊博的知识，较低层次的服务也开始知识化。

（3）专业化水平。服务的专业化水平，是指服务人员经过专业学习和实践后其服务技能、服务知识及职业道德等达到社会公认的水平，通常都以获得专业或从业资格证书为标志。如注册会计师、资产评估师、股市分析师、美容师、厨师、教师、医师、按摩师等。服务的专业化水平是服务技能和知识的综合体现，而且它有社会评估尺度，在人员招聘中比技能和知识更具有可操作性。

（4）体质。服务人员需要具有良好的体质，这是充分发挥服务技能的保证。如果服务人员缺乏良好的体质，就可能影响自身在服务过程中的形象并由此影响服务质量。

3. 仪表仪态

由于服务人员与顾客接触时间很短，员工的仪表仪态就成为影响顾客评价服务好坏的重要因素。仪表仪态不仅包括相貌的美丽，还包括穿着的品位、谈吐之间的文化与气质的高雅。一位发型和服装都很整齐的服务人员，必然比衣冠不整的服务人员更能得到顾客的好感，使其萌生购买的动机。有些服务人员的相貌十分普通，但是干净的面貌、适度的打扮与对顾客会心的交谈，会使顾客产生愉悦的感觉，这样的服务人员会提升整个公司的层次。

（二）服务人员筛选技术

尽管全球的服务企业一直在探索一种尽善尽美的人员选拔机制，但截至目前还没有一种绝对可靠的评测服务人员服务导向的素质的方法令人信服。经验表明，长期为服务企业采用的几种面试技术有助于深层次地展现候选人的潜力和品质，而这些潜力和品质会对其是否适合于一线岗位有一定的证明作用。

1. 抽象提问

抽象提问，即在服务人员选拔面试中进行抽象提问，问题是开放性的，是对受聘人将问题提供的信息与来自学习的知识和来自实践的经验相联系分析问题能力的考察。比如，"在你看来，哪种顾客最难应对？为什么？"这个问题可以用来评价岗位申请人对服务对象的关注程度和对顾客的宽容度。"顾客最多的抱怨和不满指向服务的什么要素？"这个问题可以用来评价岗位申请人对信息收集的主动性。"你怎么处理顾客的要求？""你认为理想的接触顾客的方式是什么？"这些问题将展现申请人处理人际关系的风格和能力……抽象提问从另一个侧面也可以考察申请人的适应能力。因为心理学认为能习惯性地注意自己生活和工作的细节，继而对这些细节深入思考并理性解释的人对新环境也会有较强的适应性。由于求职竞争的加剧，不少岗位申请者开始精心准备面试，他们会广泛收集别人的服务经验以应对提问。面试官应仔细倾听并查探回答中的矛盾与漏洞，从而降低被表面的精彩所蒙蔽的风险。

2. 心理特质测定

心理特质测定，即用心理测验的方式来鉴定受聘人是否有良好的服务素质。具有基本服务素质者，即使当前没有服务意识，也很容易培养起来；反之，要培养就很困难。构成服务素质的心理特质主要包括：协作性，即让应聘者迅速列举几个在工作中热情地帮助他人、协助他人的事例；依存性，即让应聘者列举几个在工作中完成不了的工作，并说出为什么及如何处理；兴趣，即让应聘者列举几个在工作中所完成的最使他感兴趣的事实；耐受力，即让应聘者列举在多种压力下需要同时完成几件事而产生的矛盾，并说出是如何对付的、情形如何；克制力，即让应聘者列举几个在委屈状态下的行为反应和情形；热情，即让应聘者列举几个事例，说明在工作和生活中是如何主动为他人提供无偿帮助的。经过以上几个方面的提问，根据应聘者的回答，就可以初步确定应聘者6种心理特质的状况，并以此作为是否录取的依据。

3. 情景问答

情景问答作为一种面试方式要求求职者就一定的服务情景信息提出自己的行为设想或作业决策。这一面试技术仍停留在问答形式上，但由于情景的随机性远较一般的经验性问题大得多，故而不易为求职者事先准备，所以比抽象提问更能检测求职者的水平。

情景问答方式提供了一个机会让求职者站在他人的历程去思考服务接触，开创性的决策比经验性的总结更能表现人的创造力和适应性。由于情景问答仍然是问答形式，所以沟通能力的强弱仍然主宰着面试时场面的冷热。但值得注意的是由于"眼高手低"者的普遍存在，"纸上谈兵"者选入服务岗位的风险仍然存在。故而情景问答的真实模拟性仍有待提高。

4. 角色扮演

角色扮演是以情景模拟为基础的一种面试技术。它要求求职者参与到一个模拟的情景，切实扮演一个服务者的角色，真实地展现求职者的工作能力。角色扮演通常是人员选拔的最后阶段，是考察应聘者的实际"动手"能力和协调合作能力。尽管角色扮演希望能再现一个真实的场景，但它仍然是在面试者观察评审压力下的表演，而且应聘者的表演效果与实际能力也可能存在或大或小的差距。所以面试者可随着进程选择多种情景演变方案，并更多地注重求职者反应的能力和处理服务问题的方式。与抽象提问和情景问答相比，角色扮演更多地考虑到了现实的应变，也更理论联系实践，所以能有更多的机会权衡应聘者在与现实顾客交往时的长短优劣。

5. 历史判定法

调查应聘者的过去，看他是不是个颇具服务意识的人。如果应聘者过去的服务意识一向较差，就不必录用。

测试的方法多种多样，服务组织必须根据服务内容的要求，决定哪些方法更可取。

二、服务人员的培训

服务人员的培训是指服务组织采用各种方式对服务人员进行有目的、有计划的培养和训练的管理活动，其目的是使服务人员不断地更新知识、开拓技能，从而促进服务组织效率的提高和服务组织目标的实现。

（一）服务人员培训的方法

1. 教授法

教授法，即由行业专家和优秀服务人员讲授服务岗位相关知识、方法和技巧。

2. 模拟法

模拟法，即由受训人员扮演正式的服务人员向由行业专家和优秀服务人员扮演的客户提供相关服务过程。

3. 实践法

实践法，即受训人员直接上岗，与有经验的服务人员建立师徒关系，通过"传帮带"熟悉相关服务业务。

4. 其他方法

其他方法如看书、讨论、写心得、开读书会、相互交流学习。

（二）服务人员培训的内容

服务人员的素质决定服务质量，因此服务组织要特别重视对服务人员的教育培训，不仅要培训服务人员的专业、沟通及解决问题的技能，更要进行服务文化、服务理念的培训，使服务人员能够全方位提高个人素质，通过保证工作质量，实现优质服务。

1. 高层人员培训

高层人员的培训应以宏观的管理为特色内容，侧重于如何制定、实施以顾客为导向的管理战略，如何塑造服务导向的企业文化，高层人员还应学会如何加强管理并以身作则。

2. 中层人员培训

中层人员需要在下放权力、团队建设、做手下员工的顾问等方面学习如何扮演好自己的角色。中层人员还应掌握必要的技巧使整个组织的计划相互协调以形成团结的整体。中层人员的行为不仅影响员工，也影响顾客，他们必须要起表率作用，要关心员工还要关注顾客。

3. 基层人员培训

顾客服务都是基层人员在具体操作，公司的服务理念再好，如果没有基层员工去执行，不可能达到实际的效果。公司的员工是公司的广告代理人，在某些方面代表公司的全部。在为顾客提供满意服务之前，先要培训员工。

基层服务人员培训的基本内容主要包括：一是企业价值观。引导员工全面接受公司理念，接受企业文化和企业价值观，树立合作意识，培养团队精神，对一些与企业发展有关的事务给予更多的关注。二是操作技能。服务是一门艺术，员工要掌握技能并不断提高技能，能在工作中以符合标准的行为高效地完成本职工作，并与其他员工相互配合，更好地工作。大多数的服务企业都有自己的员工服务手册。员工服务手册会详尽地介绍该岗位的工作流程细节、注意事项、作息时间安排、穿着形象、服务术语、安全规则、奖惩制度等，这些足以指导员工应付日常工作遇到的所有技术类问题。三是交往技巧。一般而言，员工服务手册可以用来解释与顾客接触的员工在工作中应该遵守的原则和制度，需要使用的技巧和方法。但是员工服务手册在论及员工与顾客的交流技巧时往往显得捉襟见肘。因为服务接触中的变数太大，为此分别制定处理原则和方法本身困难就很大，员工执行起来又太死板。所以多数企业通过人员培训来提高员工与顾客交流的技巧。这种培训首先要帮助员工预测他们可能遇到的沟通类型，以提高他们的反应能力；其次要制定决策规则辅助员工在特定情境下自主决策。当然，针对本行业不可避免地与顾客沟通困难的情景对员工进行特别训练，防止员工在不利情况下手忙脚乱，使事态变得更糟，也是非常有必要的。

第3节 服务人员的激励与管理

在绝大部分情况下，企业必须依靠服务人员来将服务提供给顾客，服务人员的态度和行为会对顾客的服务感知产生重要影响。企业必须找到有效的方式去激励和管理服务人员，以确保这些员工的态度和行为可以顺利地完成优质服务的传递。

一、服务人员的激励

服务人员的激励是服务组织采用适当的激励方式，调动服务人员的工作积极性，使其把潜在的能力充分发挥出来，以更高的水平、更大的主动性和自觉性投入到服务工作中。

（一）服务人员激励的原则

每个公司由于实际情况不同，都会有自己的激励政策和措施。激励政策与其他人力资源政策的不同之处在于：激励政策有更大的风险性，如果它不给公司带来正面的影响，就很有可能带来负面的影响。在制定和实施激励政策时，一定要谨慎。以下是一些关于激励的原则，如果我们在制定和实施激励政策时能够注意这些原则就会在很大程度上提高激励的效果。

1. 因人而异原则

由于不同员工的需求不同，相同的激励政策起到的激励效果也会不同。即便是同一位员工，在不同的时间或环境下，也会有不同的需求。由于激励取决于内因，是员工的主观感受，激励也要因人而异。在制定和实施激励政策时，首先要调查清楚每个员工真正需要的是什么。将这些需要整理、归类，然后来制定相应的激励政策帮助员工满足这些需求。

2. 适度原则

奖励和惩罚过度都会影响激励效果，同时增加激励成本。奖励过重会使员工产生骄傲和满足的情绪，失去进一步提高自己的欲望；奖励过轻会起不到激励效果，或者让员工产生不被重视的感觉。惩罚过重会让员工感到不公，或者失去对公司的认同，甚至产生怠工或破坏情绪；惩罚过轻会让员工轻视错误的严重性，从而可能还会犯同样的错误。

3. 公平原则

公平性是员工管理中一个很重要的原则，员工感受到的任何不公的待遇都会影响他的工作效率和工作情绪，并且影响激励效果。取得同等成绩的员工，一定要获得同等层次的奖励；同理，犯同等错误的员工，也应该受到同等层次的处罚。如果做不到这一点，管理者宁可不奖励或者不处罚。管理者在处理员工问题时，一定要有一种公平的心态，不应有任何的偏见和喜好。虽然某些员工可能让你喜欢，有些你不太喜欢，但在工作中，一定要一视同仁，不能体现出有任何不公的言语和行为。

4. 奖励正确的事

如果我们奖励错误的事情，错误的事情就会经常发生。这个问题虽然看起来很简单，但在具体实施激励时就会被管理者所忽略。管理学家米切尔·拉伯夫经过多年的研究，发现一些管理者常常奖励不合理的工作行为。他根据这些常犯的错误，归纳总结出应该奖励和避免奖励的10个方面的工作行为：奖励彻底解决问题，而不是只图眼前利益的行为；奖励承担风险而不是回避风险的行为；奖励善用创造力而不是愚蠢的盲从行为；奖励果断的行动而不是光说不练的行为；奖励多动脑筋而不是一味苦干；奖励使事情简化而不是使事情不必要地复杂化；奖励沉默而有效率的人，而不是喋喋不休者；奖励有质量的工作，而不是匆忙草率的工作；奖励忠诚者而不是跳槽者；奖励团结合作而不是相互对抗。

（二）服务人员激励的方式

一般常用的激励方式有：物质激励、精神激励、晋升激励、授权激励等。服务组织要构建完善的激励机制和体系，通过多种激励方法来充分调动服务人员的工作积极性。

1. 物质激励

物质激励是根据服务人员对服务组织做出的贡献，以物质、金钱等形式奖励服务人员。

薪酬是使服务人员对满意的基本平台，服务组织可设计合理的薪酬福利计划，发挥考核与奖励的杠杆作用，使薪酬制度对服务人员更有吸引力和对外竞争性。优秀的服务公司往往用高薪挽留优秀的服务人员，甚至让对公司贡献大的服务人员成为股东。

物质激励方式要注意物质奖励的适度性，奖励过大会使服务人员产生骄傲和满足的情绪，失去进一步提升自己的欲望；奖励过小则起不到激励效果，或者让服务人员产生不被重视的感觉。

2. 精神激励

精神激励的主要方式是赞扬、受予荣誉称号、评定职称、表彰奖励以及体现出尊重、关怀等。

服务组织应该对服务人员加以尊重和关怀，使服务人员能在服务组织找到归属感。在这样的环境下，很容易把一个服务组织凝聚起来，使服务人员心甘情愿地为服务组织奉献。

有效的沟通也可以实现服务人员对服务组织的高度理解、支持和拥护。内部刊物、内部网站、宣传栏、总经理信箱、服务组织论坛、合理化建议等，都是行之有效的沟通方式和渠道。

精神激励不需要昂贵的花费，却可以明显提升服务人员的士气，如同给予前线士兵猛烈的炮火支援。

3. 晋升激励

服务组织应当为服务人员建立公平、公开、公正的晋升机制，以业绩和才干为晋升准则，给服务人员应有的晋升机会，这样有利于培养服务人员的归属感和对服务组织的忠诚，也能激励服务人员提供更优秀的服务，为服务组织树立良好的形象。

4. 授权激励

授权是指通过赋予服务人员相应的权利和自主性，使其能控制与工作相关的情况和做决定的过程，这意味着可以让基层服务人员在更大的范围内自主决定解决工作相关问题的方式。对服务人员授权有以下好处。

（1）快速回应顾客需求。被授权的服务人员可以在服务过程和服务补救过程中对客户的需求更快速、更直接地给予回应。授权还可以保持服务人员提供优质服务的内在动力，同时增强服务的灵活性，发挥服务人员的主动性和创造性，也有利于充分利用蕴藏在服务人员中的资源和智慧，提高服务人员应急处理事件的能力和为客户提供个性化服务的能力。

优质的服务，首先意味着能够快速、容易得到服务，只有赋予服务人员现场做出决定的权利，才能确保服务过程的流畅和结果的质量。

（2）提升顾客忠诚度。正确地运用授权，有助于减少服务人员的角色模糊和角色矛盾，服务人员会对客户特殊的需求做出快速的反应，因而就有更大的可能性在短暂的"关键时刻"让客户满意，这会让客户感到惊喜，并倾向与重复消费和传播有利于服务组织的口碑。被授权服务人员在创造良好的口碑和提高客户保持率方面极有价值。

（3）提升服务人员对工作的满意度和忠诚度。由于服务人员有权处理自己的工作，这会增加服务人员的积极性和主动性，减少缺勤和跳槽现象，增强服务人员从工作本身所获得的满足感、成就感和自豪感，从而提升服务人员对服务组织的满意度和忠诚度。

总之，服务组织可以同时运用多种激励方式来激励服务人员，在进行具体激励时，要因人而异，针对服务人员的不同特点，考虑不同服务人员群体的不同需求，采用不同的激励方式。服务组织还要坚持公开、公正、适度的原则，使服务组织中每个人都有获得激励的机会，让他们感受到自己的努力得到了服务组织的认同和重视，从而促使服务人员产生奋发向上的进取精神、努力工作的积极性和激发服务人员工作的主动性。

二、服务人员的管理

（一）服务人员管理的重要性

服务是通过服务人员与顾客交往来实现的。服务人员的行为对服务质量起着决定性作用，因此，在服务营销中，企业对服务人员的管理，尤其是对一线服务人员的管理相当重要。因为在服务的过程中，企业无法直接控制员工的行为。服务组织通常是劳动密集型组织，"公司—员工—顾客"之间的链式关系说明了员工在服务营销中的地位和作用。服务组织内部的人力资源管理比一般的人力资源管理具有更为重要的作用，它主要体现在以下关系上：一是员工的满意程度与企业内部质量相关；二是员工的忠诚度与员工的满意度相关；三是员工的生产效率与员工的忠诚度相关；四是服务的价值与员工的生产效率相关。

这一系列的推断说明内部质量是基础,可以通过评价员工对自己的工作、同事和公司的感觉而得到。其中最主要的是来自员工对自己工作的评价,而员工对企业内其他人的看法和企业内部人员互相服务的方式也会对内部质量产生影响。换句话说,企业内部对人力资源的管理影响着员工的满意程度,从而最终导致企业服务价值的实现。

通常,我们所说的顾客指的是购买企业产品或服务的人。如果我们通过"公司—员工—顾客"的关系来理解员工的作用,可以认为企业的最终用户并不是唯一的顾客,员工也是企业的顾客,企业为员工提供的"产品和服务"是信息、资源、支持、放权。这一思想也就是20世纪80年代以来发展的"内部营销"概念的核心,即把员工作为企业的顾客。

这样的理解实际上是把"顾客"与"供应者"的概念加以引申。企业所有的工作都是由投入、过程、产出三部分组成的。在企业提供服务的过程中,其上一环节为该环节提供投入的员工即是该环节的供应者,同时该环节员工又是上一环节的顾客,因为他们得到了上一环节的产出。因此,"提供者—顾客"这对关系不但说明了企业与最终用户的关系,也说明了企业内部各工作环节之间的关系。我们称企业内部的"顾客"为"内部顾客"。

管理人员把自己的手下视为顾客是一种很好的管理方法。当管理人员把手下员工作为自己产品(即管理工作)的顾客时,就会去了解他们的需求;而当管理人员满足员工的需求之后,员工往往能够很好地完成工作。这也是为什么管理人员应把自己作为一名"供应者"去为自己下属服务的最有力依据。

由于顾客在与一线员工接触时,往往把这些员工作为整个企业的代表,把与这些员工交往得到的感知服务质量作为整个企业所提供的服务质量。如果企业内部存在一种良好的机制,一线的员工一定会尽力给顾客留下良好的印象并提供优质服务。管理人员如何扮演好自己的"提供者"角色?在此我们给出以下几条具体建议:一是定期询问下属员工如何帮助他们,以使他们做得更好;二是尽可能在预算许可范围内为员工提供更多的培训;三是经常考虑如何能使下属员工减轻工作负担。如修改计划、重新构建工作关系、修改系统、引入新技术等;四是与员工定期会面,评价自身工作情况并得到来自员工的建议;五是不要浪费员工的时间。减少不必要的文案工作,废止那些只是为了施压而制定的规章制度。

(二)"顾客—员工关系反映"分析

"组织—员工—顾客"给我们的另一重要启示是"顾客—员工关系反映",即对于服务组织来说,顾客关系反映了员工关系,即组织(尤其是管理人员)如何对待员工,员工就将怎样去对待顾客。正如一份研究报告指出的那样:如果管理人员帮助员工解决问题员工也就会为顾客解决问题。表7-1说明的是管理人员传递给员工的信息再传递给顾客时会变成什么样。

表 7-1

管理人员—员工	员工—顾客
关心员工遇到的问题并帮助解决	帮助解决的服务态度
使员工了解组织内部发生的事	由于熟悉业务,能够为顾客提供帮助
树立组织的整体观念,增强员工的责任感	热爱本职工作并有能力为顾客服务
尊重员工	把顾客作为具体的个人对待
给予员工决定的权力并支持员工做出决定	努力使顾客相信企业所做的承诺能够实现

许多研究显示,如果管理人员与员工之间没有良好的关系,员工与顾客之间的关系几乎不可能保持融洽。如果组织内部的行为规范和价值观与员工在与顾客交往中的外部行为规范和价值观不一致,服务质量往往会降低,并对员工激励和顾客满意度产生负面影响。

1. 关心员工遇到的问题并帮助解决

关心员工遇到的问题,并帮助解决并不意味着管理人员无条件地去关注其下属的所有问题,管理人员应关心影响员工工作的问题,既包括公事,也包括私事。要做到这一点,管理人员不妨从以下几个方面加以考虑:一是不要使员工时时感受到与管理人员之间的距离,要使他们有可以畅所欲言的环境。管理人员在与下属交往时应尽量避免显示自己的权威性,同时可采取一些效果明显的措施。例如办公室不设门,能使员工感觉到如果有难题可以直接找管理人员解决。二是定期举行与基层员工的会议,可以使高层管理人员从这些普通员工中得到建议。三是提供一些福利性的帮助,例如通过赞助救援员工的计划、日间看护中心和为员工工作信用担保等方式表示对员工需求的关心。四是企业制订一些支持员工的计划,包括提供服务、职位阶梯和分享企业利润。

2. 使员工了解组织内部发生的事

通用电气公司的做法是定期把所有员工召集在一起,然后分成许多小组来讨论公司事务。这种做法能使员工对企业的事务有更多的参与,员工需要了解的企业事务包括:关于销售、利润、新产品、服务和竞争的综合情况;其他部门的活动;关于企业在实现目标上的最新发展及完成目标的情况。

如果每个员工都了解组织内部发生的事,会使企业在对顾客的服务过程中得到好处。因为如果在服务中有一时无法处理的情况发生,员工会很快找到答案或让能处理问题的员工来完成对顾客的服务。

3. 树立员工的整体观念,增强责任感

培养员工共同的责任感应始于新员工加入时,新员工需要学会的是对顾客和其他员工产生责任感。要使这项工作持续进行,还需要关注顾客对负责任的员工的反馈信息,经常回顾工作中员工表现出责任感的行为,以及对那些很好地为顾客服务的员工进行公开表扬。

4. 尊重员工

当员工感觉不到被上司或同事尊重时,他在对顾客提供服务的过程中往往显得易于急躁。管理人员在与员工的交往中应注意自己的言行，处处体现出对员工的尊重。具体做法包括：及时表扬出色完成工作的员工；记住下属的名字；尽量避免当众指责员工；为员工提供清洁、适用的设备；注意礼貌用语；认真倾听并尽力去理解员工的看法。

5. 给予员工决定的权力并支持员工做决定

管理人员对员工给予充分的支持会令员工做得更好，下放一部分权力会使员工更加主动、积极地为顾客提供服务。我们要从以下几个方面来理解"支持"：一是为员提供的人员配备、资源及知识等，以使员工更有效地工作；二是合理的加薪计划；三是为下属所犯错误承担相应的责任；四是在其他人面前为自己的下属辩解；五是把注意力集中在解决问题上，而不是一味地责备。

当然，支持员工是在一定范围内的，比如说在为下属所犯的错误承担相应领导责任的同时，也应对下属员工进行一定的惩罚。

（三）管理人员对员工的管理

"把员工作为自己的顾客"及"顾客和员工关系反映"给我们指出了管理人员如何在平时的工作交往中加强对员工的管理。管理人员所要面对的员工各不相同，并非每个员工都能很好地完成自己的工作。在这种情况下，管理人员应学会帮助员工改变做法，做好工作。而对于员工来说，为了更好地服务顾客，他们往往需要知道自己做得怎么样，他们需要来自管理人员的反馈信息，无论这种信息是正面的还是负面的。因此，管理人员应及时评价员工的工作并帮助他们改正错误。

如果管理人员没有直接参与员工的工作，就应该对员工与顾客的接触给予更多的关心。通过这些做法，管理人员可以获得有关员工的第一手资料。第一手资料能使管理人员更加真切、全面地了解员工及他们遇到的问题。但在实际中往往可以看到，许多管理人员仅仅满足于有关实际工作的二手资料，而这些二手资料往往带有有关人员的主观看法，管理人员难以从中发现员工所遇到问题。

对员工在工作中取得的成绩，管理人员及时给予表扬，无论是对员工还是对顾客都将产生巨大的效果。但管理人员也不能滥用表扬，应把对员工的表扬用在较为关键的方面，如当员工的行为超过企业所要求的行为标准时；当员工的行为始终符合标准时；当员工取得进步时（无论进步的大小）；当员工面对挑剔的顾客保持冷静时；当员工采取灵活措施帮助顾客时。

管理人员在表扬员工时应记住这样一种观点："当人的某个行为做出后立即被奖励，他将乐于再做出这一行为。"这一观点在管理实施中的启示是：当管理人员称赞手下的员工时，员工会把这种称赞与自己刚才所做的联系起来，他们很可能在未来的工作中仍然这么做。

当员工的工作出现差错时，管理人员应该如何对待？管理人员应以谨慎的态度对待员工的差错，因为员工这时的心态是很敏感的。如果管理人员处理不当，可能会适得其反。管理人员的谨慎首先表现在对待员工错误的态度上，管理人员应对员工错误持理解的态度，在帮助其改正的过程中应避免触发员工的敌对情绪（因为员工在犯错误之后的心态较为敏感，而这种敏感容易转化为敌对情绪）。

此时，管理人员应考虑员工的感受；冷静地分析每一种可能的情况；表现出相信员工有做必要改变的能力；仔细向员工解释他所犯错误的本质及管理人员期望的改正结果；

在私下里批评员工；向员工描述错误可能带来的后果，并坚持不断地做这样的描述；公平地对待每一位员工；当错误发生后，迅速给予关注；告知员工惩罚措施的目的；迅速对所有违反规则的行为做出处理。

应避免讽刺犯错误的员工；发脾气；轻视犯错误的员工；用带有侮辱性的语气对犯错误的员工说话；在其他员工面前批评犯错误的员工；对员工进行欺骗或威胁；表现出个人喜好；对员工所犯错误迟迟不进行处理；采取过分严厉的惩罚措施；改正错误的措施执行得不够连续。

通过对"组织—员工—顾客"关系的分析，集中探讨服务组织的管理人员在日常工作中如何管理自己属下的员工。管理人员对下属的激励、帮助或批评也是一种对人员的管理，做得好与不好将直接影响到员工对顾客提供服务的工作。

第4节 企业文化及服务文化的建设

在服务日益重要的大背景下，创造一种优秀的、更加重视提供良好服务和顾客导向观念的企业文化显得尤为重要。在这种文化的影响下，员工推崇良好服务，并且给内部的、外部的顾客提供良好服务，它是顺其自然的生活方式和员工都遵守的行为准则之一。

一、企业文化

（一）企业文化的定义

如果说各种规章制度、服务守则和管理措施等是规范员工行为的有形规则，企业文化则为一种"无形规则"存在于员工的意识中，企业文化可以比喻为行为的"基因"。它通过仪式和激励手段等方式，提供了企业的核心价值观，告诉员工在企业里什么目标是最重要的，哪些是企业所提供的，哪些是企业不能提供的，能够引导和塑造员工的态度和行为朝同一个方向努力。因此公司对企业文化的投资，往往能减少巨额的人力资源管理费用。

企业文化是企业中员工所共享的一系列共同规范和价值。文化是一个总体概念，它可以解释人们为什么会做某种事情，为什么会以共同的方式思考，为什么理解某个共同的目标和规范。这是因为他们同属于一个组织。

（二）企业文化的功能

归结起来，企业文化具有以下六大功能。

1. 导向作用

组织文化集中组织的价值取向，它对组织的每一位员工都有强大的感召力，能够把组织成员的行为动机引导到组织目标上来，组织文化的导向作用体现在：①规定或使员工认同组织的整体价值。②确立组织的既定目标。③创建组织的行为规范。

2. 凝聚作用

组织文化的凝聚作用体现在：①价值凝聚。通过共同的基本价值观，组织内部存在着共同利益，从而聚合员工为实现共同理想而奋斗。②目标凝聚。突出、集中、明确、具体的组织目标旗帜鲜明地向组织员工及组织外部宣布了组织的群体行为及其重大意义，为组织员工指明了前进的方向,从而形成强大的凝聚力、向心力。③排外作用。对组织以外的文化的排斥,使员工个体对群体产生依赖,而对外竞争又使员工个体凝聚在群体之中形成命运共同体。

3. 激励作用

组织文化可以满足员工个体的需要,激发、调动组织的员工,使其积极性处于最佳状态。组织文化的激励作用体现在:物质激励、精神激励、沟通激励。优秀组织文化的有效沟通能够创造减少焦虑的舒畅氛围,能够激励员工心平气和地为组织工作。

4. 规范作用

组织文化的规范作用通过组织的基本价值观和行为规范而实现。组织的基本价值观构成组织成员的无形软约束,行为规范构成组织的有形硬约束。组织的共同信念、基本价值观、行为规范能够使员工心灵深处形成定势,构造出积极的应答机制。一旦有外部信号诱导,应答机制就会发生作用而迅速响应,从而产生预期的行为。而无形的软约束还可以缓冲有形硬约束对员工的心理冲击,排解"治"与"被治"之间的冲突,削弱逆反心理,从而使员工的行为趋近于组织目标。

5. 自我调控的作用

组织的基本价值观、行为规范等组织文化因素一旦深入人心,就会产生潜移默化的作用。员工会遵守组织的基本价值观,以一种"本能"来实践、履行组织的行为规范,并且经常检点警示自我、反省审视自我。

6. 扩散辐射的作用

优秀的组织文化,不但能够形成以组织为核心的向心凝聚力,而且能够形成独有的组织文化竞争力,对组织以外的社会进行扩散辐射。其作用主要体现:①基本价值观与行为规范的辐射。组织鲜明的基本价值观与行为规范向组织以外的社会进行辐射,与社会契合形成共识,为其他组织仿效、借鉴、吸收。②品牌辐射。组织的产出是组织文化的物质载体之一,公众可以通过组织的有形产品或无形服务深化对组织的认可。③员工形象辐射。优秀的组织员工是组织的象征,是组织价值观、行为规范的化身。组织文化通过员工的理想、行为可以向社会传播、扩散、辐射。

二、服务文化的建设

(一)服务文化的定义

服务文化就是企业在对顾客服务过程中所形成的服务理念、职业观念等服务价值取向的总和。它包括服务标准、服务理念、服务宗旨、服务效果的统一,并以此培育形成全体员工共同遵循的最高目标、价值标准、基本信念以及行为规范。它不仅是一种经济文化、管理文化、组织文化,更是一种关系文化。这种关系文化表现在企业内部关系上,主要是在企业内部形成一种团结和谐的气氛;表现在外部关系上,则是企业应尽可能为顾客提供力所能及的服务,它提倡的是一种真诚的服务精神。

在服务领域内由于交易中"人"的因素存在,服务生产通常不能完全像装配流水线一样实现标准化生产,客户及其行为也无法事先决定或者完全标准化。因此需要有一种新的服务导向文化。浓厚和完善的文化可以激发员工对优质服务与客户导向的追求。

（二）服务文化的重要性

服务质量是一个众多资源协调配合的结果。能够改善质量的服务文化就成了保证质量管理成功的有力武器。由于服务业比制造业更难进行质量控制，组织中对正确的服务导向和质量意识的要求就更为迫切。通过建立服务文化管理层就可以对质量实现间接控制。总结起来，服务文化有两个方面的积极作用。

1．提高企业竞争力

一方面，具有服务导向的员工关心客户的利益，他们会竭尽全力找出合适的措施满足客户的愿望。即使出现一些失误或者发生突发事件，他们也会随机应变，找出对策。另一方面，客户感知质量是影响利润率的一个关键性决定因素。服务导向提高了服务质量，同时对利润率也有积极的影响。企业的利润和增长基本上是由客户的忠诚激发出来的。客户的忠诚是客户满意的一种直接结果，而客户的满意取决于企业的服务质量和服务导向。要保持和提高企业利润率，就必须进一步改善员工的服务导向态度，提高服务的质量和服务水平，从而形成良性循环。

所谓导向，可称为企业的经营理念，是企业从事生产经营活动的行为准则。现代企业经营观念的形成和发展主要经历了生产导向、推销导向、市场导向等几个阶段。作为服务文化特征之一的服务导向，就是指企业要将提供优质服务作为一切业务活动的中心。企业应围绕这一中心来构建企业的一切，也就是要求生产、营销、财务、组织结构等都要围绕这一核心做统一部署。具体来说，服务导向也是市场导向中的一种，只是随着竞争加剧市场变化，不仅需要用产品来满足顾客的需求，而且要通过服务来满足或修复产品不能满足顾客的部分，而服务导向战略则是企业围绕服务导向制定的企业发展战略。

消费者的需求是一个不断被满足的过程，企业要最大限度地节约消费者的消费成本，使消费者获得最大价值的现实利益。当企业不断地输出有价值的服务时，一方面提高了消费者的满意度和信赖度，也有助于促进顾客关系。现在企业的竞争能力往往体现在顾客服务水平上，服务水平能力越强，市场差别化越容易实现，就能够更容易进入市场，从而削弱其他供应商的优势，在许多领域建立"进入障碍"。因此，服务导向战略不仅能使服务提供商实现差别化，增强服务产品的竞争力，而且还可以击败竞争对手，保持牢固的顾客关系。

强调服务导向战略并没有贬低技术质量战略、价格战略和形象战略的运用。运用服务导向战略只不过是把战略思考和管理决策的重点放在服务上，换句话说，企业的核心能力就是服务，竞争优势是依靠各种服务和顾客关系的改善而定的。

2．形成共同的价值观

组织成员具有的价值观和行为规范，是文化的基础。共同的价值观构成了员工日常工作的指导原则，具有强烈共同价值观的组织通常表现出以下共同特征：①共同价值观是工作业绩的指导原则。②管理层倾注大量时间用于发展和加强共同的价值观。③共同价值观深深扎根在员工的意识中。实际上，任何一个单独的内部活动，如果没有战略基础，它所产生的效应都会与整个文化相抵触，如果内部营销努力不能与现有文化协调一致，或者内部营销努力的目标与内部活动相矛盾，那么内部营销的努力都将白费。

强烈的共同价值观能够改善组织的业绩，管理者及其下属将致力于共同价值观所强调的问题和方法。不过，如果规范和价值观过于强烈，也会产生不少问题：一是价值观也许变得不合时宜，因而不能作为与目前的战略和服务概念相一致的指导原则；二是强烈的价值观会成为变革的障碍，它使得组织难以对外部挑战做出反应。

（三）优质服务文化的营造

许多企业和组织需要进行文化变革或者改进，这种变革和改进是一个长期的过程，它需要制定广泛和长期的活动方案。

1. 优质服务文化的营造前提

一般而言，优质服务文化的形成有4个前提条件：战略的要求、组织的要求、管理的要求、知识和态度的要求。这4个不同的要求相辅相成、缺一不可。

（1）制定服务战略。通过建立服务导向的战略，优质服务文化才可以实现。这意味着高层管理者需要创建一个服务导向的组织。①业务使命是构成战略的基础。根据使命所指出的业务范围和方向，发展服务文化。当然，不同的行业和企业的服务导向有不同的内容。服务战略要求企业必须确定与业务使命和战略紧密相连的服务概念，如果不能清晰地界定服务概念，那么企业对目标的讨论、资源的使用和业绩的考核就缺少稳固的基础。服务概念表明了应该做什么、为谁而做、如何去做、用哪些资源以及向客户提供什么利益等一系列问题。②人事政策是战略要求的另一个重要方面。招聘程序、职业生涯的规划、奖励制度等都是服务文化的一部分。良好的服务业绩是人事管理的目的之一。在招聘程序、奖惩制度中非技能方面和不具有服务导向的事物强调得越多，员工对服务导向的倾向就越弱，那么服务文化的发展也就可能失败。

无论是业绩管理还是优质服务奖励，都必须按照能够让员工意识到服务重要性的方式进行。往往存在由于考核和奖惩制度的错误引导，导致员工会觉得干点儿别的什么工作也会比提供优质服务能够得到更多的回报。这样任何发展服务文化的尝试都注定要失败。

（2）建立组织结构。①组织结构的建立为优质服务创造了组织的先决条件。要想取得并永久保持高质量服务，组织结构设计的所有方面都要配合服务的创造和生产。正式结构越复杂，提供优质服务时出现的问题就越多。这样的组织结构对发展服务文化是一个很大的障碍。高质量的服务意味着能够便捷地得到服务和迅速灵活地做出决策。如果组织结构妨碍了员工以这种方式开展工作，那么具备服务文化特征的规范和价值观也就难以形成。②关注非正式组织结构的存在。企业中的员工所形成的一种利益结构和个人关系，总是对正式的组织结构有影响，或者使其得以简化，或者使其更加臃肿。前一种情况，员工的积极态度可以使复杂组织中形成的问题得到解决。而后一种情况恰好相反，即使这种结构具有服务导向，非正式组织仍然会成为优质服务的障碍。③界定支持性职能的作用。在行政事务部门工作的员工一般不与客户接触。事实上，大多数支持性职能的角色也相当活跃，他们应该把与客户直接联系的员工看作自己的内部客户，必须像为最终客户服务一样向这些员工提供服务。④建立经营系统、规章制度和工作流程。优质服务总是要求简洁的工作方式，这样由于经营系统过于复杂所造成的许多不必要的延误和信息中断就可以避免。它的效应是双重的，一是顾客认为服务的职能质量改善了；二是在工作流程简化、经营系统中不必要的和耗时的因素被剔除之后，员工们感到自己的工作更有意义，工作起来更有积极性。

（3）改变领导方式。服务导向的领导方式包括管理者和上级主管对各自角色的认识和对下属的态度以及他们作为管理者的工作表现。①管理者如果仅仅作为一名技术性经理，而不扮演教练或领导的角色，那么管理者在追求服务文化中是不会有所作为的。全身心地为顾客服务和下属工作，才是管理者所需要的精神。服务在很大程度上是人与人之间的关系，是人与人之间包括内部的和外部的相互作用所造成的结果，没有人情味的管理不能适应服务的本质。②管理者的指导。指导的重要性强调了当今管理的另一个方面——协作。对许多管理者来说，这是一个重要的转变。有些情况下，合作的意义很单纯，也就是我们在服务组织中发展的一般事物。在另外一些情况下，合作已经不是单纯意义上的合作，它更像一种哲学观念。不同层次的员工在一种协作和相互尊重的氛围下相互影响。但是要做到这一点，大多数服务组织还要付出许多努力。③合作也意味着组织成员有了一种正直的思想。正直必须成为组织中一个共同的价值观念。如果零售经理参与用欺骗性价格促销，让销售人员对客户购买进行误导，对交易中牟取暴利的行为置若罔闻，那么这些管理者无形中彻底破坏了他们在服务质量目标上的信誉。④在发展服务导向的文化过程中，最大的危险莫过于含糊其词。如果管理者空谈服务概念和客户意识的重要性，而实际上不实施服务战略，那么管理者和服务文化就会丧失信用。必须进行度量并且奖励那些有利于创造一流质量，或符合管理者所表述的服务文化性质的工作。无论是整个企业、局部单位、利润中心、战略使命单位，还是权责分明的组织单元，它的主管必须始终给予服务战略最高优先权。⑤监督工作业绩和结果也是管理工作的一部分。然而，控制的传统角色正在转为指导下属的监督角色。这种转变并不意味着放弃管理，而是以一种强有力和清晰的方式建立目标和原则，并把经营性职权授予下属，它要求有一种开放式、业务导向式和参与式的领导方式。⑥服务导向的管理风格的另一方面是形成一种积极的沟通氛围。一方面，员工需要从管理者那里获取信息以便能够实施服务战略；另一方面，对管理者来说，员工掌握着关于客户需求和愿望、问题、机遇等方面有价值的信息。另外，反馈也很必要，如果没有反馈，人们就会很容易对所从事的工作失去兴趣。

（4）设计服务培训方案。①为了达到优质服务所要求的知识和态度，对员工必须进行培训。员工培训也是内部营销的一部分。组织中如果存在明显的非服务价值观，而且现有的规范不是服务导向，那么就会遇到阻碍变革的态度。如果满足前文讨论的优质服务在战略、管理和组织方面的先决条件，大多数障碍可以消除。然而，其余的障碍至少还有一部分属于态度的问题。②如果企业所有人员都可以被服务导向的思维和行为调动起积极性，他们就会清楚服务组织是如何运转，如何发展客户关系，以及他们在全面经营和客户关系中的作用，个人应该做些什么，而且，他们会迫切需要增加这些方面的知识。③任何一名员工应该像了解自己部门职能和个人目标一样，对公司的任务、使命、战略和整体目标知道得一清二楚，否则，让员工真正理解他们所从事的工作的重要性是不可能的。④在培训方案中，知识导向的培训和正直态度的培训是相辅相成的。一个人知识越丰富，则对于某一特定现象就越容易具备积极的态度。必须认识到，没有知识也就没有态度的转变，虽然对服务的大肆渲染可能在某种环境下会有一定帮助，但是员工不知道下面这些事实就不会具有持久的服务导向态度。这些事实包括：为什么企业是一家服务性组织；为什么制造商也要采取服务战略；实施服务战略对业绩有哪些要求；在与其他人员和职能的联系中我是一种什么样的角色；对于我个人有哪些要求；为什么会有这些要求。

2. 营造服务文化的机遇和需要注意的问题

显然，转变企业文化和营造服务文化，是一项艰巨的任务。究竟从何处开始，就是一个大问题。营造服务文化必须始终得到高层管理的有力支持，一旦服务文化确立，它必须保持下去。否则，为内部与外部客户服务的兴趣，会有逐渐丧失的危险。

有关研究表明，当员工的职业行为发生转变时，就会产生文化的根本性变化。只有条件完全具备的时候，这个转变才可能发生。这些有利的条件包括：①环境压力。如竞争激烈、客户需求和期望变化、行业管制和解除管制。②与原有战略差异极大的新组织战略。③新的组织结构调整。如管理层的重大变动。当然，这些情况也可能同时发生，这对服务文化的变革是有利的。

但当"形势大好"时，潜在问题看起来还很遥远，或者组织中的大多数成员都无视这种潜在的危机，对现有企业文化的变革就难以开始。管理不能急于求成，应该逐步推进。过于激进或急功近利，都不会有什么好的结果。文化的变革意味着人们必须有所转变，这一过程就像一项重要的组织任务一样，必须细致地策划和认真地执行。同时，形成一种特定的文化，往往要牵涉一系列内部问题。这是因为：文化是一种整体现象，它不能孤立地存在，不可能与诸如组织结构、管理观点和方法、组织的业务使命和战略等问题各自为政，它是组织生活中各方面综合的结果。要营造服务文化，首先，需要决策者、负责营造服务文化的人和高层管理者之间能够达成共识。这样，满足营造服务文化的内部要求，便成为一个战略问题。其次，实施服务战略，还需要一些对服务时刻关注的人，以及把向内部和外部客户提供优质服务当作生活乐趣的人。如果一个组织试图实施一项服务战略，那么努力营造服务文化是具有战略意义的。

本 章 小 结

本章首先阐述了服务人员的定义、种类、角色及重要性；进而介绍了服务人员招聘的考察测度和面试技术，以及服务人员培训的方法和内容；接着介绍了服务人员激励的原则和方式，以及服务人员的管理；最后说明了企业文化的概念和重要性，以及服务文化的概念、重要性和营造方法。本章要求重点把握服务人员的招聘技术、培训内容、激励方式、服务文化的营造等内容。

思考与练习

（1）什么是服务人员，服务人员的种类有哪些？
（2）服务人员招聘常用的面试技术有哪些？
（3）服务人员培训有哪些方法，服务人员培训包括哪些内容？
（4）服务人员激励的方式有哪几种？
（5）什么是服务文化，如何构建服务文化？

第八章 服务有形展示策略

教学目标

（1）认识服务有形展示的概念和意义。
（2）掌握服务场景理论观点及设计原则。
（3）了解服务企业形象设计的定义和内容。
（4）知道服务有形展示管理的内涵和途径。

顾客在购买与消费服务时，首先接触到的往往不是服务本身，而是可见的、可碰触到的相关信息，这些因素被称之为有形展示。根据环境心理学的理论，顾客利用感官对物体的感知及由此所获得的印象，将直接影响顾客对服务质量及企业形象的认知与评价。鉴于此，学者们纷纷提出了采用有形展示策略，借助服务过程中的各种有形要素帮助服务企业进行有效的信息传递，吸引顾客消费。

第 1 节 服务有形展示概述

有形展示是服务市场营销组合的七大要素之一。服务因其无形性而不同于有形商品，服务是以行为方式存在，更强调过程性，顾客只能根据服务工具、设备、员工、信息资料、其他顾客核价目表等所提供的服务线索来做出购买决定。了解服务有形展示的类型和作用，加强服务有形展示的管理，创造良好的服务环境具有重要的战略意义。

一、服务有形展示的内涵

（一）服务有形展示的概念

1973 年，菲利普·科特勒提出了"营销氛围"的概念，建议"设计一种环境空间，以对顾客施加影响"。1977 年，肖斯塔克提出了"服务展示管理"的概念，它是指对服务有形物以及能够传递有关服务的适当信号的线索进行管理。在服务市场营销关联度范畴内，有形展示是指一切可传达服务特色及优点的有形组成部分。

在服务营销中，有形展示的范围比较广泛，不仅包括环境，还包括所有用以帮助生产服务和包装服务的一切实体产品、设施和技术人员，如服务设施、服务人员、市场信息资料、顾客等。故我们认为服务有形展示是指服务机构策略性地提供服务的有形线索，以吸引顾客识别和了解服务，促进销售的手段和经营管理策略。包括服务场景和其他有形物。

事实上，将有形展示的内容由服务场景扩展至包含所有用以帮助生产服务和包装服务的一切实体产品和设施，加以结合进行合理的管理和利用，可帮助顾客感觉服务产品的特点以及提高享用服务时所获得的利益，有助于建立服务产品和服务企业的形象，支持有关营销策略的推行。反之，若不善于合理管理和运用，则它们可能会传达错误的信息给顾客，影响顾客对产品的期望和判断，进而破坏服务产品及企业的形象。

根据环境心理学理论，顾客利用感官对有形物体的感知及由此所获得的印象，将直接影响到顾客对服务产品质量及服务企业形象的认识和评价。顾客在购买和享用服务之前，会根据那些可以感知到的有形物体所提供的信息而对服务产品做出判断。比如，一位初次光顾某家餐馆的顾客，在走进餐馆之前，餐馆的周围的环境、门口的招牌等已经使他对之有了一个初步的印象。如果印象尚好的话，他就会径直走进去，而这时餐馆内部的装修、桌面的干净程度以及服务员的礼仪形象等将直接决定他是否会真的在此用餐。对于服务企业来说，借助服务过程的各种有形要素必定有助于其有效地推销服务产品的目的的实现。学者们提出了采用"有形展示"策略，以帮助服务企业开展营销活动。

二、有形展示的一般类型

根据不同的视角，对有形展示可以做出不同的分类。不同类型的有形展示对顾客的心理及其判断服务产品质量的过程有不同程度的影响。

（一）边缘展示和核心展示

根据有形展示能否被顾客拥有可将之分成边缘展示和核心展示两类。

1. 边缘展示

边缘展示是指顾客在购买过程中能够实际拥有的展示。这类展示很少或根本没有什么价值，比如电影院的入场券，它只是一种使观众接受服务的凭证；在宾馆的客房里通常有很多包括旅游指南、住宿须知、服务指南以及笔、纸之类的边缘展示，这些代表服务的物品的设计，都是以顾客心中的需要为出发点，保证了企业服务的有序进行，它们无疑是企业核心服务强有力的补充，其设计需要与顾客期望和公司定位保持一致。

2. 核心展示

核心展示与边缘展示不同，在购买和享用服务的过程中不能为顾客所拥有，但核心展示却比边缘展示更重要。在大多数情况下，只有这些核心展示符合顾客需求时，顾客才会做出购买决定。例如，宾馆的级别、银行的形象、出租汽车的牌子等，都是顾客在购买这些服务时首先要考虑的核心展示。我们可以说，边缘展示与核心展示加上其他现成服务形象的要素（如提供服务的人），都会影响顾客对服务的看法与观点。当一位顾客判断某种服务的优劣时，尤其在使用或购买它之前，其主要的依据就是从环绕着服务的一些实际性线索、实际性的呈现所表达出的东西。

（二）实体环境、信息沟通和价格展示

从有形展示的构成要素进行划分，主要表现为三种类型，即环境、信息沟通和价格，三者相互相交，并非完全排他。如价格是一种不同于物资设备和说服性信息交流的展示

方式，必须通过多种媒介将价格信息从服务环境传进、传出。

1. 实体环境

服务企业的实体环境是由背景因素、设计因素和社交因素决定的（如表8-1所示）。

表8-1 实体环境的构成因素

实体环境	环境特点	相关因素
背景环境	不引起顾客反感的背景条件	温度、湿度、通风、气味、声音、整洁度等
设计环境	顾客最容易察觉的刺激	艺术设计：建筑物样式、风格、颜色、格局、规模、材料等 功能设计：布局、舒适程度等
社交环境	环境中的人	顾客：人数、外表和行为 服务人员：人数、外表和行为

（1）背景因素。背景因素指顾客不大会立即意识到的环境因素，如温度、湿度、通风、气味、声音、整洁度等因素。如果服务环境中缺乏顾客需要的某种背景因素，或某种背景因素使顾客觉得不舒服，他们才会意识到服务环境中的问题。顾客通常假定服务场所的背景环境应该完美无缺。一般来说，良好的背景环境并不能促使顾客购买，较差的背景环境却会使顾客退却。

（2）设计因素。设计因素指刺激顾客视觉的环境因素。与背景因素相比，设计因素对顾客感觉的影响就比较明显，设计精美的服务环境更能促使顾客购买。设计因素又可分为艺术设计因素（例如建筑物样式、风格、颜色、格局、规模、材料等）和功能设计因素（布局、舒适程度等）两类。服务设施内外设计状况都可能会对顾客的感觉产生重大影响。

（3）社交因素。社交因素指服务环境中的顾客和服务人员。服务环境中的顾客和服务人员的人数、外表和行为都会影响顾客的购买决策。服务人员代表服务企业，其仪态仪表是服务企业极为重要的实体环境。服务人员衣着整洁、训练有素、令人愉快，顾客才会相信他们能够提供优质服务。

2. 信息沟通

信息沟通是另一种服务展示形式，这些沟通信息来自企业本身以及其他引人注意的地方。从赞扬性的评论到广告，从顾客口头传播到企业标记，这些不同形式的信息沟通都传递了有关服务的线索，使服务和信息更具有有形性。有效的信息沟通有助于强化企业的市场营销战略。

（1）服务有形化。让服务更加实实在在的方法之一，就是在信息交流的过程中强调和服务相联系的有形物，这样就可把与服务相联系的有形物推到信息沟通策略的前沿。麦当劳公司针对儿童的"快乐餐"计划十分成功，正是运用了创造有形物这一技巧。麦当劳把汉堡包和法国炸制品放进一种特别设计的盒子里，盒子里面有游戏、迷宫等图案，也有麦当劳的图像。这种方式，让麦当劳就把目标顾客的娱乐和饮食联系到了一起。这个例子证明使用有形因素能使服务更容易被感受，也更真实。

（2）信息有形化。信息有形化的一种方法就是鼓励对企业有利的口头传播。如果顾客经常选错服务提供者，那么他特别容易接受其他顾客提供的可靠的口头信息，并据此做出购买决定。信息有形化的另一种方法是在广告中创造性地应用容易被感知的展示。

3. 价格展示

价格可以为顾客提供产品质量和服务质量的信息，提高或降低顾客对产品或服务质量的信任感，提高或降低顾客对产品和服务质量的期望。顾客往往会根据服务的价格，判断服务档次和服务质量。对服务企业来说，制订合理的价格尤其重要。价格过低，会使顾客怀疑服务企业的专业知识和技能，降低顾客感觉中的服务价值。价格过高，会使顾客怀疑服务的价值，认为企业有意敲诈顾客（如表8-2所示）。

表8-2 不同行业的有形展示示例

服务类型	有形展示	
	服务场景	其他有形物
医院	建筑外观、停车场、指示标志、候诊区、护理室、医疗设备	制服、检验报告单、收费单、处方单、病历本
保险	建筑外观、停车场、大厅、前台、走廊、电梯、房间	保险单、收费单、宣传手册、名片
旅馆	建筑外观、停车场、大厅、前台、走廊、电梯、房间	登记表、钥匙、菜单、制服、留言簿
快递	建筑外观、停车场、大厅、前台、走廊、电梯、房间	包裹包装、运输车辆、制服、运输单据、网站

（三）内部展示和外部有形展示

按有形展示要素的渠道进行分类，分为内部展示和外部有形展示。

1. 内部展示

内部展示是在服务企业内部展现的、向顾客提供服务线索、传递服务质量的实体。主要有物的因素、人的因素以及气氛因素。其中物的因素包括环境因素、设备、价格、标准化信息明示等，它在内部有形展示中占有很大比重。人的因素则指的是员工的外表、语言、行为方式、精神面貌等。顾客在接近或进入企业时就会与内部有形展示因素发生接触，内部有形展示的每一个细节都可能对顾客产生影响。

2. 外部有形展示

外部有形展示是服务企业通过一定的媒体、渠道，对企业的声望、服务特性和产品特色等进行传递的有形载体。包括品牌载体、广告、公众口碑与名人效应等。品牌载体通过品牌标记、品牌理念象征物等来表示。外部有形展示的功能主要是吸引和诱导，实现无形服务的有形化。

内外部有形展示不能各自为政，而要相互配合并发挥作用，这样才能取得有形展示的最佳效果。

三、服务有形展示的意义与作用

（一）服务有形展示的意义

服务有形展示的首要作用是支持公司的市场营销战略。在建立市场营销战略时，应特别考虑对有形因素的操作，以及希望顾客和员工产生什么样的感觉，做出什么样的反应。有形展示作为服务企业实现其产品有形化、具体化的一种手段，在服务营销过程中占有重要地位。有形展示能被升华为服务市场营销组合的要素之一，它所起到的作用及其战略功能当然不局限评估品质，具体来说主要包括以下几个方面。

1. 通过感官刺激，让顾客感受到服务给自己带来的利益

顾客购买行为理论强调，产品的外观是否能满足顾客的感官需要将直接影响到顾客是否真正采取行动购买该产品。同样，顾客在购买无形的服务时，也希望能从感官刺激中寻求到某种东西。服务展示的一个潜在作用是给市场营销策略带来乐趣优势。努力在顾客的消费经历中注入新颖的、令人激动的、娱乐性的因素，从而改善顾客的厌倦情绪。例如，顾客期望五星级酒店的外形设计能独具特色，期望高格调的餐厅能真正提供祥和愉悦的气氛。因此，企业采用有形展示的实质是通过有形物体对顾客感官方面的刺激，让顾客感受到无形的服务所能给自己带来的利益，进而影响其对无形产品的需求。

对于以感觉为基础的服务营销战略来说，建筑可以有力地支持它，是一个值得挖掘的资源。但是，建筑物只是"包装"的最外一圈，是最初的线索。"内层包装"，即环境、顾客系统、员工的工作态度是首要的，它们要么与最初信息（即建筑物所传达的）相吻合，要么让人觉得最初的信息仅是假象。

2. 引导顾客对服务产品产生合理的期望

顾客对服务是否满意，取决于服务产品所带来的利益是否符合顾客对之的期望。服务的不可感知性使顾客在使用有关服务之前，很难对该服务做出正确的理解或描述，他们对该服务的功能及利益的期望也是很模糊的，甚至是过高的。不合乎实际的期望又往往使他们错误地评价服务，做出不利的评价，而运用有形展示则可让顾客在使用服务前能够具体地把握服务的特征和功能，较容易地对服务产品产生合理的期望，以避免因顾客期望过高而难以满足所造成的负面影响。

3. 影响顾客对服务产品的第一印象

对于新顾客而言，在购买和享用某项服务之前，他们往往会据第一印象对服务产品做出判断。既然服务是抽象的、不可感知的，有形展示作为部分服务内涵的载体无疑是顾客获得第一印象的基础，有形展示的好坏直接影响到顾客对企业服务的第一印象。例如，参加被宣传为豪华旅行团出去旅游的旅客，当抵达目的地时，若接旅客去酒店的专车竟是残年旧物，便马上产生"货不对路"的感觉，甚至有一种受骗的感觉。反之，若接送的专车及导游的服务能让人喜出望外，则顾客会觉得在未来随团的日子里将过得舒适愉快，进而也增强了对旅游公司服务质量的信心。有些房地产公司，把房地产交易和他们能向顾客展示的各种有形因素联系在一起，形成公司的"最佳销售者系统"资料提供给顾客，以便他们据此做出判断。

4. 促使顾客对服务质量产生"优质"的感觉

服务质量的高低并非由单一因素所决定。根据对多重服务的研究，大部分顾客根据

10 种服务特质判断服务质量的高低，"可感知"是其中的一个重要特质，而有形展示则正是可感知的服务组成部分。与服务过程有关的每一个有形展示、服务设施、服务设备、服务人员的仪态仪表，都会影响顾客感觉中的服务质量。有形展示及对有形因素的管理也会影响顾客对服务质量的感觉。优良的有形展示及管理就能使顾客对服务质量产生"优质"的感觉。因此，服务企业应强调使用适用于目标市场和整体营销策略的服务展示。通过有形因素提高质量意味着对微小的细节加以注意，可见细节能向顾客传递公司的服务能力以及对顾客的关心。为顾客创造良好的环境，提高顾客感觉中的服务质量。

5. 帮助顾客识别和改变对服务企业及其产品的形象

有形展示是服务产品的组成部分，也是最能有形地、具体地传达企业形象的工具。企业形象或服务产品形象的优劣直接影响着顾客对服务产品及公司的选择，影响着企业的市场形象。形象的改变不仅是在原来形象的基础上加入一些新东西，而要打破现有的观念，所以它具有挑战性。要让顾客识别和改变服务企业的市场形象，更需提供各种有形展示，使顾客相信本企业的各种变化。

6. 协助培训服务员工

从内部营销的理论来分析，服务员工也是企业的顾客。由于服务产品是"无形无质"的，顾客难以了解服务产品的特征与优点，服务员工作为企业的内部顾客也会遇到同样的难题。如果服务员工不能完全了解企业所提供的服务，企业的营销管理人员就不能保证他们所提供的服务符合企业所规定的标准。营销管理人员利用有形展示突出服务产品的特征及优点时，也可利用相同的方法作为培训服务员工的手段，使员工掌握服务知识和技能，指导员工的服务行为，为顾客提供优质的服务。

（二）服务有形展示的作用

做好有形展示管理工作，发挥有形展示在营销策略中的辅助作用，是服务企业管理人员的一项重要工作。管理人员应深入了解本企业应如何巧妙地利用各种有形展示，生动、形象地传送各种营销信息，使顾客和员工都能了解并接受。

有形展示在服务营销中可发挥以下具体作用。

1. 使顾客形成初步印象

经验丰富的顾客受有形展示的影响较少，缺乏经验的顾客或从未接受过本企业服务的顾客却往往会根据各种有形展示，对本企业产生初步印象，并根据各种有形展示，判断本企业的服务质量。服务企业应充分利用各种有形展示，使顾客形成良好的初步印象。

2. 使顾客产生信任感

顾客很难在做出购买决策之前全面了解服务质量。要促使顾客购买，服务企业必须首先使顾客产生信任感。为顾客提供各种有形展示，使顾客了解更多本企业的服务情况，向顾客展示服务工作情况，提供服务工作的透明度，使无形的服务有形化，可增强顾客的信任感。不少服务企业将一部分后台操作工作改变为前台工作。例如，旅游宾馆的厨师经常在餐厅做烹饪表演，根据顾客的特殊要求，为顾客烹调食品。

3. 提高顾客感觉中的服务质量

在服务过程中，顾客不仅会根据服务人员的行为，而且会根据各种有形展示评估服务质量。与服务过程有关的每一个有形展示，例如服务设施、服务设备、服务人员的仪态仪表，都会影响顾客感觉中的服务质量。服务企业应根据目标细分市场的需要和整体营销策略的安全，无微不至地做好每一项基本服务工作和有形展示管理工作。为顾客创造良好的消费环境，以便提高顾客感觉中的服务质量。

4. 塑造本企业的市场形象

服务企业必须向顾客提供看得见的有形展示，生动、具体地宣传自己的市场形象。单纯依靠文字宣传，是无法使顾客相信服务企业的市场形象的。在市场沟通活动中，巧妙地使用各种有形展示，可增强企业优质服务的市场形象。要改变服务企业的市场形象，更需要提供各种有形展示，使顾客相信本企业的各种变化。

5. 为顾客提供美的享受

服务也可通过有形展示，为顾客提供美的享受。现在，不少服务企业非常重视建筑物艺术风格和建筑物内部装饰布置，给予顾客某种特殊的美感，吸引顾客来本企业消费。建筑物外表和内部装饰只能向顾客传递初步信息，服务企业更应重视服务环境、服务体系、员工的仪表和服务态度，才能使顾客享受优质服务。

采用这类营销策略的服务企业往往强调娱乐性服务，将服务场所作为舞台，将服务过程作为演出过程，给顾客一个新奇、欢乐、兴奋和有趣的服务经历。

6. 促使员工提供优质服务

做好有形展示管理工作，不仅可为顾客创造良好的消费环境，而且可为员工创造良好的工作环境。使员工感到管理人员关心他们的工作条件，进而鼓励他们为顾客提供优质服务。做好有形展示管理工作，可使顾客了解服务的现实情况，也可使员工了解应如何提供优质服务，满足顾客的需要和期望。这就要求管理人员通过教育和培训，使员工掌握服务知识和技能，指导员工的服务行为，关心员工的工作条件和生活。

第2节 服务场景的设计

在进行服务场景设计时，要从策略角度考虑服务场景的多重作用及各作用之间的相互关系，理解为何会出现某些影响及如何处理这些影响。

一、服务场景的内涵

服务场景或服务环境在形成顾客期望、影响顾客经历和实现服务组织的差异化等方面，发挥着重要的作用。从吸引顾客，到保留顾客，再到提升顾客关系，在服务组织实现这一系列顾客关系目标的过程中，服务场景都有着深刻的影响。

服务场景曾被定义为服务所处的建构环境，这种定义及由此而形成的服务场景框架只是建立于"有形环境"这一个维度上。由于处于建构环境中的人也同样塑造和影响着有形环境，社交环境也应该包括在扩展的服务场景概念之中。比特尔把服务场景定义为服务经历、交易或事件所处的直接有形环境和社交环境。服务场景帮助形成顾客的经历，影响他们对服务的满意度。在某些情况下，服务场景甚至成为顾客能否重复购买该企业的服务的决定因素。

综上所述，服务场景是指为服务经历、交易或时间所处的直接有形环境和社交环境，或称为构建环境和社交环境。

二、服务场景的类型

（一）服务场景的类型

由于服务生产和服务消费的性质不同，有形环境对顾客或员工的重要性也有差异。有些服务组织对某些具体要素有特殊的要求，有形环境对于其实现组织目标有重要的意义，而对另一些组织，有形环境意义可能不大。比特尔依据两个因素——服务场景的用途和复杂性，对服务组织的类别进行了划分，这两个要素可以识别出服务组织在场景管理方面的主要区别。

服务场景的有效分类有助于帮助顾客了解服务的特点，以及把握服务场景的复杂性。表 8-3 所示的是服务组织的用途及服务场景的类型。

表 8-3 基于服务场景的形式和用途的差异划分服务组织的类型

服务场景的用途	服务场景的复杂性	
	复杂的	精简的
自助服务（顾客自己）	高尔夫球场、冲浪现场	ATM 机、大型购物中心的信息咨询处、邮局、互联网服务、快件递送
交往性服务（顾客与员工）	饭店、餐厅、保健所、银行、机场、学校	干洗店、美发厅
远程服务（员工自己）	电话公司、保险公司、公共事业、众多的专业服务	电话邮购服务台、以自助语音信息服务

1. 自助服务环境

在这些主要自助服务的场景中，顾客自己完成服务，即使有员工参与也非常少。服务组织设计服务场景时能够专注于营销目标，诸如吸引适当的细分市场，使设施吸引人并便于使用等。

2. 远程服务

在远程服务中，顾客很少或根本没有卷入服务场景中。通信服务、公共服务、金融咨询、邮购服务等都是在顾客不能直接看到服务设施的情况下提供服务的例子。在这些远程服务中，服务设施的设计可以近乎完全专注于员工的需要和爱好，所建立的场所应能激励员工、有利于提高生产率、加强团队合作、提高工作效率及其他人期望的组织行为目标。

3. 交往性服务

交往性服务介于上述两个极端之间，代表了顾客和员工都需要置身于服务场景中的情形。例如，饭店、餐厅、医院、教育设施及银行等。对于此类型的服务，服务场景的设计必须能够同时吸引、满足、便利于顾客和员工两者的活动。对于服务场景如何影响顾客之间、员工之间及顾客和员工之间的社会性交互的属性和质量，也必须给予特别关注。

(二) 服务场景分类的意义

某些组织通过恰当地把自己置身于服务场景分类方案的某个单元内，可以帮助其解决相关问题。

(1) 在制定服务场景和其他有形展示的决策时应该向谁咨询？如果公司属于自我服务组织，那么它可以将重点放在顾客的需要和偏好上。如果是远程服务组织，则可把重点放在员工方面。如果公司属于交往性服务组织，它就该了解有关服务场景的决定会潜在地影响顾客和员工双方以及他们之间的交互。两个群体的需要和偏好都应予以考虑，这意味着决策过程将更加困难。

(2) 通过服务场景的设计要达到什么组织目标？对于自我服务组织来说，可以强调营销目标，例如，吸引顾客和使顾客满意。对远程服务组织来说，在设计服务设施时应首先注意工作小组和员工的积极性、生产率及满意度。对于交往性服务组织来说，则应尽可能强调营销目标和组织目标，并应该注意达到一组目标的方案不一定不适用于另一组目标。

(3) 关于服务场景的决策有多复杂？相对而言，在空间、设备和所传递的服务差异性方面越复杂的服务场景，关于该服务场景设计的决策就越复杂。较高的复杂性相对要求在设计决策中投入更多的资源，如时间、金钱和人力。服务场景决策的最复杂情形是交往性服务单元，因为要考虑其中的多重需要（员工、顾客及其之间的交流等）。

三、服务场景的相关理论

(一) "刺激物—有机体—反应" 模型

环境心理学主要研究人们对环境产生的反应，将环境心理学的理论应用于服务营销中，可以更好地理解顾客对服务的反应，从而营造服务环境，使其对顾客和员工的认知和行为产生影响。图 8-1 的麦拉宾·罗素的"刺激物—有机体—反应"模型，它用于帮助解释服务环境对顾客消费行为的影响。

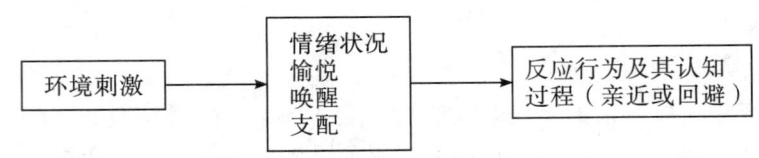

图 8-1 "刺激物—有机体—反应"模型

(二) 服务性组织中服务场景影响模型

从策略角度考虑服务场景的多重作用及各作用之间的相互关系非常重要，理解服务场景对行为的影响的框架遵循基本的"刺激物—有机体—反应"理论，框架中的多维环境要素刺激，顾客和员工是对刺激做出反应的有机体，该环境下产生的行为是反应。"刺激物—有机体—反应"理论认为服务场景的要素会影响到顾客和员工，他们对服务场景的内在反应将决定其行为方式。

图 8-2 中展示的是一个更为综合的"刺激物—有机体—反应"模型范例，表明环境

对多方（顾客、员工及其之间的交流）的影响、多种类型的内在反应（认识、情感和生理上的）以及由此引发的不同的个人及社会行为等复杂的程度。它直接适用于服务企业的有形展示对顾客和员工随后行为的影响。这个模型指出，由于服务的不可分割性，公司的环境可能影响顾客和员工。然而，设施的设计应该符合那些大部分时间都在设施之内度过的人的需要。

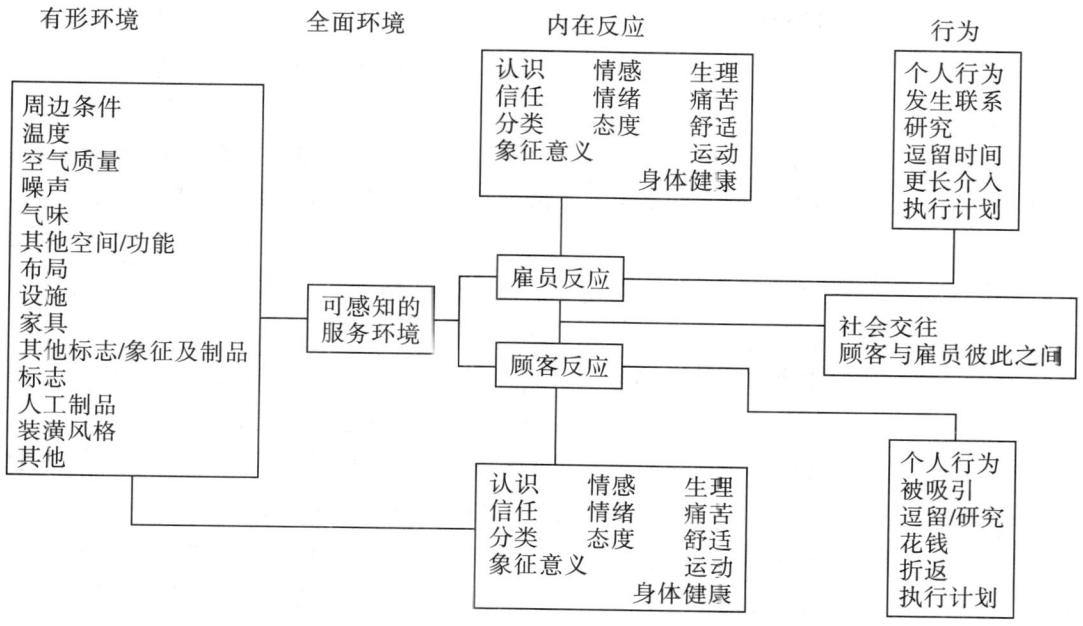

图8-2 服务性组织中服务场景影响模型

资料来源：泽丝曼尔，等. 服务营销［M］. 5版. 张金成，白长虹，译. 北京：机械工业出版社，2003.

1. 整体环境

服务场景模型的整体环境叫作感知服务场景。感知服务场景是对服务企业有形设施的一个组合体的心理形象。对感知服务场景进行战略性的管理有助于制定一个使公司区别于竞争者的定位战略，最终在竞争性替代品之中做出选择时影响到顾客的决策过程。公司在发展服务场景时应当考虑到其目标市场。

2. 内部反应调节器

服务场景模型的内部反应调节器与此前讨论的"刺激—有机体—反应"模型的三个基本情感状态有关：愉悦—不愉悦、唤醒—不唤醒和支配—顺从。这三种反应调节器协调着感知的服务场景和顾客及员工对服务环境之间的反应。员工对公司环境的反应也将受到其自身情绪状态的影响。有时员工希望能够同顾客进行交谈，其他时候员工则乐于尽量减少谈话。反应调节器有助于解释服务为什么以异质性为特征，因为服务随提供者而有所不同，甚至是同一提供者也会随时间而有所差别。

3. 对环境的内部反应

顾客和员工以不同的水平对环境的内部反应——认知、情绪和生理。

（1）认知反应。根据模型，认知反应是个人的思考过程，它包括信念、分类和象征性意义。在信念的形成过程中，公司的环境充当以一种非口头的传播形式并影响到顾客对提供者实施服务的能力的看法。例如，如果学生很难跟得上教授在课堂上的演讲，学生就可能把这种困难归咎于这个教授的无能或者可能责怪自己没有能力学习这门课程。因此，有形展示支持了顾客对提供者的成功、服务价格和能力的看法。员工在整体感知服务场景的基础上也会对公司形成类似的看法。

分类是认知反应的第二类。顾客评估有形展示而且通常迅速地将新服务设备分成现有的一些运营类型。然后他们为这种类型的运营获取合适的行为方案并据此行事。

个人还从公司对有形展示的使用方面来推断其象征性意义。在某些情形下，有形展示可能变成许多象征，例如个性、少年得志、梦想或其他意义。通过使用有形展示，象征性意义有助于差异化和定位。

（2）情绪反应。情绪反应不涉及思考，它通常是完全无法解释和突然发生的。例如，独特的歌声可能使某个人感到愉悦、难过或再现往昔的与音乐的特殊片段有关的情感。气味对一些个人有类似的影响。显然，有效的有形展示管理的目标是激发一种积极的情感，这种情感营造出一种员工在工作中乐在其中和顾客想身处其中的氛围。

（3）生理反应。与认知和情绪反应相反，生理反应通常表现为身体的愉悦或不舒适。典型的生理反应包括痛苦和舒适。音乐声太大的环境可能导致员工和顾客感到不舒适并远离这个噪声源。缺乏禁烟区可能导致一些顾客呼吸困难，进而感到难受。如果不是为了唤醒某人，明亮的灯光环境可能导致眼睛不舒服。反之，一个灯光暗弱的饭店可能导致视力受损害，因为顾客得费力去读菜单。

4. 对环境的行为反应

（1）个人行为。正如"刺激物—有机体—反应"模型的基本原则部分所表述的那样，对环境刺激物的个人反应被称作亲近和逃避行为。

（2）社会交流。由于人际关系式服务内在的不可分割性，公司的服务场景必须鼓励员工与顾客之间、顾客之间及员工之间的交流。创造这样一种环境的挑战在于，员工通常漠视顾客的要求，从而他们能够在最少的顾客参与下完成任务。诸如身体上的接近、座位设置安排、设施大小和灵活性之类的环境变量在改变服务场景构造的过程中决定了社交的可能性，并对可能的社会交流数量施加限制。

四、服务场景设计的关键因素与原则

（一）服务场景设计的关键因素

服务类型不同，展示服务的场景设计也大相径庭。与顾客接触、互动较少的服务，其场景的设计可以简单化，涉及的因素、空间和设施都有限。自动售货亭就是在一个简单的结构中提供服务。类似的服务场景设计应该相对直接一些，尤其是自我服务或远端服务，因为其中没有员工与顾客的交流。高接触服务的服务场景则可能很复杂，要涉及很多因素和很多形式，诸如周边环境、空间布局与功能、标识、象征、制品。以医院为例，该场所有很多楼层，很多房间，还有复杂的设备，以及有形场所内功能的复杂可变性。

服务场景设计包括企业能够控制的、能够增强员工和顾客行为以及服务感知的所有客观因素。服务场景的设计主要考虑以下因素：①外部设施。外部场景设施的设计在整个服务场景的构建中同样占有重要的作用，它们既是内部空间的延伸，又能影响人们的服务活动，主要包括建筑物的设计、标志景观、停车场、道路铺装、植物绿化、艺术照明、小品、水体、周围景色以及企业所在地的周边环境等；②内部空间布局与功能。内部空间布局与功能包括与服务核心要素紧密相关的要素，服务场景内部的装修与设施的布局以及它们之间的关系共同构成了服务传递可视化和功能化的场景，主要包括建筑、大小、形状、颜色、布局、风格、附件、设备、空气质量、温度、照明、噪声、音乐、气味、气氛、陈设、舒适与标识等。

（二）服务场景设计的原则

1. 与企业形象定位相一致的原则

企业形象指公众对企业的整体印象和评价，是公众对企业及其行为表现所产生的看法、情感和认识的综合，是企业产品质量、服务水平、经营风格、员工素质、环境优劣、文化精神、标识特征等形象构成要素的整体体现。它是企业在社会上知名度和美誉度的总汇。良好的企业形象有利于企业赢得竞争优势。

形象定位是服务企业根据市场的竞争情况和本企业的条件，确定本企业在目标市场中的竞争地位，通过各种营销手段，吸引顾客注意，以促使顾客在思想行为（特别是消费思想与行为）上产生有利于企业发展的倾向性。准确的企业形象定位，决定着企业未来的形象塑造方向，同时也决定着企业未来的发展方向与目标。服务场景的设计是服务企业使服务有形化、差异化的一种强有力的手段，各个要素应该相互协作，共同营造一种统一的形式，以重点凸显组织形象，不因丝毫的不和谐因素破坏整体形象。服务场景设计与企业形象定位相一致，向目标市场有力地传达了可靠的信息，促使公众（包括企业员工）形成对企业形象的准确认知与把握，从而促进企业形象的传播。

2. 优化服务流程原则

服务场景的设计应该有助于减少顾客感知的时间、体力、精力与心理等非货币成本耗费。伴随日益增大的竞争压力、不断升高的机会成本、顾客导向时代的到来，当今的顾客对于服务便利的需求比以往任何时候都强烈，服务消费的不便利已成为促使顾客转换服务的重要理由。

通过服务场景的设计为顾客提供更多便利无疑是服务企业赢得顾客、强化竞争优势的一项重要举措。

服务场景的设计应该充分考虑服务的类型、特点与服务流程的需要，表现出有序与和谐，优化服务流程，方便服务运作，提高服务效率。例如，在一些公共服务领域，推出一站式服务。在服务场景的设计上,把诸多服务窗口集中在一个大厅,顾客跑一圈,就把要办理的事情处理完毕,公开、方便、快捷。

3. 美学原则

服务场景设计要符合美学原则,设计时要考虑目标市场顾客的审美心理与审美习惯,给人以美感,能够使人获得美的享受,感到惬意、身心舒适,甚至陶冶情操。物质环境的任何方面,比如器具的布置、灯光、颜色、设备、标志、员工服装和原料等,都尽可能和谐完美,创造出某种美的意境与氛围。服务场景的设计在形式、内容与功能上紧密结合,让人产生一种回味无穷的美的感受与体悟,从而给人留下深刻的体验。

4. 主题化原则

主题化是一种有效的提高服务体验的方法。服务场景主题化是指通过建筑物造型、外环境、外装修、企业的环境艺术、室内装修设计等软件的创造性设计,从外形和内涵上促成一个或多个主题的形成,赋予服务以某种具有特色的主题,并围绕它来组织生产经营活动,营造经营服务与管理气氛,使产品、服务、环境、造型以及活动等都为某种特定主题服务,始终使主题成为顾客容易识别的服务特征和产生消费行为的刺激物。

主题是服务形成特色和独特个性的灵魂,也是企业影响顾客服务选择方向的基本魅力。主题越独特越是吸引喜爱这一主题的顾客,越容易培育顾客的忠诚。主题化对企业提供的服务、环境实施也是一种限制,在某种程度上给经营也带来一定的风险。

5. 文化性原则

深入挖掘和广泛培养文化底蕴,对服务产品进行深度和广度上的文化加工,给顾客提供一种与众不同的文化体验与熏陶,能够给服务经济带来广阔博大的空间。

服务场景设计在内涵和外延上的文化性拓展和丰富,是一个系统的工程,不仅改变服务产品的内涵和层次结构,而且改变产品的核心。如果服务企业从建设开始就注重文化的营造,从设计、建设、装修到管理经营、服务都注入独特的文化内涵,凸显文化品位的提升,文化氛围的渲染,文化形象的塑造,形成鲜明个性,从而给服务灌注"文化灵魂",带来独特的魅力与竞争力,增加服务的附加值。这已成为现代服务企业经营的一大趋势。

6. 弹性原则

成功的服务机构是可以适应需求数量和性质变化的动态组织。服务需求的适应能力在很大程度上取决于当初设计时的弹性。弹性也可以称之为"为未来而设计",为未来增长做准备。在设计阶段提出的问题可能有:怎样设计才能满足当前服务的未来扩展;怎样设计设施才能适用于未来新的不同的服务。

7. 安全性原则

服务场景的设计需要考虑安全性,如游泳池,在设计上就要考虑避免发生身体伤害,为防止意外事故发生,还必须具备一些必要的设备进行救援,如救生圈、安全钩。在美国"9·11"事件发生后,安全的需求似乎变得更加敏感与迫切。一些大型服务场景如机场、车站、超市,不仅安装了监视摄像,甚至技术更先进的安全设备。

五、服务场景对顾客的影响

服务场景是服务企业创造的提供服务的特定舞台,是服务有形展示的综合物理环境与社会环境的集合。服务场景在服务营销中占重要地位,服务原本无形,这种无形性使顾客难以直接、有效地对产品进行评价,从而可能延缓或误导顾客对服务产品的选择和消费。而服务场景可以提供给顾客有形支持,对顾客的影响巨大。正因为如此,服务场景也是经常使用的定位服务组织的最重要的因素之一。

(一) 环境、顾客和员工反应

构成服务场景的多维环境要素是刺激,顾客与员工是对刺激做出反应的有机体,该环境下产生的行为就是反应,包括靠近或远离,员工和顾客对环境刺激的内部响应(认识、情感和生理)将决定其反应。可以看出,该模型遵循着基本的"刺激—有机体—反应"理论,顾客在认识、情感和生理上的反应属于内部反应,它们是顾客做出行为反应的依据。

1. 服务场景对人们的认知产生影响

服务场景对人们的认知产生影响主要体现在感知到的服务场景,能影响人们对某个地方及该地方的任何产品的信任。从某种意义上讲,可以把服务场景看作一种非语言的交流形式,通过所谓的"客观语言"传递信息;同时对服务场景的感知,可以帮助人们通过归类对公司加以区分。

2. 感知到的服务场景还能够引起情感方面的反应

感知到的服务场景还能够引起情感方面的反应,即置身于某个地方可以使我们感到高兴、愉悦和放松,而置身于另一处却可能使我们感到难过、沮丧和消沉。环境学心理学家通过研究认为任何环境,自然的或人为的,都会引起两个方面的情感:高兴与不高兴、唤起程度高与低(即刺激或兴奋程度)。

3. 感受到的服务场景可以在生理方面给人影响

感受到的服务场景可以在生理方面给人影响,比如太大的噪声会引起生理上的不适,房间温度不适会使人发抖或大汗淋漓,空气质量不好会使人呼吸困难,光照过强会使眼睛疲惫并造成身体不适的感觉。所有这些生理反应都会直接影响人们是否愿意在某环境停留并喜欢该环境。

而这些内部的反应必然外化为顾客的行为,从而引发顾客的个人行为与社会行为的反应。环境心理学家认为,个人对地点做出的反应体现在两个很普遍但又截然不同的行为方式上:靠近或远离。靠近行为包括所有的可在某一个地点产生的正面行为,如逗留的愿望、研究、操作使用以及发生联系。远离行为则反映一个相反过程:不愿逗留的愿望、不愿研究、操作使用及发生联系等。除了影响个人行为,服务场景还降低顾客与员工之间交流的质量,这最直接体现在人际交往的服务中。环境可变因素如身体接近状况、座位安排、空间大小和可变通性等能够定义顾客与员工,或顾客之间交流的可能性和限度。

(二) 服务场景对顾客的具体影响

在场景类型的各个单元中,服务场景可同时发挥很多作用,它们作用于顾客,影响着顾客的感知与行为,具体地说,服务场景对顾客可能产生如下影响。

1. 使顾客形成对服务企业的初步印象和建立顾客的期望

与有形商品的包装一样,服务场景和有形展示的其他因素基本上也是服务的"包装",并以其外在形象向顾客传递"内在"信息。经验丰富的顾客受有形展示的影响较少,然而,缺乏经验的顾客或从未接受过服务企业服务的顾客却往往会根据企业的各种有形展示,对服务企业产生初步印象,并根据各种有形展示,判断服务企业的服务质量,建立期望。比如,顾客可以通过餐厅的装饰判断出其服务水准的高低,形成消费预期。

设计产品包装可树立某种特殊形象,同时又能引发某种特殊的视觉或情感上的反应,服务的有形部分通过很多复杂的刺激可发挥同样的作用。服务场景系统是组织的外在形象,对形成初步印象和建立用户的期望意义重大,它是无形服务的有形表现。对建立新顾客的期望和刚刚开业,并希望树立某种形象的服务组织来说,这种包装的作用尤其重要。有形环境为这样的组织提供传递想象的机会,这种传递方式与个人选择的"为成功而着装"的方式有所不同。包装的作用通过服务人员的着装及其外在形象等其他因素向外延伸。

2. 服务场景作为辅助物影响着顾客接受服务的行为

服务场景可以作为辅助物,为身临其境的人们提供帮助。环境的设计能够促进或阻碍服务场景中活动的进行,使得顾客和员工更容易或更难达到目标。设计良好的功能设施可以使顾客将接受服务视为愉快的经历,使员工也将提供服务视为快事一桩。与此相反,不理想的设计会使顾客和员工双方都感到失望。比如,旅行者乘国际航班时发觉自己经过的某个机场没有指示牌、通风不好、没有座位,而且没有吃饭的地方,他会觉得非常不满意,同时在那里工作的员工也会缺乏工作积极性。作为服务有形环境的一部分,座椅经过多年改进更便于满足旅行者的睡眠需求。事实上,设置更好的座椅仍然是国际航空一个主要的竞争点,其结果已经转化为更大的商务旅行顾客满意度。英国航空公司因为其赢得大奖的俱乐部式座位而直接带来了某些航线上市场份额的增加。很多酒店在21世纪初开始模型套房的开发,他们强调客房对那些花更多时间在房间中的顾客具有更多使用意义。客房的设计基于颜色、材质、居家风格等方面,新的酒店中被放入巨大的桌子、更快速的网络连接,大的电视屏幕。这些例子都在使用强调服务场景的辅助作用来影响顾客的行为。

3. 影响顾客与服务员工的交流质量

设计服务场景有助于员工和顾客双方的交流,帮助传递所期望的作用、行为和关系等。例如,专业服务机构中的新员工会通过观察其办公室、办公家具的质量及其相对他人而言所处的位置等渐渐明白自己在公司中的地位。有人说,所有的社会交往都受其所处的有形环境的影响。这里的有形环境能通过持续时间和实际进展方面影响社交活动本身。在很多服务场景中,服务组织希望能确保某些特定进展(即标准),并对服务的持续时间给予限定。环境可变因素如身体接近状况、座位安排、空间大小和可变通性等能够定义顾客与员工，或顾客之间交流的可能性和限度。

4. 有助于顾客区分企业的服务

有形设施的设计可将一个组织同其竞争对手区分开来，并表明该服务所指向的市场细分部分。因为它能起到区分作用，所以可使用有形环境的变化来重新占有或吸引新市场。在购物中心，装潢和陈列展示区中使用的标志、颜色，还有店堂内回荡的音乐等都能表明其期望的细分市场。例如，西餐厅以其雅静的店堂装修和高雅的轻音乐来吸引目标顾客，排除不适合的顾客。

第3节 服务企业形象的设计

企业形象是一种有价值的无形资产，为塑造企业形象而导入企业形象系统所花费的金钱是一种开发性的投资，其价值将得到不断地累积。

一、服务企业形象设计的理念

企业形象设计又称 CI 设计，CI 是英语 Corporate Identity 的缩写，意为企业识别。而企业形象设计应涉及企业的方方面面，更是一个系统工程。CIS 是英语 Corporate Identity System 的缩写，意为企业识别系统，包括理念识别（Mind Identity，MI）、行为识别（Behavior Identity，BI）和视觉识别（Visual Identity，VI）。Identity 一词，在英语中至少包含有同一、一致、认出、识别、个性、特征等意思。在这里，识别表达了一种自我同一性。也就是说，自己认识自己和别人对自己的认识趋于一致，达成共识。用在企业上就可以理解为：企业内部对企业的自我识别与来自企业外部对企业特性的识别认同一致、达成共识。

从理论上说，经营理念是企业的灵魂，是企业哲学、企业精神的集中表现。同时，也是整个企业识别系统的核心和依据。企业的经营理念要反映企业存在的社会价值、企业追求的目标以及企业的经营这些内容，给整个系统奠定了理论基础和行为准则，应尽可能用简明确切的、能为企业内外乐意接受的、易懂易记的语句来表达，并通过 BI、VI 表达出来。所有的行为活动与视觉设计都是围绕着 MI 这个中心展开的，成功的 BI 与 VI 就是将企业富有个性的独特的精神准确地表达出来。BI 直接反映企业理念的个性和特殊性，包括对内在组织的管理和教育、对外的公共关系、促销活动、资助社会性的文化活动等。VI 是企业的视觉识别系统，包括基本要素（企业名称、企业标志、标准字、标准色、企业造型等）和应用要素（产品造型、办公用品、服装、招牌、交通工具等），通过具体符号的视觉传达设计，直接进入人脑，留下对企业的视觉影像。

作为服务企业形象设计，应将企业的经营理念、文化素质、经营方针、产品开发、商品流通等有关企业经营的所有因素，从文化、传播的角度来进行筛选，找出企业具有潜在价值的、有利于形象识别的信息，加以整合，使其在服务环境展示中转换为有效的、一致的标识,这种开发以及设计的行为就是服务企业形象设计。

二、服务企业形象设计的内容

服务企业形象的设计要素,通常通过服务环境设计、人员展示设计和品牌载体展示设计,来实现企业形象识别系统的使命。

(一) 服务环境设计

1. 服务环境设计的特点

服务环境是指企业向顾客提供服务的场所,它包括影响服务过程的各种设施及许多无形的要素。服务环境设计如何,关系着各个局部和整体所表达出的整体形象,影响着顾客对服务的满意度,服务环境设计是有形展示策略实施的重点。

对很多服务企业来说,进行服务环境设计并不是件简单的工作,特别是那些高接触的服务。从服务环境设计的角度来看,服务环境具有6种特点:①环境是环绕、包括与容纳的,一个人只能是环境的参与者而不能成为环境的主体。②环境往往是多种模式的,即环境对各种感受的影响并不只有一种方式。③边缘信息和核心信息重视同时展现,并共同构成环境的一部分,人们不会因为边缘信息未被集中展示就对其失去感觉。④环境的延伸所透露出来的信息总是比实际过程的更多,其中若干信息可能相互冲突。⑤各种环境均隐含一定的目的,并包含各种不同角色,也包含许多内涵和动机性信息。⑥各种环境均因含有各种美学的、社会性的和系统性的特征。

由此可见,服务环境设计关系着各个局部和整体所表达出来的整体印象,影响着顾客对服务的满意度。

2. 服务环境设计的基本原则

服务环境设计就是在综合考虑面临的各种特点问题的基础上来决定操作的一个过程。服务环境设计除了需要花费大量财力以外,还要受到一些不可控制因素的影响。如某些服务企业对环境因素及其影响的认识与理解还有所欠缺。由于个体差异的存在,人们对同一环境条件的认知和反应也不尽相同。在设计服务环境时,很难做到皆大欢喜。服务环境设计还是有一些基本原则是可以遵循的,归纳如下。

(1) 传达核心理念原则。设计理念要保持一致,具体形象与设计理念相符。这要求服务环境各设施要素要相互协调,共同营造形式统一的、个性与重点突出的形象。

(2) 核心利益决定性原则。服务产品的核心利益应决定其设计参数,外部设计要体现服务的内在性质,如银行需设计特定形式的保管库,学校特别是幼儿园建筑物要使用各种色彩进行装扮等。

(3) 功能符合原则。设计要符合服务运行要求,如购物中心楼层高度与普通住宅不一样,酒店宾馆门窗设计要更多考虑安全性。

(4) 外观与流程结合原则。设计要考虑美学与服务流程的结合。

3. 服务环境设计的关键要素

服务环境对企业来说会是面向顾客的第一道窗口,而顾客的认知会来自空间布局、视觉、听觉、嗅觉等，所以在对服务环境设计时应考虑来自这些方面的各种因素，并根据实际业务需要进行筛选与设计。

（1）实物设计。服务企业的建筑物所选的地理位置、建筑规模、色彩、内部构造，通常都会影响到顾客对其的评价。不同的业务特点会有不同的要求，但实物设计是塑造顾客认知的基础。

（2）风格设计。一个企业的风格通常可以从视觉、听觉、嗅觉和触觉的组合或其中某一种感觉进行传达，满足各种或某种感官的需要。视觉由颜色、形状或性状构成，听觉由声音、节奏决定，嗅觉由气味组成，触觉由质地等决定。

①视觉风格。这是企业形象设计最主要的风格要素。零售商店无一例外地利用形状和色彩来打造视觉效果。照明、陈设布局、色彩的选择、服务人员外观要求与着装等都是视觉商品化的一部分。顾客消费服务产品，也许就基于其中某一个视觉感受的直接冲击，吸引其消费。

在视觉要素中，形状或性状和颜色为主要要素。形状通常是服务企业展示出的独有的标志要素，标志设计合理，很容易传达企业理念，并形成跨文化的共鸣。如设计的圆形给人柔和、安全的感觉，对称形成平衡感，不对称给人示以个性等。而颜色，则是建立和增强顾客体验的重要要素。人眼可以把对物体的亮度、色调及色饱和的感官体验与物理特性联系起来。在服务环境中，颜色可使顾客产生情感反应、认知反应和行为反应，如暖色给人热情，冷色给人宁静，黑白给人明亮，金色给人豪华等感觉。服务企业应根据自身特点，选择符合自己的色彩、形状等要素进行组合。

②声音。声音通常是营造气氛的很重要的因素，情感和行为暗示受其影响较大。许多服务行业及从业者，如酒店、饭店、商场、美发厅、机场，以及医生、律师等经常利用听觉刺激来加强与顾客的联系，从而得到顾客的认可、积极的联想和感觉。服务业可以根据其细分市场确定目标顾客最喜欢的音乐、音乐家和曲调。如咖啡厅、美容院播放舒缓的、轻柔的音乐营造舒适的气氛，提高顾客对服务的感知与体验效果。

③气味。气味来源于嗅觉。薄荷型、花香型、优雅型、麝香型、树脂型、恶臭型、辛辣型等不同类型的气味会产生不同的感觉。人类具有极强的辨别气味的能力，因此通过气味的选择来建立企业所期望的认知和感觉是很重要的服务环境设计要素。

④触觉。触觉通常可以通过材质的选择得到传递，不同的材料会给顾客特定的感受。如厚重的材质会给人以厚重的质感；木质给人以自然和温暖感，大理石给人高贵感等。虽然有些服务是禁止顾客触摸的，但利用材料和陈设展示也可以使顾客产生相应的效果。

（3）气氛。气氛是一种整体空间设计，它由装潢、视觉、音乐、气味等要素组合而成，不同组合共同渲染、产生不同的气氛。如饭店会给人家一样的温暖和朴实，有的给人以高雅和富丽堂皇，从而吸引不同的顾客群。

（4）布局。布局是家具、机器、设施的表面分布，体现出规模、形态以及与空间的关系，如顾客与服务人员的距离，环境内部的规模、椅子、沙发等家具布置与摆设灵活性。良好的服务设施的布局可以为顾客和服务人员带来舒适和方便，还可以提高服务提供者的效率。相反，不良的布局则不仅引发顾客的反感，还会导致服务低效化。如星巴克咖啡厅里的桌椅是可以任意移动的,这会给顾客自由随意的感觉。

(5)消费指引。当顾客进入场所时,需要明白如何进出入?怎么做?何时完成消费过程?路径如何?适当的指引很重要,否则容易焦虑和无助。如公园的位置地图、银行的排单拿号等待、酒店的房间指引类标识等,这些均可为顾客的消费提供自助指引或时间安排,增加消费体验的正面效果。

另外服务环境通常还会分前台和后台,前台展示给顾客,后台通常不在顾客视觉范围内展示,因后台的运行要求与前台的区别较大,避免出现可能由于不理解前后台的差异而影响顾客对服务的感知与评价。故在设计服务环境时应设计好前后台的界限与连接点,防止顾客误入后台,给后台的操作运转带来困扰。

(二) 人员展示设计

人员展示是指通过员工形象与举止的适当表现,来给顾客提供以评价服务感受的有形线索。它属于物质环境展示中的社会因素,也属于企业内部有形展示要素。在不同的服务业中,人员展示的重要性是不一样的。人员展示的重要程度与该服务企业员工与顾客的接触形式有关。服务企业接触顾客的方式有两种,即人力接触和技术接触。人力接触是服务人员直接与顾客接触,也称为人际接触;技术接触是通过技术方式接触顾客,又称作方式。服务企业可以通过人际方式、技术方式和混合方式三种接触方式接触顾客。人际方式以人员展示为重点,强化服务的有形线索,让顾客切身感知服务;技术方式能提供标准化的质量而且成本低,可以减少失败的人员展示带来的风险;混合方式即高技术、高接触,它一方面通过高技术来提高效率,另一方面通过人员的职业水平改善服务感受。

服务人员的专业技术技能、外表、语言、行为、精神风貌都是人员展示中的重要内容。服务企业在进行人员展示时需要遵循如下原则。

1. 以"关爱"为核心

"关爱"是优质服务的基础,服务企业首先要培训培养服务人员对顾客要有关爱之心。"爱"的首要标志是微笑,沃尔玛公司倡导的"请露出你的八颗牙"的本质就是让员工笑对顾客,中国也有"没有笑脸莫开店"的古训。航空服务中空姐空少的微笑服务,是典型的案例。"爱"的内涵是真正了解顾客的真实需要,对他们有爱心、热心和耐心。

2. 关注服务人员的视觉形象

服务企业需要考虑服务人员的外表因素,如仪表、仪容、仪态,这些是人的门面。考虑服务人员的语言因素,如语调、语气、音律等,这些是人际交流的首要手段。服务人员的行为方式则反映了企业的服务理念,服务人员的精神风貌能够影响员工之间的关系以及顾客的情绪。

3. 关注与人相关的产品的展示

如服务人员统一着装,工作服的款式、颜色、材料与质地或其他特征,可成为重要的有形标志,这些可以给顾客形成标准化的印象和较强的视觉冲击,有助于顾客识别与记忆。

4. 保证人员展示的生动活泼

如果人员展示做不好,可能产生消极效果,因此企业管理制度中应设置好相应的措施,保证服务人员的满意度与归属感,形成积极的人员精神风貌,发挥人员展示的正面效应。

(三) 品牌载体展示的设计

1. 品牌载体的含义

品牌是给拥有者带来溢价、产生增值的一种无形的资产,它的载体是用以和其他竞争者的产品或劳务相区分的名称、术语、象征、记号或者设计及其组合,增值的源泉来自于顾客心中形成的关于其载体的印象。在有形展示中,品牌既与设计因素有关,又与信息沟通有关。品牌形象对服务企业至关重要。品牌为服务企业可能带来的巨大无形价值是企业极力追求的方向。

2. 品牌载体展示设计原则

(1) 造型美观,构思新颖。这样不仅能够给人一种美的享受,而且能使顾客产生信任感。

(2) 能表现出企业或产品特色。如美的空调的广告词:"一晚只需一度电"。

(3) 简单明显。品牌所使用的文字、图案、符号都不应该冗长、繁复,应力求简洁,给人以集中的印象。

(4) 符合传统文化,为公众喜闻乐见。设计品牌名称和标志都特别注意各地区、各民族的风俗习惯、心理特征,尊重当地传统文化,切勿触犯禁忌,尤其是涉外商品的品牌设计更要注意。

3. 品牌载体展示的设计

(1) 命名。命名应遵循以下原则:

①品牌名称应让顾客容易发音、容易理解、容易记忆、容易传播。品牌名称只有易读、易懂、易记、易传播,才能高效地发挥它的识别功能和传播功能。

②暗示功能属性原则。品牌名称还可以暗示产品某种性能和用途。

③启发品牌联想原则。品牌名称也应包含与产品或企业相关的寓意,让顾客能从中得到有关企业或产品的愉快联想,进而产生对品牌的认知或偏好。相反,如果品牌命名不当,容易引起人们的反感,甚至引起法律纠纷。

④与标志相配原则。品牌标志物是指品牌中无法用语言表达但可被识别的部分,当品牌名称与标识物相得益彰、相映生辉时,品牌的整体效果会更加突出。

⑤市场通用原则。不同国家或地区顾客因民族文化、宗教信仰、风俗习惯和语言文字等的差异,使得顾客对同一品牌名称的认知和联想是截然不同的。品牌名称要适应目标市场的文化价值观念。在品牌全球化的趋势下,品牌名称应具有世界性。企业应特别注意目标市场的文化、宗教、风俗习惯及语言文字等特征,以免因品牌名称在顾客中产生不利的联想。

⑥受法律保护原则。品牌名称受到法律保护是品牌被保护的根本,品牌名称要得到法律保护就必须申请注册。策划人员在命名时就应遵循相关的法律条款。品牌名称的选定首先要考虑该品牌名称是否有侵权行为,策划人员要通过有关部门,查询是否已有相

同或相近的品牌被注册，如果有，则必须重新命名。其次，要注意该品牌名称是否在允许注册的范围以内。有的品牌名称虽然不构成侵权行为，但仍无法注册，难以得到法律的有效保护。

（2）顾客情感对接。我们进行品牌载体展示的设计时，需要厘清品牌其实是服务产品概念对应的顾客群体的情感需求。企业所塑造的品牌应该是该服务产品对应的顾客的情感价值的具体体现。如年轻女生喜欢"超级女声"中的李宇春，那正说明李宇春所表现出来的气质、习惯、行为等品牌元素符合这些女生心中的情感需要，这就产生了价值，这个价值是李宇春所对应的群体的情感需要，而不是她自己的需要。所以品牌就是满足服务产品对应的顾客情感价值的东西，而不是企业产品的商标、自身的包装或者产品概念等。而这些情感需求需要通过品牌载体名称、术语、象征、记号或者设计等来加以体现与传达。

（3）塑造服务品牌企业形象。塑造服务品牌企业形象，要着重提高全体员工的文化素质、业务素质与职业道德水平。企业要定期和不定期地对企业全体员工进行职业道德、思想素质、业务素质的培训与教育，要培养员工养成讲质量、讲信誉的风气，要培育员工爱店敬业、忠于职守、和睦团结的敬业精神，积极参与社会公益，以企业名义倡导一种精神文明观念，对社会的一种看法，它展示一个企业的高度社会责任感，以此来博取顾客的赞同或支持，产生一种关注效应，从而把这种关注转嫁到企业或服务产品上，提高品牌的知名度和亲和力，这样的手法是目前企业形象广告使用最为广泛的一种提高品牌形象。

第4节 服务有形展示管理

服务质量取决于服务体验者的实际消费体验，这一理念当前都为企业家及管理者们所重视，并引入企业实际经营过程中。特别是对于服务营销企业而言，服务有形展示被列于首要位置，并为服务的优质实现营造良好的环境保障。

一、服务有形展示管理内涵

对服务有形展示的管理，指根据服务企业的业务特征、服务消费对象的诉求特点，对服务环境中的有形要素进行有机整合，以有效满足顾客需求的社会交往过程。服务有形展示管理包括以下几层含义：一是设计的有形载体必须根据顾客感官的主要关注点，即顾客的诉求点来设计；二是各载体间要协调配合，共同为顾客诉求服务；三是满足顾客的同时，要考虑企业的经营目标与宗旨，并在服务运行中切实兑现承诺，发展长期的客情关系，获得企业收益。

二、服务有形展示管理实现途径

服务本身的无形性，决定了顾客需要通过服务环境、信息沟通、价格和自身的认知程度来对服务质量的好坏进行评价，进而形成后续的各种可能的反应。故服务企业的无形服务需要通过对有形展示进行适当管理，来有效传达企业信息，促进顾客消费。通常情况下，服务企业的有形展示的管理主要通过以下途径实现。

（一）服务有形管理中的服务有形化

服务有形管理中的服务有形化，即无形的服务必须通过策略性的有形展示传达服务内容，能为顾客直接感知，并帮助顾客通过有形的服务信息识别和了解服务本身，促进顾客消费。

服务有形化可以通过服务包装化、服务品牌化、服务机构参与社会评级等活动加以强化和展示。

1. 服务包装化

服务包装化，即服务环境作为服务的有形线索，能够提示它所包含的服务信息。如以零售服务为例：繁华的地段暗示商店档次不低；整洁的环境暗示认真、仔细和严谨的服务态度；新鲜而芳香的店堂空气暗示商品更新周转快；温暖的气温、柔和的灯光和音乐暗示温情、细腻的服务；强烈的灯光和欢快的音乐提示热情豪爽的服务等。

顾客可能看不见服务本身，但能通过服务环境、服务工具、设施设备、服务人员仪态、价目表的展示方式，以及服务环境中的其他顾客的反应来加以判断。如一群'麦霸'兴高采烈地进入一个熟人经营的KTV包厢唱歌，但没唱几首就全部走人，这很可能并非人员问题，最有可能的是对设备设施不满意。

2. 服务品牌化

服务品牌，是指服务企业或服务机构、服务岗位、服务部门、服务生产线、服务活动、服务环境、服务设施、服务工具乃至服务对象的名称或其他标志符号，是一个涵盖广泛的概念。

服务品牌化就是服务企业或机构通过建立自己的各种服务品牌或利用品牌来促进营销，也就是品牌营销，由于品牌是有形的，服务品牌化是服务的一种有形化，品牌化策略是服务的一种有形化策略。

3. 服务机构参与社会评级

服务企业通过在品牌建设的基础上，积极参与社会评级活动，一方面可以监督经营管理活动，另一方面争取到的荣誉可以形成一定的社会影响力，提高企业的知名度和美誉度。

（二）服务有形展示心理敏感区管理

不同顾客对服务质量好坏的判断标准会不太一样，作为服务企业或机构，需要分析和钻研目标顾客对自己提供的服务的心理敏感区或心理敏感参数。通常情况下，应坚持以下原则。

1. 把服务同易于让顾客接受的有形物体联系起来

有形展示越容易理解，则服务越容易被接受。但要注意以下几点，一是有形服务所使用的物品是客户认为很重要的，是客户真实需求的一部分；二是企业必须确保有形展示所暗示的承诺，服务在使用时一定要被兑现，产品的质量与有形展示中的承诺相符，否则有形展示和无形服务或产品之间必然存在具有损害性的联结。

2. 重视发展和维护企业同顾客的关系

有形展示的最终目的是建立企业和顾客之间的长久关系，服务业长期顾客的维持，主要依靠提供服务企业中的一个人或一个特定群体。如私人银行中的个人理财顾问，以及咨询管理公司中的一个客户服务小组。服务提供者的作用非常重要，顾客与服务提供者之间的关系直接决定了企业与顾客间关系的融洽程度。

三、有形展示管理的执行

企业所有管理人员都应该经常思考自身在服务展示管理方面的行动和表现，下面是一份行动问题清单，管理人员应当经常思考如下问题来检验自身的有形展示质量。

（1）企业是否有一种高效的方法来进行有效的服务管理？

（2）企业是否积极进行服务展示管理，积极分析如何使用有形因素来强化服务概念和服务信息？

（3）企业对细节是否进行了很好的管理，是否对"小事情"有足够的关注？

（4）企业是否将服务展示管理和企业市场营销计划结合起来了？

（5）企业是否通过调查来指导服务展示管理，是否关注来自顾客和员工的信息反馈？

（6）在整个组织范围内，企业管理者是否足够重视服务展示管理，以主人翁的姿态参与服务展示管理过程？

（7）企业在服务有形展示的过程中是否具有创新精神，企业的活动是否具有独创性？

（8）企业的第一印象管理是否成功，顾客与企业的首次接触是否能够留下深刻的印象？

（9）企业对员工的外形和仪表是否足够关注，是否在员工个人形象方面给予了足够的投资？

（10）企业是否对员工进行了有形展示管理，管理层是否通过有形展示的因素来激励员工为企业提供更好的服务，管理层是否通过有形展示管理表达了对员工的关心？

四、有形展示策略的引导

企业在设计有形展示的过程中，应当充分考虑来自各方面的影响因素，为了帮助企业更好地规划自身的有形展示策略，本书提供以下几点引导。

1. 识别有形展示策略的整体影响

有效的有形展示策略一定要和企业的整体目标或愿景保持一致。有形展示的策划者在了解企业整体目标的前提下，决定有形展示怎样给企业提供支持。两者需要相互匹配。

2. 规划有形展示效果图

有效描述服务展示的方法是应用服务图或蓝图。服务图有多种用途，可以帮助企业识别有形展示的机会。有形展示的人、过程和行为可以清晰地从图上展现出来。服务图的另一个特点是，可以识别服务传递的过程、所涉及的行为、顾客和员工之间的交互作用的点，这些点提供了展示的机会和每一步的表示方法。

3. 做好展示更新和现代化的准备

企业需要做好周期性更新和现代化建设，即使企业短期的愿景和目标没有发生变化，时间本身也会对有形展示造成损害。因此，有必要进行更新和现代化建设。不同颜色、款式设计表示不同的信息，根据外部环境来调整组织的有形展示，使之更加适应目标市场的需求。

4. 跨职能部门合作

有形展示的决策是在一段时间内由多个职能部门共同完成的。因此，组织内部不同的职能部门就需要进行沟通，使组织的有形展示保持一致，向目标顾客传递一致的信息。

本章小结

服务有形展示是指服务机构策略性地提供服务的有形线索，以吸引顾客识别和了解服务，改善销售的手段和经营管理策略，由服务场景和其他有形物构成。

服务场景是指为服务经历、交易或时间所处的直接有形环境和社交环境，或称为构建环境和社交环境。可以依据两个因素——服务场景的用途和复杂性，对服务组织的类别进行划分，这两个要素可以识别出服务组织在场景管理方面的主要区别。

由环境心理学家麦拉宾·罗素开发的"刺激物—有机体—反应"模型，主要用于帮助理解服务环境对顾客的消费行为的影响。"刺激物—有机体—反应"模型和服务性组织中服务场景影响模型阐述了服务环境及顾客对其有意识或无意识的感知和解释是如何影响人们在这种环境中的感觉的。同时，顾客的感觉又会反过来驱动其对环境产生反应。

对服务有形展示的管理，指根据服务企业的业务特征，服务消费对象的诉求特点，对服务环境中的有形要素进行有机整合，以有效满足顾客需求的社会交往过程。服务本身的无形性，决定了顾客需要通过服务环境、信息沟通、价格和自身的认知程度来对服务质量的好坏进行评价，进而形成后续的各种可能的反应。企业在设计有形展示的过程中，应当充分考虑来自各方面的影响因素，帮助企业更好地规划自身的有形展示策略。

思考与练习

（1）为什么有形展示是服务营销的重要策略之一？
（2）有形展示有哪些类型，其含义如何理解？
（3）什么是服务场景，有哪些类型？
（4）服务性组织中服务场景影响模型包括哪些内容？
（5）如何理解服务场景对顾客的影响？
（6）服务环境设计的关键要素有哪些？
（7）如何实现服务有形展示管理？

第九章 服务过程管理策略

> **教学目标**
>
> （1）认识服务过程的定义及其管理的作用。
> （2）了解服务过程的划分方法及类型。
> （3）知道服务接触点的概念及其管理的优化策略。
> （4）掌握服务蓝图的构成及建立步骤。

由前面章节可知，服务具有无形性的特征。服务业在导入市场营销理论的过程中，有学者认为 4P 营销组合很难完全体现服务业的特点，不能很好地反映服务营销的实践活动，也因此引起了广大学者和研究人员的思考。于是美国服务营销学家布姆斯和毕特纳对传统的营销组合框架加以修改和扩充提出了 7P 服务营销组合的概念，即服务产品、服务定价、服务渠道或网点、服务沟通或促销、服务人员与顾客、服务的有形展示、服务过程。本章主要介绍服务过程的相关内容。

第 1 节 服务过程概述

生产与消费的不可分离性是服务的特征之一。服务过程包括将服务产生和交付给顾客的程序、任务、活动和日常工作，而顾客通常会把服务产生和交付都感知为服务本身的一部分，服务企业的顾客所获得的利益或满足不仅来自服务本身，同时也来自服务的生产过程。因而服务过程就构成了服务营销组合中的一个主要因素。服务企业对服务过程的管理可以对服务营销产生相当大的营销杠杆作用及促销优势，尤其是当服务产品之间的差异化不大时。服务过程管理的好坏对服务营销的成功与否十分重要。

一、服务过程的定义和特点

（一）服务过程的定义

服务过程又称为服务流程，是服务组织向顾客提供服务的整个过程和完成这个过程所需要素的组合方式，如服务行为、工作方式、服务程序和路线、设施布局、材料配送等，与服务接触和服务设施相互承接。从运作管理的角度出发，服务过程可视为服务组织对服务对象（顾客）和必需的信息与材料进行"处理"的过程的组成方式，如图 9-1 所示。

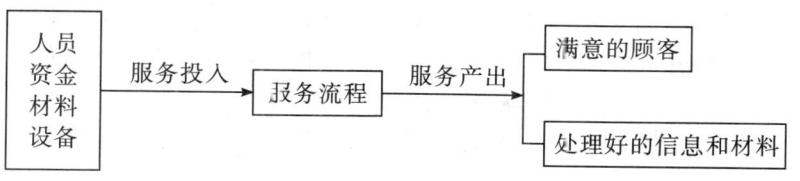

图 9-1　服务过程示意图

服务业门类众多，服务内容各自不同，自然也需要对应的服务流程来"处理"不同的服务对象：顾客、信息和材料。

（二）服务过程的特点

不同企业的服务过程是不同的，同一企业不同服务活动的流程也是不同的，服务过程既具有流程的一般特征，同时还具有其自身的一些特点。归纳起来，服务过程有以下几个特点。

（1）服务过程是从客户的角度来安排企业的服务活动的，其宗旨是保证在服务的每一环节、每一步骤都能增加顾客的体验价值。

（2）服务过程是由提供服务所经历的步骤、顺序、活动构成的，是为顾客提供一系列服务的总和。

（3）有效性。有效性是赢得顾客满意的关键一环，需要服务企业精心设计和有效管理。

二、服务过程管理的作用

（一）细分流程可以使流程流动更加通畅有序

企业在服务需求高峰时的应变能力常常体现在能将复杂的事情用简单的方式来完成。对于一项需要在关键时刻解决的特殊任务，以细分的简单方式去完成，通常要比在一个更为复杂的大环境中综合考虑完成要有效得多。在服务管理中，需要着重解决的是实物（含顾客）和信息的顺畅流动，而不是在更大更复杂的环境中考虑问题，使问题本身变得更为复杂。将这些实物或信息细分时，它们就容易在流程中如流水般畅通。而在后者的情况下，往往会由于实物或信息在流动中所牵扯的方面太多而出现瓶颈。

细分在服务业中的应用比在制造业中要广泛得多。如果服务人员能通过细分了解顾客的特殊需求，并将此需求反馈到服务提供流程中，而后再设计一个适合于该顾客的流程路线，那么其服务结果将使顾客的满意度增加、服务时间节省以及效率提高。医院的急诊室就经常采用这种细分的服务方式。细分也适合用于打电话询问了解银行账户或有关共同基金的情况，以及用于自动化服务系统等。

找出服务运作过程中的瓶颈并加以消除，其重要性还体现在服务业的收益大多数是来源于运作高峰时期的服务。这一点与制造业有很大的不同。制造业的收益一般比较稳定，相对而言，波动较少，且波峰波谷的差别也不是很大。但服务业却不同，对于服务业而言，研究瓶颈和寻找解决瓶颈的办法至关重要。

(二) 服务运作的真正效率取决于高峰期的服务运作

很多服务业的利润来源于其运作高峰时期,而不是低谷时期的服务。这就使得高峰期间的运作效率变得非常关键。通常,在低谷时期,效率低一些对利润的损失影响并不大。在高峰时期,如果效率不高,随着大量的销售机会从放弃排队等待的人群中迅速消失,机会成本的发生就会迅速积累起来。

如果想评价一个服务业企业运作效率的高低,最应该了解的是该公司高峰时期的运作效率。也就是说,评价服务业企业的运作效率绝不应该选取各个时期运作效率的平均值作为评价指标,而应看其在高峰时期获取利润的能力。

(三) 富余能力的处置

高峰时期的营业额对服务业是至关重要的,且服务业无法预选积累库存以应付高峰时的需求。这就给服务管理提出了一个重要问题:是否应该持有一些平均需求的富余能力?应该富余多少?应该意识到,在一定情况下,特别是高峰时期,富余能力是必要而且是值得的。但是,完全没有瓶颈,即流程运作的绝对平衡对于服务业企业的运作而言,并非是最好的状态。

三、服务过程管理的依据

服务过程的有效整合管理,依赖于对服务过程内部规律性的深刻认识,这需要进一步剖析服务过程的特征。

(一) 过程中的矛盾复杂性

从哲学的观点来看,服务过程就是一系列复杂的矛盾的运动。如顾客所期待的服务与实际经历的服务之间的矛盾;一线服务员工和顾客、管理人员之间的矛盾等。这其中以不同主体的行为为中心(组织、服务员工、顾客),他们参与服务过程是矛盾运动的主要方面,这就提出了过程中"真实瞬间"的关键事件管理。

(二) 过程中的时空关联性

从经济学的观点来看,服务过程就是服务产品的构造和价值实现的过程,是服务产品运动所占据的具有一定维度和范围的经济空间。服务过程所占据的时间空间的长短和宽窄一般不是等同或同向的,如牙科诊所可能为同一患者多次服务,空间范围不大,但经历的时间跨度却很大,而邮电服务则可能要经过很长的空间路线。所以服务过程又是通过人的行为,在一定维度和范围的经济空间实现服务价值的过程,这就引出了过程中的时空管理。

(三) 过程中的顾客参与性

从管理学的观点来看,服务过程就是以人为中心,以实现服务组织、员工、顾客满意为目标,以协调为本质的过程。服务一般不涉及所有权的转移,但却有多元主体要实现其利益目标。在实现多元主体利益目标的服务过程中,由于内部顾客及外部顾客的介入,人(组织、服务员工、顾客)的行为表现充满变数,使得提高生产率和控制服务质量变得困难,这就提出了过程中的顾客参与管理。

(四) 过程中的交互性

从关系营销学的观点来看,服务过程就是服务组织、服务员工、顾客三方从服务接触到建立、发展并保持长期互惠关系的过程。其中,最重要的是顾客与服务者的关系,服务现场员工和顾客的良性互动对于提高过程质量、提高顾客满意度起关键作用。这就体现了以行为接触为起点的服务过程中互动营销管理的重要性。

四、影响服务过程的关键要素

在对服务过程系统结构模型进行分析的基础上，还要进一步仔细分析影响服务过程的因素，以便制订正确的服务过程策略。

（一）"接触面"的过程影响因素

首先，服务系统的互动部分反映了顾客与服务组织的接触，而顾客所能体验到的"服务过程"特性也产生于这个重要的"接触面"。对它产生影响的有以下几个因素：

1. 服务过程中的顾客

服务的生产过程与消费过程的同步性决定了顾客或多或少都要参与到服务过程中来，顾客的服务体验具有即时性、瞬间性、实地性的特点。倘若在服务过程中，有哪个环节出现了小小的差错，其结果都会使顾客对服务不满意，并无法挽回。

2. 与顾客接触的员工

接触顾客的员工即服务的一线人员地位很重要，他们需要在关键时刻通过观察、问答及对顾客行为做出反应来识别顾客的愿望和需求。他们还能进一步追踪服务质量，在发现问题时及时采取对策。

3. 服务系统和运行资源

服务系统主要包括排队系统、客户服务呼叫中心、资金汇总系统、自动柜员机系统或在线服务系统等。许多种系统和程序都影响服务和执行任务的方式，并且对服务质量有双重影响。首先，顾客必须和这些系统互动，所以它们直接影响顾客对服务质量的感知。例如，当顾客面临要求填写的文件太烦琐复杂时，就会感觉服务质量较差。其次，系统和程序对员工作业也有影响，如果某种系统太旧或太复杂，操作的员工可能会感到困惑或烦恼，从而产生负面激励，导致服务质量下降。

4. 有形资源和设备

有形资源和设备构成了服务过程中的服务环境组合，包括行情显示器（台式+挂式）、方便交易的物品、室内布置与装修、音乐等。一切对服务接触有积极感知帮助的氛围和有形因素，共同构成了服务过程的可视部分。顾客、员工、运行系统及资源在此环境中相互作用。这些有形资源和设备对服务质量起着不容忽视的作用，因为顾客可以在此环境中感觉到自己参与服务过程时的难易程度，以及得出服务环境是否友好的结论。例如，银行营业厅里摆放着自助咖啡机、糖果、大沙发以及报纸杂志等，提供给等候服务的顾客，这些有形资源无形中提升了顾客对服务质量的感知。

（二）支持系统的过程影响因素

这部分虽然不被顾客所见，但直接影响互动部分的效率和效果，不能因为顾客看不见而有所忽视，而应该将其纳入服务过程营销的整体设计之中。

1. 系统支持

系统支持是强调在可视线背后的支持系统，与前面互动部分中的系统和运行资源有所不同。例如，银行如果购置了一套速度很慢的计算机系统，就无法满足及时进行快速决策及日常现金调拨的要求，数据库也无法为接触顾客的营业员方便快捷地提供服务信息，这就是可视线后的支持系统影响了服务过程质量；但如果是出于柜台风险控制而增加顾客从银行提取现金的手续，则是可视线以内的管理系统影响了服务过程。

2. 管理支持

管理支持决定着企业的文化，即决定服务组织的共享价值、思考方式和工作群体、团队和部门的工作情况。如果经理和主管没有为团队树立一个好的典范，也没有能力鼓励团队关注顾客和培养服务意识，整个服务组织为顾客提供优质服务的兴趣就会减弱，进而损害服务过程。

3. 物质支持

与顾客接触的员工要正常完成工作，常常要依赖无法被顾客直接看到的各职能部门及其所提供的物质支持。这些提供支持的职能部门的员工必须将与顾客接触的一线员工视为自己的内部顾客，使内部服务质量与提供给最终顾客的服务质量一样出色，否则会使一线员工的工作积极性受到挫伤。这一服务过程阶段出了差错，也将影响顾客感知的服务过程质量。

第2节　服务过程的分类

概括起来，学者对服务过程的分类，主要表现为三个层面。首先，根据服务的标准化和差异化，服务过程可分为两类：高的服务差异和低的服务差异；其次，按服务过程中服务的对象划分为三类：顾客、信息和有形物品；最后，按顾客与服务者的接触分为：无接触、间接接触、直接接触三种。其中，直接接触又分为自助式服务和全面服务接触。具体可参照表9-1。

表9-1　服务过程的分类

顾客参与类型	低差异性（标准服务）			高差异性（定制服务）		
	产品加工	信息或形象处理	人员处理	产品加工	信息或形象处理	人员处理
无顾客参与	干洗、自动贩卖机	检查信用卡付账单		汽车维修、裁衣服	计算机程序设计、建筑设计	
间接的顾客参与		用家庭计算机订货、电话账户余额确认			航空管理员监督飞机着陆、电视拍卖会上出价、银行业务	

续上表

顾客参与类型		低差异性（标准服务）			高差异性（定制服务）		
		产品加工	信息或形象处理	人员处理	产品加工	信息或形象处理	人员处理
直接的顾客参与	顾客与服务工人间无交互（自助）作用	操作自动贩卖机、组装预制家具	从自动取款机中提取现金、在无人照相厅里拍照	操作电梯乘坐自动扶梯	便餐车提供正餐样品、把货物装包	在医疗中心处理病历、在图书馆收集信息	驾驭一辆租用的汽车、使用健康俱乐部设备
	顾客与服务工人间有交互作用	餐馆用餐服务、汽车清洗	召开讲座、处理常规银行交易会员升级	提供公用交通、为群众种疫苗	家庭地毯清洗、景观美化服务	肖像绘画、提供顾问咨询	理发、做外科手术

一、按产品差异化的程度划分

标准化服务（低差异性）是通过范围狭窄的集中的服务获得高销售量。这是一项日常工作，要求工作人员有较低的技能，由于服务性质的简单重复性，自动化更多地用来代替人力（如使用售货机、自动洗车）。减少服务人员的判断是实现稳定的服务质量的一种方法，但这也可能会产生一些负面的后果。这些概念在后面的讨论中被称为服务设计的生产线方法。

对专业化服务（高差异性）来说，完成工作需要较多的灵活性和判断力。另外，在顾客和服务人员之间要适时地进行信息沟通。此类服务过程无固定模式可循，且未被严格界定，因此需要高水平的技巧和分析技能。为了使客户满意，服务人员应被授予较大的自主决策权。

二、根据服务对象的不同划分

当涉及实体产品时，一定要分清楚它是属于顾客的还是由公司提供的（辅助产品）。例如汽车修理，服务作用的客体是属于顾客的，工作人员一定要注意不要让它有任何损坏。另外一些服务中服务企业提供辅助产品，并将其作为服务的重要组成部分。因此，必须考虑辅助产品适当的库存和质量，如麦当劳餐厅对食品购买的关注。

所有服务系统都会处理信息（即接收、处理和操纵数据）。有时，这是一种后台行为，例如在银行处理支票。在有的服务中，信息的沟通是以间接的电子方式进行的，例如电话查账，工作人员可能会在电子屏幕前花上若干小时来处理例行工作。有的服务如咨询顾问，顾客与工作人员之间直接接触以进行信息交流。对于那些高技能的员工，处理非常规问题的挑战对于顾客的满意是非常重要的。人员处理过程涉及实体形态的变化（如理发或手术）或地理位置的变化（如乘车及租用小汽车）。

由于这类服务的"高接触"性，服务人员不但要掌握技术方面的技巧，还要掌握人际沟通技巧。对于服务设施和地址也应引起注意，因为顾客要亲自出现在服务系统中。

三、根据服务接触的程度划分

顾客与服务传递系统可以有三种基本的参与方式。一是在服务过程中顾客与员工直接参与。在这种情况下，顾客会对服务环境有彻底的了解。二是顾客在家中或办公室通过电子媒介间接参与。三是有的服务可以在完全没有客户参与的条件下完成。银行是这三种方式都存在的。例如，提出一项汽车贷款申请需要与负责人直接会晤，贷款的支付可以通过电子转账完成，而贷款的财务计账由银行后台人员完成。

直接顾客参与又可分为两类：与服务人员无交互作用（自助服务）和与服务人员有交互作用。自助服务很有吸引力，因为客户在必要的时候提供必要的劳动。服务中技术的高效应用，如自动售货机，依赖于那部分愿意使用这种设备的顾客。当顾客愿意与服务人员直接参与时，上面所讨论的所有人员处理过程的问题对于保证服务的成功十分重要。顾客亲自出现在服务过程中会导致许多新的问题。

顾客间接参与或没有参与的服务过程可能不会受到由于顾客出现在服务过程中而产生的问题的限制。由于顾客与服务传递系统隔离开来，所以可以采取更类似于制造业的方法。关于场所选址、人员配置、工作安排、员工培训等的决策可以从效率的角度考虑。事实上，非顾客参与产品处理的组合通常可以看成制造活动。例如，干洗衣服是批量生产，汽车修理是单件生产。

上面有关服务过程的分类提供了在不同类型的组织中不同的服务过程，这有助于我们理解服务设计及其管理。服务分类也为服务过程提供战略定位图，并能为服务系统的设计提供帮助。

第3节 服务接触点管理

在信息爆炸的今天，消费者有成百上千种与企业接触的方式，如产品包装、新闻杂志、电视资讯、网络信息、购物环境等。尤为重要的是，接触并不会随着购买行动的完成而结束。互联网为消费者共享品牌体验提供了广阔的舞台，网民们的交流、评论成为信息时代任何企业都不可忽视的接触点。此外，亲朋好友对品牌的评论等口碑传播也成为品牌传递的重要渠道。总之，信息时代的消费者与品牌发生接触的点呈现出日益复杂并不断变化的特点。

显而易见，任何一个企业都无法控制所有的接触点。因此，寻找消费者与品牌之间所有可能的接触点，进而确认最具营销传播价值的接触点便成了首先要完成的工作，亦即筛选接触点。

一、接触点的定义

（一）服务接触理论

"服务接触"作为一个较新的研究领域，学者对它的关注自1980年开始至今，仅有30多年历史。服务接触指的是在服务体验过程中顾客与服务组织的服务提供者进行接触而发生的相互影响、相互作用。服务接触过程是顾客评价服务产品质量的重要标准，也被称为"关键时刻""真实的一刻"。

服务具有生产和消费同步进行的特征。顾客需要一定程度地参与生产服务，与服务企业产生交互作用。服务提供者和顾客之间发生的服务接触，是顾客消费服务商品的体验，也是顾客评估服务质量的重要途径，因此服务接触的研究具有重要意义。

狭义的服务接触定义仅限于服务人员与顾客的互动过程，即介于顾客和服务提供者之间的双向互动。广义的服务接触定义则包含了服务中涉及的其他方面，即顾客同一项服务直接相互作用的时间。代表性的观点如贝特森提出服务接触三元模型，即服务接触包括3个构成元素：顾客、与顾客接触的员工和服务组织。顾客本身是服务接触中的重要角色，也是评价服务质量的主体。

（二）接触点的定义

所谓接触点就是品牌与消费者产生信息接触的地方，即运送营销信息的载体。它不局限于广播、电视、报纸、杂志、户外、因特网等媒体，还包括直邮、产品本身、销售人员、店面布置、产品网站、交流产品使用体验的亲友等，只要能成为传播营销信息的载体，就可以视为接触点。

真正有效的传播是由明确的传播意念和顾客体验的接触点所引发，顾客每一次的接触都是一次触动，在信息大量过剩的社会前提下，媒体接触点的质量变得越来越重要，而接触点质量的高低，取决于媒体信息如何传达，取决于信息与接收者的信任程度，也取决于接收的情景等一系列综合原因。

为了触发这些接触点，让他们发挥最大的效用，日本电通公司在应对各种变化的过程中总结提出了接触点管理理论。"接触点管理是指企业决定在什么时间（when）、什么地点（where）、如何（how，包括采取什么接触点、何种方式）与客户或潜在客户进行接触，并达成预期沟通目标，以及围绕客户接触过程与接触结果处理所展开的管理工作。"[①] 这一理论的运用要求我们从各个角度考虑各种接触点的可能性，并把焦点放在接触点的"质"上，有策略、有针对地组合各个接触点，使它们产生强大的综合效果，最后还要通过成果对产生的效果进行评估。

二、服务接触点的类型及层次

（一）服务接触的类型

服务接触大致可以分为三类：远程接触、电话接触和面对面接触。

远程接触没有直接的人与人之间的接触，但是对于公司来说，每一次接触都是增强顾客对公司质量看法的机会。在远程接触中，有形服务以及技术过程和系统的质量成为判断整体质量的主要标准。

在很多组织中，顾客与公司之间接触的常规形式是通过电话。在电话接触中对质量的判断与在远程接触中的不同，重要的判断质量标准有接电话的语气、员工的知识、处理顾客问题的速度和效率。

---

① 接触点管理模式［EB/OL］. http://doc.mbalib.com/view/4a72f532f5baf3085a92e1c4f0061c29.html.

第三类接触形式是员工和顾客面对面接触。在面对面接触中，决定和理解服务质量问题是最为复杂的。在决定质量的时候，语言的和非语言的行为都很重要，如员工服务和其他服务标志（诸如设备、信息手册和有形设备等）。在面对面接触中，顾客通过互动作用中的行为，在为自身创造高质量的服务中也扮演重要角色。

（二）服务接触的层次

服务接触点还可以分为不同的层次。

第一个层次是虚幻景象。消费者只能看和听，还接触不到。这个层面的品牌大部分都是通过企业一个单一角度传播出来的产品信息，他们往往把所有的益处与利益，用夸张的描述传达给消费者，然后让消费者去想象，去体会，去迎合。

第二个层次是产品的实质接触阶段。消费者带着品牌传播出来的种种梦幻要素去实际体验这种场景，大部分消费者在消费时，会体验到企业宣传时的品牌意境，有时也有可能没有体会到，但只要差距不大，消费者在见到实质产品时，就会忘却企业在传播品牌时的灿烂景象，并迷惑其中被热情地消费。

第三个层次是当消费者有了第一次消费和第二次消费时，如果与品牌传播的幻境差别不大，功能口味又符合喜好，这就会形成连续消费。这个时候，物质功能的产品可能并不一定起主要的作用，而起核心作用的则是品牌的联想，也就是品牌的幻象。

一直认为，品牌表面上是一种幻象，实际上是一种体验，核心是一种关系，最终体现为消费者的消费行为科学。那么，在这样一种相对漫长的消费习惯形成过程中，企业的品牌有千千万万个与消费者的接触点，如果某一个接触点出现了问题，都会对一个品牌带来诸多不利影响。实际上，所有的品牌都希望在与目标消费群的接触当中，在市场给予的每一次机会当中，都毫不留情地让品牌神采奕奕，并融入消费者的日常行为当中。

三、服务接触点管理的原则

（一）一致性

客户一般不会主动区分哪一个信息来源更可信、更重要，而是把来自街头的消息和电视报道等量齐观。如果某一点的信息或体验与企业的形象有差异，客户的内心就会产生不适，他们很有可能就会放弃对该产品的信任。管理方程式"$100-1=0$"揭示的也正是这个道理。因此企业时刻都应致力于向各个接触点传递一致的品牌信息。伯恩德·H.施密特博士在康奈尔酒店管理学院组织的国际酒店行业内感官印象调研项目中，就不同体验接触点的感官因素的协调程度做了定性和定量收集。该调研项目选择了几家国际连锁酒店，让被调查者看同一酒店的三个部分：大厦外观、大堂和一间典型的客房，测量促使他们入住某酒店的动机。结果是：色彩和整体风格一致的广受欢迎。

（二）跨越时空的顾客体验，接触点要兼备认知连续性和感觉多样性

"认知连续性"指对内在含义的知识性理解，对风格和主题的概念性重复即体验提供者在风格和主题上的复制。认知连续性的重要性在于没有连续的认知，顾客体验将陷于无序。没人能记得或明白，也就不会对其行为产生影响。"感觉多样性"指某段时间里具体的体验接触点（如色彩、标语、灯光、场地结构和服务人员、食品的气味和味道）要有适当的变化。没有"感觉多样性"，任何体验接触点都不会长期吸引人们的注意力。一成不变的感觉肯定会让人厌烦，失去促动力。

四、服务接触点管理的优化策略

（一）加强客户体验的意识

第一，管理者要清晰掌握客户对本企业的真实体验结果，从而有的放矢地对企业的活动进行优化调整。有诸内，而行于外。客户的内心体验，必然会在他的言语或行动上有所体现。因此企业必须与客户展开有效的互动沟通，在沟通过程中积极地收集客户的各种反应，并加以分析。另外，还要针对客户的行为，进行有效的市场调研。

第二，企业要力争在每一接触点都能传递最佳顾客体验，在服务中不断创新。在明尼亚波利市有一家安装与维修电脑的公司，自称为"杂耍特勤队"。他们的服务人员都是身穿白衬衫，打黑领带，别着臂章，携带防身用品，开着老爷车。这家企业就是期望通过这样的装扮将单调平凡的工作变成令客户印象深刻的接触。这个案例给我们的最大启示就是：企业通过精心的设计可以使枯燥的服务接触变成客户的一次新奇体验。

（二）统一体验主题，使组织达到"一种形象，一个声音"的效果

消费者处在一个过度传播的社会，媒体众多，企业和产品更是不胜其数，每时每刻都面对着成千上万的广告信息。要实现真正的亲密接触，就需要传播"简单而真实"的体验主题，而且只有一个重要的体验主题时才会更清晰、更有冲击力，才能让受众牢记在心。比如：乐百氏纯净水采用了多种形式、多种媒体，但主题只有一个——纯净。另外，要确保有效接触。现今，媒体众多，而且受众分散，单一大众媒体广告效果有限。根据科学测验，两种媒体作用人一次的效果，要比一种媒体作用人两次的效果高30%。优化接触效果应从不同的时间、不同的地理空间对不同的媒体进行全方位全面互补，即选择媒体不要贪"大"，需要求"准"、求"合"。求"准"，就是要寻找直接面对细分化消费者的媒体，要让每种媒体覆盖的人群越来越准确。求"合"，就是组合多种媒体让每个消费者接触到的媒体种类尽可能多。这样，就可不断提升顾客体验。

传统的业务流程立足生产，是为适应既有的组织结构和满足管理的需要设置的，"流程为组织而定"，笼统地按活动的相同性或相似性，将从事相同或相似活动的人组合在一起形成职能型群体。每一个职能型群体所从事的工作，对于一个完整的流程来说只是其中的一部分。从客户的需求来看，完整的业务流程常常被割裂开来，造成很多不便与不适。不同的环节，不同的接触，会有不同的感受。事实上顾客将企业视为一个整体并寻求一致的、无缝隙的购买体验，业务流程应是"为特定顾客或市场提供特定产品或服务而实施的一系列精心设计的活动"。优化业务流程，就要以提高顾客满意度为目标，根据环境的变化，对流程的每一环节进行改进，对不提供价值的环节彻底摒弃，减少环节间的延迟，将企业运行中被割裂的过程重新联结起来，使其成为一个连续的流程，更加通畅，更加贴近顾客，让流程中的每一个"真实瞬间"都成为轻松快乐的亲密接触。

（三）做好服务人员管理

1. 服务人员的服装与仪表标准

一般情况下，服务人员被期待在提供服务时穿着特定的服装。服务人员穿着区别明显的服装时，他们鲜明地与其他公司的员工区分开来，为公司的品牌提供了实物证明。在很多公司中，制服设计和颜色的选择是经过精心考虑的，是与公司其他设计元素融为一体的。很多服务企业通常要求服务人员遵守某种服装规则与发型标准，如迪士尼规定

雇员不能留有胡子,除非特定的扮演角色要求。

2. 规范服务人员态度、行为和言语

服务态度通过服务人员的身体语言和语调表现出来。根据工作性质的不同,服务人员须学习与实践特定的服务规章,甚至背诵为吸引不同顾客而准备的几种语言版本的公司声明,以及在不同的环境中服务人员与顾客沟通的恰当"对白"。还有其他一些受到顾客欢迎的行为准则,如禁止吸烟、吃零售、喝酒、嚼口香糖,或当班时用手机进行私人通话等。

3. 服务人员具备胜任的服务能力

服务人员必须参照顾客的期待扮演好自己的角色,否则会面临顾客不满甚至失去顾客的风险;顾客也必须"按照规则出演",否则会给服务公司及其员工甚至其他的顾客带来不便与麻烦。服务传递系统发生故障时,如饭店房间被超额预订等,服务人员应具有应对顾客投诉和失望的技能。当顾客对服务有特殊要求时,服务人员是否能根据灵活性的制度具有调整系统以满足其需要的努力与能力,因为顾客往往依据服务人员和服务系统的灵活性判断服务接触的质量。不适应顾客的需求或者对其许下从来都不会兑现的承诺会令顾客非常生气和心灰意冷。

（四）顾客忠实并胜任自己的角色

对市场导向的管理人员来说,让顾客参与是提高服务生产力的关键所在。他们认为要使服务生产力大幅跃升,又不以牺牲服务品质为代价,唯一的方式是设计出自我服务作业,鼓励并支持顾客的参与。对于高度参与的过程,顾客必须与服务人员积极合作,共同完成服务的生产过程。没有顾客的积极参与,服务便不能进行。当合作生产需要某类特定技能时,公司应该将目标锁定在能够为服务生产带来所需技能的顾客。顾客作为共同生产者的角色要求完成的工作越多,他们对相关的信息需求量也越大,所以在服务之前应向顾客提供切实可行的服务简介或教育,从而使顾客对他们在共同创造服务产品过程中应当扮演的角色有清晰的认识,从而保证服务过程和产出的生产效率和质量。

（五）把品牌的核心内涵作为接触点管理的核心

建设品牌必然面临建立消费者对品牌内涵的认识和体验,无论是通过产品广告、促销活动,还是通过其他方式表现和演绎品牌内涵,都要经得住体验。如果不能让消费者认可,或是体验后不满意,那么,这个品牌就会出现危机。要想让品牌内涵快速在消费者心智中传播,让他们从多个角度、不同侧面、立体地得到品牌信息,并且提高品牌传播的效率,就要摒弃传统的品牌传播方式,采取品牌接触点管理的品牌信息传播模式。

通过品牌接触点可以释放一致性的品牌内涵,使消费者接触到的所有品牌信息,都传达同样的价值观与核心概念。

只有在所有品牌接触点上传播一致的品牌信息,才能提高品牌传播的效率,快速、有效地建立起品牌个性与联想。比如,一个品牌要塑造"关爱"的品牌形象,在电视广告、平面广告传播上都体现了这样的信息。可是到了终端,却遭到了促销员的冷遇。那么,前边所有的广告传播就都功亏一篑了,也正因为如此大大降低了品牌传播效率。

再如,鲜奶品牌,诉求的是"新鲜"。新颖、独特的广告让消费者心动,美轮美奂的终端展示让消费者不由自主地伸出了手,可是拿起奶瓶一看,就放下了。为什么呢?生产日期比较远,如何与其他接触点上的"新鲜"呼应呢!

在消费者对品牌的认知和体验过程中，哪怕就是一个细节问题，都可能改变消费者对品牌的态度和购买行为，尤其是那些关键性的细节。因此，品牌接触点管理对消费者认可品牌内涵尤为重要。

第4节 服务蓝图技巧

有形产品可以用图纸、标准对其质量特性进行描述，对于服务这种特殊产品来说，因其具有无形性、可变性的特征，很难进行具体的说明，质量的评价在很大程度上还依赖于人们的感觉和主观判断，这就给服务质量的控制和管理带来许多挑战。20世纪80年代美国学者利恩·肖斯塔克和布伦戴奇等人将工业设计、决策学、后勤学和计算机图形学等学科的有关技术应用到服务设计方面，为服务蓝图法的发展做出了开创性的贡献。

一、服务蓝图的定义

服务蓝图是一种准确地描述服务体系的工具，它借助于流程图，通过持续地描述服务提供过程、服务接触、员工和顾客的角色以及服务的有形证据来直观地展示服务。经过服务蓝图的描述，服务被合理地分解成服务提供过程的步骤、任务及完成任务的方法，使服务提供过程中所涉及的人都能直观地理解和处理它。而不管他们是企业内部员工还是外部顾客，也不管他们的出发点和目的是什么。更为重要的是，顾客同服务人员的接触点在服务蓝图中被清晰地识别，从而达到通过这些接触点来控制和改进服务质量的目的。

服务蓝图包括"结构要素"与"管理要素"两个部分。服务的结构要素实际上定义了服务传递系统的整体规划，包括服务台的设置、服务能力的规划；服务的管理要素，则明确了服务接触的标准和要求，规定了合理的服务水平、绩效评估指标、服务品质要素等。制定符合"客户导向"的服务传递系统，首先要关注识别与理解客户需求，然后对这种需求做出快速响应。介入服务的每个人、每个环节，都必须把"客户满意"作为自己"服务到位"的标准。

二、服务蓝图的作用

服务蓝图具有直观性强、易于沟通、易于理解等优点，它的作用主要表现为以下几个方面。

（1）通过建立服务蓝图，促使企业从顾客的角度更全面、更深入、更准确地了解所提供的服务，使企业更好地满足顾客的需要，有针对性地安排服务和服务提供过程，提高顾客满意度。

（2）通过建立服务蓝图，研究前、后台接触员工行为，掌握各类员工为顾客提供的各种接触信息，有助于企业建立完善的服务操作程序，明确职责、落实责任。同时，企业可以根据具体需要，明确各类员工培训工作的重点，有针对性地提高员工服务技能。

（3）服务蓝图揭示了组成服务的各要素和提供服务的步骤，既能明确各部门的职责和协调性，又有助于让服务提供过程中的直接接触员工和非接触员工，了解自己在服务提供过程中的角色和作用，激发他们的积极性和主动性，从而为前台接触员工提供高质量服务创造条件。

（4）蓝图中的外部相互作用线指出了顾客的角色，以及在哪些地方顾客能感受到质量，这不但有利于企业有效地引导顾客参与服务过程并发挥积极作用，而且有利于企业通过设置有利的服务环境与氛围来影响顾客满意度。而蓝图中可见性线则促使公司谨慎确定哪些员工将和顾客相接触，是谁向顾客提供服务证据，哪些东西可以成为服务证据，从而促进合理的服务设计，明确质量控制活动的重点。

（5）服务蓝图有助于质量改进。例如，从服务蓝图可以判断过程是否合理、充分、有效率，还有为质量改进指明方向。

（6）服务蓝图为内外部营销建立了合理的基础。例如，服务蓝图为营销部门和广告部门有针对性地选择必要的交流信息、做好市场调查及用户满意度调查工作，或是寻找顾客特别感兴趣的卖点提供了方便。

三、服务蓝图的组成

服务蓝图的主要组成部分如图 9-2 所示，整个蓝图被 3 条线分成 4 个部分，自上而下它们分别是顾客行为、前台接触员工行为、后台接触员工行为以及支持过程。

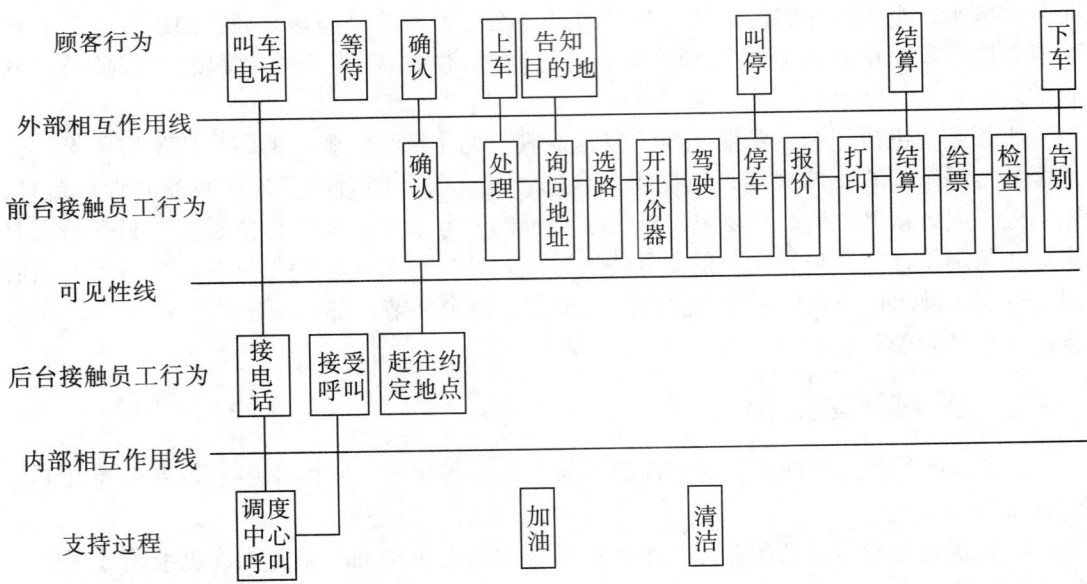

图 9-2 出租车预约服务的蓝图

资料来源：吉宗玉，徐明. 服务蓝图法：一种有效的服务设计方法 [J]. 东华大学学报，1999 (10).

第一条水平线上面的一部分是顾客行为，这一部分紧紧围绕着顾客在采购、消费和评价服务过程中所采取的一系列步骤、所做的一系列选择、所表现的一系列行为以及它们之间的相互作用来展开。例如，在一个出租车的预约服务的例子中，顾客行为可能包括：叫车的决策、打电话、等车、告知目的地、结算和下车。

接下来和顾客行为相平行的那一部分是两种类型的接触员工行为：前台员工行为和后台员工行为。接触人员的行为和步骤中顾客看得见的部分是前台员工行为，例如，在上述的出租车服务的例子中，驾驶员的行为中顾客看得见的部分是乘客上车后的询问地址、选路、开计价器，车辆行驶过程中的驾驶，到达下车地点的停车、报价、打印，结算车费时的唱票、找零、打印发票，乘客下车时的提醒、检查与告别。而那些顾客看不见的、支持前台活动的接触员工行为是后台员工行为，在上述的例子中，电话接线员的接电话、某一驾驶员接受调度中心的呼叫及其赶往约定地点就属于后台员工行为。

最后一部分是服务的支持过程，这一部分覆盖了在传递服务过程中所发生的支持接触员工的各种内部服务过程及其步骤和它们之间的相互作用。在上例中，这些服务支持活动可以是调度中心的呼叫、车辆的清洁、加油、培训等。

以上4个关键的行动领域被3条水平线所隔开。最上面的一条线是"外部相互作用线"，它代表了顾客和服务企业之间直接的相互作用，一旦有垂直线和它相交叉，服务遭遇（顾客和企业之间的直接接触）就发生了。中间的一条水平线是"可见性线"，它把所有顾客看得见的服务活动与看不见的分隔开来，通过分析有多少服务发生在"可见性线"以上及以下，就可一眼看出是否已向顾客提供了较多的服务证据。可见性线也区分了哪些活动是接触员工在前台做的，而哪些活动又是他们在台后做的。第三条线是"内部相互作用线"，它把接触员工的活动同对它的服务支持活动分隔开来，如有垂直线和它相交叉则意味着发生了内部服务遭遇。

另外，在有些服务蓝图的最上部可能会出现有关服务证据方面的内容，它表示顾客在整个服务体验过程的各步骤中所看到的或所接受到的服务的有形证据，如车、驾驶员的制服、计价器、发票等。

四、建立服务蓝图的步骤

服务企业多种多样，同一服务企业又可提供不同的服务，就是对于同一服务而言，描绘蓝图的不同目的也会使所描绘的蓝图有所不同。对于不同服务过程需要建立不同的服务蓝图。尽管如此，建立服务蓝图的过程还是有一些共性步骤可循。

1. 识别欲建立服务蓝图的服务过程，明确对象

对将要绘制服务蓝图的过程的识别取决于建立蓝图的潜在目的。如果目的大体在于表达总体流程的性质，那么，概念蓝图不需要太多细节；如果蓝图要用于诊断和改进服务过程，那就要更加详细些。由于有些人比别人更加重视细节，该问题经常被提出，需要蓝图开发团队给予解决。如果服务过程例外事件不多，可以在蓝图上描绘比较简单、经常发生的例外补救过程。但是这样会使蓝图变得复杂、易于混淆或不易阅读。一个经常采用的、更好的形式是在蓝图上显示基本失误点，有必要时，为服务补救过程开发新的子蓝图。

2. 识别顾客对服务的经历

市场细分的一个基本前提是，每个细分部分的需求是不同的，因而对服务或产品的

需求也产生相应变化。假设服务过程因细分市场不同而变化，这时为某位特定的顾客或某类细分顾客开发蓝图将非常有用。在抽象或概念的水平上，各种细分顾客纳入在一幅蓝图中是可能的。如果需要达到不同水平，开发单独的蓝图就一定要避免含糊不清，并使蓝图效能最大化。

3. 从顾客角度描绘服务过程

该步骤包括描绘顾客在购物、消费和评价服务中执行或经历的选择和行为。如果描绘的过程是内部服务，那么顾客就是参与服务的雇员。从顾客的角度识别服务可以避免把注意力集中在对顾客没有影响的过程和步骤上。该步骤要求必须对顾客是谁达成共识，有时为确定顾客如何感受服务过程还要进行细致的研究。如果细分市场以不同方式感受服务，就要为每个不同的细分部分绘制单独的蓝图。有时，从顾客角度看到的服务起始点并不容易被意识到。在为现有服务开发蓝图时，可以把服务录制或拍摄下来。通常情况往往是，经理和不在一线工作的人并不确切了解顾客在经历什么，以及顾客看到的是什么。

4. 描绘前、后台接触员工行为

首先画外部相互作用线和可见性线，然后图示从一线员工的角度所理解的服务过程，区分前台员工行为和后台员工行为。建立蓝图的人员必须了解一线员工的所作所为以及哪些活动是完全暴露在顾客面前的，而哪些活动是顾客所看不见的。

5. 把顾客行为、服务人员行为与支持功能相连

画出内部相互作用线，即可识别出服务人员行为与内部支持职能部门的联系。在这一过程中，内部行为对顾客的直接或间接影响方才显现出来。从内部服务过程与顾客关联的角度出发，它会呈现出更大的重要性。

6. 在每个顾客行为步骤加上有形展示

在蓝图上添加有形展示，说明顾客看到的东西以及顾客经历中每个步骤所得到的有形物质。包括服务过程的照片、幻灯片或录像在内的形象蓝图在该阶段也非常有用，它能够帮助分析有形物质的影响、整体战略及服务定位的一致性。建立服务蓝图不是某个人或某一个职能部门的事，一般需要建立一个开发小组，包括组织内各职能部门的员工。由各方的代表参与，如营销、运营、人力资源、设备设计部门，尤其是一线服务人员的积极参与，有时也要有顾客的参与。

五、服务质量管理

（一）服务质量的定义

服务是服务营销学的基础，而服务质量则是服务营销的核心。无论是有形产品的生产企业还是服务业，服务质量都是企业在竞争中获胜的法宝。服务质量的内涵与有形产品质量的内涵有区别，消费者对服务质量的评价不仅要考虑服务的结果，而且要涉及服务的过程。服务质量应被消费者所识别，消费者认可才是质量。

服务质量是指服务固有特性满足规定或要求的程度。格隆鲁斯教授最先对服务质量提出了全新解释，他提出了全面可感知质量模型，如图9-3所示。

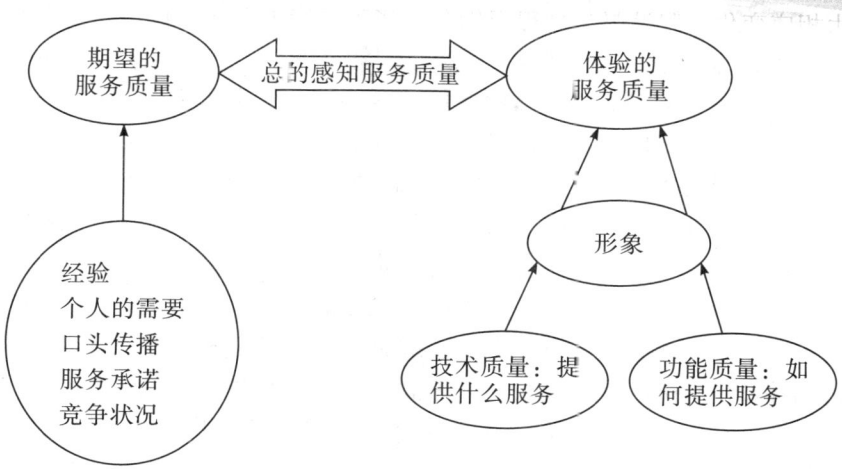

图 9-3 格隆鲁斯的全面可感知质量模型

由格隆鲁斯的全面可感知质量模型可知，预期服务质量即是顾客对服务企业所提供服务预期的满意度。感知服务质量则是顾客对服务企业提供的服务实际感知的水平。如果顾客对服务的感知水平符合或高于其预期水平，则顾客获得较高的满意度，从而认为企业具有较高的服务质量；反之，则会认为企业的服务质量较低。从这个角度看，服务质量是顾客的预期服务质量同其感知服务质量的比较。

预期服务质量是影响顾客对整体服务质量的感知的重要前提。如果预期质量过高，不切实际，则即使从某种客观意义上说他们所接受的服务水平是很高的，他们仍然会认为企业的服务质量较低。而感知服务质量，即顾客能体验到的服务质量，则包含两个方面：技术或结果质量，职能或过程质量。技术或结果质量是指顾客在服务过程结束后的"所得"。譬如，旅店的客人要有一个房间，饭店的客人要有一顿美餐，咨询客户得到一份报告等。顾客对技术或结果质量的衡量是比较客观的，因为技术或结果质量牵涉的主要是技术方面的有形内容。而职能或过程质量则指顾客如何接受服务，它与买卖交换者之间的真实瞬间接触的产生和服务供应者的职能休戚相关。顾客对职能或过程质量的衡量相对比较主观。

（二）服务质量测定的标准

服务质量的测定是服务企业对顾客感知服务质量的调研、测算和认定。从管理角度出发，优质服务必须符合以下标准。

（1）规范化和技能化。顾客相信服务供应方具有完善的职员营销体系和资源；工作人员有必要的知识和技能，规范作业，能解决顾客疑难问题（有关产出标准）。

（2）态度和行为。顾客体验到服务人员（一线员工）用友好的方式主动关心照顾他们，并以实际行动为顾客排忧解难（有关过程标准）。

（3）可亲近性和灵活性。顾客认为服务供应者的地理位置、营业时间、职员和营运系统的设计和操作便于服务，并能灵活地根据顾客要求随时加以调整（有关过程标准）。

（4）可靠性和忠诚感。顾客确信，无论发生什么情况，他们能够依赖服务供应者、它的职员和营运系统。服务供应者能够遵守承诺，尽心竭力地满足顾客的最大利益（有关过程标准）。

(5) 自我修复。顾客知道,无论何时出现意外,服务供应者将迅速有效地采取行动,控制局势,寻找新的可行的补救措施(有关过程标准)。

(6) 名誉和可信性。顾客相信,服务供应者的经营活动可以依赖,物有所值。顾客相信它的优良业绩和超凡价值,可以与顾客共同分享(有关形象标准)。

在六个标准中规范化和技能化与技术质量有关;名誉和可信性与形象有关,它可充当过滤器的作用。而其余四个标准,态度和行为、可亲近性和灵活性、可靠性和忠诚感、自我修复,都显然与过程有关,代表了职能质量。

与服务感知质量相关的服务监督是可感知控制。如果顾客对消费毫无控制能力,他们就会感到不满足。例如,如果厂商剥夺了顾客的监督控制权,那么在其他情况下可以忍受的拥挤和等待也会引起火山爆发。顾客想有这样一种感觉,他对服务交易有一定的控制能力,不会总是受到厂商摆弄。如果这种需求得以满足将大大提高顾客满意程度。管理者应该认真考虑建立监督控制机制。

可感知的控制和自我修复之间的关系是显而易见的。如果有突发事件发生,例如航班因技术原因晚点,由于缺少监督,顾客丧失对局势的控制能力,很快会造成一种紧张不安的气氛。如果航空公司职员能够迅速、及时、有效地向候机乘客说明缘由,并告知晚点的准确时间,乘客们即使不喜欢这种突发事件,但是毕竟对情况有所了解,有一定的控制能力,这要比他们一无所知要好得多。自我修复,就不单是告诉乘客目前的困境,至少也要为乘客解决必要的生活问题。

(三) 服务质量差距的管理

经过长期营销实践,美国服务问题专家建立了一个差距分析模型,专门用来分析质量问题的根源,如图 9-4 所示。

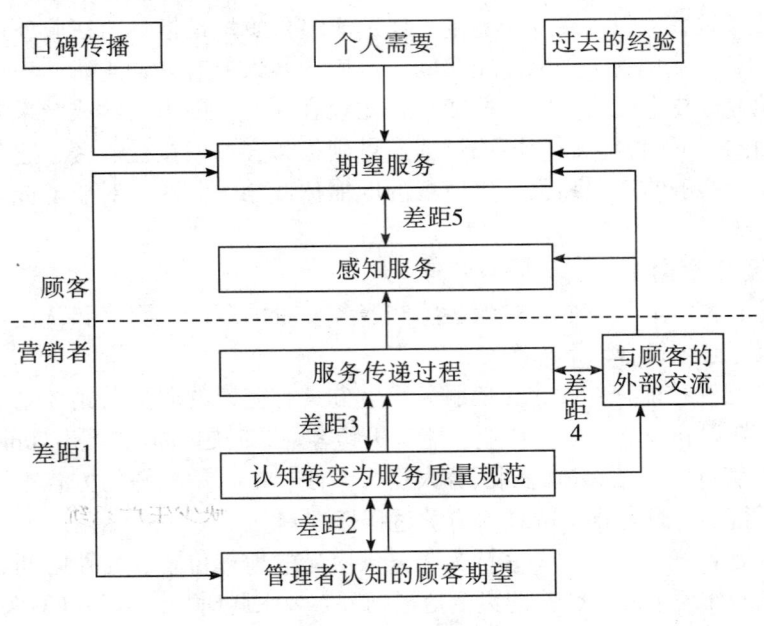

图 9-4 服务质量差距

首先，模型说明了服务质量是如何形成的。模型的上半部涉及与顾客有关的因素。期望的服务是顾客的实际经历、个人需求以及口碑沟通。另外，也受到企业营销沟通活动的影响。实际经历的服务，在模型中被称为感知的服务，它是一系列内部决策和内部活动的结果。在服务交易发生时，管理者对顾客期望的认识，对确定组织所遵循的服务质量标准起到指导作用。

分析和设计服务质量时，这个基本框架说明了必须考虑哪些步骤，然后查出问题的根源。要素之间有5种差异，也就是所谓的质量差距。质量差距是由质量管理前后不一致造成的。最主要的差距是期望服务和感知（实际经历）服务之间的差距（差距5），5个差距以及它们造成的结果和产生的原因分述如下5点。

1. 管理者认识的差距（差距1）

这个差距指管理者对期望质量的感觉不明确。产生的原因有：①对市场研究和需求分析的信息不准确；②对期望的解释信息不准确；③没有需求分析；④从企业与顾客联系的层次向管理者传递的信息失真或丧失；⑤臃肿的组织层次阻碍或改变了在顾客联系中所产生的信息。

2. 质量标准差距（差距2）

这一差距指服务质量标准与管理者对质量期望的认识不一致。产生的原因如下：①计划失误或计划过程不够充分；②计划管理混乱；③组织无明确目标；④服务质量的计划得不到最高管理层的支持。

第一个差距的大小决定计划的成功与否。但是，即使在顾客期望的信息充分和正确的情况下，质量标准的实施计划也会失败。出现这种情况的原因是，最高管理层没有保证服务质量的实现，质量没有被赋予最高优先权。治疗的措施自然是改变优先权的排列。今天，在服务竞争中，顾客感知的服务质量是成功的关键因素，因此在管理清单上把质量排在前列是非常必要的。

总之，服务生产者和管理者对服务质量达成共识，缩小质量标准差距，要比任何严格的目标和计划过程重要得多。

3. 服务交易差距（差距3）

这一差距指在服务生产和交易过程中员工的行为不符合质量标准。产生的原因有6点：①标准太复杂或太苛刻；②员工对标准有不同意见，例如一流服务质量可以有不同的行为；③标准与现有的企业文化发生冲突；④服务生产管理混乱；⑤内部营销不充分或根本不开展内部营销；⑥技术和系统没有按照标准为工作提供便利。

可能出现的问题是多种多样的，通常引起服务交易差距的原因是错综复杂的，很少只有一个原因在单独起作用，因此治疗措施不是那么简单。差距原因粗略分为三类：管理和监督；职员对标准规则的认识和对顾客需要的认识；缺少生产系统和技术的支持。

4. 营销沟通的差距（差距4）

这一差距指营销沟通行为所做出的承诺与实际提供的服务不一致。产生的原因是：①营销沟通计划与服务生产不统一；②传统的市场营销和服务生产之间缺乏协作；③营销沟通活动提出一些标准，但组织却不能按照这些标准完成工作；④有故意夸大其词，承诺太多的倾向。

5. 感知服务质量差距（差距5）

这一差距指感知或经历的服务与期望的服务不一样。它会导致以下后果：①消极的质量评价（劣质）和质量问题；②口碑不佳；③对公司形象产生消极影响；④丧失业务。

第五个差距也有可能产生积极的结果，它可能导致相符的质量或过高的质量。感知服务差距产生的原因可能是本部分讨论的众多原因中的一个或者是它们的组合。当然，也有可能是其他未被提到的因素。

差距分析模型指导管理者发现引发质量问题的根源，并寻找适当的消除差距的措施。差距分析是一个直接有效的工具，它可以发现服务提供者与顾客对服务观念存在的差异。明确这些差距是制定战略、战术以及保证期望质量和现实质量一致的理论基础。这会使顾客给予质量积极评价，提高顾客满意程度。

本章小结

本章首先介绍了服务过程的定义与特点、服务管理过程的作用及依据、影响服务过程的关键因素；进而介绍了服务过程的若干分类；接着介绍了服务接触点的定义、类型、层次，服务接触点管理的原则及优化策略；最后详细介绍了服务蓝图的定义、作用、构成及建立服务蓝图的步骤。本章重点要求学生掌握服务接触点的优化策略、服务蓝图的构成及建立服务蓝图的步骤。

思考与练习

(1) 什么是服务过程，服务过程的分类有哪些？
(2) 你认为影响服务过程的关键因素有哪些？
(3) 什么是服务接触点，接触点管理的优化策略有哪些？
(4) 什么是服务蓝图，服务蓝图的作用有哪些？
(5) 简述建立服务蓝图的步骤。
(6) 请你以包裹快递服务为例，建立服务蓝图，并要求画出具体的流程图。

第三篇
服务行业营销实务

第十章　餐饮服务营销

> **教学目标**
> （1）了解餐饮服务营销的概念和特点。
> （2）认识餐饮服务营销的市场细分以及目标市场的选择模式。
> （3）掌握餐饮服务营销的实战策略。
> （4）知道海底捞服务营销的实际成果。

近年来，我国的餐饮业发展非常迅速，据有关方面的统计，餐饮业的增长率要比其他行业高出10个百分点以上。可以说我国正迎来一个餐饮业大发展的时期，市场潜力巨大，前景非常广阔。但从另一个方面来看，餐饮需求又是复杂多变的，其消费口味和消费心理，都可能随着社会环境的变化而变化。餐饮企业必须根据自身条件和环境条件的要求，看清餐饮市场的发展趋势，选择适当的营销方法，才有可能在激烈的市场竞争中获得成功。餐饮服务也成为各个餐饮企业不得不重视的内容，如何在激烈的市场竞争中取胜？本章就餐饮服务营销的话题进行分析和探讨。

第1节　餐饮服务营销概述

在我国，根据《国民经济行业分类注释》的定义，餐饮业是指在一定场所，对食物进行现场烹饪、调制，并出售给顾客，主要供现场消费的服务活动。餐饮业是我国第三产业中的传统支柱产业，是提高人民生活质量的重要环节。餐饮服务是餐饮部工作人员为就餐客人提供餐饮产品的一系列行为的总和。优质的餐饮服务是以一流的餐饮管理为基础的，而餐饮服务质量管理是餐饮管理体系的重要组成部分，它是搞好酒店餐饮管理的重要内容，对其控制和监督的目的是为顾客提供优质满意的服务，创造酒店良好的社会效益和经济效益。

一、餐饮服务营销的内涵

（一）餐饮服务营销的定义

餐饮服务营销是指餐饮经营者为使顾客满意，并实现餐饮服务经营目标而开展的一系列有计划、有组织的活动。餐饮服务营销又有狭义和广义之分。狭义的餐饮服务营销是指餐饮人员帮助客人用餐等一系列的活动；广义的餐饮服务营销是指餐厅为顾客提供的一系列有关餐饮服务的设施、餐具、菜肴、酒水和帮助顾客用餐的一系列活动。

餐饮服务营销的含义，可以概括为以下三层意思。

（1）餐饮服务营销指的是餐饮产品和服务的交换活动，它属于一种社会性的管理活动。餐饮服务营销最根本的目的是要实现餐饮企业与餐饮顾客之间服务的交换。

（2）餐饮服务营销是以满足顾客需要为出发点和归宿点的交换活动，满足顾客需要是餐饮服务营销的核心内容。营销活动是一个双方共赢的活动，餐饮企业必须随时以顾客为中心，以满足顾客需要为目的。

（3）餐饮服务营销是一个完整的过程，餐饮企业就结合企业的目标根据对企业的分析制订完整的营销战略、确定营销实施过程及后续跟踪执行方案。

而真正的餐饮服务应是以顾客为目标，提供积极向上、周到细致、不断创新、相互理解和相互沟通的服务。

（二）餐饮服务营销的本质特征：有形与无形的结合

餐饮服务营销活动过程既不同于有形产品的制造业，也不同于无形产品的服务业。餐饮服务产品是有形和无形的交替体。菜品是整个餐饮业产品的基础部分，它是有形的，类似于制造业产品。而餐饮产品中又含有很多无形的成分。而作为无形产品的营销活动和有形产品的营销方法是不一样的。餐饮产品的内涵除包括菜品、装修和设施外，还包括助餐服务、环境、形象等诸多要素。在整个餐饮产品中，顾客基本利益的满足同时来自有形成分和无形成分。从这个意义上说，餐饮产品是一种混合型产品。餐饮产品与制造业产品相比含有更多的无形成分。餐饮产品的有形成分和无形成分的比例取决于餐饮产品的类别和档次。从类别来看，常见的中西正餐、火锅、自助餐及快餐的无形成分的比例依次呈递减趋势，而有形成分则呈递增趋势；从档次来看，档次越高其无形成分的比例越大，档次越低则有形成分的比例就越大。

餐饮服务业是十分特殊的行业，这种特殊性主要表现在它提供给顾客的产品具有双重性，即有形性和无形性。作为经营者，必须从这两个方面满足顾客的需求，即不仅菜肴的色、香、味、美、型、器都要好，使客人感到物有所值，而且与之相适应的服务过程也要好，服务要富有人情味，让客人有好的感受。任何一个经营者，如不善于体察和满足消费者，不能提供上乘的有形产品和无形新产品，就无法适应消费市场的需求，就不可能取得良好的经济效益。

从餐饮的交易看，餐饮食品的销售与食品零售业相似，都是食品的交易或流通。但餐饮业的职能除了提供食品交易服务，还要提供食品生产（烹饪）服务和食品消费（助餐）服务。餐饮业明显区别于食品零售业，它更接近生产和交换融为一体的生活服务业。

二、餐饮服务市场分析

（一）餐饮服务的市场细分

1. 餐饮服务市场细分的概念

餐饮市场细分的概念可以描述为：餐饮企业把整个餐饮市场的消费者，按一种或几种因素加以区分，使区分后的消费者需求在一个或几个方面具有相同的特征，以便企业用相应的市场营销组合去满足这些不同的消费者组群的需要。

餐饮细分市场就是按一定的方法把一个整体的市场划分成具有显著不同消费特征的亚市场。每个亚市场又都有类似的需求与特点，让企业可以在更为擅长的平台上运作，是营造品牌、建立具有竞争优势的基础。

2. 餐饮市场细分的方法

将产品和消费者分组以确定最重要的差别。细分是动态过程，须不断变化以反映行业结构的变革，创造竞争优势的最大机会源自区隔的新方法。首先要选择细分因素，因为选择的细分因素不同，顾客需求、被划分的情况也就不同；其次是对细分因素进行合理的尺度划定；最后对细分的子市场加以描述，配套适合的营销组合。

（1）按年龄细分。根据年龄，可将用餐消费者大致分为学龄前的、少年、青年、中年和老年。儿童一般喜玩物、好新奇；青年人喜欢讲排场、好面子、重情调；中老年人一般讲实惠、注重价格。在口味上，青年人一般喜欢干香辛辣；老年人一般喜好柔软清淡。在菜肴品种上，年轻人一般喜好头、翅、肠、肚等"边脚下料"，食性广泛；老年人则相对趋向于"正料"。青年人对新的菜品和异域品种容易接受；老年人对传统食品情有独钟，比较保守。

（2）按性别细分。男性和女性在餐饮消费上也有一些区别，尽管有些区别很细微，但对于餐饮服务环节来说，仔细研究男性和女性要求上的差别，还是很有必要的。例如女性，喜欢有情调的菜品，像浪漫的菜名、鲜艳的色调、活泼的造型、调制的酒水等；对特殊的餐饮形式需要确定外出就餐的决策人的性别，并有的放矢地制定营销决策。

（3）按支出意愿细分。可以简单地分成高档消费、中档消费和低消费。不同支出意愿的消费者对餐饮产品的消费需要差距很大，细分市场时应借助市场调查，确定哪种支出意愿的消费者是适合的目标顾客。

（4）按生活方式细分。生活方式是指人们为了满足生存和发展需要而进行的全部活动的基本特征。生活方式的外在表现是生活观念和生活意识。

如生活节奏变快，导致各式快餐的需求增长较快；对正餐的需求也同样增加，家庭更多地选择在外就餐；同时餐饮的社交平台功能越来越强。

重视保健和身体健康，促进无污染的绿色消费，绿色餐厅、绿色餐饮产品应运而生，并且滋生一批专门以绿色、健康为主题的差异化餐饮经营项目（如武汉小蓝鲸）。在餐饮服务方面，分餐制也已开始提上议事日程。

追求美化和多样化生活方式促使顾客对餐饮设施的审美和文化内涵的追求，对不同风味美味佳肴的追求，对菜肴精致程度的追求，促使他们对服务人员及其服务提出更高要求。

（5）按利益（动机）细分。餐饮顾客购买餐饮产品多数不是为了得到产品本身，而是为了获得产品给顾客带来的利益。根据餐饮顾客追求的利益，刘易斯将餐饮市场划分成"便利型大众餐饮市场""气氛型餐饮市场"及"高档餐饮市场"三种类型。便利型是以经济型餐饮为特征，气氛型是以特色餐饮消费为特征，而高档型是以服务正规、菜品精细、价格高昂、装修豪华为特征。

（6）按使用率细分。根据顾客消费同一餐厅产品的频率分成轻度使用者、中度使用者和重度使用者。年消费一般6次以下的是轻度使用者，年消费6~12次的是中度使用者，年消费12次以上的是高度使用者；餐饮营销的顾客关系管理内容之一，就是对客户进行分类，通过促销让轻度使用者向中度和重度使用者转变；同时监控各类顾客使用频率的变化，对于使用频率减少者及时采取措施，避免客户流失。

(二) 餐饮服务目标市场选择模式

其目标市场的选择，可以整理出以下五种模式。

1. 产品/市场集中化模式

产品/市场集中模式就是餐饮企业只生产一种产品，服务于一个细分市场的模式。选择这个模式的情形通常是：餐饮企业本身就擅长用这一种产品在该市场上经营。例如许多餐饮企业最初选择本地市场经营，就是因为熟悉当地市场，具有在该市场获胜的条件；餐饮企业本身资源有限，没有更多的能力服务于更多的市场。

很多餐饮企业首先在本地市场发展，都是基于以上两个原因。这个细分市场上没有竞争对手，还有较大的需求空间。这种情形现在已经很少。同时这种模式是小规模企业或大企业首次进入某市场时采用的策略。

我国餐饮企业绝大多数规模较小，这种模式比较适用。发展起来的大型连锁餐饮企业进军海外市场时也常采取这一策略，把这个分市场作为进一步扩大的起始点。企业在创业初期，资源不够或认识度不够，产品在市场的经验不足，新产品在市场上的饱和度不够，利用这一模式可减少经营风险，增加收益。

2. 产品专门化模式

产品专门化模式是指餐饮企业向各个细分市场提供同一种餐饮产品。例如麦当劳、肯德基等洋快餐企业的目标市场选择模式，基本上属于此类，国内的菜根香、小肥羊、全聚德、谭鱼头等企业早期采取的也是产品专门化模式。

如果一个企业产品非常具有特异性、需求广，在地域上不受限制，而且企业对该产品运作成熟，产品单一，容易复制，在这种情况下，企业就可能走向产品专门化的道路。企业可以把该产品进一步用好、用尽，充分发挥它的价值，来吸引更多的市场。

3. 市场专门化模式

市场专门化模式是指餐饮企业向同一市场提供其所有的餐饮产品。

如果企业对一个市场运作熟练，市场人脉关系好，就可以继续挖掘该市场的潜力，不断提供新产品，形成集团化，也就是不放弃原有市场，在原有市场上不断提供新产品，增加新产品序列，最后往往一类产品成立一个子公司，这就是市场专门化的策略。

4. 选择性专门化模式

选择性专门化模式是指餐饮企业用不同的餐饮产品同时进入不同的分市场，其中每个分市场都有机会，但彼此之间很少或根本没有任何联系。比如B市场上，C产品合适，那么C产品就可以在B市场上销售，B产品在A市场上合适，那么B产品就可以在A市场上销售，而A产品在C市场也可以销售。在这个市场，哪一个产品合适，就销售哪一个产品，哪一个产品不合适就不销售，这就形成选择性专门化过程。有些餐饮企业同时涉足不同行业，就是选择性专门化。如重庆的小天鹅刚开始经营火锅，随着火锅市场的不断饱和，然后兼做宾馆。

A产品，所有市场都合适，所以火锅在所有市场上做。而B产品，并不适合在所有市场上,重庆和成都附近市场比较合适,所以先在这些地方做。这就是选择性专门化道路。

很多餐饮连锁企业,由于产品逐渐老化,市场逐渐占满,如果继续用原有的模式,企业就面临崩溃。要考虑走选择性专门化的道路,产品去任何适合的市场,这样才能会对企业的发展带来突破和创新。

5. 覆盖整个市场模式

覆盖整个市场模式是企业为所有不同的细分市场提供其所有的产品,这是较典型的大企业为谋取市场领导者地位采取的策略。

例如可口可乐公司在饮料市场上、IBM 公司在 IT 市场上都是如此。所开发的所有产品,都面向所有的市场。

但是这种大企业策略,在我国餐饮企业中,现在只有少数有成效的餐饮企业在逐渐走,距离全面覆盖整个市场还有相当的距离。整个企业在发展过程中,要清醒地了解整个目标市场的选择、企业未来发展的路径,走利于企业发展的模式。

(三) 餐饮服务营销差异化定位设计

1. 餐饮服务差异化营销的含义

差异化营销是指餐饮企业为了应对激烈的市场竞争,在对目标市场进行充分调查的基础上,根据消费者消费需求的变化,通过对产品、价格、分销和促销方面制定出不同于竞争对手的策略,以达到建立比较竞争优势,取得竞争主动权的目的。

差异化就是说餐饮企业设计的营销组合有特性,明显不同于竞争对手,简单地说就是特色。如某餐厅开业时针对营业额不足的问题,开展了促销。他们做一个像存折一样大小的小本,里面有夹页,每一张夹页设计一种菜品,印有价格和实物图,如果顾客消费了这种菜品,结账时拿着夹页就可以享受五折的优惠。为什么它不直接打五折呢?这就是特色。不同于一般的促销方式,和传统打折有所不同。

从上面这个案例可以看出,促销差异化的好处:给顾客创造新鲜感,一般的餐厅开业时直接打折优惠,大家已经习惯了,没有兴趣。如果做成小本的宣传资料,顾客闲暇时看看,有实物图和价格,很直观,直接刺激顾客的眼球,这就是无形产品有形化;另外,在顾客心理上这个小本就是支票的感觉,只要拿着小本就可以打折省钱,例如燕鲍翅直接就可以优惠 500 元。如果两家店同时打折,一家口头宣传打折,而另一家有宣传资料,则更多顾客会选择后者,因为有理有据,心里踏实。

2. 餐饮服务差异化营销的途径

(1) 菜品途径。菜品途径是指某一餐饮企业的菜品,在品种、口味上明显优于同类产品的生产厂家,从而形成独特的市场。如菜系、质量、菜品组合和菜品的更新速度都明显和竞争对手形成差异,从而能快速占领市场。

(2) 服务途径。所提供的服务更具有完备的设施、优雅的环境、优质的餐饮、可靠的安全保障和快捷的效率以及优雅的礼仪等,服务规范,或具有特色。

(3) 人员途径。人员途径是人员能胜任各自的岗位,对客人礼貌,具有可靠性,善于和别人交流。

(4) 形象途径。企业通过强烈的品牌意识、成功的 CI 战略,借助于媒体的宣传,使企业在消费者心目中树立起良好的形象，从而对该企业的产品发生偏好。市场差异化是指由产品的销售条件、销售环境等具体的市场操作因素而生成的差异。

第2节　餐饮服务营销的实战策略

在餐饮服务营销的实战中，我们往往会从"克服服务基本特性对服务营销不利面"和"利用服务基本特性对服务营销有利面"两个方面实施营销策略，实战策略又可归纳为"八化"，即有形化营销策略、技巧化营销策略、可分化营销策略、关系化营销策略、规范化营销策略、差异化营销策略、可调化营销策略和效率化营销策略。

一、克服服务特性不利面的策略

（一）有形化营销策略

餐饮服务本质上是无形、抽象的，这对餐饮营销不利。餐饮企业在营销中应讲究有形化，即尽可能提供一些有形线索或有形提示，帮助顾客识别和了解企业，并由此促进营销。美国服务营销学家肖斯塔克（L. Shostack）指出，顾客看不到服务，但能看到服务环境、服务工具、服务设施、服务人员、服务信息资料、服务价目表、服务中的其他顾客等有形物，这些有形物就是顾客了解无形服务的有形线索。能帮助顾客识别和了解餐饮企业的有形线索，主要有销售环境、餐饮品牌和餐饮服务承诺。

餐饮企业的销售环境，包括餐厅地段、建筑外观、停车场、周边环境、内部装修、布局、气温、气味、灯光、音响、餐桌、餐椅、餐具、指示牌、菜单、厨房、卫生间、人员、顾客、气氛等。

1. 餐饮营销环境的作用

第一，环境对餐饮服务的提示作用。例如，繁华地段一般饭店，餐馆的服务档次不会低；整洁的环境展示食品卫生的水平和严谨的服务态度；新鲜而芳香的店堂空气展示所出售菜肴点心的新鲜程度；温暖宜人的气温，柔和的灯光和音乐，舒适的座位展示温情、细腻的服务风格，而强烈的灯光和欢快的音乐又展示热情、豪爽的服务风格；醒目的指示牌和印制精良的菜单暗示精心设计的周到服务；店堂服务人员和就餐顾客语言举止的文明暗示饭店、餐馆格调的高雅等。

第二，环境的价值作用。餐饮环境由于具有营销作用，可以使餐饮服务增值。例如，同一罐啤酒，在超市里买只需1.50元，在普通餐馆里买也许需3.00元，而在五星级酒店买可能需要6.00元。这里差价的原因主要在于顾客感受的环境或气氛不同。

2. 餐饮环境设计的原则

第一，环境要体现理念。在激烈的市场竞争中，餐饮企业越来越讲究经营理念和服务理念，而抽象的理念通过有形的环境可以得到具体的提示，从而有利于顾客的识别。例如，国外一些绿色饭店的环境设计也是"绿色"的。在餐厅内种植树木、竹林，餐厅内始终保持沁人心脾的味道；餐厅的铺地材料采用可再利用的花岗岩；餐厅墙面采用无污染的材料或天然材料；餐桌、餐椅的材料部分取自报废船只的地板；厨房设备采用绿色家电等。

第二，环境要体现特色。餐饮企业的特色，不仅要体现在菜肴、点心和自配饮料上，还要体现在环境上，餐饮环境的各种要素都可以体现餐饮企业的特色。例如，许多民族餐饮店的环境设计；许多高档餐馆，饭店常用特定的顾客环境来提示其特色等。

第三，环境要服务于创新。餐饮环境的设计要与餐饮创新相结合，使环境建设支持创新。例如，上海新亚大包是中式快餐的一种餐饮创新，而这种创新显然离不开新亚大包网点环境的精心设计：包括网点地点的选择，店堂环境的装修，服务人员服饰，仪表和行为规范的设计等，从而有力地支持了新亚大包中式快餐的创新，促进了新亚大包的发展。

第四，环境要烘托质量。由于服务的无形性，餐饮质量较难被顾客识别，而餐饮环境作为一种包装，可以提示餐饮质量，增大其识别度。例如，高质量的餐饮设施和工具，如餐椅、餐桌、餐具、装修、洗手间等，都可以向顾客展示高质量的服务。又如，餐馆、饭店的人气环境也可以起到烘托质量的作用。一家餐馆能注意和展示红火的人气，就会给顾客带来很强的提示：人气这么旺的餐馆，其菜品的质量一定不错。展示人气环境，可以有多种方法，如餐馆将沿街的墙改成透明的大玻璃墙；在餐馆门厅内竖立大牌子，展示各个包厢被预订的火爆情况；在门厅、走廊和楼梯的墙上展示国内外社会政要，名人光顾餐馆的照片、赠画或题字；在餐馆所辖的停车场停放众多的名车等。

第五，环境要有利于拓展网点。发展餐饮网点，关键之一就是餐饮环境的选择和设计。例如，美国肯德基快餐网点在全球的发展，与它对快餐网点包装或环境的精心设计和管理有关，如建筑环境，所有网点的内装修都按统一的七套图进行，都有统一的装修形象；又如人员环境，对分布在世界各地的快餐店员工都按统一的规范进行服务培训等。

第六，环境要起到沟通促销作用。服务的无形性使得餐饮广告比较难做，而如果尽量发挥餐饮环境的广告作用，就可以弥补以上不足。例如，美国的麦当劳就十分重视利用餐饮环境来做广告。麦当劳的"餐具"或食品包装上就有广告，像麦当劳的热饮料杯子上印有"热饮烫口"的字样，既是一种安全提示，也是一种包装广告。热饮，就是要热一点，且热到"烫口"的程度，其"热"的质量自然就有保证，从而对喜欢热饮的顾客就有吸引力。

第七，环境要有利于关系营销。服务的包装或环境，尤其是服务人员的形象设计得好，有利于服务业的关系营销。正如有专家指出，现代饭店服务人员的形象设计可以用SERVICE（正好是英文"服务"一词）中的7个字母来概述：

（1）S，即 Smile（微笑），服务人员要对每一位顾客微笑。

（2）E，即 Excellent（出色），服务人员要将每一项工作都做得出色。

（3）R，即 Ready（准备），服务人员要随时准备为顾客服务。

（4）V，即 Viewing（看待），服务人员要把每一位顾客都当作需要特殊关照的贵宾看待。

（5）I，即 Inviting（邀请），服务人员每一次服务结束都要向顾客发出下次再来的邀请。

（6）C，即 Creation（创造），服务人员要善于创造温暖的服务气氛。

（7）E，即 Eye（眼光），服务人员要始终用热情的眼光关注顾客。

这样的服务人员形象可以起到增进顾客与餐饮企业关系的作用。

第八，环境要满足顾客的需要。满足顾客需求是营销的核心，也是餐饮环境设计和管理的一个原则。例如，餐饮环境要满足安全卫生的需要。有专家研究了中外餐饮的第一差距就是卫生环境的差距。上海星辰饭店在设计厨房环境时规定，在厨房一律穿布鞋，为了"保护"布鞋，厨师和服务员就不得不屈就于近乎苛刻的卫生要求，最终带来的好处是"星辰"厨房告别了油腻和水迹遍地的现象。

3．餐饮销售有形化

餐饮销售有形化常见的具体表现：①菜单的有形化。如添加菜名说明、设置菜名说明图片、菜名的命名形象生动、使用电脑点菜、增加菜点原料构成和营养成分说明等。②菜品原料的展示。如食物原料展示、菜品配料按实际分量展示等。③制作展示。如可采用开放式厨房、餐厅内设置投影来展示厨房生产过程、餐厅内现场制作表演、餐台边制作等。④销售展示。如菜点、酒水等成品用推车巡回销售等。⑤消费经历回忆展示。如赠送所消费的宴会纪念菜单、赠送用餐消费的照片或光碟等。

4．努力营造餐饮企业知名品牌

餐饮品牌也是一种有形线索，它能反映餐饮企业的服务质量和水准，会在顾客心目中树立起有力、清晰而且准确的餐饮服务形象，就像一个实际产品那样具有有形特色便于辨认和信赖，而成为一个永久的标记。餐饮品牌营销就是餐饮企业建立品牌和利用品牌来促进营销。例如，上海的"功德林"素斋馆是当地知名品牌，很多较高规格的素食宴请者在选择餐馆时常常会不假思索地选择"功德林"，不用担心菜肴质量、服务质量不佳而导致宴请失败的风险，其原因就来自品牌的价值。品牌建设是解决服务的无形特点给餐饮企业带来销售困惑的根本途径。

5．开展餐饮业服务承诺活动

餐饮服务承诺是指餐饮企业通过菜单、海报、照片、人员、广告、促销活动和公共宣传等沟通方式向顾客预示餐饮质量或效果，并对餐饮质量或效果予以一定的保证。它是看得见，听得到的，因此，也是一种有形化营销手段。

在餐饮承诺中，有的承诺是明确的，有的承诺是暗示的。在餐饮承诺中，仅仅预示质量或效果的承诺是不完全承诺，如果既预示质量或效果，而且又予以保证的承诺，那是完全承诺。餐饮企业通过一定媒体向顾客承诺，可以影响顾客心理，降低顾客的认知风险，加强顾客对餐饮质量的监督，从而吸引顾客和增强营销吸引力。同时，承诺也有利于内部管理的提高和完善。

（二）可分化营销策略

餐饮业的可分化营销是指通过服务的可分化来吸引顾客和扩大客源。餐饮业服务的可分化是指在餐饮服务过程中，餐饮服务者与顾客之间实行"远离"或不直接接触，而通过"中间媒体"接触顾客和向顾客提供服务。餐饮业服务的可分化，主要有自助化、渠道化和网络化三种方式。在自助化服务中，餐饮企业通过自助服务的菜点、餐具、设备等接触顾客和提供服务；在渠道化服务中，餐饮企业通过特许经营商接触顾客和提供服务；在网络化服务中，餐饮企业通过网络商或电子商务接触顾客和提供服务。在三种可分化方式中，所谓"中间媒体"分别指"自动服务的菜点、餐具、设备"、"特许经营商"和"网络商"。餐饮企业无论使用上述哪一种方式"远离"顾客，都可以起到吸引顾客和扩大客流的营销作用。因此，按服务可分化的方式分，餐饮业的可分化营销有自助营销、特许营销和网络营销三种。

1. 餐饮企业的自助营销

餐饮业的自助化服务就是自助餐服务。在自助服务中，餐饮企业提供事先做好的菜点、调味品、饮料以及炊具、餐具、餐桌等，而菜点装盘、端盘以及简单的烹饪等餐饮服务由顾客自行完成，包括煎鸡蛋、烤面包、火锅和铁板烧烤等。此外，也有顾客直接下厨的自助餐。自助餐的营销作用主要有以下几点。

第一，增加顾客的参与感和对服务结果的责任感。这些心理感受对餐饮业营销都是有利的，而且能提高顾客对餐饮服务的满意度和对餐饮企业的宽容度，这也正是在可比条件下，为什么自助顾客的投诉会比其他餐饮方式少的原因所在。

第二，增加服务能力。由于食品是先生产好或准备好的，可以事先有足够时间生产或准备充足的食品，自助餐的食品供应规模可以大大增加（当然，这与冷餐存放的时间可以较长有关）。从某种意义上讲，自助餐与食品超市的基本功能相似，都是扩大供应能力并由此扩大顾客流。另外，由于服务过程中的装盘、端盘和部分烹调服务是由顾客自行完成的，自助餐店家可以让相同数量的服务人员服务于更多的顾客。所以，自助餐是餐饮企业应对大规模客流的最佳服务方式。

第三，降低服务成本。由于顾客自助服务的替代作用，自助餐可以大大节约人员成本，包括服务人员和厨师成本，自助餐的定价一般比较低，有营销的竞争力。

第四，有利于有形化营销。由于在自助餐的服务过程中，菜点、饮料、水果等食品都是完全展示给顾客看的，而且不是样品，是实际可以享用的食品，这就将烹饪服务完全"有形化"了，可以使顾客一目了然地感知店家的烹饪质量，这可以增加对顾客的吸引力。

第五，有利于技巧化营销。例如，顾客在自助烹饪时，厨师或服务员可以在旁边加以指导和传授，这是技能营销。再如，自助餐餐台上的食品及其摆放一般都经过艺术设计，有一定的造型，色、香、味、形、器、名等饮食文化都能充分地展示出来。自助餐餐厅一般比较大，也适合引入一些文化娱乐活动，这是文化营销。

第六，满足大型交往活动的需要。自助餐特别适合顾客对大型社交活动的需要，因为自助餐的环境和气氛特别适合顾客的自由流动和自由交流，气氛既热烈温馨，又宽松自在，人们既可以充分地接触自己想接触的人，又可以"合理"地避开不想接触的人。

2. 餐饮企业的特许营销

餐饮企业的特许营销就是一般所说的餐饮特许经营，即餐饮企业（特许者）将自己的品牌以特许合同的形式转让给加盟者（被特许者或特许经营者）使用，加盟者按合同规定，在特许者统一的业务模式下从事餐饮经营活动，并向特许者支付相应的费用，包括一次性的品牌使用费用和每年的收益分成。特许经营者以此模式，迅速提高品牌知名度和扩大市场规模。由于特许经营通常形成由特许者和多个加盟者组成的连锁体系，故"特许经营"通常与"特许连锁"或"特许加盟"同义。餐饮特许经营的营销作用主要有以下几个方面。

第一，迅速进入和拓展市场。对许多中小餐饮企业来说，自己办餐饮店，没有什么知名度，可能很吃力，不如购买知名餐饮企业的品牌来经营。特许经营只涉及品牌使用权的转让，一般不涉及专利技术的转让，所以，技术含量不会很高，对被特许者在技术方面的要求不是很高，许多餐饮者都可以成为被特许者或加盟者。由于技术含量不高，特许合同的谈判相对比较简单，签约的成功率比较高。特许经营可以使餐饮企业通过当地加盟店迅速进入和拓展国内外市场，餐饮企业进入国内外目标市场，尤其是比较陌生的市场时，采用这种方式比较有效。

第二，提高品牌知名度。特许经营，实质上就是营销品牌，特许经营与品牌之间是密不可分的。品牌知名度高的有助于特许经营；反过来，特许经营也有助于提高品牌的知名度和品牌的市场影响力。例如，麦当劳是世界名牌，这有助于麦当劳在中国的特许经营；但同时，麦当劳在中国的特许经营也是麦当劳品牌在中国迅速传播的一个重要因素。

第三，降低经营成本。特许经营可以使餐饮企业（特许者）利用加盟者的资金、人力资源、现有的供应网络、营销网络，而不必像自己亲自开直营店那样花费较大的投资和运营成本。

3. 餐饮企业的网络营销

餐饮业的网络营销就是通过互联网接触顾客进行交易，确切地说，就是通过网络（或电子）渠道商向顾客提供餐饮服务。网络营销，习惯上也称电子商务，近些年来在餐饮业的应用开始兴起。例如，"网上餐厅"和"送餐服务"便体现了这种新时尚。中国现已有一批餐饮网络公司或有餐饮业务的网站公司，可供餐饮企业借以开展网络营销：如食神、中国美食网（8816）、中华美食网、中国餐馆等。另外，新浪、搜狐、网易、携程、艺龙、城市通、找到啦等著名网站公司，开辟有专门的餐饮网站。

随着餐饮业网络营销的发展，餐饮业将进入所谓"数字化餐饮"时代。有关描绘数字化餐饮的报道层出不穷，如"一场新的革命在餐饮业中发生""人们明天用鼠标吃饭""数字化餐厅与数字化食品必将风靡全球"等。餐饮网络营销的作用主要有以下几点。

第一，扩大市场。网络营销不受时间和空间的限制，可以大大便利顾客，使顾客随时随地获得服务。一家拥有网络渠道的餐饮企业，它的市场就可以不受地理和时间因素的限制而大大扩展。

第二，增强顾客的自主参与感。由于网络渠道是通过顾客拥有的终端设备才能向顾客提供服务的，网络服务实际上也是顾客的一种自助服务，也能增强顾客的自由参与感。

第三，了解顾客。通过网络，餐饮企业可以很方便地进行顾客调研，了解顾客的需求、欲望和消费心理。网站上的顾客留言板，调查问卷和聊天室等都是有效的调研工具。没有网络，餐饮企业要了解那么多消费者是很困难的，所以只能凭感觉猜想消费需求，这就难以保证营销决策的正确性。另外，利用网络还可以加快顾客信息反馈的速度。

第四，满足个性化需要。网络可以方便地接受顾客个性化的订单，并迅速将信息通知餐饮企业的生产部门和服务部门，由此使餐饮产品和服务更好地满足顾客的个性化需要。

第五，了解竞争对手。餐饮企业可以通过网络更多、更快地捕捉对手的信息和由此制定更有效的营销对策。同时，餐饮企业也可以通过网络与竞争对手进行信息交流与合作。

第六，改善供应链。有了网络，餐饮企业可以大大增加原料和半成品供应的来源，并由此扩大原料挑选的余地和提高原料的质量。同时，可以大大减少甚至杜绝餐饮采购环节"吃回扣"的现象，从而降低采购成本。

第七，改善人力资源。餐饮企业在网上招聘员工，可以大大增加候选人数量，并由此提高人员招聘质量；餐饮企业通过网络，对人员进行在线培训，可以大大增加培训面和提高培训效率，也节省了培训成本。

第八，改善促销。在网上做广告有很多优点，可以根据网民的点击数来及时了解广告的传播效果；网络广告不受时间和空间的限制等，这些都有利于广告的改进，提高促销效果。

第九，便于顾客决策。餐饮企业上网，便于顾客了解餐饮企业的情况。例如，品牌、信誉、特色、价格、创新等，甚至餐厅场景等信息，这有助于提高顾客决策的效率。

第十，降低成本。网络营销必然伴随"无店铺"餐饮业态或上门送餐业务的发展。"无店铺"业态的最大优势是可以大大节省店铺的房地产租金。

（三）规范化营销策略

服务的易变性给餐饮营销带来不利。为此，餐饮业需要进行规范化营销，即在餐饮服务过程中建立健全规范并用规范来引导，端正员工的心态，规范员工的行为，以保持餐饮服务质量的相对稳定性。其主要有理念规范和行为规范。餐饮业的规范化营销包括：建立理念规范、质量标准和质量控制等内容。

1. 餐饮业的理念规范

餐饮企业的规范化营销，首先是用自己的一整套企业理念来规范员工的心态和行为。企业理念是指企业用语言文字在企业内外公开传播的、一贯的、独特的经营管理思想。企业理念包括企业宗旨、企业使命、企业目标、企业方针、企业政策、企业原则和企业精神等。

在企业理念中，宗旨和精神的思想层次较高，但较抽象，较难操作；目标、方针和政策较具体，较易操作，但思想层次相对较低；而使命和原则的思想层次和操作性介于上述两组理念之间。理念规范的营销作用主要有以下几个方面。

第一，提升形象。餐饮企业宣传和贯彻自己的理念，有助于提升自己的社会形象和由此建立较高层次的市场信誉。事实上，许多企业理念都包含着追求利润以外的社会效益的精神。

第二，统一形象。餐饮企业可以利用理念来统一分散在各地的餐饮网点的形象，这一点对餐饮连锁企业特别重要。思想或理念上的统一，可以促进营销行为上的统一。

第三，指导质量。餐饮企业的理念规范可以对其质量起到指导作用，有什么样的理念，就有什么样的质量标准。

第四，凸显特色。餐饮企业可以通过理念的传播，用语言直接明示自己的特色。例如，全聚德的理念"全聚德"三个字，点出了全聚德三大经营特色：一是"全"，即全聚德在烤鸭及其衍生菜肴方面是最全面、最系统的；二是"聚"，即全聚德对国内外消费者具有巨大的聚合力；三是"德"，即全聚德最讲诚信，最讲商德。

第五，内部营销。企业理念中有一部分（如企业精神、企业原则）是针对员工的，是用以激励员工和统一员工思想的，这部分能起到内部营销的作用。

2. 餐饮企业的质量标准

餐饮企业的质量标准，包括菜点质量标准、服务质量标准和环境质量标准等。例如，肯德基的顾客导向的质量标准体现在它在全球推广的"CHAMPS"（冠军计划）：

C（Cleanliness）——保持美观整洁的餐厅；

H（Hospitality）——提供真诚友善的接待；

A（Accuracy）——确保准确无误的供应；

M（Maintenance）——维持优良的设备；

P（Product Quality）——坚持高质稳定的产品；

S（Speed）——重视快速便捷的服务。

餐饮企业的质量标准是餐饮企业的理念规范在餐饮生产和服务过程中的体现，所以，餐饮企业建立和执行质量标准的过程也是规范化营销的过程。餐饮企业建立和执行质量标准又称餐饮业的标准化。标准化已成为现代餐饮业营销的主要标志之一。质量标准的营销作用主要有以下几个方面。

第一，质量管理。餐饮质量的标准化，首先有利于餐饮质量本身的管理。因为质量管理的关键是对质量偏差的监控，而质量偏差是实际的质量与规定的质量标准之间的偏差。因此，质量标准是质量监控的依据，只有建立了完善的质量标准，才能更好地控制质量偏差和进行质量管理。

第二，提升形象。餐饮质量的标准化有利于提升餐饮企业的形象。标准化是现代大工业或现代化的主要标志之一，在现代经济中，给市场以"大规模"和"现代化"这样一种形象感对一家餐饮企业是有利的。

第三，网点拓展。标准化的餐饮网点可以方便地大规模复制。标准化和网点复制对餐饮企业的连锁经营和特许经营尤其重要，连锁经营和特许经营的关键之一就是保持网点之间的高度统一，而标准化是统一的基础。

第四，创立名牌。名牌的基础是质量，而质量的关键之一是稳定或统一，即实现标准化。麦当劳之所以成为世界名牌，一个重要因素是它在全球范围内坚持三个统一：一是形象统一，即使用相同标记、相同的包装容器、相同情调的餐厅格局、相同的色彩等；二是服务标准统一，即服务人员的着装、服务姿势、服务用语等的统一；三是生产工艺统一，即生产标准、产品配方、火候、口味的统一。

3. 餐饮业的质量控制

餐饮企业的质量控制是指餐饮企业依据理念规范和质量标准对餐饮生产和服务活动的质量进行全面、全过程地监控，发现质量偏差，分析偏差的原因和采取纠正偏差的措施，使餐饮产品和服务的实际质量符合标准。质量控制是餐饮业规范化营销的保障。质量控制的种类主要有以下几种。

第一，内部监督。内部监督就是餐饮企业通过自己的内部组织体系（如质量管理、服务管理、餐饮总监、技术总监、总厨、餐厅主管等部门和人员）、技术体系（如电子监控系统）和员工自我约束对质量的监督。

第二，顾客监督。质量监督就是餐饮企业将自己的理念规范和质量标准告诉顾客，让顾客来监督产品和服务质量，并通过顾客投诉制来实施监督。餐饮企业的顾客投诉制可以与承诺营销结合起来；顾客监督可以通过消费者协会或者传媒等社会组织进行。

第三，行业监督。行业监督就是餐饮行业协会（如饮食业协会、烹饪协会、酒店业协会等）对协会成员即餐饮企业的监督。例如，国外餐饮业协会都制定有本协会成员的《自律公约》，其中包括对餐饮生产、销售服务质量和行为的自律公约。

第四，政府机构监督。政府机构监督就是政府的技术（质量）监督机构、食品卫生管理机构等对餐饮企业的质量监督。政府机构的监督因有执法上（如《质量法》《食品卫生法》《消费者权益保护法》等）的意义，因此监督起来有较大的力度。

质量控制的实施指餐饮企业依据已建立的质量体系对生产、销售和服务活动或过程的实际进行监察和调控，也就是餐饮质量体系的实际运行。这需要餐饮企业主要在加强对质量体系的领导、完善质量信息的反馈、不断改进质量体系这三个方面实施质量控制。

（四）可调化营销策略

餐饮业的可调化营销是指餐饮企业通过对时间、空间和价格的调节来调控供求矛盾，以克服餐饮业不能用服务储存来平衡供求矛盾的困难。时间调节的营销作用主要是有利于接近目标市场，捕捉营销机会，创造或开拓市场，促进个性化营销和特色营销等。

1. 餐饮业的时间调节

餐饮业市场的供求矛盾首先体现在时间上。一是每日的波动。一日三餐（早餐、午餐和晚餐）都是需求高峰，而其余时间处于需求低谷；每一餐的不同时段，需求也不同，如晚餐 18：00~20：00，一般用餐人数较多；随着城市的夜生活越来越活跃，市中心又出现夜间用餐的小高峰。二是每周的波动。周末高峰，而其余时间相对平稳。三是季节时令的波动。旅游旺季或节日的需求是每年的高峰，而其余时间相对平稳。餐饮企业可以通过对营业（供给）时间的调节来适应餐饮市场需求在时间上的波动和变化。

第一，假日营销。餐饮企业要加大假日的供给，加强节假日的营销，以充分利用"假日经济"。同时，还要注意以下几点：①市场细分。即关注不同顾客群对假日消费的需要，如家庭团聚的需要。②目标市场。如平时工作繁忙和工资收入较高的工薪阶层、白领阶层等是重点目标。③环境营销。即突出节假日休闲或喜庆的气氛。④知识和文化营销。即促销活动可利用与各种节日有关的文化知识。⑤合作营销。即注意与旅游业、商业、文化娱乐业、交通运输业的合作。

第二，完善餐饮预订系统。餐饮企业可以通过筵席或座席预订或预约的办法，有计划地安排餐饮需求和供给的时间，从而达到二者在时间上的平衡。预订系统的运行要有良好的电话系统和网络系统的支持。

第三，全天候营业。随着现代人生活的丰富多彩，全天候供应和随时供应将是餐饮业时间营销的一个发展方向。全天候和随时供应也将与网络营销联系在一起。传统的餐厅由"商家"决定服务时间，而"网络餐厅"的服务时间由消费者自行决定。

第四，发展快餐。发展快餐，提高餐饮供给和消费时效是现代餐饮业在时间上调节供求和达到供求平衡的一条最重要途径。快餐化在西方餐饮业已经成为一个主流趋势，并涌现出像麦当劳、肯德基、必胜客、汉堡王等一批快餐业巨擘。快餐从某种意义上就是餐饮业的时间营销，就是向人们提供时间价值。"快"或时效是快餐的生命力之所在。

2. 餐饮业的空间调节

空间调节是指餐饮企业对服务地点或场所的调节，并以此来平衡供求。服务地点是一个空间问题，而空间与时间是可以互相替换的。当营业时间的调节不足以达到餐饮业营销目的时，可以采取服务地点或场所的调节来补充。

第一，厨师上门服务。厨师上门服务在许多城市是较普遍的事。现在，还出现了专门提供厨师上门服务的家庭酒席服务公司。这是一种无店铺餐饮形式，没有固定的场所提供就餐，只有流动的厨师和美味佳肴。在国外，专门化的上门提供餐饮服务称为"备办伙食"（Catering）。

第二，流动外卖服务。这也是餐饮业一种空间调节方式，也是最能接近顾客的一种营销方式。传统的小吃有许多是流动外卖式的。现代化的快餐，在拓展固定网点的同时，也不放弃流动外卖。一些公共交通繁忙的地方、一些居民小区、一些旅游景点都是流动外卖比较理想的地点。

第三，多网点和跨区经营。餐饮企业拓展或增加网点，乃至进行跨区经营和跨国经营，是空间调节的主要方式。餐饮业网点拓展的思路主要有：扩散性拓展、聚集性拓展、竞争性拓展和依托性拓展等。例如，中国城市的美食街、美食城、美食广场、美食中心等就是许多不同餐饮企业网点聚集的产物，它们具有一种聚集优势，形成整体的市场吸引力，大于各网点分散布局所具有的市场吸引力总和。餐饮网点的拓展常常涉及经济合作关系或不同的经济模式，包括总店—分店制、连锁制、特许制、租赁制、消费合作制和会员制等，而在我国餐饮业网点拓展的经济模式中，连锁制（包括直营连锁制和特许连锁）用得最多。

3. 餐饮业的价格调节

价格，始终是餐饮消费者关注的重要问题。定价在市场营销组合中的地位已逐步上升。价格调节，就是用价格来刺激需求和吸引顾客。中国餐饮业市场目前已进入了一个竞争市场，价格调节、价格营销是餐饮业刺激需求和吸引顾客的主要手段之一。

第一，大众化价格。根据恩格尔定律，餐饮业的第一目标应当是中低收入的大众市场，即用较低的，中低收入的大众主体能接受的定价来开展营销，薄利多销。事实上，现在整个经济已进入微利时代，这也是市场经济或市场竞争的必然结果。

第二，市场定位价格。餐饮业可以利用价位来进行市场定位，以便与竞争对手区别开来，树立市场差异的优势和增强市场吸引力。中国对餐饮业实行的价格等级管理，实际上也是一种用价格定位的市场定位。不同的毛利率和由此确定的价位，体现了不同的市场定位（餐饮企业级别）。

第三，多种价格。多价格就是对同一类或同一种餐饮产品按品种、质量或档次的高低制定几种不同的价格，以适应不同的顾客需要。多种价格可以产生一定的心理效应，如不少酒店或酒家推出不同档次的婚宴。

第四，顾客定价。餐饮业传统的定价都是卖者定价，如果反过来变为买者定价，有可能会产生奇特的营销作用。例如，杭州东瀛酒楼公布菜肴成本，让顾客定价，而且如果顾客定价超过酒楼的内定价，还退还超出部分。顾客定价体现了企业对顾客的信任，对顾客有很大的激励作用。对绝大多数人来说，信任是相互的，企业对顾客的信任也能换得顾客对企业的信任，而这正是这项营销策略的目的。

二、利用服务特点有利面的策略

（一）技巧化营销策略

服务无形性的背后是服务的技巧。餐饮业归根结底是靠自身的、其他行业难以替代的烹饪和服务技巧得以生存和发展的。餐饮业的营销在某种程度上就是技巧的营销，即餐饮企业培养和增强烹饪和服务的技巧，利用烹饪和服务技巧来吸引和满足顾客。餐饮业的技巧，狭义的指餐饮业的技能；广义的还包括餐饮业的知识、文化、信息和专业化水平等。

（二）关系化营销策略

服务的不可分性又存在对餐饮业营销有利的一面，主要表现在：餐饮服务的生产与消费不可分离，这在客观上形成一种压力，推动餐饮企业主动地关心顾客的需求，改善与顾客的关系，以便达到更好的餐饮生产和消费的效果。为了利用这个有利方面，餐饮业营销可以采取关系化策略，即在营销中强调关系营销。由于餐饮企业主要依靠员工改善与顾客的关系，餐饮企业还要改善与员工的关系，因此，关系营销还包括内部营销在内。

1. 餐饮业的角色营销

关系营销首先是角色营销，是指餐饮企业让全体员工，包括经理、厨师和服务人员等，在餐饮服务（即接触顾客）的过程中忘我地进入角色，将服务过程变成"演戏"过程，将服务中的人际关系变成角色关系，用角色服务吸引顾客和满足顾客的需求。角色营销所谓的"进入角色"或"扮演角色"包括：①人员的仪表、语言和行为等形象符合餐饮企业所设计的角色规范；②人员必须忘我，即在餐饮服务中必须彻底忘掉自我和排除自我干扰；③尽可能地引导顾客也进入角色。

2. 餐饮业的细微营销

关系营销其次是细微营销，是指餐饮企业及其工作人员从细微处来关心顾客和贴近顾客，使服务关系进入更深的层次。正如肯德基公司所说，服务行业无小事，无论是食物质量、服务态度还是餐厅气氛对餐厅来说都很重要。餐厅对顾客提供的价值，就是这一点一滴的细节的总和。

在餐饮业的营销中，细微服务是情感服务、技巧服务、特色服务、周到服务和超值服务，它以情感、技巧、特色、周到和超值等来吸引顾客。

3. 餐饮业的倾斜营销

关系营销又是倾斜营销，是指餐饮企业营销的重点放在现有顾客身上，营销政策向现有顾客，尤其是忠实顾客倾斜。这是一项重要的营销策略。餐饮业有句行话："卖流水客不算啥，卖回头客才算真本事。"回头客的多少，是衡量一家餐饮企业营销业绩的重要尺度之一。回头客对现代餐饮企业有着重要的意义：回头客是经济效益的主要来源；回头客决定着餐饮企业的规模；为回头客提供服务的成本是节省的；回头客容易接受创新；回头客是最好的义务宣传员。

现在许多餐饮企业营销方面存在的一个最大问题是：不分回头客与新顾客，不分"忠实顾客"和"非忠实顾客"，在营销中没有制定对回头客或忠实顾客的倾斜政策，因而不易形成回头客或忠实顾客的队伍，造成营销资源的浪费。餐饮企业在营销中需要向回头客或忠实顾客进行政策倾斜，如向回头客"分红"，即可以按照一位顾客惠顾本店的次数和消费金额，向这位顾客发放相应比例的奖金，以鼓励其增加惠顾次数和消费金额。还可以用某种形式将分散的顾客组织起来并向这个组织整体提供优惠政策，如推行俱乐部制、会员制、贵宾卡和优惠卡制等，这可以使餐饮企业与顾客的关系更加正式化和稳固化，这对一家餐饮企业具有长远的战略意义。既然回头客是餐饮企业的一种资源，除了将他们组织起来外，还需要对他们进行管理，包括顾客调研、顾客关系的协调和顾客档案的管理。

4. 餐饮业的合作营销

关系营销也是合作营销，是指餐饮企业与其他行业之间通过渠道合作来接近顾客。例如，餐饮与商场、大卖场为伴，即餐桌与商柜并存，饮食与购物同行。其管理主要是根据合作营销的协议，协调双方关系，使合作营销所涉及的"共同市场"受益，达到双赢的目标。

5. 餐饮业的内部营销

内部营销是指餐饮企业对内部员工的营销，就是向内部人员提供良好的服务，满足内部人员的需要和改善与内部人员的关系，以便一致对外地对顾客开展外部营销。内部营销是关系营销在企业内部的延伸，其作用在于：企业要改善与顾客的关系，首先要改善与员工的关系，因为员工是连接企业与顾客的中介。餐饮企业内部营销的运作，包括员工招聘、培训、沟通、内部支持、激励、团队建设、考核和稳定队伍等主要环节。

（三）差异化营销策略

服务的易变性对餐饮业的营销又存在有利的一面。烹饪和餐饮服务作为人的活动是易变的，这就使得餐饮业比食品制造业更有一种"以变应变"的能力，而"应变"能力是指即适应市场环境和顾客需求变化的能力。服务的变化，就是服务的差异。为了利用服务易变性有利的一面，餐饮营销应尽量差异化。餐饮业营销的差异化主要有特色化和个性化两个层次。特色化体现同一种餐饮业不同企业或品牌之间的差异，而个性化体现同一家餐饮企业对不同顾客的服务之间的差异。

1. 餐饮业的特色营销

餐饮企业的特色是指餐饮企业在理念、产品、服务和环境上独特的，与其他同类企业相区别的方面。例如，在伦敦有一家"尼日尔餐馆"具有如下特色：

理念特色："一家非洲菜馆"。

产品特色：食品原料直接从尼日尔购买并严格遵循非洲的烹调配方和手艺。为了保持非洲传统，所有的食物都是现做和向顾客推荐用"辣椒汤"开胃。

服务特色：为女招待设计了典型的非洲裙子；顾客大多是在伦敦的尼日尔人。

环境特色：餐馆开在有大量非洲后裔聚居的地方，把餐馆装饰成典型的非洲家庭式样，有一些餐具也是非洲原产的。

餐饮企业不同的业态也可以形成特色。餐饮业的业态是指餐饮企业经营或营销的形态，主要有大众式餐厅、主食餐厅、自助式餐厅、超市餐厅、自制式餐厅、快餐厅、休闲式餐厅、风味餐厅、娱乐性餐厅和俱乐部式餐厅等。

2. 餐饮业的个性化营销

餐饮企业的个性化营销是指餐饮企业重视顾客之间的个性化差异，针对个性化差异提供个性化服务。局部的个性化必须表现为整体的多样化，餐饮企业对每一类或每一位顾客的个性化服务，就是对所有顾客的多样化服务。

在餐饮企业的营销中，个性化服务有利于餐饮企业发现和开发新市场，有利于创新构想的获得，有利于提高技巧，有利于发展顾客关系和实行服务差价。

（四）效率化营销策略

服务的不可储存性可以推动餐饮企业提高服务效率，也使得餐饮企业珍惜时间，重视服务效率，用提高服务效率来吸引顾客，现代快餐营销的产生和发展就是典型的效率化营销。效率化营销实际上是提高对时间和空间的效率化。

第3节 餐饮服务营销的实践成果

四川海底捞餐饮股份有限公司成立于1994年，是一家以经营川味火锅为主，融汇各地火锅特色于一体的大型跨省直营餐饮民营企业。7次——一家火锅店的日翻台次数，平均每天3~5桌的翻台率创造了业界翻台率最高概率；5 000万元——一家旗舰店的年营业额；2 000万人次——一家火锅连锁企业的年客流量；6个月——一家新店从开店到回本盈利的周期；50%的客户回头率—几乎每个去过的人都会再次带着不同的朋友前去。大学商学院把它作为案例来研究，竞争对手也纷纷顶礼取经，连一向高傲的外资餐饮企业百盛集团也加入到参观学习海底捞的队伍中。

公司始终秉承"服务至上、顾客至上"的理念，以创新为核心，改变传统的标准化、单一化的服务，提倡个性化的特色服务，致力于为顾客提供"贴心、温心、舒心"的服务。在管理上，倡导双手改变命运的价值观，为员工创建公平公正的工作环境，实施人性化和亲情化的管理模式，不断提升员工价值观，使得员工为企业不遗余力地提供最优质的服务。

品牌塑造价值，服务拉开差距，餐饮企业的品牌价值通过服务得以凸显。在餐饮行业，海底捞的服务成为业界标杆，也在消费者群体中有非常好的口碑，服务理念和方式被其他餐饮企业所效仿，甚至有人公开声称"海底捞你学不会"。那么，海底捞，你真的学不会吗？

本 章 小 结

本章首先介绍了餐饮服务营销的概念和特点,并对餐饮服务营销市场细分、目标市场选择模式等做了介绍。然后将餐饮服务营销分为"克服服务基本特性对服务营销不利一面"和"利用服务基本特性对服务营销有利一面"两个方面介绍了8种营销策略,即有形化营销策略、技巧化营销策略、可分化营销策略、关系化营销策略、规范化营销策略、差异化营销策略、可调化营销策略和效率化营销策略。最后,通过海底捞的实际案例,阐述餐饮服务营销对企业发展的重大作用。

思考与练习

(1) 什么是餐饮服务产品,与有形产品相比其有哪些特点?
(2) 分析餐饮服务各个特点对餐饮服务营销的影响。
(3) 分别说出有形化营销策略、关系化营销策略和差异化营销策略的内涵。
(4) 海底捞餐饮服务营销成功案例,给我们带来什么启示?

第十一章 旅游服务营销

教学目标

（1）了解旅游服务产品的内涵及特征。
（2）知道旅游服务营销的产生与发展。
（3）认识旅游服务营销的宏观环境与微观环境。
（4）掌握旅游服务营销的基本战略和决策程序。
（5）熟悉我国旅游服务营销的现状与发展趋势。

进入 21 世纪，旅游业受到世界各国的广泛关注，并获得大力扶持，成为世界经济中颇具生机和活力的强劲产业。在全球经济一体化的趋势下，旅游业同样成为我国第三产业中最具活力和潜力的新型产业，截至 2015 年年末，旅游综合贡献为 7.34 万亿元，占 GDP 总产值的 10.8%。它所体现的经典服务内涵，为经济学家及服务管理专家所推崇。然而从微观层面看，即使服务业已相当发达的欧美国家，在某些方面，旅游业仍暴露出服务水平低下的迹象。如何进一步提升服务品质，更有效地推广服务产品，去真正满足现代旅游消费者日益复杂的消费需求，是现代旅游业亟待解决的问题。

第 1 节 旅游服务营销理论概述

旅游业是以旅游市场为对象，为旅游活动创造便利条件并提供其所需商品和服务的综合性产业。在旅游活动过程中，旅游需求与旅游供给双方通过旅游产品（服务）的交换获得双方利益的满足。狭义的旅游业，主要指旅行社、旅游饭店、旅游车船公司以及专门从事旅游商品买卖的旅游商业等行业。广义的旅游业，除包括专门从事旅游业务的部门外，还包括与旅游相关的各行各业。旅游活动作为一种新型的高级的社会消费形式，往往是把物质生活消费和文化生活消费有机地结合起来。当今的旅游市场发展，已经由旅游产品导向阶段向社会责任导向阶段迈进。

一、旅游产品的内涵

企业的一切生产经营活动都似乎围绕着产品而进行，即通过及时、有效地提供消费者所需要的产品来实现企业的发展目标。旅游服务产品因其特殊性,包含了旅游者从离家开始旅行到结束旅行返回原住地的整个过程,在整个过程中为旅游者提供物质和精神上的极大满足。因此我们先从旅游服务产品的概念及特征着手了解其内涵。

(一) 旅游产品的概念

旅游产品是一种特殊的产品,它不同于工农业生产的物质产品,也不同于一般服务性行业所提供的服务性产品,它是旅游者向旅游经营者购买的,旅游活动中所消费的各种物质产品和服务的总和。我们可以从以下两方面更加全面地了解旅游产品这一概念的内涵。

1. 旅游产品是一种动态性的服务产品

根据当今倡导的消费者导向的营销观点,从旅游者的角度去评价旅游产品,旅游产品是指旅游者为了获得心理上的感受和精神上的满足而花费一定的货币、时间与精力所获得的一次旅游经历。旅游经营者必须凭借和依托一定的旅游资源和旅游设施,向旅游者提供各种形式的服务以满足旅游者的需求。由于旅游者的需求具有差异化的特点,而且个体旅游者的需求也在不断发生着变化,因此旅游产品在内容、服务质量、结构上也存在着差异,呈现着动态变化的特点。

2. 旅游产品是一种整体性产品

旅游产品是由多种要素组合起来的一种特殊产品,它是能够满足旅游者的食、住、行、游、购、娱六项基本需求的综合产品。根据现代市场营销理论关于产品构成划分的有关内容,可以认为旅游产品的一般构成同样由核心部分、形式部分和延伸部分组成。其中,旅游产品的核心部分是旅游吸引物和旅游服务,形式部分是旅游产品的载体、质量、特色、风格、声誉以及组合方式,延伸部分是旅游者购买旅游产品时所得到的各种附加利益的总和(见图11-1)。

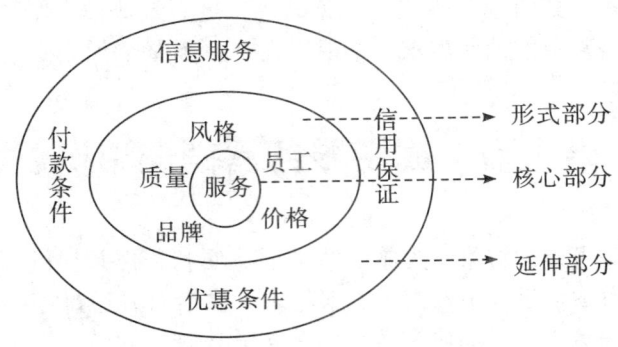

图 11-1 旅游产品的构成

由此可知,任何一种旅游产品的消费都是一个整体系统。明确整体产品概念,可以分析消费者的需求系统,发现开发产品的思路和方法,制定有效的产品竞争手段,寻求增加产品及其附加值从而扩大企业效益的众多机会,不断满足市场需要。其中,质量是旅游产品服务的根本,增加顾客所获得的利益是提升旅游服务质量的重要手段。关于旅游产品的构成我们应当注意以下几个方面。

(1) 产品外延的扩充。同有形产品相比,服务产品更多地表现为努力、行为和绩效等内涵，因此顾客对服务产品的感知和效果判断须广泛地依赖于服务的项目设计、人员态度、设施及环境等相关因素。

（2）以人为核心。服务过程即顾客同服务者接触的互动过程，顾客对服务过程的参与，使得服务的效果不仅取决于服务者素质，还与顾客个人行为密切相关，所以人成为服务产品的核心。服务营销由此附上了强烈的人性化色彩，服务者和顾客群体便成了旅游服务营销的两个主要管理目标。

（3）服务产品质量的整体控制。服务产品的人性化色彩所带来的个人主观性，使得服务产品质量难以用类似于有形产品的统一客观标准来衡量，因此全面意义上的服务产品质量需从两方面来描述：技术质量和功能质量。技术质量以服务操作规程来描述和控制，功能质量以顾客感受和获得的满意度来描述。由于服务过程中，顾客与服务者之间广泛接触和互动影响，现代旅游服务营销的管理由此扩展到内部营销、外部营销以及顾客管理的整体控制。

（4）时间的附加价值。服务设备、劳动力虽能以实体形态存在，但只能代表服务供应能力而非服务产品本身。服务的供过于求造成服务供应力的浪费，供不应求则又使顾客失望，因此，使波动的市场需求与旅游服务供应能力相匹配，并在时间上一致，便成为旅游服务营销管理的一项课题。另外，在面对顾客服务的过程中，服务产品的推广必须及时、快速，在这里时间因素对提高服务效率、提高顾客对服务的评价起着重要的杠杆作用。

（5）分销渠道的特定化。服务产品的不可分离特性，使得旅游企业不可能像有形产品的生产企业那样通过批发、零售等物流渠道，把产品从生产地送到顾客手中，而只能借助特定的分销渠道推广服务产品。

（二）旅游产品的特征

旅游产品不同于一般的物质商品，而是以多种服务表现出来的无形产品，因此具有其独有的特点，旅游目的地或旅游服务的提供企业必须根据旅游产品的特点来实施和管理旅游服务市场的营销。旅游产品的特殊性主要体现在以下几个方面。

1. 综合性

现代旅游活动是一种综合性的社会经济文化活动，它要能满足旅游者在物质、精神等多方面的需求，这决定了旅游产品的内涵和形式也必然是十分丰富的。旅游者的需求具有整体性的特点，他们购买的是一种旅游经历，是旅游者离开常住地到旅游结束归来的全部过程中对所接触的各种事物与所接受的服务的一种综合感受，因而整个旅游活动过程中餐饮、住宿、交通、景观、购物、娱乐各个环节的衔接和配合，才能构成一种严格意义上的旅游产品。在实际经营中，尽管旅游产品可以以单项产品的形式出售给旅游者，但它们只是一个旅游目的地总体旅游产品的构成部分。旅游者进行旅游购买决策时，必然会综合考虑旅游六大基本要素的配套组合情况。所以，开发综合性的群体旅游产品也是旅游目的地营销成败的重要因素。此外，旅游产品的综合性还表现为涉及众多的相关部门与行业，除餐饮业、交通业、游览景点、文化娱乐场所外，还涉及间接为旅游产品的生产与经营提供物质基础与便利条件的工农业、商业、建筑业、轻工业、食品业、金融、卫生、海关等。

2. 无形性

旅游产品是一种服务性产品，其不具有具体的实物形态，但是它又必须依托一定的实物形态的资源与设施为旅游者提供各种服务。旅游产品中实物形态的产品是无形的旅游服务的载体。旅游产品的价值并不是凝结在具体的事物上，而是凝结在无形的旅游服务之中。旅游者购买旅游产品前，并不可能通过身体器官感受和了解旅游服务，只有在享受整体旅游服务时才能感觉到旅游服务。因此对于旅游产品质量的评价，取决于旅游者个人的主观感受。旅游产品的深层次开发较多地依赖于无形产品的开发，在大体相同的旅游基础设施条件下，旅游产品的生产与供应可以具有很大差异，旅游经营者必须通过提高旅游服务质量和服务水平，不断进行服务创新来满足旅游者的需求，树立起企业与产品的信誉，从而赢得消费者的信赖。

3. 同一性

旅游产品具有生产与消费高度同步的特点，旅游产品的生产过程同时也是旅游者对旅游产品的消费过程，两者在时空上不可分割。旅游产品的生产必须由旅游者直接加入其中，才能有效完成对旅游者的服务。也就是说，旅游产品的生产过程中生产者与消费者必须直接发生接触，两者之间是一种互动的行为。旅游产品生产与消费同一性的特征，使旅游产品无法像其他有形产品那样暂时销售不出去可以储存起来。由于旅游产品不存在独立的生产过程，而且其产品形式不是具体的实物产品，所以只当旅游者购买它并现场消费时，旅游产品的使用价值才能实现。这就对旅游产品的生产经营提出了更高的要求。因此，旅游企业还应采取各种灵活的销售策略，努力提高旅游产品的使用率，避免旅游设施的闲置和浪费。

4. 不可转移性

旅游产品所凭借的旅游资源和旅游基础设施是相对固定不变的，旅游者必须到旅游目的地进行游览活动，而不能像其他实物产品一样通过运输出生产地到异地销售实现商品流通的过程。旅游者进行旅游消费过程中，发生变动的是旅游者本身而不是旅游产品。另外，旅游者购买的只是旅游产品暂时的使用权，旅游产品的所有权并没有发生转移，旅游者得到的不是具体的物品，而是一种综合感受。一般有以下几种形式：一是服务生产与消费地点结合在一起的形式，如餐厅、旅游交通、旅游景点等。二是通过服务人员外卖展示的形式，只适宜于小批量的服务，主要起到有形展示形象促销的作用。三是电子传媒渠道，如遍布全球的国际旅馆联号的中央预订系统，实现了顾客与酒店客房服务的初级接触。旅游产品的不可转移性表明，旅游产品信息的传递以及由此而引起的旅游者的流动对于旅游产品的流通影响较大。旅游经营者必须采用先进的传播手段和工具向旅游者宣传其产品，同时要做好市场调研工作，提供适销对路的旅游产品。

二、旅游服务营销的产生与发展

旅游市场营销学是第二次世界大战后随着现代旅游业的兴起而逐步发展起来的一门新兴学科。在国外，旅游业的竞争日趋激烈，不少旅游企业的经营管理人员开始重视研究营销学理论，并采用其他行业的研究成果，对旅游企业的组织结构进行调整。

（一）旅游服务营销观念的演变

旅游市场经营观是旅游企业一起经营活动的出发点，也是旅游企业制定营销战略和策略的根本指导思想。随着旅游业的发展，旅游企业的营销观念，同其他各种类型的企业营销观念一样，也大致经历了以下几个演变阶段。

1. 产品导向阶段

所谓产品导向，就是以生产为中心的企业经营的指导思想。在资本主义经济发展的初期阶段，旅游企业生产什么，旅游市场就提供什么，没有选择的余地，正所谓"皇帝的女儿不愁嫁"。因此，旅游企业经营管理者的精力，主要集中到如何扩大生产和降低成本上，"以量取胜""以廉取胜"。第二次世界大战时期，由于物资短缺，需求旺盛，许多产品供不应求，因而产品观念在企业界颇为流行，旅游企业也开始依此观念进行运作。

2. 销售导向阶段

随着企业不断增加，产品供给逐渐扩大，产品也更加多样化，开始出现买方市场，市场竞争日趋激烈。扩大旅游产品销售已经成为旅游企业的核心任务。为了攫取更大的利润，旅游企业只抓生产的老套路已经开始行不通了。如何有效地促进旅游产品的销售就成为旅游企业决策者关心的首要问题。于是不少旅游企业开始转向以销售为中心的经营之道的思想。"我卖什么，顾客就买什么"是这种经营观点的核心。在此思想的指导下，旅游企业十分注意运用推销技术，向现实买主和潜在买主大量推销旅游产品，以期压倒竞争者，提高市场占有率，取得较为丰厚的利润，旅游企业同时也扩大了销售部门的职权，增加了市场调研、广告宣传等部门，形成了以销售为核心的经营体制。由于这种观念是从既有产品出发的，因而还没有超出"以产定销"的范围。

3. 市场导向阶段

市场导向可称之为消费者导向，就是以消费者为中心的企业经营指导思想。企业经营的重点放在研究消费者的需求上。20世纪中期，国际市场形成，市场竞争更加激烈，许多地区组成国际性的联盟组织，各种行业的联合组织不断涌现。旅游企业想要占有市场、扩大市场占有率是非常困难的事情。因此，只有加强市场研究，才能生产适销对路的产品；也只有摸清市场需求，并根据需求设计产品，才能获得最大利润。旅游企业必须面向广大消费者，切实为旅游消费者服务，使游客满意。旅游企业的经营思想开始发生根本性的转变，从"以产定销"转变为"以销定产、适销对路、产销结合"，这一阶段开始流行"顾客至上"这一口号。

4. 社会责任导向阶段

20世纪70年代以来，在世界经济持续发展的同时，也伴随着环境污染、资源耗竭等一系列全球性问题。因此，倡导兼顾消费者需要、社会利益和企业利益三者统一，追求现实与长远利益有机结合、社会责任导向的营销观念逐步受到了社会与企业的认可。这种观念认为企业的任务是确定目标市场的需要并加以保护，增进消费者和社会福利的方式比盲目竞争更加有效，更能给消费者带来满足。对于危害或不利于社会利益的需要，企业有责任拒绝或者禁止营销。旅游企业的经营管理贯彻社会营销的观念，是因为旅游服务凭借的物质产品是社会上其他相关行业和部门的产品。而且，旅游地居民是旅游活动带来的社会收益或成本的直接接受者，只有当旅游业带给社会的效益大于成本，旅游经营活动才会被当地政府和居民所接受。因此，由于旅游开发和发展而产生的资源破坏和环境污染问题必须引起高度重视，并且得到妥善治理。

（二）旅游服务营销的理论研究

国际旅游业是从20世纪60年代才应用营销学原理的。以前旅游业并不独立为一个行业。到20世纪60年代末，旅游业的竞争日趋激烈，迫使旅游业的经营管理人员开始重视市场营销活动，重视研究市场营销理论，并采用其他行业的研究成果，对旅游企业的组织结构进行调整。

在旅游业经营模式从传统的产品导向向营销导向的战略转移过程中，以4P（产品、价格、渠道、促销）为核心的市场营销理论无疑提供了强有力的思想武器。它使现代旅游业开始真正地从消费者需求出发来更有效地提供服务产品和协调管理。值得注意的是，传统的营销理论主要是根据北美市场的经验总结发展起来的，其理论与技巧赖以参照的基础是有形的产品。但由于服务产品的特征，营销推广方式与侧重点在很大程度上不同于有形产品的营销，因此，旅游服务的实践已表明在沿用传统营销理论与技巧时往往会步入管理困境，具体表现在：随着旅游业竞争的加剧，顾客需求越来越复杂，传统的服务质量管理与过程控制，已不能全面适应这些新的需求，甚至还由此引发顾客的不满和投诉。同时，随着现代旅游服务业的日渐丰富，企业与顾客间接触的范围不断扩大，传统意义上由市场营销部门承担的专门的营销职能已远远不能适应现实要求。要适应新的经营格局，已不单纯是改进服务技巧的问题，它涉及深层次的思考。很显然，把现有的营销理论模型与技巧简单地移植到旅游服务中是行不通的。现代旅游业必须跳出4P的框架，重新审视自己所面临的市场领域，真正建立以服务为导向的营销理论体系，以便制定适宜于现代旅游业的营销战略与措施。因此，自20世纪70年代以来北欧的诺迪克学派所倡导的侧重于服务产品营销的服务营销理论应运而生，近年来其影响已渗透到旅游服务企业的营销理念之中。

从20世纪80年代开始，西方旅游业逐渐进入"细分市场时代"。旅游企业经营者已经开始根据人口分布的特点、旅游者的兴趣和生活方式等对旅游消费者进行分类，以此提供恰当的旅游产品和服务。在销售过程中，"市场定位理论"逐渐得到推广，使得旅游企业在众多旅游消费者中树立起良好的形象。

进入20世纪90年代，能否满足旅游者的特殊需求和爱好，依然是决定旅游企业经营成败的关键。旅游者对旅游产品和服务选择的余地扩大了，使得旅游企业的竞争进一步加剧。旅游企业的经营者必须注重研究市场竞争、旅游者旅游动机以及企业在市场中的不同地位，采取"重新定位"或"渗透已确立的细分市场"的策略，以期在竞争中获胜。例如杭州市，鉴于其城市旅游文化的核心是西湖文化，而西湖文化的核心是爱情，而采取重新定位，用"爱情之都"的口号取代"上有天堂，下有苏杭"的口号。

第2节 旅游服务营销实务概述

企业总是在一定的外界条件下开展市场营销活动,而这些外界条件既给企业创造市场机会,又会使旅游企业面临威胁。因此,旅游市场营销环境对企业的生存和发展有着非常重要的意义。旅游企业必须重视对旅游市场营销环境的分析和调查研究,并根据市场营销的环境变化制定有效的市场营销战略,扬长避短,适应变化,从而实现自己的旅游市场营销目标。

一、旅游服务营销的环境分析

旅游企业的营销活动必须适应复杂纷呈的环境。旅游市场营销环境由宏观环境和微观环境构成。宏观环境指的是各国或者地区之间的人口、经济、政治、法律以及社会文化等。旅游企业的业务运转方向有国际和国内两种,营销活动所考虑的环境与所采取的手段有所不同。国际市场营销环境较之国内市场营销环境运行更为复杂,各项不可控的环境因素各有特点,并且因国别不同而又各不相同。微观环境受宏观环境的影响,直接决定着企业服务及其目标客户的能力,由旅游资源供应者、旅游中间商、顾客群、竞争对手、社会公众以及旅游企业内部营销协作的各个部门所构成。

(一) 旅游市场营销的宏观环境

旅游市场营销的宏观环境是指影响企业运作的外部大环境,既包括国际环境,也包括国内环境。旅游从业人员必须根据宏观环境中的各种因素及其变化趋势来调整和制定自己的营销策略以达到市场营销的目的。宏观环境包括以下几个因素。

1. 人口环境

旅游市场是由具有购买欲望和购买能力的人所构成的,旅游企业市场营销活动的最终对象是旅游者。影响旅游企业市场营销的人口因素是多方面的,通常包括人口数量、自然构成、增长速度、教育程度、地理分布及地区间流动等因素。人口环境的影响直接反映在消费需求的变化上。

人口数量不仅影响基本生活资料需求的变化,同时也影响诸如旅游需求等非基本生活资料需求的变化。在收入接近的情况下,人口规模往往决定了市场容量的大小。一般情况下,人口数量与市场容量、消费需求成正比。所以人口数量的增加为旅游业扩大市场空间和创造市场机会提供了可能性。但是人口规模的过度增长也会使购买力下降,制约经济的发展,进而影响旅游经济的发展。

人口地理分布可从两个角度来进行分析,首先是人口城市化与旅游市场的关系,一般而言,城市居民的旅游需求比乡村大,原因包括:城市居民收入较高,旅游需求较大;城市交通较发达,旅游信息也更丰富;同时,城市人口密度大,环境污染较乡村严重,迫使人们想通过旅游调节生活环境。例如,1972 年美国城市人口为 1.5 亿多人,农村人口为 0.57 亿人;前者参加海外旅游达 285.6 万人次,而后者仅 56.2 万人次。如何适应人口城市化的特点去开发旅游市场,这是旅游营销活动面临的新问题。其次,我们从人口地理分布来看,随着地理距离的扩大,客源便逐渐衰减,因为距离扩大,旅游费用和时间便逐渐增多,因此旅客流强度逐渐减弱。国内游游客多于国际游游客,中短程国际游游客多于远程国际游游客。在相同的目标前提下,舍远求近是一切旅游市场选择的共同原则,针对这一特性,旅游市场营销活动注重把近距离市场争取到手。同时,因为人口分布所处地理位置的地貌有所不同,又产生了不同地理景观的相互吸引力,从而激发人们的旅游动机。

2. 经济环境

经济环境是影响旅游营销的重要因素,它直接关系到市场状况及其变动趋势。一般来说,影响旅游市场营销的经济环境主要包括经济规模、经济发展阶段和货币汇率。

经济规模包括国民生产总值、收入分配、个人消费模式等有关影响购买力的变量。从营销角度看,国民生产总值是反映一个国家总需求规模的指标。一般而言,人均国民生产总值达 300 美元就会兴起国内旅游,达到 1 000 美元则产生出境旅游的需求,特别是人均国民生产总值为 1 500 美元以上者,旅游增长速度更为迅速。美国就因其较高的人均国民生产总值成为世界上最大的旅游客源国之一。另外,人均国民生产总值与消费者的购买力密切相关。从国际范围来看,收入差距已经成为不同国家消费商品购买差异的主要原因,旅游市场的潜力也可以以此为依据来进行划分。关于个人消费对旅游消费的影响可以用恩格尔系数来解释,它指的是居民家庭中食物支出占消费总支出的比重。一个家庭收入越高,家庭收入中或者家庭支出中用来购买食物的支出比重将会越低。恩格尔系数是用来衡量家庭富足程度的重要指标,只有家庭有能力购买生活必需品以外的娱乐及奢侈耐用品时,人们才会选择旅游消费。

经济发展阶段指的是由于不同国家经济发展阶段不同,各国公民对旅游这一现象的认识程度和接受程度不同。经济比较发达的国家,交通更便利,通信更发达,设施更完善,资金更雄厚,旅游的人数就更多;另外,发达的经济本身就可为本国或地区增加吸引力,吸引他国或其他地区的人们以学习、考察为目的进行旅游。相反,一个贫穷落后的国家,战火连绵、设施落后,纵使有绝美的风景,也会使游客望而却步。

货币汇率反映了不同国家不同货币之间的比价,对国际旅游需求的变化起重要作用。旅游客源国或地区的货币比值升高,而旅游目的地商品价格又未相应提高,则游客去目的地旅游时支出的货币就会减少,从而促使游客对目的地旅游需求的增加;反之,客源国的货币对目的地的货币贬值了,则会影响该国居民对目的地的旅游需求。对旅游目的地来说,货币升值会减少旅游,货币贬值则会促进旅游。对旅游客源国来说,货币升值会促进本国居民到国外旅游,货币贬值则阻止国民外出旅游。例如 1997 年东南亚金融危机使泰铢严重贬值,泰国政府采取措施吸引入境旅游来增加收入,我国各个旅行社及时推出了"新马泰"之旅,以各种旅行形式和低价位的收费来吸引广大游客,在国内掀起一股东南亚旅游的热潮。

3. 政治法律环境

在任何社会制度下,企业的任何活动都必须受到法律与政治的强制和约束。旅游业的发展不仅与本国政治法律相关,而且与客源国的政治法律密切相关。政治法律环境主要指的是政治的稳定性、法律行政干预手段以及国与国之间的关系。

政策的稳定与否与一个国家的政治局势、政策方针有关，这些因素的变化也影响着旅游企业的营销活动。政局稳定是旅游业顺利开展市场营销活动的关键因素。国家政府也会运用法律手段来干预社会经济生活，因而政府的法令条例，特别是有关旅游业的经济立法，对旅游市场需求的形成和实现具有不可忽视的调节作用，而这些法律或规定是在企业的控制范围之外的。旅游活动的形成需要旅游动机、经济条件以及充足的时间。例如政府规定五天工作制以来，大大刺激了周末旅游业的发展；每年的"黄金周"也充分显示出政策对旅游的刺激作用。另外，还有一些立法条款对旅游娱乐的消费需求也产生重大影响。比如政府禁止公费旅游的政策颁布后，旅游团体量立刻受到了显著影响。

4. 社会文化环境

社会文化环境比较复杂，它不像其他环境那样显而易见，但是又时刻影响着企业的市场营销活动。社会文化因素包括目标市场居民文化程度、相关群体影响、民俗宗教、习惯差异等。

教育水平的高低反映了人们的文化素养，影响他们的消费结构、购买行为和审美观念，从而影响旅游企业的营销活动。文化程度高的消费者，思想比较先进，能尽早摆脱旧观念，不满足于单调枯燥的生活节奏，追求活动质量，从而有强烈的旅游需求。相关群体指的是家庭、邻居、亲友、周围环境或者社会风气。群体作用的影响在从众效应下有巨大的影响力。在一定的社会阶层里，人们往往会选购某些以具有地为标志的商品来显示自己的社会地位，旅游市场营销策略上应当妥善利用这一点。风俗习惯包含了婚丧嫁娶、饮食习惯、节日习俗、商业习俗等，是人们长期自发形成的习惯性的行为模式。宗教直接影响人们的生活态度、价值观念和风俗习惯，从而影响人们的消费行为。在海内外进行旅游营销时，应当注意不同民族不同国家地区的文化传统及宗教习惯的差异，做到"入境而问禁，入国而问俗，入门而问讳"。否则，浪费了人力财力，得不偿失。

5. 自然环境

旅游业与自然环境存在着密切的联系，比如自然资源、气候条件的变化对旅游业存在着一定的制约关系。旅游业的开展必须依托一定的自然地理环境，由于自然环境的破坏可能导致一些旅游产品的消失，因此，旅游业应当尽量避免自然环境所造成的威胁，并且在开发建设的过程中要采用无污染或少污染的设备设施，并合理控制旅游者容量，以减少对生态环境的破坏。

6. 科学技术环境

科学技术是现代生产力中最活跃和最具有决定性的因素，对于经济发展、社会进步、生活方式的变革都起着巨大的推动作用。科技的发展同样对旅游业的发展产生一定的影响。例如，现在酒店管理中普遍采用的计算机预订系统，交通运输条件的极大改善，互联网技术等都为旅游企业营销提供了极大便利。同时，科技改变了人们的生活方式、消费观念和需求结构，蕴藏着巨大的市场机会，旅游企业应当关注并且利用好这些变化，为消费者提供满意的产品与服务。

（二）旅游服务市场的微观环境

旅游服务市场的微观环境影响着企业的目标市场服务的能力，构成旅游企业营销微观环境的各种制约力存在于企业周围。旅游服务市场营销的微观环境，主要包括旅游资源供应者、旅游中间商、顾客群、竞争对手、社会公众等因素。

（1）旅游资源供应者。旅游供应者主要是向旅游企业及其竞争者提供旅游产品生产上所需的资源的企业和个人。由于旅游供应者的供货质量、供货价格、供货的及时性和稳定性都会对旅游企业的营销活动产生影响，因而旅游企业在选择旅游供应者时应保持慎重，选择优秀的供应者。

（2）旅游中间商。旅游中间商专门在旅游生产者与旅游者之间参与商品流通业务，促使买卖行为发生，包括经销商、代理商、批发商、零售商等。他们获取利润的方式往往是通过转卖旅游产品赚取差价。旅游中间商的选择应当非常审慎，应当非常重视中间商的作用。

（3）顾客群。顾客群是旅游营销活动中最直接的环境因素。在面对顾客群时应当做好旅游产品服务的宣传活动，知道消费者消费，对其购买行为进行有效领导。同时，应当注重把握旅游产品的质量水平。

（4）竞争对手。当面对不同竞争关系的竞争对手时，应当从多方面进行考虑，不断提升自己服务质量的同时，也要努力开发新的服务产品。

（5）社会公众。对于旅游企业而言，社会公众指的是新闻媒介、政府机构、群众组织等。旅游企业应当加强和社会公众的联系，应当积极与这些组织合作。

二、旅游服务营销的基本战略

旅游市场营销战略，从本质上讲就是在一定的市场营销环境中，为实现战略目标，对一系列可供选择的战略决策方案的规划、设计和组合。它在一定程度上折射出现代企业管理者的经营管理理念、作风和水平，反映企业在市场大潮中，对自身能力的认识深度以及对外部局势的前瞻性把握程度。由于每一个现实的旅游企业面临的外部环境和自身营销能力各不相同，故可供选择和具体实施的营销战略也存在差异。旅游市场营销战略类型多样，可以从不同的角度加以划分。例如，从旅游企业所处的竞争地位来看，可划分为市场领导、市场挑战、市场跟随、市场弥隙竞争战略等四种类型。本节根据旅游企业战略实施的一般途径和方向，即在企业现有业务的基础上向纵深方向拓展；在企业现有业务的相关方面向一体化方向扩展；在与企业现有业务无关的方面向多元化方向发展等三种情形下，形成旅游企业的集中化发展战略、一体化发展战略和多角化发展战略三种基本战略类型。

（一）集中化发展战略

发展是硬道理。任何一个旅游企业在社会主义市场经济大潮中，都面临着生存的危机和强烈的发展需求，发展战略因而成为企业实际操作和实施的最基本的战略类型之一。制定发展战略，首先必须认真分析和评估企业现有市场和现有产品的市场状况。对企业现有产品与市场进行评价的方法很多，其中以美国波士顿咨询公司的"成长—份额矩阵"（也称四象限评价法、波士顿矩阵法、BCG法）和美国通用电气公司的多因素业务营销组合矩阵两种方法最为著名。经过对上述方法的评估分析，美国加利福尼亚州国际大学战略管理教授安索夫根据产品与市场两因素的不同组合，提出了产品—市场战略矩阵。

如果旅游企业发现现有的产品和市场尚有开发利用的潜力，可选用集中化发展战略，即指旅游企业集中企业的营销能力满足一个或多个细分市场的需求，而不是以整体市场为目标的战略。它包括如下三种形式。

（1）市场渗透战略。市场渗透战略是指以现有产品在现有市场上采用多种措施增加现有产品销售额的一种战略。具体可通过三种途径：一是增加老顾客购买频率，可采取对老顾客实施优惠价、赠送优惠券、折价券、礼品券以及情感交流等营销方式；二是刺激潜在顾客购买，可采取降低价格、加强宣传、增加销售网点、举办展销会等方式；三是争取竞争对手的顾客。

（2）市场开发战略。市场开发战略是指旅游企业以现有产品开发新市场，面向新市场进行销售，增加产品销售额的战略。具体有两种途径：一是开发新的地区和国际市场，如现在中国的旅行社在国家法律法规的约束和保护下，在设立地之外另设非法人的分社，以及中外合资旅行社等有利于在新的客源地和国际市场上打开局面；二是开发旅游产品新用途。

（3）产品开发战略。产品开发战略是指旅游企业向现有市场提供新产品，满足现有顾客的潜在需求，增加销售的战略。旅游产品开发的目的是提高旅游企业的适应能力和竞争能力。具体有四种途径：一是旅游创新新产品，也称科技新产品，如借助现代科学技术开发海底探险、太空遨游等旅游项目；二是换代新产品，如涉外星级饭店由原来的二星级经过提高服务质量和完善设施设备晋升为三星级饭店；三是仿制新产品，如香港兴建的迪士尼乐园；四是改进新产品，如酒店的客房服务在原有项目的基础上增加加床服务项目。旅游产品开发强调"新"，但"新"是相对的，即相对于顾客的需求而言的。

旅游企业采用集中化战略，一般有三种战术，即进攻型、防御型和巩固型。进攻型战术是借助市场有利条件，针对竞争对手的弱点，充分发挥本企业长处，主动出击，去占领市场的战术；防御型战术（包括积极防御和消极防御两种）是采用暂时的防守性措施，力图保护市场目前的既得利益，以待将来东山再起的战术；巩固型战术是采用多种措施，利用各种途径，力求巩固和加深用户对本企业的信任程度，以便长期牢固地占领市场的战术。旅游企业应根据不同地点、不同时间的市场环境，企业的内部条件等要求，灵活运用各种战术。

（二）一体化发展战略

一体化发展战略是旅游企业与供货商、销售商实行一定程度的联合，融供应、生产、销售于一体，提高企业的发展与应变能力的一种战略选择。一体化战略的理论基础包括内在化原理、协同效应原理和比较优势原理。

（1）内在化原理。市场内在化原理是指在可能的情况下，企业有将外部市场活动内部化的冲动和要求。这是因为对绝大多数企业而言，他们在外部市场活动中并不总能占据支配性地位，由此造成企业的投入与产出很难在较长的时期内保持数量、价格、交货时间等方面的稳定，从而影响企业发展的稳定性。这种经营的不稳定性形成了企业经营的风险。如果企业能通过实施纵向一体化战略，使原来受制于其他企业的前后项业务变动成为企业能够进行有效控制的内部业务，则企业生产经营中受到的环境影响和风险就能减少。

(2) 协同效应原理。协同效应是指当企业能将不同业务单位的某些活动集中起来，就能使用较少的资源投入完成同样的甚至更多的业务量。采用一体化战略的协同效应更为明显。采用横向一体化战略对企业的业务种类没有任何改变，而原本是两个或更多企业的同类业务活动甚至完全无须调整就能实现集中。例如，我国目前许多城市的涉外星级饭店之间实行饭店客房的连锁销售。采用纵向一体化战略时，同类业务在不同企业中是有差别的，但它们之间又有一定的联系，当不同企业同类业务之间的联系较大时，集中这些业务活动就会产生更强的协同效应。

(3) 比较优势原理。大卫·李嘉图于1817年提出"比较优势理论"，萨缪尔森在他风靡全球的《经济学》一书中，称其为"国际贸易不可动摇的基础"。将比较优势原理运用于一体化战略，是指在现有的企业中，总存在一些企业或部门的经营效益比较高，也存在一些相对低经济效益的企业或部门，如果将处于相对优势与劣势的企业或部门进行优化，重新分工，则能使处于相对优势与劣势的企业或部门都获得相对发展。

一体化战略的实质是指旅游企业在现有业务的基础上进行横向扩展，实现规模化扩大；或者进行纵向的伸展，进入当前业务的输入或输出阶段，实现在同一产品链上的延长。也就是说一体化发展战略包括横向一体化和纵向一体化两种战略。

1. 横向一体化战略

横向一体化战略也称水平一体化战略，是指企业以联合、联营或兼并等方式与同类经营业务的一个或几个企业相结合，组成联合企业或专业化企业的一体化战略。它可以扩大生产经营规模，提高资金利用率，减轻竞争压力，却不会偏离原有的经营方向，因而不会引起管理上太大的压力。

2. 纵向一体化战略

纵向一体化战略是集中化战略的延伸。它包括后向一体化和前向一体化两种：一种是后向一体化战略。后向是指企业的供应系统。如果旅游企业对某种供应的依赖程度很高，或者供应来源有高的利润潜力，旅游企业就可以采用后向一体化的战略，兼营原来需要供应的业务，实现产供联合、自产自供。例如，一些大型的旅行社兼营铁路、航空、轮船运输业务、酒店业务等，实现了旅行社业务中的交通、住宿服务项目的自产自供一体化。另外一种是前向一体化战略。前向是指企业的销售系统，前向一体化战略正好与后向一体化战略相反，是指企业向前控制、收买、兼并若干销售商，实现产销联合，自产自销。

(三) 多角化发展战略

当企业所在行业市场吸引力日渐衰退，其他行业已显露出更好的投资机会时，企业可考虑实施多角化发展战略。多角化发展战略是旅游企业利用现有资源和优势，向不同行业的其他业务拓展的一种战略类型。它主要包括三种形式。

1. 同心多角化战略

同心多角化战略是指开发与本企业现有产品线的技术和营销有协同关系，利用现有设备、技术等生产条件，生产与现有产品结构相似而用途不同的新产品，以吸引新的顾客，满足新的需求，就像从同心圆的圆心出发，向外扩大其经营范围与经营项目。例如，高速公路上的服务站，既可以给汽车加油，也可给司机"加油"。20世纪70年代，日本东京一家中药店生意清淡，老板心生一计，把中药与茶结合起来，开设中药茶馆，经营

"茶香药不苦"的中药茶,从此声名远扬;理发与照相都与人的容貌有关,台湾有家美容院,购置了一次成像的照相机,给顾客理完发后,再为顾客拍张照片,结果顾客满意,生意兴隆;美国有一家旅馆,还从事家具的展示和销售,内部装潢仍保持18世纪的风格,来此住宿的顾客看上任何家具和摆设,都可以买走,旅馆和家具的生意都很好。这种战略充分发挥现有产品线和营销协同的优势,因而投资少,风险小,容易获得成功。实施这种战略不是简单的经营项目的机械相加,而是相互渗透、完美结合,同时要求经营者能在不同的经营项目之间找到一个结合点,即产品之间存在技术关联性或者能使消费者产生心理关联性。

2. 横向多角化战略

横向多角化战略,也称水平多角化战略,指企业利用现有市场,根据现有顾客的其他需要,采用新技术、新设备,开发生产与现有产品在技术上关系不大的新产品,以扩大业务经营范围,寻找企业新的增长点的一种多角化战略。例如,德国汉莎航空公司除了经营航运业务,还多角化经营维修(每年为各国航空公司维修50多架飞机)、制造(凡与航空有关的物品都制造)、旅游(开办多家旅馆、游乐场,甚至拥有铁路专线)等项目,在近年来国际航空业困难重重的情形下,汉莎航空公司却蒸蒸日上。实施这一战略,意味着企业进入一个新的行业,会给企业的经营增加难度,但企业生产的新产品一般只在同一市场上销售,可以满足顾客新的需求,因而易于发挥企业现有的营销优势,有利于提高企业在市场上的地位。

3. 集团多角化战略

集团多角化战略也称混合多角化战略,指企业通过联合、兼并等形式,把企业业务扩展到与现有技术、现有产品、现有市场毫无关系的其他行业,形成一个跨行业经营的企业集团。集团多角化战略在许多发达国家早已被广泛应用。例如,美国的柯达公司除经营照相器材之外,还经营食品、化工和保险等业务。实施集团多角化战略,一般可以增强企业对环境的适应性,获得更多的发展机会,减少单一经营的风险,但是它也带来经营管理复杂化、资源配置分散化等问题。同时,这一战略实施过程中需要大量的资金。因此,并不是任何企业都可以随意采用这一战略,一般来说,它适用于实力雄厚的大公司、大企业。

三、旅游服务营销战略的决策程序

旅游企业要制定出科学合理的市场营销战略,必须要有正确的战略决策程序。旅游企业市场营销战略决策的程序,主要包括以下五个步骤。

(一) 确定企业的目标和任务

目标是在一定时期内旅游市场营销工作的服务对象和要求达到的目的。任务是实现目标的具体途径。目标和任务两者不可分割,两者都是市场营销战略的基础和出发点,是制定旅游市场营销战略必须明确的问题。没有明确的任务和目标,就不可能有效地进行下一步的工作,各种决策方案的制定、分析和评价也就失去了意义和依据。为使营销战略具有可操作性,旅游企业目标和任务的制定应体现激励性、明确性、系统性、科学性、可行性等要求。在确定旅游企业营销战略目标时要求做到以下四点。

1. 唯一性

旅游企业制定的营销战略目标只能有一个,即要有一个主攻方向,否则会分散企业营销力量。

2. 可以测量

旅游企业制定的营销战略目标要尽可能地定量化、具体化,使旅游企业有明确的指标去衡量目标达到的程度。

3. 一致性

旅游企业营销战略目标要与企业的总体战略目标及其他目标协调一致。

4. 可行性

旅游企业制定的营销战略目标不可过高,应符合企业自身情况,应是企业力所能及的。

(二) 环境综合分析

市场营销环境综合分析是制定企业营销战略的客观依据。旅游企业环境条件包括内部环境条件和外部环境条件。企业内部环境条件包括经营目标、经营观念、经营项目、资金状况、产品市场、管理系统、职工素质、设备设施、企业形象等。企业外部环境条件又分为外部宏观环境条件和外部微观环境条件。外部宏观环境条件包括政治和经济形式、科学技术发展、交通、人口、旅游形势、旅游资源开发、政策扶持等;外部微观环境条件包括市场发展、市场占有率、供应商、中间商、竞争对手、人力资源市场、公关等。企业服务营销环境是一个多主体的、多层次的、发展变化的多维结构系统,在旅游企业面临的营销环境中,机会和挑战往往同时并存。营销者应能及时准确地识别它们,并能从诸多的环境因素中找出对旅游企业营销的有利与不利因素,以利于旅游企业在经营时趋利避害,顺利开展营销活动。

(三) 制定战略方案

旅游企业营销战略的制定是一个复杂的决策过程,战略制定包括确定旅游企业的使命和任务,识别旅游企业的外部机会与威胁,识别旅游企业内部的优势和劣势,建立长期目标,制定供选择战略以及选择特定的执行战略。战略制定过程所要解决的问题也就是战略计划的内容。它的基本步骤是:首先要确定营销战略目标,营销战略目标是旅游企业营销奋斗的理想和努力方向,它与旅游企业总目标是一致的,而且是其中的重要组成部分,它通常包括目标旅游市场的进入状态(如市场占有率、销售量、利润指标、产品覆盖率、竞争地位等与销售有关的指标);其次要提出多个不同的营销战略方案供对比选择;最后确定一个合乎实际的营销战略。

(四) 优选战略方案

备选方案的可行性研究是指,采用一系列科学的方法对各种战略方案的诸环境因素是否允许,战略规划中所采用的技术手段、生产条件和市场营销组合策略是否可行,各战略的经济效益是否合理等所做出的分析、评价与论证。优选战略方案是市场营销战略决策的关键,在对预选方案的综合评价过程中,通常有以下几个方面的内容:①战略是否符合宏观环境因素的变化与发展;②战略是否适应企业目标市场的需要;③战略的资源条件是否具备；④战略对策及企业在各战略阶段所采用的市场营销组合策略是否可行；⑤战略目标实现的可能性有多大；⑥战略的延续性、风险性、效益性及相应的对策如何。

（五）实施战略方案

战略方案的实施是战略管理的重要组成部分。好的战略方案如果实施不当，同样达不到预期的战略目标。战略方案的实施，一般有四个方面的工作：制订实施计划—执行计划—检查效果与控制—反馈信息与调整。具体内容包括：①把战略目标与任务落实到各个战略阶段的同时，做出详细的短期计划并付诸行动；②将战略目标与任务分解落实到各个部门，并制定完成的措施；③针对战略重点的不同，给予相应的人力、物力、财力的安排和平衡；④从企业整体战略出发，综合协调产品、价格、促销、销售渠道组合策略；⑤制定战略实施方案的责任体系和考核的指标体系。

外部环境的各种因素总是处于不断的变化发展之中，因此要使市场营销战略具有动态性特征，对营销战略的方向、目标和对策亦应做相应的调整。例如，在宏观方面，随着旅游业在国民经济中地位的提升，成为国民经济新的增长点，并担负着为扩大内需重要途径的重任。要使旅游业真正发挥经济增长点的功能，除了发挥旅游业的优势外，更重要的是必须形成量的优势——规模扩张。国内旅游业是旅游业的主体，是衡量一个国家旅游业发达与否和国民经济发展状况的重要标志，旅游业规模扩张的重中之重应是大力培育国内旅游市场，积极发展国内旅游业。由于我国国内旅游业的发展滞后于国际旅游业的发展，各种旅游设施的建设大多是适应入境旅游者的需要，具有外向型特征。这一方面对提高我国旅游业经营档次、服务质量、与国际接轨，具有积极的作用，但另一方面外向型的市场定位与国内旅游需求的矛盾已经凸显。许多旅游景区景点的高档涉外宾馆客房出租率持续下降，而大量国内游客找不到适合自己消费水平的中低档饭店。

外向型市场定位造成国内居民旅游消费成本过高，脱离了国内绝大多数人的消费实力，抑制了旅游动机的发展，使潜在的消费欲望得不到充分释放。因此旅游市场营销战略的"内向型"转变是必然的。旅游企业顺应这种战略调整，在旅游产品开发、价格制定、促销策略、销售渠道选择等方面应有切实的转变。

第3节 我国旅游服务营销的趋势

中国的旅游服务营销在改革开放初期的长足发展后，进入21世纪又呈现出了一些新的特点。新经济时代的现代旅游业，营销、管理、创新等无形资产的投入决定着市场竞争的胜负。因而旅游业也被形象地称为"点子"产业、"眼球"产业和"创新"产业，旅游资源深层次的开发、旅游市场的有效推广和旅游产业高效率的运营都离不开市场营销。但是旅游市场蓬勃发展的同时，我们也不应忽视其在发展过程中产生的一些问题。

一、我国旅游服务发展现状分析

自改革开放以来，我国政府颁布了一系列旨在推动旅游业发展的政策，旅游业已经成为我国国民经济中发展速度最快和具有明显国际竞争优势的产业之一。

(一) 我国旅游服务发展的主要特点

1. 旅游服务起步晚，而发展迅速

我国旅游服务业起步较晚，新中国成立前，我国经济萧条，旅游服务发展基本处于停滞状态，旅游产业尚没有形成。自改革开放以来，随着我国经济持续快速发展和居民收入水平较快提高，我国旅游人数和旅游收入持续快速增长，旅游产业已经成国民经济的重要产业，成为增长最快的居民消费领域之一。国家旅游局《中国旅游业统计公报》数据显示，从2006—2015年的10年间，国内旅游收入总体呈现稳步增长态势，收入从2006年的6 229.70亿元上升至2015年的34 195.10亿元，年复合增长率达到19.00%。2015年国内旅游总人数达40亿人次，国内旅游收入达34 195.10亿元，入境旅游收入达1 136.50亿美元，中国已成为世界上第二大入境旅游接待国及第一大出境旅游客源国。

2. 旅游业已经步入爆发式增长期

研究表明："当城乡人均年收入超过1 000美元，每增加10%的收入会有1%的资金用于旅游；当城乡人均年收入超过3 000美元，每增加10%的收入会有2%～5%的资金用于旅游；一个国家或地区人均GDP超过5 000美元时，旅游进入大众化日常性普遍消费阶段。2015年，我国人均GDP超过7 000美元，正处于旅游消费需求爆发式增长时期。"伴随着我国经济社会发展、居民收入增加、消费升级加快、"带薪休假"逐步落实、汽车时代全面来临，用于旅游的花费越来越高，旅游消费将成为一种刚需，旅游形式将由观光旅游向休闲旅游和度假旅游转变，大众旅游时代将全面来临。

3. 旅游市场发育以"观光旅游""中短距离旅游"为主

旅游产业发展呈现阶梯性态势：第一阶段，游客的旅游大体是观光，目的是看世界，丰富经历，大多是跟团游，选择的目的地主要是名胜古迹、名山名水，以拍照片为主，游客在此过程中往往较疲惫。第二阶段，旅游的目的增加了休闲的需求，目的地不再局限于名胜古迹，城市周边、自然山水、农家乐园和休闲文化主题公园成为人们的徜徉之地，从容游玩日益成为一种爱好和时尚，消费程度加深，散客、家庭自助式、自驾游的比例大大增加，同时出国旅游也日渐增加。第三阶段，人们的休闲需求和消费能力日益增强并多样化，目的地选择更在乎环境的优雅和设施的品位，停留时间大大增加，一地滞留型和第二家园式的休闲旅游日渐成为有消费能力者的爱好。其目的不再是为了猎奇或是长见识，而是休憩身心，尽享天伦和自然之乐，借以提高自己的生活品质。

4. 城镇居民依然是国内旅游的主要客源

2006—2015年的10年间，尽管我国城镇居民与农村居民人均花费差距在缩小，但是城镇居民旅游依然是国内旅游的主要客源和主要收入来源，城镇居民旅游收入与农村居民旅游收入比例基本保持在8∶2左右。

(二) 我国旅游服务营销尚存在的主要问题

在我国旅游服务业蓬勃发展的同时，也不能忽视服务营销中尚存在的一些问题或不足之处。具体表现在以下几个方面。

1. 缺乏售后服务体系

现代旅游市场营销中，旅游产品是一个包含核心产品、有形产品和附加产品的整体概念。它不仅要求要给予旅游者生理上、物质上的满足，而且要给予旅游者心理上、精神上的满足。这就要求旅游企业把游客视作"上帝"并为之服务，否则必将被市场所淘汰。现在绝大部分旅游企业没有一个较好的旅游产品售后服务体系，有的旅游企业甚至认为根本没这个必要。

2. 依然存在削价竞争

一些旅行社为了争夺客源，把降价作为主要竞争手段。在旅游线路的促销中，对线路的报价甚至低于成本。且不论其做法是否违法，如果旅行社以这样的营销战略长期进行营销，只会影响旅游企业的产品形象，损害旅游企业自身利益。

3. 法制意识淡薄

现在的许多旅游企业特别是旅行社大都采用的是承包经营的运作方式。有些旅行社在市场营销过程中只顾经济利益而忽视法制化经营。结果造成因旅游合同未能履行而发生大量纠纷和旅游投诉。如有的旅游企业为旅游者提供虚假的旅游服务信息，或者冒用其他旅游企业的品牌，等等。这种做法严重扰乱了旅游市场秩序，破坏了国家的法制，使旅游市场供需双方都在一定程度上受到损害。

4. 缺乏长期营销计划

在大部分中小型旅游企业中，没有几个旅游企业在年初即拥有自己完整的"年度营销计划书"，更别说中、长期旅游营销规划了。旅游市场营销战略与营销计划尚停留在初级阶段，不能深度挖掘，更不用谈什么旅游市场营销计划控制、旅游市场营销成本利润控制、旅游市场营销信誉控制和战略控制。

5. 可持续竞争意识不强

我国很多旅游企业受短期利益的驱动，追求短期销售目标，在旅游市场营销上缺乏可持续竞争意识。旅游产品更新换代跟不上旅游消费者的需求、找不到旅游服务创新突破口、缺乏旅游品牌形象创立意识等。这些都会影响到旅行社在旅游市场上的可持续竞争能力。

6. 忽视旅游整体营销

随着旅游开发的日益深入和旅游产业的高速发展，同一区域内部的旅游恶性竞争日趋激烈，造成低成本倾销和双输甚至多输局面。单纯的产品竞争导致一些旅游城市非但没有获得更多的旅游收益，反而因旅游团、旅游散客忽略城市，长驱直入景区，来也匆匆，去也匆匆，造成人均停留天数缩短，旅游收入下滑的局面。由于长期对某些产品的过分突出宣传，使许多新建景区在竞争中难以与传统景区匹敌，中等城市留不住客人已成为一种普遍现象。

二、我国旅游服务营销发展的新趋势

近年来，政府陆续出台并跟进相关政策，激发旅游潜在需求。2014 年，国务院出台的《关于进一步促进旅游业改革发展的若干意见》要求将带薪年休假制度落实情况纳入各地政府议事日程，以改善以往落实不佳的状况，推动我国带薪休假制度进程。2015年，国务院又颁布《进一步促进旅游投资和消费的若干意见》进一步倡导优化休假制度，激发旅游潜在需求，其中，包括推进弹性工作制，实施2.5天小长假等具体措施，为开启大众旅游时代创造环境，不仅有助于缓解节假日高峰拥堵的现象，也将进一步提高旅游体验感。

受中国庞大的旅游消费市场需求的影响，多国对华陆续放宽签证政策，进一步激发潜在消费需求。继美国10年签证之后，加拿大也将商务和旅游签证延期至10年。英国提供两年多次往返签证，指纹采集服务的中国城市也从9个大幅增加到50个，提高了便利性，从而吸引更多的中国游客。目前，新西兰、以色列、厄瓜多尔及苏里南等热门且小众的国家也相继放开了签证政策，利好不断带动出境游市场发展。与此同时，澳大利亚放开对华10年多次往返签证，不仅进一步打开中国旅游消费市场，同时也将推动中国企业在海外市场的创业与发展。

1. 趋势一：旅游将成假期生活首选

随着国民生活水平的提高和旅游行业高歌猛进式的发展，旅游消费渐渐走向大众，成为居民常态化生活选择。

根据国内相关数据显示，从1985—2014年，我国国内旅游由2.4亿人次增长到36.3亿人次，增长了14倍，旅游年出游率由23%增长到265%，增长了约11倍，旅游已成为我国居民的日常性消费活动。游客人数将持续增长，越来越多的居民将会把旅游作为假期生活的首选。其中二三线城市的游客贡献量有望成增长亮点。

2. 趋势二：多重利好将造境外旅游热

从2015年开始，为了吸引中国游客，日本、韩国、泰国、英国、新西兰、印度尼西亚、澳大利亚等国家进一步放宽了对华签证政策。同时"一带一路"倡议的实施、中美旅游年、2016年里约热内卢奥运会的举行等热门事件不断催升境外旅游热度。近年来，国内居民出境游人数逐年递增。2015年，出境游为1.28万人次，作为消费升级最直接受益的领域，我们判断未来3~5年内，出境游市场或将加速整合，市场集中度明显提高。从国内旅游市场来看，热度相对较低，从2012—2015年，接待人次同比增速均为10%左右，一直保持平稳的增长趋势。

我国境外旅游消费将持续火热，其中选择境外长线出游的人数将雄起，并且最有可能跑出年度出境游目的地黑马。在出境短线游目的地方面，随着韩国、泰国的回血复活，年度热门目的地有望在日本、韩国、泰国、马来西亚、新加坡等东南亚地区诞生。在长线出境游目的地方面，澳大利亚、新西兰、美国、加拿大、欧洲及中东地区将呈现大幅增长趋势。

3. 趋势三：国内旅游景区将唱响主题战

国内旅游市场发展到今天，过去同质化、粗放式和单一式的旅游产品模式早已难以满足当今消费者的口味。同时面对境外旅游的逐步开放，国内旅游景点面临的挑战也在加剧。为了吸引国内消费者的目光，提高旅游产品的竞争力，景区正在走向主题化、品牌化的道路。

根据相关销售数据显示，2015年国内旅游目的地的前三甲分别为厦门、丽江及三亚。像厦门结合自身旅游资源，主打"文艺""蜜月""消暑"主题，目标人群定位准确，因此受到市场欢迎。此外借热门影视剧打造主题游的景区在去年也收获不错成绩。

今后国内旅游景区将加深主题化趋势,"亲子游""蜜月游""游学游""影视游""消暑游"等主题依然受宠,景区差异化竞争将在主题化方面愈加明显。

4. 趋势四:自由行将成年轻人出游潮流

根据业内相关统计数据显示,近年我国旅游市场每年都在高速增长,其中自由行人数每年增长达30%,而传统组团游增长速度15%,且有增速放缓趋势。出境游自由行的比例更高,达到70%以上。自由行将成为年轻人出游的潮流,私人定制模式将更有吸引力。

随着"80后""90后"消费能力逐渐提高,他们日益成长为旅游大军的中间力量。这使得游客群体呈现出年轻化的特点,旅游市场散客化自由行趋势更加明显。同时,自由行产品对年轻人有着天然的吸引力,更容易满足年轻人对旅游多样化的需求。

此外,自由行的发展将有可能带来私人定制模式的火爆。私人定制具有"自由、深度、私人化"的特点,能够充分考虑到旅游消费者的需求,是对自由行的进一步升级。私人定制模式不仅能让游客感受到旅行当中更多的乐趣,同时也能对旅游行业本身起到推动和促进的作用。

5. 趋势五:线上旅游消费将继续渗透

在"互联网+"的影响下,传统产业互联网化的趋势日益明显。在线旅游作为旅游行业互联网化的先锋队,近年来保持着强劲的发展势头。根据业内相关数据显示,2015年上半年,我国在线旅游总交易额为1 654.8亿元,同比增长35.6%。2015年上半年在线旅游渗透率为8.9%,互联网旅游产业仍有较大的发展空间。线上旅游消费将继续渗透,在线旅游行业将保持高速增长。同时,旅游行业线上线下融合的趋势将继续加强。伴随着互联网的发展,旅游消费者对线上购买线下体验模式的认同越来越高,而且线上平台还能记录、分享消费者的旅游体验。旅游产业加速线上线下融合的趋势,将对提升旅游产业的服务品质有促进作用。

6. 趋势六:"非标准住宿"将迎来爆发期

长期以来国内旅游的基本产品形态是"景+酒","景"提供了异地化环节,"酒"提供了本地生活环节。但近年来客栈民宿、短租公寓、长租公寓的兴起,打破了传统酒店一统"酒"领域的单一格局。

2015年11月,国务院颁发《关于加快发展生活性服务业促进消费结构升级的指导意见》,明确表示要积极发展客栈民宿、短租公寓、长租公寓。意见的出台,让一直徘徊在法律边缘的非标准住宿得以扶正。

"非标准住宿"将迎来爆发期。在旅游人数增长的环境下,传统酒店已难以满足消费者的不同需求,"非标准住宿"的发展则填补这块空白。

7. 趋势七:休闲度假游将成市场焦点

2015年8月,国务院办公厅发布《关于进一步促进旅游投资和消费的若干意见》,明确提出鼓励有条件的单位实施2.5天休假制度。随后,河北、江西、重庆、广州、甘肃等地纷纷出台实施细则,落实职工带薪休假制度、鼓励弹性作息、鼓励错峰休假,刺激旅游消费需求。

2016年休闲度假旅游市场成为市场焦点。在线旅游标品市场格局已定，非标品的休闲旅游市场还有很大发展空间。而且休闲度假旅游产品作为消费者旅游体验的核心部分，对旅游品质要求较高，其细分品类和组合方式更加多样，如近年来走红的邮轮游产品。今后将有更多的旅游从业者聚焦休闲度假市场。

本 章 小 结

本章首先综述了旅游服务产品的内涵及特征，并简要介绍了旅游服务营销的产生与发展，以及旅游服务营销的宏观环境与微观环境；进而介绍了旅游服务营销集中化发展战略、一体化发展战略和多角化发展战略三种基本战略，以及旅游服务营销战略的决策程序；最后指出了我国旅游服务营销的特点和存在的问题，同时提出了我国旅游发展的七大趋势。

思考与练习

(1) 什么是旅游服务产品？它有什么样的特征？
(2) 简述旅游服务营销宏观环境和微观环境的内容。
(3) 怎样制定旅游服务营销战略的决策程序？
(4) 简述旅游服务市场营销的基本战略以及制定过程。
(5) 从我国旅游服务的现状，分析未来旅游服务营销的发展趋势。
(6) 案例分析题。

旅行社组团不火了

2013年"五一"黄金周，虽然广西各大旅行社的接团数同比增长了32.6%，但由旅行社组织出游的人数却比历次黄金周都少。过去一直备受推崇的旅行社组团为何不"火"了？不跟旅行团出游并不意味着旅游不红火，相反，许多市民纷纷将目光盯上了短线游。"五一"期间，南宁、桂林、柳州、贺州、北海等地的各大旅游景区游人如织，很大一部分都是自发而来的游客。

另外，跟着旅行团长路线、出境游，毕竟是一笔不小的花销，普通旅游者的消费能力有限也是组团受冷遇的原因之一。家住南宁康宁小区的陆女士告诉记者，一家三口出一趟远门动辄上万元，集中消费让人难以承受，而短线旅游时间短、价格便宜、不太劳累，何乐而不为？

"上车睡觉、下车拍照"，说起跟随旅行团出游的情景，有人用这样两句话来形容。确实，旅行社数十年不变的旅游经营模式，越来越难吸引对旅游有着更高要求的人群，与此同时，人们的旅游方式开始由"快餐型旅游"悄然向休闲度假游、农业生态游、探险游、个性游等迈进。

交通便捷及私家车的增多，是人们能够选择多样度假旅游的原因之一。"五一"期间，数以万计的自驾车驶向广西各地，其中仅北海在"五一"期间就接待了自驾车两万多辆。"吃农家饭、干农家活、赏农家景"的"入住农家院、享受田园乐"式的农业旅游度假活动，越来越受到游客们的喜爱。

旅行社组团不火了，暴露了旅游行业深层次的问题。业内人士认为，目前旅行社在出境游或长线游方面还会有相当大的生存空间，毕竟游客出门在外，自己打点吃、住、行相当麻烦。"如果旅行社不改变经营模式和服务，将会失去越来越多的客源。"

分析案例，回答下列问题：

①分析旅行社组团游不火的原因。

②针对上述原因，我们在旅游服务创新方面应采取哪些措施进行改进？

第十二章　金融服务营销

教学目标

(1) 认识金融服务的内涵、特征和发展概况。
(2) 了解金融服务营销的构成要素、组合策略和实施过程。
(3) 知道互联网金融服务的特点和理论背景。
(4) 掌握互联网金融服务的基本类型。

全球金融服务业变化巨大且复杂，这或许比其短暂历史中其他任何时期都有过之而无不及。许多因素都在推动这些变化，并塑造着当前乃至今后金融服务行业的经营前景。随着互联网的兴起，我国的金融产业也随之进入互联网时代。互联网金融是近几年中国金融业兴起的大事，是整个金融市场化发展必要的、及时的催化剂。它能够使中国金融市场今后变得更加健康，成为整个金融改革市场的巨大推动力。传统的金融服务也因此面临着转型的巨大挑战。

第1节　金融服务概述

金融服务营销起步稍晚于一般工商企业的市场营销，又由于商业银行及其自身产品、服务的特性，决定了金融服务营销不同于一般工商企业的营销。因而，弄清金融服务营销的内涵及其发展框架就具有重要的理论和现实意义。

一、金融服务的内涵

(一) 金融服务的定义

狭义的金融服务是指金融机构运用货币交易手段融通有价物品，向金融活动参与者和顾客提供的共同受益、获得满足的活动。广义的金融服务，是指整个金融业发挥其多种功能以促进经济与社会的发展，或者是指金融机构通过开展业务活动为客户提供包括融资投资、储蓄、信贷、结算、证券买卖、商业保险和金融信息咨询等多方面的服务。增强金融服务意识，提高金融服务水平，对于加快推进我国的现代金融制度建设，改进金融机构经营管理，增强金融企业竞争力，更好地促进经济和社会发展具有非常重大的意义。

（二）金融服务的内容

按照世界贸易组织附件的内容，金融服务包含保险及其相关服务，所有银行和其他金融服务。其内容主要有：

——直接保险（包括共同保险、寿险、非寿险等）。

——再保险和转分保。

——保险中介，例如经纪和代理。

——保险附属服务，例如咨询、精算、风险评估和理赔服务；银行和其他金融服务。

——接受公众存款和其他应偿还基金。

——所有类型的贷款，包括消费信贷、抵押信贷、商业交易的代理和融资。

——财务租赁。

——所有支付和货币转移服务，包括信用卡、赊账卡、贷记卡、旅行支票和银行汇票。

——担保和承诺。

——交易市场、公开市场或场外交易市场的自行交易或代客交易，如货币市场工具（包括支票、汇票、存单）；外汇；衍生产品（包括但不限于期货和期权）；汇率和利率工具（包括换汇和远期利率协议等产品）；可转让债券；其他可转让票据和金融资产，包括金银条块。

——参与各类证券的发行，包括承销和募集代理（无论公开或私下），并提供与改发行有关的服务。

——货币经纪。

——资产管理，例如现金或证券管理、各种形式的集体投资管理、养老基金管理、保管、存款和信托服务。

——金融资产的结算和清算服务，包括证券、衍生产品和其他可转让票据。

——提供和传送其他金融服务提供者提供的金融信息、金融数据处理和相关软件。

二、金融服务的特征

与其他产业部门服务相比，金融服务有其自身的显著特征。

（一）投入少

金融服务的实物资本投入较少，难以找到一个合适的物理单位来度量金融服务的数量，这也就无法准确定义其价格，从而也无法编制准确的价格指数和数量指数，因此金融服务业的产出也就难以确定和计量。

（二）融资中介

传统金融服务的功能是资金融通的中介，而现代金融服务则具有越来越多的与信息生产、传递和使用相关的功能，特别是由于经济活动日益"金融化"，所以金融信息越来越成为经济活动的重要资源之一。

（三）劳动密集型

金融服务传统上是劳动密集型产业，随着金融活动的日趋复杂化和信息化，金融服务逐渐变成了知识密集和人力资本密集的产业，人力资本的密集度和信息资源的多寡在现代金融服务业中已经成为决定金融企业创造价值的能力，以及金融企业生存和发展前景的重要因素。

（四）自由化

在当今这样一个国内和国际竞争加剧的时代，金融服务正处于大变革的过程之中，信息技术、放松管制和自由化的影响已经永远改变并在不断重新塑造着金融服务领域，而且这种趋势还将持续下去。

三、金融服务的发展

（一）西方商业银行服务的发展及特征

按照世界银行的说法，金融服务的发展大致经历了9个阶段，每一个阶段又有各自的特点。

1. 排斥阶段（20世纪50年代中期以前）

排斥阶段时期银行完全处于卖方市场，银行主动掌握自己的经营与产品的供应，根本没有必要去推销产品，对营销既不理解也不注意，完全缺乏营销意识。"主管贷款的银行高级职员刻意把借款者安排在大写字台对面比自己低得多的位置上，居高临下、颐指气使，阳光透过窗户照在孤立无援的借款人身上，该人正在努力述说着借款的理由，而冰冷的银行大楼宛如希腊神殿。"

2. 引入阶段（20世纪50年代后期）

随着各种银行与非银行金融机构的纷纷设立，金融业竞争日益激烈，原有的银行垄断地位和优先地位发生了动摇。于是，一些有远见的银行不得不效法工商企业，意识到并开始采用营销武器。1958年，美国银行协会会议上第一次提出了银行营销观念，揭开了银行金融服务营销理论与实践的序幕。

3. 广告和促销阶段（20世纪60年代）

各国零售银行业务得到发展，储蓄账户的竞争不断加剧，一些银行吸取消费品市场的经验，广泛应用广告和促销手段，并以此作为营销活动的内容。但此时人们对银行金融服务营销的认识较肤浅，银行金融服务营销不过是广告与促销的代名词，把银行营销等同于广告与促销。这是银行金融服务营销的起始阶段，人们开始将市场金融服务营销与银行经营相结合，但未充分认识到营销在银行活动中的重要作用。

4. 友好服务阶段（20世纪60年代至70年代中期）

在经营过程中，银行家们认识到银行吸引客户并不难，但要与客户保持长久性的关系，使客户成为银行的忠实客户则是一项艰难的工作。同时他们发现，正是银行职员的工作态度存在问题，使一些客户离开了本银行，于是他们意识到，要留住客户必须提高服务质量，使客户得到喜悦和满足，这就使银行营销步入友好服务阶段。各家银行开展了对职工的各种培训，学习如何面向客户、与客户进行沟通，并推出了微笑服务等一系列措施。同时，着手导入以视觉对象为主的 CI 观念，装饰银行大楼和营业厅，以造成一种温暖、友好的气氛和美好而又吸引人的环境。

5. 金融创新阶段（20 世纪 70 年代中后期）

一些银行意识到金融创新是一项潜力更大的营销活动。他们发现，客户的需求、欲望、期望都在不断地变化，要想在竞争中立于不败之地，银行必须向其提供多种新型的金融产品服务以满足客户的需求，于是银行便从创新角度出发开展营销工作。他们开始加强对客户需求的调查与购买行为的研究，设计出品种多样的金融产品以满足不同层次的客户需求。如大额可转让定期存单（CDs）、可转让支付命令（NOWs）、自动转账服务（ATS）、共同基金（MF）及透支复利等，吸引了众多的客户。

6. 服务定位阶段（20 世纪 70 年代后期）

一项成功的创新可为银行带来竞争的领先地位，但因金融服务易于模仿而优势短命，银行被迫去探寻新的有所区别的基础。银行家们发现没有一家银行能够同时成为所有顾客心中的最佳银行，也没有一家银行能够提供顾客需要的全部服务。因此，一家银行应在市场与服务中有所选择，在市场机会中确定自己的位置，即市场营销与服务定位，设法按实际业务范围把自己的银行同竞争对手区别开来，使自己成为某一细分（目标）市场的较佳银行。

7. 系统营销阶段（20 世纪 80 年代后期）

银行开始认识到营销不是单个的广告、促销、创新或定位，而必须把它们作为一个整体来看待。为充分了解和掌握市场与客户需求，银行需对营销环境进行认真分析与预测；为使银行基础工作有条不紊，银行应制定营销目标与战略，并编制合理的营销计划；银行要灵活运用产品、价格、促销与分销等组合策略实施计划，同时对营销工作予以全面的控制，避免失误与差错。只有通过分析、计划、执行与控制等各个环节的配合，才能使银行营销工作取得好的效果，这就是银行系统营销观念。

8. 社会营销观念阶段（20 世纪 90 年代）

银行家们开始认识到金融企业的任务应是确定各个目标市场的需要、欲望、需求和利益，以保护或提高顾客和社会利益的方式，比竞争者更有效、更有利地向目标市场提供所期待的服务。只有既符合社会的利益，又能满足客户需求的金融服务营销工作，才能使银行得到持续的进步，因而其核心在于银行制定营销政策时能兼顾社会利益、顾客利益和金融企业利益。

9. 利用高新技术金融企业营销阶段（20 世纪 90 年代后期至今）

高新技术的发展为金融服务营销带来极大的便利与挑战，银行家们开始注意到网络和信息技术在银行营销中的重要作用。如花旗银行就利用网络在全世界创办无人银行，其计算机系统每 3~5 年更新一次，以此为基础推出的高附加值信用卡 5 000 多万张正在使用之中。21 世纪，随着网上银行的发展，互联网金融服务营销的新时代也已经到来。

金融服务不断发展的过程，表现为金融营销观念的不断演进，即由生产观念、推销观念、营销观念到社会营销观念，从而促进了服务营销内涵的演进与发展。各阶段的特征和关键活动可以参考佩恩的研究成果，如表 12-1 所示为西方金融服务发展的阶段与特点。

表12-1 西方金融服务发展的阶段与特点

时间	阶段	关键成分	典型后果
20世纪60年代以前	销售	竞争出现 销售计划 销售技巧课程培训 争取更多新客户	注重销售而非利润 缺乏调查，让客户满意 提高了销售能力
20世纪70年代	广告与传播	增加广告 指定多个代理公司（广告、公关等） 增强诱惑力 宣传册与销售点资料	客户期望值高 产出不易测量 竞争性模仿 经常未满足期望
20世纪80年代	产品开发	意识到新的客户需要 引进许多新产品 强调新产品的开发过程	产品扩散 强大品牌的扩散 分支层次混乱 竞争性模仿 一定的市场细分
20世纪80年代初	产品差异化与对手分析	策略分析 营销培训 定位图 市场研究 寻找差异化 有限制的策划	策略清晰 传达定位失败 加强品牌建设 更高级的市场划分 执行问题
20世纪80年代中	客户服务	客户服务培训 微笑运动 改善服务的外部促进 改进前台布局和设备	利润率收到轻微影响 缺乏竞争差异化 无法持续 得不到过程和系统支持 支付无法计算
20世纪90年代后	服务质量	服务质量差距的确认 服务蓝图化 客户来信分析 客户研究	一些重点转移来自：营销计划、其他机关市场留住未被重视的用户
20世纪90年代后	整合与关系营销	经常性研究客户和竞争对手 注重所有的关键市场 严格分析和整合营销计划 以数据为依据进行营销	平衡营销活动 改善程序与系统 面临挑战，但可实现目标 改善关系并留住客户

资料来源：佩恩. 服务营销 [M]. 郑薇，译. 北京：中信出版社，1999.

（二）中国商业银行经营体系改革和发展

从 1979 年至今，中国商业银行经营体系的改革与发展总体上经历了三个阶段。

1. 银行改革起步阶段

该阶段从 1979 年分离财政与金融的机构和职能起，至 1984 年四大专业银行恢复和组建为止。1979 年以前，在高度集中的计划经济体制下，中国的金融体系实际上只由一家"大一统"的银行组成。中国人民银行集中管理和分配资金，集现金中心、结算中心、信贷中心于一体。无所谓商业银行，也就谈不上市场营销。1979 年以后，中国金融改革的标志之一是分离财政与金融的机构和职能。1979 年 4 月，国务院在批转《中国人民银行全国分行行长会议纪要》中，指出对银行实行企业化管理，由此推开了银行企业化管理的序幕，并加快了专业银行的步伐。1979 年 2 月，再次恢复了中国农业银行；1979 年 3 月，专营外汇业务的中国银行从中国人民银行中分设出来，独立经营；1979 年上半年中国人民建设银行（1998 年更名为中国建设银行）从财政部分设出来，下半年开始实行基本建设投资拨款改贷款试点，1983 年明确建设银行为全国性金融实体，除执行拨款任务外，大量开展一般银行业务；1983 年 9 月中国人民银行转变为专司中央银行职能，另设中国工商银行（成立于 1984 年 1 月），并办理中国人民银行原来办理的全部工商信贷业务和城镇储蓄业务。至此，四大专业银行恢复和组建均告完成，形成了以中国人民银行为中心，以四大专业银行为主体的中国金融组织体系的格局。

2. 银行改革探索阶段

该阶段从 1985 年实行"拨改贷"起，至 1997 年提出商业银行全面实行资产负债比例管理为止。该阶段是中国的银行体制伴随经济体制改革，从计划经济体制逐步转向市场经济体制的过渡阶段。其间，银行改革体现了三个特点。

（1）1985—1993 年银行全面进行企业化改革。专业银行基本停止了对国有企业的资金注入，将业务经营自主权、信贷资金调配权、利率费率浮动权、内部机构设置权、留成利润支配权、中层干部任免权及职工招聘与奖惩权下放给四大国有银行，进一步改变了国家专业银行的经营体制。1993 年，党的十四届三中全会提出了政策性银行与商业银行分设、国家专业银行向商业银行转变的目标，至此，国家专业银行企业化改革全面完成。

（2）1994—1997 年银行全面进行商业化改革。1993 年 12 月 25 日，国务院下发了《关于金融体制改革的决定》，制定了金融体制改革的目标，指导思想是实现银行从企业化到商业化的重大转变。1994 年起，各项改革措施正式出台，主要包括：分离政策性业务，在国有银行实行贷款规模控制下的资产负债比例管理，中央银行的职能进一步到位，不再对非金融机构发放贷款，实行分业经营与分业管理的原则。相继颁布实施了《中国人民银行法》《商业银行法》《保险法》等。至此，中国四家国有银行真正成为商业银行，并转变为银行市场营销的真正经营实体。

（3）1985—1997 年，不仅四大国有银行转变成为商业银行，而且逐渐打破国有银行垄断经营的体制，陆续出现了多家全国性或区域性的股份制商业银行和若干城市商业银行、农村合作银行，与此同时，外资银行也逐步增加，形成了多种商业银行相互合作又激烈竞争的经营格局。1986 年 7 月重建交通银行，这是我国按照商业银行要求建立的第一家股份制商业银行，以后陆续建立了 10 多家全国性或地区性的股份制商业银行；自

1979年河南省驻马店成立第一家城市信用社后,大中城市相继成立城市信用社,1995年城市信用社改建为城市合作银行,1998年以后又相继改建为城市商业银行。随着改革开放的不断深入和加入WTO,外资银行也迅速增加,2001年年底,外资银行在我国已有代表处214家,经营机构190家,其中外国银行分行158家。至2009年年底,我国商业银行体系形成了以5家国有商业银行、3家政策性银行及国家开发银行为主体,以12家全国性或地区性股份制商业银行、143家城市商业银行为重要组成部分,以11家城市信用社、43家农村商业银行、196家农村合作银行、3 056家农村信用社、11家邮政储蓄银行、32家外资银行为补充的多种商业银行并存和激烈竞争的经营格局,我国共有银行业法人金融机构3 857家、营业网点19.3万个、从业人员284.5万人,打破了以往由国有商业银行垄断中国金融的局面,各商业银行为生存与发展,开始在更加广泛的领域内展开了激烈的竞争,并推动着中国银行业市场营销的快速发展。

3. 银行改革深化阶段

该阶段自1997年提出取消贷款规模与实行全面的资产负债比例管理开始至今。在该阶段,中国商业银行体系的发展呈现以下特点。

(1) 国有商业银行获得了独立经营管理的权力,从此进入了自主经营阶段。1998年国有商业银行开始实行贷款政策指导下的全面资产负债比例管理,同年财政部发行2 700亿元特别国债,用于增补国有商业银行资本金,使其资本充足率达到8%。此外,从1998年起,对各商业银行的本币业务和外币业务、境内业务和境外业务、表内科目业务和表外科目业务实行并表汇总,全面监管。这表明,国有银行从注重数量、规模和计划指标转向注重质量、效益、安全性和企业制度建设,从此开始步入健康发展的时期。

(2) 股份制商业银行和外资银行迅速发展。一是股份制商业银行迅速发展。在市场经济条件下,商业银行是以经营货币和服务为主的特殊企业,追逐利润是一切企业的本质,因此各银行之间的激烈竞争不可避免。四大国有商业银行市场份额虽然居于市场主导地位,但市场份额逐步下降却成为不争的事实。随着股份制商业银行的迅速发展,股份制商业银行以灵活的经营管理方式和市场营销技巧抢占市场,市场占有率不断提高,银监会发布2016年四季度主要监管指标数据显示,截至2016年四季度末,商业银行当年累计实现净利润16 490亿元,同比增长3.54%,增速同比上升1.11个百分点;商业银行(法人口径,下同)不良贷款余额15 123亿元,较上季末增加183亿元;商业银行不良贷款率1.74%,比上季末下降0.02个百分点。二是外资商业银行抢滩中国市场并不断壮大。2001年11月,中国正式加入WTO,中国金融改革与开放的步伐进一步加快。我国加入WTO以后,外资金融机构密集抢滩中国市场,外资银行的数量不断增加,机构和业务不断扩张并获准开办人民币业务,使得中国银行业竞争更为激烈。除直接登陆外,外资金融机构还通过参股成为国内银行的战略投资者,2001年年底汇丰银行等3家外资银行收购了上海银行18%的股权,2002年9月8日国际金融公司、加拿大丰业银行与西安市商业银行达成了股权投资谅解备忘录,美洲银行占中国建设银行9%的股份,苏格兰皇家银行集团和淡马锡控股各占中国银行10%的股份,花旗银行占广东发展银行20%的股份,快捷地获取了金融服务网络和客户资源。考虑到入股中资银行的因素,外资金融机构直接和间接拥有的中国银行业市场份额将近10%。国内金融市场的竞争正在快速演变为不同中外资金融机构联盟体之间的竞争,竞争格局发生了全面深刻的变化,对中资银行形成严峻挑战。2006年12月，我国加入WTO的5年过渡期结束，国内金融市场开放呈全面和加速之势，外资银行全面经营人民币业务，外资法人银行成立和布点速度加快。2008年5月，东亚银行成为第一家在中国内地发行人民币借记卡的外资银行。进入中国的外资银行大多是实力雄厚的国际知名银行，拥有较强的品牌影响、科学的经营管理、良好的营销技巧、丰富的差异化产品和先进的信息技术等，具有低成本、高质量、高效率和高收益等优势。从目前的经营态势看，外资银行主要在高端零售业务、外汇业务、中间业务等优势业务领域给中资银行带来了严峻挑战。

（3）商业银行进行股份制改造并通过上市融资筹集发展资金。2003年年底，为解决国有商业银行的矛盾和问题，提高市场竞争力，中国政府决定先行对中国银行和中国建设银行进行股份制改造，2005年又正式批准中国工商银行的股份制改革方案，2009年年初，中国农业银行完成工商变更登记手续，由国有独资商业银行整体改制为股份有限公司，并更名为"中国农业银行股份有限公司"，至此，四大国有商业银行完成股份制改革。在此过程中，中国股份制商业银行还加快了上市融资的步伐，自1991年4月深圳发展银行在深交所上市以来，2006年7月中国银行、2006年10月中国工商银行、2007年9月中国建设银行、2010年7月中国农业银行分别在上海证券交易所成功上市，到2010年年底，在中国内地上市的股份制商业银行除以上5家外，还有交通银行、宁波银行、浦发银行、华夏银行、民生银行、招商银行、南京银行、兴业银行、北京银行、光大银行、中信银行等11家股份制商业银行或城市商业银行，合计16家商业银行实现A股上市。中国银行、中国农业银行、中国工商银行、中国建设银行、交通银行及民生银行、招商银行、中信银行共8家商业银行在香港港交所实现H股上市。

综上所述，银行金融服务营销是因银行主客观环境条件的变化，尤其是随着银行市场环境的变化而不断完善和发展的。银行金融服务营销管理发展的过程，核心在于银行金融服务市场营销观念的不断演进，由生产观念、产品观念、推销观念、营销观念到社会营销观念，进而导致市场营销内涵的演进与发展，由4P到10P等，从而日益适应社会经济发展的需要。

第2节 金融服务营销的理论基础

金融服务营销在经历了"广告和促销"阶段、"友好服务"阶段、"金融创新"阶段和"金融服务定位"阶段后，已经进入了现代金融企业营销阶段，即金融营销已进入一个"营销分析、计划、控制"的时期。金融服务营销的创新发展，实际上也就是金融服务理论的创新和发展。

一、金融服务营销的概念及特点

（一）金融服务营销的概念

金融服务营销是指金融企业以金融市场为导向，运用整体营销手段向客户提供金融产品和服务，在满足客户需要和欲望的过程中实现金融企业利益目标的社会行为过程。

通过这一概念可以看出，金融企业必须与一般的工商企业一样实施市场营销。但是这种营销又具有其特殊性，这是由金融企业的自身特点所决定的。

(二) 金融服务营销的特点

与工商企业的市场营销相比，金融服务营销活动的标的、主客体、目的要求及实现方式都有自身的特点。

从金融营销的标的来看，各种金融产品，即"金融活动中与资金融通的具体形式相联系的载体"，是筹资者和投资者的工具，也是金融管理者在金融市场上买卖的对象，同时又是金融工程技术人员的劳动成果。其特征主要表现为：

(1) 存在形式上的无形性。它看不见、摸不着，不采取任何具体的物质形式来展示，而通常是采取账簿登记、契约文书等形式，人们购买某项金融产品，并不一定非要持有具体的金融资产，而只需保存代表该资产的某种凭证即可。

(2) 本质上的一致性和可替代性。金融产品与一般实物产品不同，它的使用价值和价值是重合的，它是一种价值尺度的表现，谁持有它，就意味着持有该价值尺度之后的任何商品和劳务，使自己的需求欲望得到满足。这种产品本质的一致性赋予了不同金融产品间的可替换性和极易被其他金融企业所效仿，从而加大了竞争的难度。

(3) 表现形式的多样性。金融产品虽然在质的方面没有多大的差异，但在形式上因其期限、流动性、承担的风险、发行者的不同而有较大的区别。筹资者可利用不同金融产品的这些差异，吸引不同的金融投资者；投资者也可以利用这些差异进行合理的资金投向选择，实现自己参与金融活动的目的。

从金融营销的主体——金融机构的地位看，金融企业作为金融服务的提供者，不仅要在资金筹集活动中针对不同投资者的需要开发不同的金融产品和服务，又要在资金运用活动中针对不同的客户，开发提供不同的金融产品和服务，在满足资金需求者要求的同时，保证资金的使用效率和质量。此外，还要充分发挥其作为交易中介的地位和作用，积极为客户提供各种各样的中介服务。金融营销的主体即承担金融营销的机构，主要包括以下几种：银行、保险公司、证券公司、房屋互助协会、信托基金公司、金融公司。

从金融营销的客体——金融服务的消费者看，随着经济一体化和金融自由化的发展，金融市场发育日趋成熟，全方位、多功能、多渠道的资金融通、交易结算便成为可能，也使参与金融活动的金融消费者数量日益增多，构成日趋复杂，对金融服务质量的要求也越来越高。

从金融营销的目的和要求看，金融企业作为独立的经济实体，有着自身的经营目的和利益追求，它要求金融企业的经营必须遵循安全性、流动性和营利性三者有效结合的原则，企业要以最低的成本取得足额的资本、以最小的成本取得尽可能高的收益。因此，处理好金融企业经营风险与收益的关系，实现收益最大化便成为企业提供金融服务的主要目的，企业为了实现这一目标必须向消费者提供各种优质高效的金融服务，由于金融服务的提供和服务的消费过程往往是同步进行的，二者在时间上和空间上具有不可分离性，也就是说金融服务价值的形成和使用价值的创造过程与其价值的实现和使用价值的让渡过程，及其使用价值的消费过程往往是在同一时间、地点完成的，如金融企业向客户提供"储蓄"服务的同时，储户也在"消费"储蓄服务。这种金融服务提供与消费的同步性，要求金融企业不断提高自身业务素质，树立良好的企业形象，通过提供规范的服务才能赢得更多的顾客。

从金融营销的实现方式看，与有形货物的市场营销不同，有形货物的市场营销主要是企业对客户的外部营销，有形货物生产企业一线员工通常只担负生产功能，而不担负营销功能。与此不同，在金融企业中，员工成为营销活动的主体，员工的状况直接决定着顾客的满足程度。因此，金融企业在做好企业与顾客的外部营销的同时，必须把一线员工作为内部"顾客"，对一线员工做好内部营销，包括工作设计、员工招聘、员工培训、相互沟通及激励等。对金融企业来说，成功的内部营销是成功的外部营销的前提。

二、金融服务营销的构成要素

如前定义可知，构成商业金融企业服务营销的基本要素一般包括七个方面。

（一）营销主体

营销主体指的是金融企业营销者个人或金融企业组织。营销主体是营销活动的发动者、组织者，在营销管理中居于主导地位，是营销利益的获得者。

（二）营销客体

营销客体指的是金融企业的顾客或客户，客户是金融企业产品和服务运用的主体，客户群体的消费能力和需求能力是金融企业营销成败的关键，也是金融企业生存与发展的基础，尤其是稳定增长的客户群体是金融企业可持续发展的根本保障。因而，金融企业营销的关键在于密切联系客户、争取更多更优质的营销客体（客户群）。

（三）营销对象

营销对象指的是金融企业产品或服务。金融企业产品或服务属于金融市场的金融产品。开发金融企业产品和服务的关键在于确保金融企业产品或服务的质量，能适应复杂多变的客户需求。同时，金融企业产品或服务的定价也必须确立在金融企业和客户都能满意的范围之内，并采取促销策略，让产品或服务家喻户晓。

（四）营销载体

营销载体指的是金融市场。对于金融企业营销来说，营销载体既包括国内金融市场，又包含国际金融市场。金融企业营销要借助于金融市场提供交易场所和交易秩序，以满足金融企业对顾客的服务需求，实现金融企业的营销目标。

（五）营销环境

营销环境包括宏观的和微观的环境因素，如社会文化环境、同业竞争环境、经济金融环境、政治法律环境。环境的变化决定和改变着金融企业营销的观念和策略，对金融企业营销有着重要的影响。

（六）金融服务营销手段

金融服务营销手段包括金融企业营销理念、观念、战略、策略和方式等，它是金融企业具体实施营销的根本途径和方法，营销手段的选择对金融企业营销的成败起着至关重要的作用。

（七）营销资源

营销资源是金融企业营销活动所依赖的条件和设施，营销目标是金融企业营销活动所期望达到的结果。金融企业营销目标应该兼顾社会利益、顾客利益和自身利益，使营销活动带给社会、顾客和金融企业的利益均实现最大化，至少是在不损害社会利益的情况下兼顾顾客与金融企业的利益，长期利益目标与短期利益目标应有机结合起来。

在市场经济条件下，商业金融企业营销活动是以市场为导向、以顾客为中心、以产品和服务为载体的，在此基础上实现金融企业营销目标的最优化。

与之同时，现代商业金融企业市场营销的要素组合越来越集中于客户，形成以客户为中心的营销要素组合模型，该模型的中央是客户，产品、价格、渠道、促销等金融企业营销策略均以客户为中心来进行，金融企业营销活动也总是离不开各种营销环境，金融企业应主动适应各种环境的变化开发产品与服务，满足金融市场上不同客户的要求，从而实现金融企业的营销目标。

三、金融服务营销的组合策略

金融服务营销的内容与一般工商企业的营销活动是相同的，按世界著名市场营销学家菲利普·科特勒教授的营销理论，金融服务营销活动的主要内容大致可以归纳为11个"P"，即属于市场营销战略的4个"P"，属于市场营销战术及其扩展的6个"P"，以及为实现以人为本的企业文化的1个"P"。

（一）金融服务营销战略的"4P"

1. 探查（probing），即市场调研与预测

在激烈的金融竞争环境中，金融企业首先要了解市场由哪些人组成，哪些是现实的客户，哪些是潜在的客户，其需求是什么，此外还要了解他们购买金融产品或服务的动机及购买行为。金融企业客户的需要实质上包含了三种形态：已实现的需要、待实现的需要和潜在待开发的需要。对客户这三个层次的需要，金融企业应认真研究和把握，在客户购买金融产品动机方面，一般有理性动机和感性动机两种。理性动机是客户为获取长期的金融支持等理性利益而产生的动机。感性动机则是客户获得自我满足，被承认、赞赏、个人权利等情感利益而产生的动机。

金融企业在了解客户的同时，还要深入探查市场和金融企业面临的宏观、微观环境。因此，调研主要是针对金融市场客户的需求情况，何时需要以及客户愿意以何种条件、方式接受金融企业服务等，进行系统客观的收集、整理和分析，以了解金融产品和服务的现实市场和潜在市场。预测则是运用科学的预测方法和技术，对金融市场的未来变化、营销活动的影响和效果做出判断以获得信息、捕捉市场机会、降低决策风险。

2. 分割（partitioning），即市场细分

分割，就是区分不同类型的客户。任何一家金融企业，无论其规模实力如何，要为金融市场上所有的顾客服务，满足他们的所有需要是不可能的。某家金融企业所提供的产品和服务只能满足市场总体中相对有限的部分，故金融企业必须从中抽象、归纳出共同的要素，分门别类、有所选择地确定市场，即进行市场细分。

所谓市场细分，就是金融企业把整个市场上的客户按一种或几种因素加以区分，使区分后的客户需求在一个或若干个方面具有相同或相似的特征，以使金融企业能相应地采取特定的营销战略与策略来满足这些不同客户群的需要。例如，按金融企业"零售"市场（个人客户）和"批发"市场（机构客户）进行细分，就可将金融企业"零售"市场分为富翁客户群、高收入客户群、专业技术人士客户群等细分市场；对"批发"市场，则可按机构账户规模的大小、地理位置、行业、经营业绩等因素细分市场。金融企业通过细分就可分辨出哪些是对本金融企业最具吸引力、最有利的客户群，进而采取相

应的营销策略。

3. 优先（prioritizing），即选择目标市场

金融企业的目标市场是在市场细分和确定市场机会的基础上，结合考虑本金融企业的经营实力和特点（如资金、人力、技术、信息等资源状况，绝对和相对的市场份额，服务质量和收益状况以及本金融企业的功能分析等），选择那些本金融企业能在最大限度上为其提供产品和服务，满足其需要的客户群作为服务目标。目标市场决策是最基础的决策之一，它将直接决定和影响后续阶段的各类决策和行为，对金融企业来讲，是一个方向性决策。

4. 定位（positioning），即在客户心目中树立某种形象

这就是要使大家都知道本金融企业的特点及其产品的声誉。金融企业一旦选定了目标市场，就要研究如何在目标市场进行市场定位。金融企业要根据自身现有的资本实力和服务方式设计出企业形象，决定向客户提供何种价值的产品和服务，让客户了解金融企业产品所代表的内涵，在客户心目中留下深刻的金融企业及其产品形象，从而使本金融企业形象在市场中确定适当的位置。如一些瑞士银行把富翁作为目标市场，将金融企业定位为"资信最佳、服务最好、大胆创新的跨国金融服务企业"。据此，他们为适应主要客户的需要，重视投资管理、税收咨询、保险、信用卡等金融业务，加强广告和公关活动，以树立金融企业形象，提高知名度和美誉度。

一般地，金融企业的市场定位就包括产品和企业形象的定位。金融企业形象的设计和塑造关系到该金融企业经营的成败。近年来，西方发达国家银行推出的企业形象识别系统（Corporate Identity System，CIS），就是一种有效的树立金融企业形象的工具，是金融企业定位的手段。

（二）金融服务营销战术的"6P"

金融企业在运用战略性的"4P"确定战略目标、明确市场定位之后，就要认真运用和实施市场营销组合策略，即6个战术性的"P"。

1. 产品（product）策略

金融产品本质上是一种服务，它是一系列服务的总和。金融产品性质（服务质量）与该产品满足客户需要的属性、金融企业员工的素质、服务得到的方便性、安全性以及客户的合作与参与等因素紧密相关。产品策略就是选择什么样的产品来满足客户的需求。决策者要确定产品线的数目，还要确定每个产品线的长度。例如，储蓄，银行就可以推出活期、定期、零存整取、定活两便、大额存单、存款凭证、基金管理账户等不同的品种。在产品线决策中，还要确定是否需要选择某一种特定产品作为"拳头产品"，并用该产品的销售成功带动其他产品和服务项目的销售。

2. 定价（price）策略

由于金融企业对一国国民经济和金融的影响和作用重大，金融产品的定价，与一般工商企业物质产品的定价相比，具有自身的特殊性。一方面，受政府金融政策、法规的管制较严；另一方面，价格变动对金融企业的产品或服务的销售影响相对较小。金融产品价格策略的具体形成，应充分考虑到金融市场的发育程度、市场对产品的需求、竞争状况、央行的法规限制等方面的因素，利用各种适当的变更方式，拓宽业务，增加赢利，

降低风险。

3. 分销（place）策略

分销策略即市场营销渠道策略。金融企业营销业务的拓展与营销渠道有密切的关系。营销渠道的选择关系到金融企业能否及时地将资金筹集进来并迅速地运用出去，直接关系到资金成本和赢利水平。因此，金融企业在实施营销渠道策略时要采取多种形式的渠道组合，通过营业网点体系的建设、分支机构的设置以及电子化分销渠道，把金融企业产品或服务在适当的时间、适当的地点方便而快捷地送到客户手中。

4. 促销（promotion）策略

促销是金融企业把产品和服务向顾客和客户进行宣传，说服、促进和影响他们的购买行为和消费的方式，是鼓励顾客购买的一种刺激手段。金融企业往往通过广告、人员推销、公共关系、营业推广、定向促销等促销手段的综合运用，向其目标客户介绍产品的优点，说服现有的和潜在的金融企业客户接受并购买产品。恰当地运用促销组合策略来影响客户和社会公众是金融服务营销的重要环节之一。

5. 政治权力（political Power）策略

现代金融企业开拓国际金融市场，进行跨国经营，必须运用政治权力策略。政治权力就是金融企业营销人员在与东道国政府打交道时，必须了解东道国的政治、法律环境。金融企业要到外国设立分支机构开拓业务，当要进入的目标市场是封闭型时，金融企业就必须找到东道国金融、工商管理主管部门有权打开大门或掌握"钥匙"的人，并确定向"守门人"提供哪些合适的刺激因素，才能得到进入目标市场的默许。因此，权力营销策略的实质就是巧妙地运用"守门人"的权力和营销者自身的权力，有效地进入目标市场，促进营销目标的实现。

6. 公共关系（public Relations）策略

一般来说，公共关系是指社会公众之间、社会公众与社会组织机构之间以及社会组织机构之间的思想、语言文字和行为等方面的相互联系。从金融企业的角度看，公共关系是通过协调金融企业与相关公众之间的关系以争取公众对金融企业的理解与合作，从而扩大金融产品销售的一种促销方式。作为主要经营货币信用业务的经济组织，金融企业必须与各方面发展关系，如与工商企业的关系、与政府的关系、与同业竞争者间的关系、与央行的关系以及与新闻媒体的关系等。如何面对这些错综复杂的关系并科学地处理好这些关系，为金融企业营销创造良好的社会环境，开辟广阔的经营前景，都是公共关系要解决的问题。

（三）人（people）：以人为本的金融文化

人是金融企业的根本，是商业金融企业一切有价值的存在——如质量、服务、创新的根本。以人为本的金融企业文化是指金融企业通过构建独具特色的经营理念、价值观念、行为准则及行为方式，在员工中和社会上产生良好的影响，从而获得经济效益和社会效益的系统工程。其实质就是金融企业通过一系列的宣传、教育，以社会服务性、信誉至上性、求实创新性、廉洁高效性为宗旨，制定员工的从业准则、服务范围与质量，规范员工的工作态度、言谈举止等，形成金融企业的风格以及该金融企业在公众中的综合形象，并渗透于金融企业的一切活动之中，使金融企业文化像一种无形的管理方式，从非计划、非理性的感性因素角度来协调、规范金融企业员工的行为，以帮助营销活动顺利、成功地开展。

四、金融服务营销的实施过程

金融服务营销过程是指企业通过市场营销管理系统发现、分析、选择和利用市场营销机会，以实现企业任务和预期目标的过程。它包括分析营销机会、选择目标市场、进行市场定位、设计并执行营销组合方案、管理（调查）营销活动等几个主要阶段。因此，金融企业市场营销过程也包括营销环境分析、市场分析与定位、营销战略、管理营销活动等。

（一）营销环境分析

金融企业和其他任何企业一样，都是在一定环境下开展经营活动求得生存与发展的。离开环境，金融企业的一切活动都将是空中楼阁，金融企业的营销环境影响着金融企业的战略决策、经营活动方式及其结果，因此，金融企业在拓展营销活动之前，首先必须认真分析研究营销环境。研究金融企业营销环境的目的在于寻求环境带来的市场机会，避免环境带来的各种威胁，因而可以说营销环境分析正确与否，关系到银行营销的成败。对于金融企业来说，同样的客观外部环境，有的金融企业经营好，赢利水平高，发展速度快，而有的金融企业业务日益萎缩，亏损日益严重，甚至陷入破产。这说明还与金融企业的内部环境直接相关。因此，金融企业营销环境不仅包括外部环境，而且包括金融企业自身的内部环境。广义上讲，金融企业营销环境是指所有能影响金融企业的发展和实现其目标的一切内外因素和力量的总和。

对金融企业市场营销环境进行分析就是按照生产经营预测和决策的需要，运用现代科学方法和手段，系统地收集、记录、分析和研究那些与其经营活动关系密切的营销环境和市场的各种信息、资料、事实、意见以及动机等活动的过程，即对营销环境的调查研究。金融企业对市场营销环境进行深入的分析是金融企业展开市场营销活动的基础和前提。金融企业营销环境分析要从内外环境两方面入手。其中内部环境是指金融企业本身所具有的各种物质和非物质的条件。物质条件包括人员、资金、设备等，非物质条件包括企业文化、组织机构、规章制度、信息资源、人力资源及管理水平等。而外部环境包括了宏观环境和微观环境两个层次。金融服务市场营销的微观外部环境影响着金融企业服务其目标市场的能力，由金融企业的资金供应者、同业竞争者、营销中介、顾客、公众所构成。

供应者是指向金融企业提供各类资源、设施、能源及劳动力等的提供者；营销中介协助金融企业进行金融企业产品的推销，包括代理人、经纪人等；顾客的需求与偏好是金融企业环境分析的核心；竞争对手的数量、规模、实力、市场占有率等是对同业竞争者进行分析的主要内容；同样，公众也会对金融企业的营销活动有实际或潜在的兴趣与影响，金融企业关键是要在公众中树立良好的形象。

金融服务市场营销的宏观外部环境主要包括人口环境（如人口规模及其构成、教育程度、人口的发展及其地区间的移动）、经济环境（如购买力水平、消费支出模式、供应状况）、自然环境（如原料资源、能源、污染等）、技术环境（如科技进步等）、政治法律环境（如政治体制、法令法规等）和社会文化环境（如价值观念、道德规范、宗教信仰和风俗习惯等)。

综上所述，微观环境对金融企业的营销活动有直接的影响，它影响着金融企业服务于客户的能力。而宏观环境则是给金融企业提供市场机会和造成环境威胁的主要因素，并影响着微观环境；微观环境中所有因素都要受宏观环境中各种力量的制约。

(二) 市场分析与定位

市场分析与定位是金融企业开展市场营销活动的基础和核心，具体包括市场调研、市场细分、目标市场确定和目标市场定位等内容。

1. 市场调研

市场调研是金融企业进行市场定位的首要环节。一般来说，市场调研的内容包括：

(1) 客户调研。主要对顾客的购买行为进行调查，主要包括：客户的经济和信用状况及变化趋势；不同地区的个人客户和企业、团体等的需求、习惯和购买动机有哪些不同；他们对金融企业产品和服务有哪些要求和反映；客户对金融企业产品的购买次数、品种和数量；新的金融企业产品和服务进入市场，哪些客户最先购买，其原因和反应是什么；等等。

(2) 金融产品和服务调研。它涉及对金融产品的设计、开发和试验，对现有产品进行改进以及消费者对产品款式、性能、材料质量等方面的偏好趋势进行预测等。主要包括：现有金融产品的种类、数量、覆盖的市场范围；产品的生命周期，如何改进现有产品和服务的质量；大力开发新产品，使产品升级换代；如何改进营销过程中的各种服务；对同业竞争者的金融企业产品和服务进行比较研究；如何树立优秀的金融企业形象等。

(3) 市场需求调研。主要是现有市场的需求与供给量，市场潜在需求量，不同细分市场的需求情况；本金融企业的产品市场占有率及其市场优势；本金融企业的产品和服务如何进行更合理的营销组合，以满足不同的需要；其他金融企业的优劣势及竞争动态；本金融企业的市场机会等。

(4) 竞争策略调研。主要包括了解和掌握竞争对手的竞争策略和手段，以及各个竞争者之间的竞争态势；如何采取防御性策略，以稳定或保证本金融企业的老客户或既有市场，并削弱竞争对手的力量；如何采取进攻策略；如何避实就虚，突破市场薄弱环节，开拓市场新领域。

(5) 价格调研。金融企业产品和服务价格是金融企业营销活动的一个重要因素，价格的高低和变动直接影响金融企业的利润收益甚至命运，因此，必须认真研究。调研的主要内容是：金融企业产品和服务的比价关系，如存贷款利率的比价；金融企业产品和服务的差价，包括不同细分市场的差价、季节差价、数量差价等；价格与金融企业产品供求关系；金融企业产品和服务的定价，如新产品和服务投放市场时定价策略与方法。

(6) 权力调研。这里的权力主要指政府权力、社会权力、其他金融机构领导与决策权力。这些权力对金融企业市场营销活动具有重要影响，需认真进行调查研究。

2. 市场细分

市场细分，是指金融企业依据客户需求的差异性，把整个市场划分为若干客户群，区分为若干个子市场。市场细分的标准很多，客户、时间、区域、环境都可成为细分市场的标准。对金融企业来说，根据不同类型客户的需求差异性对市场进行细分是最基本的方法。金融企业客户一般可分为个人客户和企业客户，不同客户市场又可按不同的标准再进一步细分。

（1）个人客户市场细分。影响个人客户需求差异性的因素错综复杂，在不同时期、不同区域、不同社会经济环境下，区分的标准和重点不尽相同。从总体上讲，人口因素、地理因素、心理因素和行为因素是个人客户市场细分的主要依据，见表12-2。

表12-2 个人客户市场细分

细分标准	特点	具体因素
人口因素	相对稳定	年龄、性别、职业、教育、种族、宗教
地理因素	相对静态	区域、气候、人口密度、城市规模、交通及通信状况
心理因素	相对动态	外向与内向、独立与依赖、乐观与悲观、保守与冒险
行为因素	复杂多变	对金融服务产品的认知程度、对金融企业品牌的忠诚度、对金融企业产品的使用频率、对价格的敏感程度、对服务质量的敏感度

第一，从人口因素分析，金融企业可根据客户的年龄、性别、职业、教育、种族、宗教等因素为标准划分不同的子市场。这些不同的客户群对金融企业产品或服务的需求、爱好和使用频率是不同的。如在某市，可根据家庭总收入水平将客户分为低收入家庭（年收入<3万元）、中低收入家庭（年收入3万~5万元）、中等收入家庭（年收入5万~10万元）、中高收入家庭（年收入10万~20万元）、高收入家庭（年收入20万元以上）等五种。

第二，从地理因素看，可根据客户所处的地理位置来细分市场，处在不同地理位置的客户对金融企业产品和服务的价格、分销渠道的需求与偏好有很大不同。如按地理因素可细分为城市、农村等市场，也可依据地区客户规模，特别是市场密度来区分。

第三，从心理因素来看，金融企业可根据客户的生活方式、个性等心理因素来细分市场。不同的个性对金融企业产品的需求有很大差异，如以保守型为个性特征的客户选择金融企业产品时，总是以安全、可靠、风险小的类型为主；以冒险型为特征的客户往往更注重投资收益，愿冒险，追求较大利益。具有不同生活方式的客户对金融企业产品的需求也有较大差异，如经济实惠型客户较多关心购买金融企业产品的成本和收益；崇尚时髦型客户更注重金融企业品牌和新品种等。

第四，从行为因素来分析，金融企业可根据客户购买金融企业产品的行为变化，将客户细分成不同的客户群。如可根据客户的不同利益追求目标、不同客户对金融企业产品的忠诚度、不同的购买频率、不同的使用动机以及不同的购买状况等细分成不同的客户群。

实际上，客户需求的差异性往往是由以上多种因素综合影响所形成的，金融企业在细分市场时应综合分析，对人口、地理、心理、行为各种因素综合分析后将客户细分成不同的市场。

（2）企业客户市场细分。影响企业客户对金融企业产品和服务需求差异性的因素主要有两类：一类是企业规模。它包括企业的年营业额、职工人数、资产规模等因素，根据这些因素可以把企业市场细分为不同的类型。另一类是行业因素。它根据不同产业特点，将企业分为不同的细分市场，在不同产业下又进一步细分为更具体的行业。

第一，按行业生命周期将不同的行业划分为"朝阳行业"和"夕阳行业"。"朝阳行业"产品的市场需求量大，赢利能力强，企业所需的资金量也大，需要金融企业提供更便利、更快捷的资金周转服务；"夕阳行业"产品市场需求增长潜力小，赢利前景不乐观，需要金融企业提供大量资金，帮助其实现转产。

第二，在"朝阳行业"中，还可细分为"勇于进取的企业"和"稳健经营的企业"。这两种企业对金融企业产品和服务也有不同的需求，前者对金融企业资金需求量大，后者对金融企业资金需求量相对较小。

总而言之，无论在对个人客户还是在对企业客户进行市场细分时，金融企业都必须遵循以下原则：一是细分市场应具有可测量性，细分市场的特征应具有统一性；二是细分市场应具有可进入性，即金融企业应有能力进入被选择的细分市场；三是细分市场应具有可赢利性，并具有发展潜力；四是细分市场应对不同营销组合有不同的反应，否则就不需要将此市场进行细分。

3. 目标市场确定

确定目标市场是在市场细分的基础上进行的，是各金融企业充分考虑各细分市场的需求容量、自身的资源优势、经营管理能力、主要竞争者和可赢利性等因素，从若干的细分市场中选择有限个细分市场作为服务的目标市场的过程。被选中的细分市场在金融企业的细分市场中居核心和主导地位，它的开发和占领，能直接或间接地影响和带动其他细分市场。目标市场也是金融企业为其服务并能从为其提供服务中获得赢利而应培育和发展的核心客户群与主客户群，只要赢得客户，就能获得市场。在金融企业的所有客户中，有一部分客户是金融企业金融产品和服务的主要消费者，是给金融企业带来赢利的主要对象。因此，金融企业主要以满足这部分客户的需求来开发新的产品和服务，并以此作为自己的目标市场。

一般情况下，理想的目标市场应具备三个条件：一是金融企业所选定的目标市场必须有未被满足的、现实的或潜在的顾客需求，必须有足够大的容量来吸收本行提供的产品和服务，必须能为金融企业带来最大的经济效益；二是金融企业必须有足够的实力来满足其所选择的目标市场的需求；三是金融企业所选择的目标市场必须有竞争优势。也就是说，金融企业所选定的目标市场必须有充足稳定的客户购买力，其市场需求变化应尽可能与本行的产品开发与创新一致，同业竞争者相对较少或实力相对较弱，能从市场中快速地获取市场信息。此外，还应当有畅通的分销渠道或相应的营业网点等。只有这样，所选定的目标市场才是较理想的。

金融企业在选定目标市场后就要决定怎样进入目标市场，即目标市场定位的问题。金融企业市场定位，是指金融企业设计企业形象，决定向客户提供何种价值（即金融企业产品和服务）的行为过程，目的是让客户（相对于竞争者而言）能更加了解和喜欢金融企业所代表的内涵，在客户心目中留下别具一格的金融企业形象和值得购买的金融产品的形象。一般来说，金融企业市场定位包括产品定位和金融企业形象定位两种。

（1）产品定位是金融企业为满足客户的需求，创造、设计出区别于竞争对手的具有一定特色的产品，让产品在客户心目中找到一个"恰当"的位置。金融服务产品属性，有的可从客户心理上反映出来，如气派、经济实惠、时髦、显示身份等；有的可以从产品本身的价格水平表现出来，如高价、低价等；有的表现为产品的质量，如优良服务、友好态度等。

（2）金融企业形象定位是指通过塑造和设计金融企业的经营理念、标志、商标、金融企业专用字体、标准色彩、金融企业外观建筑、象徽图案、户外广告、陈列展示等手段在客户心目中树立起独具特色的金融企业形象。例如，花旗集团对自己的企业形象建立了一套完整的企业形象识别系统，其中最核心的是花旗集团的经营理念，主要体现在它的精神标语和宣传口号：花旗集团是"富有进取心的金融企业，向您提供高效便捷的服务"。这个标语把花旗集团定位为：它是一家"富有进取心的金融企业"，明确表明该行要办成以"金融潮流的创造者"为战略目标的金融企业；明确该行要以"高效"向客户提供"便捷"的优良服务。

定位的本质内涵是企业在客户广泛重视的众多方面中挑出一个或数个为许多客户所重视的特性，把自己放在这个恰当的位置上以满足客户的需求。恰当的定位不仅使金融企业或金融企业产品为更多的客户接受和认同，而且使金融企业能充分利用本身的优势和资源，攻击竞争对手的弱点和缺陷，使金融企业在市场中具有持久的竞争优势。

（三）营销战略

解决了金融企业市场定位问题后，就应该确定金融企业营销战略。金融企业营销战略的选择取决于金融企业的规模及其在金融竞争中的地位，在竞争中地位不同，战略的选择也就不同。金融企业在做出营销战略选择之前，必须确认自己在竞争中处于什么样的地位。根据竞争地位的不同，可将金融企业划分为市场领先者、市场挑战者、市场追随者和市场补缺者四类，也有相应的四种营销战略选择。

1. 市场领先者战略

市场领先者是指实力雄厚、规模较大、在市场上居于支配地位的金融企业，它们往往在价格变动、新产品开发及其促销强度上左右着市场。市场领先者地位并不是法定的垄断地位。金融企业要在市场保持领先者地位，就必须从三个方面予以努力。一是千方百计扩大总市场规模。为扩大总市场规模，金融企业在时刻注意市场变化的情况下，可以采用市场渗透战略和新市场战略。市场渗透战略是金融企业在现有市场上挖掘和发现潜在客户，使其变成金融企业的实际客户。新市场战略则是金融企业在现有占领的市场以外，开拓新的市场，吸引新的客户。新市场战略的实施主要是通过金融企业产品的创新和变更，不断推出新的产品和服务项目。二是面对竞争对手的挑战采取行动保护现有市场份额。具体方法主要有：扩大金融企业产品和服务的种类以填补产品空缺；对与竞争对手产品系列相似的金融产品和服务实行低价格以阻止竞争对手产品系列的扩张；免费或低成本培训与金融企业产品的使用有关的个人或公司，如免费培训信用卡特约客户；增加广告等营销费用的支出；加快技术创新速度，使用最新技术设备；增设分支机构网点或扩大服务范围；控制金融企业内部重要职员的调动以防止金融企业秘密的泄露等。三是扩大市场份额，设法提高市场占有率。金融企业在扩大市场份额时，应考虑三个因素：引起"反垄断"行动的可行性；为提高市场占有率所付出的成本；在争取市场份额时，所采用的营销组合策略是否正确。

2. 市场挑战者战略

市场挑战者是指一些居于第二、第三的竞争地位的金融企业，以各种方式挑战市场领先者，抢占市场领先者的位置，提高其市场份额，增加盈利。金融企业实施市场挑战者战略。首先,要确立竞争对象,明确向谁挑战这个问题,并采取不同的战略。如要挑战市场领导者,金融企业就必须认真研究领导者的弱点,选择其尚未满足或不满意的客户需求领域作为挑战的目标;如要挑战与自己实力相当者,就要选择一两家经营不善、实力稍弱的金融企业作为挑战对象,设法抢占他们的市场;若挑战弱小者,应采取强大的挑战行动,夺取市场。其次,要选择挑战者战略。市场挑战者选择任何一种战略,都应基于能给其带来持久的竞争优势。成本优势和差异优势是金融企业竞争优势的两大支柱,应多选择成本优势战略和差异化战略。

成本优势战略的指导思想是金融企业以金融企业产品和服务的成本最低为目标,金融企业的一切经营活动都围绕着这一目标进行。差异化战略的指导思想是金融企业在客户对金融企业产品或金融企业本身广泛重视的众多特性中挑出一个或数个为许多客户重视的特性,将其置于相应的位置上。在本行内独树一帜、以别出心裁的思路推出客户喜欢的金融企业产品或服务,取得竞争优势来获得溢价的回报。

3. 市场追随者战略

市场追随者,是指居于相对次要竞争地位的金融企业,选择跟随市场领导者的战略,在"共处"的状态下求得更多的收益。市场追随者营销战略应以模仿领先者或挑战者的行为为主,并尽可能形成自己的特色。要尽可能保持低成本和提供优质的金融服务,以阻挡挑战者的攻击,也应力求避免直接扰乱领先者的市场,防止领先者的报复。

具体来看,市场追随者可选择两种战略。一是全面模仿战略,即全面模仿市场领先者的行为,如领先者推出一种新型财务咨询服务,在市场上初获成功,追随者也应及时向现有的细分市场的客户提供类似的财务咨询服务,以巩固现有客户关系,防止他们的转移。对领先者的模仿应及时,模仿的结果尽可能与领先者接近。二是部分模仿战略,即在有显著利润吸引力的业务领域全面追随与模仿市场领先者,而在其他一般领域保持自身的特色和优势,在内部资源的配置和经营活动上保持自己的风格。

4. 市场补缺者战略

市场补缺者,是指那些资产规模不大、竞争实力弱、提供金融企业产品和服务品种不多、集中于一个或数个细分市场经营的金融企业。这些金融企业基于自身条件,应尽量避免与大金融企业冲击,抓住市场上的缝隙(大金融企业忽略或放弃的市场范围)提供专门化的服务,并以高质量取胜是其战略选择的关键。补缺者必须在市场、客户、产品和服务等方面实施专业化,如业务专门化(专门经营一两种主要业务,如国外的储蓄金融企业)、客户规模专门化(专门为某一规模的客户服务,如美国硅谷金融企业把服务目标定在中小企业身上)、特定客户专门化(只为一类或几类主要客户服务)、服务项目专门化、产品特色专门化和地理区域专门化。

(四) 管理营销活动

从管理的角度看,金融服务营销活动是一项综合性极强的管理活动,是一个周而复始的过程,主要依次经历营销分析、营销计划、营销组织、营销计划的执行、营销活动的评价和营销控制六个阶段。

1. 营销分析

营销分析是最基础的阶段。金融企业通过对外界环境与自身条件的调查分析,可以了解自己所有的优势和劣势,为正确的决策提供基础。金融企业营销的外界环境是决定和影响金融企业市场细分与定位以及选用营销策略的基础环境。

环境分析的内容包括:宏观环境,如人口、经济、自然、技术、政治法律、社会文化环境;中观环境,主要是金融产业、金融企业的行业发展态势、行业发展结构、行业发展质量等;微观环境,如市场、同业竞争者、顾客、公众和营销中介等市场结构。外部环境分析包括 PESTN 分析、行业结构分析、市场结构分析等。其中,PESTN 分析重在把握宏观环境因素,即政治(Political)、经济(Economic)、社会(Social)、技术(Technological)和自然(Natural)五个方面。金融企业自身分析主要是对金融企业宗旨、金融企业任务、长期目标、安全、核心能力、战略能力和利益相关者分析等。营销分析的根本任务是弄清环境威胁、市场机会以及金融企业自身的优势与劣势。在此分析基础上,金融企业就可提出相适应的营销战略。

2. 营销计划

在分析的基础上,金融企业可确定合适的营销目标,选择有利的目标市场,制订营销计划。它是金融企业在某一特定时期为了实现战略目标而制订的有关金融企业营销方面的行动方案,是指挥、组织与监督金融企业开展营销活动的有效工具。

营销计划的基本内容包括营销总任务、环境分析、预测前景、机会—威胁分析、确定目标、确定金融企业营销战略与行动方案、编制预算等,营销计划的编制是在对市场调研与预测的基础上进行的,并依据分析与预测的情况确定金融企业营销目标(包括市场目标、财务目标、销售目标),制订战略与计划。战略与计划是金融企业营销计划的核心内容,金融企业在确定其营销目标之后就可以选择合适的营销战略,制订具体的行动方案,即营销战术,明确何时做、谁来做、如何做。同时,还应编制包括销售与利润在内的营销预算。营销预算的编制应以营销费用支出与营业额的增长安排恰当以获取最大利润为原则。在上述工作基础上,金融企业有关部门可以具体地编制有关的营销计划。基层部门可以编制其部门计划,而负责销售的主管人员将各部门编制的计划汇集起来,经过统一协调之后便可形成金融企业的整体营销计划。

3. 营销组织

这里的营销组织是指按照营销计划组建与之相适应的营销机构与网络。金融企业营销组织与网络必须按照目标适应性、多功能性、高效性、低成本性、畅通性和灵活性的要求加以组建。现代金融企业营销组织的模式大致有六种类型,即职能型、产品型、地域型、市场型、混合型和客户经理制金融企业营销组织模式。无论是哪种模式,基本的职能部门有营销行政、市场调研、新产品开发、广告与促销、客户服务(或市场部、产品部、客户部)等机构。

随着经济的发展和竞争的加剧,金融企业营销理论发生了巨大变化,许多营销开始转向"以客户为中心"的经营理念,对营销进行了调整,建立起了"客户经理制"式的组织模式。客户经理制,是指金融企业以市场为导向,以客户需求为根本出发点而建立起的与客户相对应的营销组织结构体系,谋求与客户建立一种全面、明确、稳定和长期的服务关系,使本行的人力、物力资源等得到更充分的利用。无论是哪种金融企业营销组织模式的建立,金融企业都必须充分考虑金融企业的规模、业务区域范围、产品和市场等因素。要精简高效、明确责权利、建立激励与约束机制,充分发挥每个营销机构及其人员的潜能，提高营销效率。

4. 营销计划的执行

执行阶段就是依赖金融企业营销组织的营销计划按照既定的营销目标与策略进行具体的营销活动的过程，也是实现预期目标的关键所在，需要金融企业营销部门工作人员及其他各部门之间进行密切配合，以提高营销活动的整体性与协调性。在营销计划的执行过程中，金融企业一定要分解计划中各方面的情况，将任务落实到人，结合经济责任制，做到明确职责、专人负责、定时完成。例如，管理人员应该合理地把总的销售指标逐级分配到各个销售基层与各个营销人员，将预算落实到分销渠道选择、广告宣传和人员推销等各个具体环节，从而使金融企业的营销计划真正得到贯彻执行。

所以，在金融企业营销计划的执行过程中，要做到计划分解、职责明确、责权利相互统一，充分调动营销人员的积极性、主动性和创造性，增强营销人员的效益理念、竞争意识和危机感。

5. 营销活动的评价

营销活动的评价主要是对各部门和人员执行计划的效果加以评价，即评估营销效益。一家金融企业或其中一个部门的营销效益可以从市场意识和顾客观念、整体营销组织、营销信息、战略导向、工作效率等方面加以考核与评价。

金融企业营销活动的评价还可依赖营销审计。营销审计，就是通过对一家金融企业或是一个下属单位的有关问题进行全面的、系统的、独立的和定期的审核检查，以分析、确定问题的性质、范围和机会，提出控制和行动计划，从而提高金融企业业绩的活动过程。营销审计主要针对营销的宏观和微观环境、营销战略、营销组织（结构、功能、效率、部门之间关系）、营销制度（信息系统、计划系统、控制系统、科技开发与金融创新系统）、营销效率（利润率分析、成本效益分析）、营销功能（金融产品与服务、利率、市场份额占有、经营网络、促销活动与CI设计）、营销队伍及其活动等方面进行审计。

6. 营销控制

营销控制是金融企业高效率、高效益运营的保障措施，是依据营销评价结果，对营销过程进行的全程监控，也包括对下一营销循环过程提出改进方案。营销控制的关键在于推行全程控制，这是防范营销风险、提高营销资源配置效益的基础工作，需要投入大量的人力、物力、财力，金融企业应该给予高度重视。

总体来看，金融企业营销控制内容大致包括四个方面。一是年度计划控制，控制的目的在于核实计划目标实现情况，具体包括信贷分析、市场份额分析、经营成本分析、财务分析、顾客分析。二是赢利率控制，目的是查实金融企业何处赢利、何处亏损，主要通过对地区、金融企业产品与服务、客户群、经营渠道、信贷额度等的赢利情况进行控制。三是效率控制，通过对经营人员队伍、促销手段、资金分配、配合工作等的效率检查以达到评价和提高营销费用开发效率的效果。四是战略控制，通过营销有效性评价、营销审计查实金融企业是否正在寻求最佳市场机会。

第3节 金融服务营销的实践成果

随着信息技术的迅猛发展,电子商务日益壮大,中国的普通消费者已经越来越习惯在网络上寻求解决问题的方法。以淘宝网为首的各类电商平台的迅速风靡就是一个很好的例证,越来越多的年轻人习惯通过网络来完成自己的购物计划。网站作为一个重要的载体,为商业银行金融服务营销提供了一个崭新的平台,客户足不出户就能体验银行服务,使营销更加富有成效且更加便捷。网络银行正是通过电子通道提供产品与服务的银行服务方式之一,网络银行服务也因此突破了时空的制约,提高了服务效率,并且满足客户的多样化需求,使银行更加贴近客户,更加体现以客户为中心的营销理念,成为银行最便利的服务手段。作为成本低廉的一种营销模式,网络金融发展是商业银行必须高度关注和重点发展的方向。

一、认识互联网金融

(一) 互联网金融与传统金融的相同点

金融的核心功能不变。互联网金融仍然是在不确定环境中进行资源的时间和空间配置,以服务实体经济。具体表现在:支付清算、资金融通和股权细化、为实现经济资源的转移提供渠道、风险管理、提供信息、解决激励问题。

第一,股权、债权、保险、信托等金融契约的内涵不变。金融契约的本质是约定在未来不确定情形下各方的权利义务,主要针对未来现金流。比如,股权对应着股东对公司的收益权和控制权,债权对应着债权人定期向债务人收取本金和利息的权利。金融契约曾经主要以物理形式存在(例如我国最早的 A 股股票),目前则多以电子形式存在,并建立了有关托管、交易和清算的机制。不管金融契约以何种形式存在,其内涵不变。在互联网金融中,所有金融契约都是数字化的,并构成互联网金融的交易基础。

第二,金融风险、外部性等概念的内涵也不变。在互联网金融中,风险指的仍然是未来遭受损失的可能性,市场风险、信用风险、流动性风险、操作风险、声誉风险和法律合规风险等概念以及分析框架仍然适用。同时,互联网金融也存在误导消费者、夸大宣传、欺诈等问题。因此,互联网金融监管的基础理论不变,审慎监管、行为监管、金融消费者保护等主要监管方式也都适用,但具体监管措施与传统金融稍微不同。

(二) 互联网金融与传统金融的不同点

互联网金融与传统金融的不同之处主要体现在互联网因素对金融的渗透。

第一,互联网技术的影响,主要体现在移动支付和第三方支付、大数据、社交网络、搜索引擎、云计算等方面。互联网能显著降低交易成本,缓解信息不对称问题,提高风险定价和风险管理效率,拓展交易可能性边界,使资金供需双方可以直接交易,从而影响金融交易及其组织形式。其中有三个最重要的技术趋势:一是信息的数字化,为大数据在金融中的应用创造条件。二是计算能力不断提升,云计算、量子计算、生物计算等有助于突破集成电路性能的物理边界。三是网络通信的发展,互联网、移动通信网络、有线电话网络和广播电视网络等将高度融合,进入全面信息时代。这三个技术趋势不仅会影响金融基础设施，还会促成金融理论的突破。

第二，互联网精神的影响。传统金融有一定的精英气质，讲究专业资质和准入门槛，不是任何人都能进入的，也不是任何人都能享受金融服务的。传统金融创新主要是金融产品（即契约层面）创新，即使用金融工程技术和法律手段，设计开发新的金融产品。一些新产品具有新的现金流、风险、收益的特征，拥有新的风险和价格发现功能，使得市场更加完全，例如期权、期货、掉期等金融衍生品。也有的产品以更低的交易成本实现了已有金融产品的功能，例如交易所交易基金等。

互联网本着开放、共享、去中心化、平等、自由选择、普惠和民主的核心精神，反映了人人组织和平台模式在金融业的兴起，金融分工和专业淡化，金融产品简单化，金融脱媒、去中介化，金融民主化、普惠化。除投融资外，互联网金融的很多创新产品还和人民群众的衣食住行以及社会交往联系紧密，产品更加实用化、软件化，一定程度上体现了共享原则，比如微信红包、余额宝、P2P网络借贷平台、众筹融资等。

二、互联网金融服务的发展背景

互联网金融是一个弹性很大、充满丰富想象空间的概念，其兴起有深刻的背景。这些背景中有全球性的，也有我国特有的。

（一）互联网技术的影响

互联网对许多不需要物流的行业都产生了影响，金融业也不例外。在过去的十几年间，互联网对通信、新闻、图书、电视、零售行业等多个领域产生了颠覆性影响。一个突出的例子是 E-mail 兴起后，更多人选择使用 E-mail 的方式代替传统的手写书信。从本质上来看，金融本身就是数字，与互联网有着相当的共性。所有金融产品都可以看作数据组合，所有金融活动都可以看作数据在互联网上的流动，金融行业更容易受到互联网的影响。

（二）整个社会走向数字化

目前，全社会信息中约有 70% 被数字化了。未来，随着物联网的发展，各种传感器更加普及并且会得到大规模的应用，购物、消费、阅读等很多活动都从线下转到了线上，即便是制造业，也将会因为 3D 打印技术的发展向线上转移，互联网上会出现更复杂的沟通以及分工写作方式。在这种情况下，全社会的信息将会迅速数字化。这就为大数据在金融中的应用创造了条件。如果个人、企业等的大部分信息都存放在互联网上，那么基于网上信息就能准确评估这些人和企业的信用资质以及发展前景。

（三）大量数据和风险控制的工具的出现

一些实体经济企业积累了大量数据和风险控制的工具，可以用于金融活动，比如以"BAT"（即百度、阿里巴巴和腾讯）三巨头为代表的电子商务企业。不仅如此，共享经济正在全球范围内兴起并蔓延。电子商务、共享经济等互联网交换经济与互联网金融有着天然的紧密联系，既为互联网金融提供了应用场景，也为互联网金融打下了数据和客户基础，体现了实体经济与金融在互联网上的融合。

（四）在我国金融体系中存在某些困惑，为互联网金融发展创造了空间

长期以来，我国的正规金融企业未能有效地满足中小企业和农业的金融需求，民间金融因其内在局限性导致风险频发；经济结构调整产生了大量消费信贷需求，其中有很

多企业不能从正规金融企业那里得到满足；存贷款利差受保护的情况下，银行利润高，各类资本都有进入银行业的积极性；受管制的存款利率经常超不过通货膨胀率，人民群众的投资需求得不到充分满足；在目前首次公开募股（Initial Public Offerings, IPO）管理体制下，股权融资渠道不畅通；证券、基金、保险等的产品销售受制于银行渠道，有拓展网上销售新渠道的客观动力。

在这样的背景下，目前我国互联网金融主要针对个人和中小企业的信贷融资需求，一些创意性项目的类股权融资需求、老百姓的投资理财需求以及金融产品销售的"去银行渠道化"，这些在很大程度上属于普惠金融的范畴。虽然目前互联网金融对大企业、大项目融资等对公业务的影响不会很大，但在未来，这些对公业务的比重本身也会下降。

此外，我国的金融资源长期集中在国有部门。未来十年内，可预见的趋势是，大量金融资源将从国有部门转移。金融资源分配格局的这种变化，也将极大促进互联网金融的发展。

三、互联网金融服务的类型

按照目前各种互联网金融形态在支付、信息处理、资源配置三大支柱上的差异，我们可以将互联网金融服务分为六种主要类型。

（一）金融互联网化服务

金融互联网化服务体现了互联网对金融中介和市场的物理网点、人工服务等的替代，包括：网络银行和手机银行服务，例如荷兰国际集团（ING）旗下的网络银行 ING Direct（欧洲）；网络证券公司服务，例如老虎证券（Tiger Brokers，美国）；网络保险公司服务，例如 HDI Specialty（美国）；网络金融交易平台服务，例如 SharesPost（美国）；金融资产的网络销售服务，例如余额宝等。

网络银行服务被认为是在网络中拥有独立的网站并为客户提供一定服务的银行服务。网络银行的产生不仅仅是业务模式演变的结果，同时也是金融机构互联网化的结果。在大致经历了业务处理电子化、经营管理电子化、银行再造等三个阶段后，网络银行得以产生，见表 12-3。

表 12-3 信息技术与商业银行创新

时间	创新主题	相关技术
20 世纪 50 年代	信用卡	磁条
20 世纪 60 年代初	自动转账	电话
20 世纪 60 年代	支票处理机	磁记录
1969 年	ATM 机	机电一体化技术
20 世纪 70 年代初期	POS 机	计算机和通信
20 世纪 70 年代	信用打分模型	数据库技术
1970 年	CHIPS	通信
1973 年	自动付款技术	通信、微机
1977 年	SWIFT 系统	通信

续上表

时间	创新主题	相关技术
20世纪80年代初期	衍生产品	高速计算机和信息通信技术
1982年	家庭银行	计算机和信息通信技术
20世纪80年代中期	企业银行	计算机和信息通信技术
1988年	EDI	通信、安全控制
1990年	客户关系管理	数据库技术
	信用打分模型	
20世纪90年代	网络银行	信息通信技术和互联网

资料来源：姜建清．金融高科技的发展及深层次影响研究[M]．北京：中国金融出版社，2000．

在第一阶段，银行主要运用信息通信技术来辅助和支持业务发展，比如数据保存、财务集中处理等，主要是实行办公自动化，即由手工操作向计算机处理转变，但当时信息通信技术还不够发达，银行信息系统分散而封闭。在第二阶段，信息技术的快速发展与成本的大幅降低，为银行业广泛应用网络信息技术提供了有利的条件。这一阶段银行实现了联网实时交易，同时内部网络电子银行开始兴起，出现了POS机、ATM机等。在第三阶段，随着1995年10月美国第一家网络银行——安全第一网络银行（Security First Network Bank，SFNB）的诞生，出现了网络银行、电话银行、手机银行和电视银行等新型服务渠道，客户可以在任何时间、任何地点，通过这些服务渠道获取服务。这一阶段的创新使得银行业务发生了巨大变革，突破了银行、保险、证券之间的分业限制，使金融业不断融合。银行业务的发展，反过来又增加了对信息通信技术的需求，出现了大量IT外包服务。

手机银行也被称为移动银行、移动金融服务，指利用手机以及其他移动设备等来实现客户与金融机构的对接。手机银行在20世纪90年代末诞生于捷克，目前已经出现了多种模式和大量案例，见表12-4。此处简要介绍手机银行服务的四种模式，需要说明的是多数情况下，手机银行均属于银行主导模式，移动运营商只提供运营平台。这也是手机银行最早的模式，至今在各国都还是主流。

表12-4 手机银行的主要模式

	银行主导	合伙企业	非银行主导	非银行发起
账户或者存款的持有者	银行	银行	银行	运营商或其他非银行机构
提现机构	银行	银行	银行或代理商	运营商或其他非银行机构
支付指令的执行者	任何运营商	特定运营商	特定运营商	特定运营商
典型例子	多数手机银行	Smart（菲律宾）	M-PESA（肯尼亚）	Globe（菲律宾）

网络证券服务指的是投资者利用互联网网络资源传送交易信息和数据资料并进行与证券交易相关的活动,包括获取实时行情及市场资讯、投资咨询和网上委托等一系列服务。网络证券服务是证券公司运用互联网提供服务的一种表现形式。虽然我国的证券行业起步较晚,但因信息通信技术的发展受到了深远影响,先后经历了集中交易、网上交易、手机证券等阶段。1990年成立的上海证券交易所和1991年7月成立的深圳交易所,标志着我国证券交易进入集中交易阶段;1997年3月华融信托投资公司湛江营业部推出网上交易系统,标志着我国证券交易进入网上交易阶段。在手机证券阶段,证券交易服务进入了可移动时代,人们可以在任何时间、任何地点进行证券服务。

网络保险服务指的是保险公司或者其他中介结构利用互联网来开展保险业务的行为,有狭义和广义两种口径。狭义的网上保险指保险公司或其他中介机构通过互联网为客户提供有关保险产品和服务的信息,并实现网上投保,直接完成保险产品和服务的网上销售。广义的网上保险还包括保险公司内部基于互联网的经营管理活动,以及在此基础上的保险公司之间,保险公司与股东、保险监管、税务、工商管理等机构之间的交易和信息交流活动。目前我国的网上保险尚处于初级探索阶段。大多数保险公司只是建立了自己的门户网站,而网上销售和网上交易还处在探索层面。虽然2000年中国平安保险公司推出了货运险网上交易系统,但是我国的保险业信息化水平还不是很高。2012年6月19日放心宝成功上线,兼具B2B和B2C交易模式,属于网上保险服务的一种,同时也是保险产品的第三方销售平台。2013年,阿里巴巴、中国平安和腾讯联合设立的众安在线财产保险公司突破了国内现有的保险营销模式,不设实体分支机构,代之以互联网提供销售和理赔服务。

网络金融交易平台的出现则是源自资本市场多层次化发展的内在需求。在股票、债券、衍生品、大宗商品等主流交易场所之外,还有大量的金融产品,因为条款标准化程度、风险收益特征、信息披露等方面的原因,适合不同个人、机构的差异化和风险管理需求,适用不同的托管、交易和清算机制,也适合具有不同风险识别和承受能力的投资者。很多投资者的风险收益偏好也需要通过这些金融产品来满足。这就是各种金融交易平台大量涌现的原因,不仅我国如此,在发达国家也出现机构投资者之间大量"黑池交易"(dark pool trading)。互联网的加入,主要是为了拓展这些金融交易平台的交易可能性边界,并提高交易效率。

金融产品的网络销售服务本质上是通过网络渠道匹配金融产品的供给者和需求者。金融产品需求者在匹配过程中起主导作用。他们根据自己的预算约束、风险收益偏好、融资需求等搜索合意的金融产品,并在不同的金融产品之间分配额度。而金融产品攻击者的目标是,针对金融产品需求者的偏好,通过揭示自己产品的风险收益特征和一定的推广活动,最大化产品进入金融产品需求者"配置篮子"(交易可能性组合)的概率和金额。当然,并不是所有的金融产品都适合在互联网上提供服务,特别是复杂程度高、条款个性化、风险高、需要投资者做大量研判的金融产品。

(二) 移动支付与第三方支付服务

移动支付与第三方支付体现了互联网对金融支付的影响,以贝宝(Paypal,美国)、支付宝为代表。移动支付服务主要指通过移动通信设备,利用无线通信技术来转移货币价值以清偿债权债务关系。移动支付存在的基础是移动终端的普及和移动互联网的发展,可移动性是其最大的特色。随着移动终端普及率的提高，在未来，移动支付完全有可能替代现金和银行卡，在商品劳务交易和债权债务清偿中被人们普遍接受，成为电子货币形态的一种主要表现形式。

第三方支付服务指通过互联网在客户、第三方支付公司和银行之间建立连接，帮助客户快速实现货币支付、资金结算等功能，同时起到信用担保和技术保障等作用。在我国，近年来第三方移动支付发展迅速，艾瑞报告显示，2016年中国第三方移动支付交易规模达到58.8万亿元，较2015年同比增长381.9%。第三方移动支付交易规模结构中，移动金融占比15.1%，个人应用占比68.1%，移动消费占比11.6%。2016年的整体趋势可以看出，移动消费呈现稳定上升的状态，这说明移动消费逐渐向着移动支付规模增速支柱的方向发展。2016年的春节红包，改变了消费者的转账习惯，大量资金流通于各个虚拟账户之间，同时提现手续费的提出，让用户在消费时会优先使用余额支付，以避免手续费的支付。随着消费者虚拟账户上余额的积累以及线下支付习惯的培养，移动消费的占比将不断提高。艾瑞分析认为，随着移动支付普及率的提升，用户的现金携带量减少，这直接削弱了现金的交易能力。然而移动支付目前并没有能力覆盖线下交易的全部场景，线下场景较完备的银行卡刷卡成为备选无现金支付方式。随着移动支付的进一步发展，现金交易能力将进一步削弱，移动支付下一步线下拓展的重点将提升覆盖率、从消灭现金转变为取代银行卡、增强大额支付支持能力。然而从发展路径上看，这都意味着现金的消失及无现金社会进程的加速推进。

（三）互联网货币

互联网货币体现了互联网对货币形态的影响，目前已经出现了互联网货币的雏形——虚拟货币，典型的例子包括比特币、Q币（腾讯）、魔兽世界G币（暴雪公司）等。在网络游戏、社交网络和网络虚拟世界等网络社区中，这些虚拟货币被用于与应用程序、虚拟商品和服务有关的交易，已经发展出非常复杂的市场机制。以虚拟货币为蓝本，我们用以下六个特征来定义互联网货币。

（1）由某个网络社区发行和管理，不受监管或很少受到监管，特别是不受或较少受到中央银行的监管。

（2）以数字形式存在。

（3）网络社区建立了内部支付系统。

（4）被网络社区的成员普遍接受和使用。

（5）可以用来购买网络社区中的数据商品或实物商品。

（6）可以为数据商品或实物商品标价。

其中，第四个特征指的是互联网货币能用作一般等价物；第五个特征指的是互联网有交易媒介的功能；第六个特征指的是互联网货币有计价功能。鉴于互联网货币的购买能力以及所购买之物的价值，互联网货币有价值储藏功能。所以互联网货币满足货币的标准定义——在商品或服务的支付或债务的清偿中被普遍接受的任何物品。拥有货币的三大功能——交易媒介、计价单位、价值储藏，而且互联网货币具有国际性的、超主权性。

（四）基于大数据的征信服务和网络贷款服务

因为贷款的核心技术是信用评估，即对客户的信用资质进行评估，进而确定相应的贷款利率和条件,所以我们将征信和网络贷款放在一起讨论。

征信是指根据客户的财务状况、行为特征、行业环境、信用记录等信息对客户的贷款能力和还款意愿进行评估。征信结果一般分为信用评级和信用评分两种。与传统的征信相比,基于大数据的征信引入了新的数据来源,但在信用评估的具体方法和模型上变化不大。中国人民银行征信中心采集与信用相关的各种数据,进行匹配加工,在此基础上生成信用报告等征信产品,对放贷机构提供各种征信服务。从数据流动过程上看,征信业务主要分为数据采集、产品加工和对外服务三个方面,见图12-1。

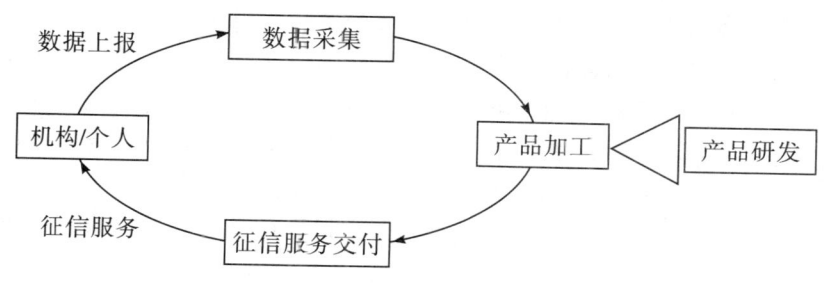

图 12-1 征信中心的业务模式

在这里用阿里小贷来介绍基于大数据的网络贷款服务,阿里小贷是国内第一家服务于电子商务领域小微企业融资需求的小额贷款公司。阿里小贷以阿里巴巴、淘宝网、天猫平台内积累的海量交易数据为依据进行放贷(主要贷款类型见图12-2),无须抵押物,无须担保,贷款金额通常在100万元以内。所有贷款流程都在网上完成,通过支付宝发放,基本不涉及线下审核,最短放贷时间仅需3分钟。信誉度高的客户还可以通过申请和人工审核获取超额贷款,金额在1 000万元以内。

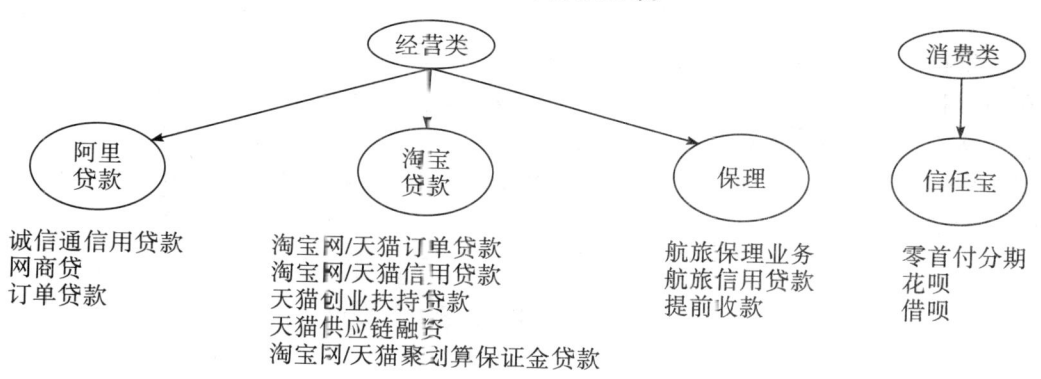

图 12-2 阿里小贷的主要贷款类型

据统计,阿里小贷2017年上半年营业收入为39.7亿元,较2016年度的38.6亿元增加了约1亿元;净利润为26.44亿元,较2016年年末增加了约7亿元,增幅为37.4%。

(五) P2P 网络贷款

P2P 网络贷款是近年来兴起的一种互联网上个人对个人的借贷模式。P2P 网络贷款出现的背景是正规金融机构一直未能有效解决中小企业融资问题和替代民间金融机构,而以互联网为代表的信息技术,大幅度降低了信息不对称和交易成本,使得个人对个人借贷这一人类最早的金融模式焕发出新的活力,并弥补了正规金融机构的不足。P2P 网络贷款使投资人和借款人都能受益。借款人可以获得比民间借贷更便利的信用融资渠道，付出更低的借款成本，投资人可以获得比银行存款更高的回报。全球第一个 P2P 网络贷款平台是 2005 年 3 月成立于英国的 Zopa。目前，P2P 网络贷款行业内比较受关注的是美国的 Lending Club 和 Prosper，它们运营比较规范，相关监管措施完备，信息披露也很充分，其中 Lending Club 发展得更好一些。

（六）众筹融资

众筹融资是通过互联网为投资项目募集本金，是互联网上的股权融资。对于生产者来讲，他们在发生成本之前就获得了未来消费者的资金，得到了白手起家开展生产的机会。同时，如果众筹资金反应冷淡，生产者在投产之前就会慎重考虑自己的想法。这与投入资金、项目失败后才反思相比，可以节省投资成本。众筹融资不仅是获得资金的渠道，更是一个评价、判断产品涉及及市场前景的平台。此外，大型出资者往往倾向于对生产者的设想施加约束，众筹融资平台则有效地缓解了这一问题。对于消费者来讲，他们在最终产品生产之前就可以与生产者接触，获得最新产品，也可以根据自身收入水平和对众筹项目价值的判断选择参与份额。

需要说明的是，互联网金融服务类型的各种形态间不存在清晰的界限，而且是不断动态变化的。比如，保险业出现了根据企业使用情况确定费率的车险，证券研究发现 Twitter 的活跃度对股价有一定的预测力，未来大数据与保险精算、证券投资结合，会促成很多新的商业模式的诞生。

本 章 小 结

本章首先介绍了金融服务的内涵、特点及发展概况，包括西方商业银行金融服务的发展历程和我国商业银行经营体系的改革发展；进而阐述了金融服务营销的构成要素、组合策略、实施过程等基础理论；最后从认识互联网金融服务入手，着重介绍了互联网金融服务的发展背景，及其互联网金融服务的基本类型。为学习金融服务营销理论，提供实证案例。

思 考 与 练 习

（1）何为金融服务，其基本特征是什么？
（2）简要说出金融服务营销的构成要素。
（3）概述金融服务营销的"11P"组合策略以及实施过程。
（4）比较说明互联网金融服务与传统金融服务的异同点。
（5）说出互联网金融服务产生的原因及基本类型。
（6）案例分析题。

广发银行经济发力——女性市场

广发银行抓住市场需求,利用已有的真情卡平台,成立"Lady Club"真情俱乐部,为其会员持续提供美容美体、美容课堂、时装品牌新品发布会预览、美食大优惠等多元化的一站式服务。

第一阶段的俱乐部活动已于近期正式开启,例如,金钻会员可享受法国娇兰提供的免费面部护理和美容课堂、MAX MARA 新品预览会等优惠;银钻会员可参加兰芝刷卡赠礼优惠及新品试用体验活动、西堤牛排刷卡买一送一优惠、周大福鉴赏会等优惠;粉钻会员可专享法国娇兰、兰芝刷卡赠礼、佐登妮斯优惠价美容护理及众多服饰品牌刷卡折扣。其中,银钻会员可以同时享受粉钻会员的专属礼遇,金钻会员亦可以同时享受银钻、粉钻会员的专属礼遇。

分析案例,回答下列问题:

①如何评价广发银行抓住"她"经济进行市场开放的主要做法?

②围绕该案例,试对金融营销 STP 的三个战略步骤,即市场细分、选择目标市场和市场定位,加以阐述。

第十三章 会展服务营销

教学目标

（1）了解会展服务营销的概念和特点。
（2）认识会展服务营销应注意的问题。
（3）熟悉会展服务营销的有形展示策略。
（4）通过广交会实例分析，掌握会展服务营销创新发展策略。

会展服务营销是现代市场营销的一个新领域，是会展市场经济发展到一定阶段的产物。消费者购买产品仅仅意味着销售工作的开始，企业不仅要关心产品的销售，更要注重消费者在享受展会通过产品所提供服务的全过程的感受。随着社会经济和文化的发展，会展服务必将成为我国市场营销的主流，而目前会展服务营销的新趋势是准确、全面地把握服务内容、以顾客满意为宗旨、构建会展服务营销文化、实施会展服务组合策略来保证会展业的快速发展。

第1节 会展服务营销理论概述

在17世纪至19世纪，生产力的发展促进了工业革命的产生，从而在欧洲出现了工业展览会。这一展览会形式不断发展，规模不断扩大，最终蔓延到世界各地。近些年来，随着服务经济的迅速发展，会展业也得到了长足发展。

一、会展服务概述

（一）会展服务的概念

会展服务，是主办方或承办方在会展前的策划和准备、会展期间的实施以及会展后续服务的过程中展现出的一种行业规范。会展服务是为保证会议、展览正常顺利进行所提供的全过程服务。广义上的会展服务，既包括发生在展览现场的租赁、广告、保安、清洁、展品运输、仓储、展位搭建等专业服务，也包括餐饮、旅游、住宿、交通、运输等相关行业的配套服务。

广义的会展服务主体是会展活动的外部机构，如会展场馆、广告公司、工程搭建公司等；而狭义的会展服务主体是会展活动的主办方或承办方，是会展活动的内部机构。

（二）会展服务的内容

1. 展前服务

展前服务是做好展会准备工作的重要环节，其服务内容的全面与否直接关系到会展的质量。其服务内容主要包括展前的信息发布、帮助参展商做好展台的布置和会展企业的广告宣传、设置好展会场的各类咨询点、做好交通运输和预订业务方面的服务等。

2. 展中服务

展中服务是关键环节，其服务质量和内容的准确是会展能否获得成功的关键因素，必须认真研究和分析，力求全面周到，万无一失。其服务内容主要有资金物资流动服务、中介沟通服务、通信联络服务、文件材料服务、现场气氛营造、观众组织、餐饮服务、活动安排维持秩序与服务等。

3. 展后服务

展后服务往往容易被忽视。如果会展企业能把展会后的事情处理好，会替参展商和专业观众省下很多时间和精力，更能提高客户的满意度，提升企业形象。国外会展业发展成熟的城市，会后服务有专人负责，质量较高。在国内，目前这项服务似乎仍被忽略。对那些定期举办展会的主办方，会后服务更显得重要。比如：会后主办方可以通过多种追踪参展商对展会各项服务的满意程度，并根据参展商的反馈进行改进。

4. 专业服务

专业服务是体现会展企业核心竞争力的一个重要标志。从市场调研、主题方向、寻求合作广告宣传招展手段、观众组织、活动安排、现场气氛营销、展会服务，甚至包括会展企业对外文件、信函的格式化、标准化都须具备较高的专业水准和严谨的处事态度。

二、会展服务营销的内涵

（一）会展服务营销的概念

会展服务营销是以满足客户需求为中心，通过为参展商、专业观众提供专业性、人文性的各种服务来推销会展业务，扩大会展企业市场范围的营销活动。

随着会展企业产品服务日益密集化，消费者需求层次的提高和消费者消费需求的多样化，企业必须将服务作为一种营销组合要素，并且会展企业产品的本质特征就是服务，没有一流的服务就不会有一流的会展。会展服务营销要求企业关注顾客，进而提供服务，最终实现有利的交换。会展服务营销对企业而言，既是一种营销手段，也是一种营销模式，更是一个营销过程。

作为会展服务营销的重要环节，"顾客关注"工作质量的高低，将决定后续环节的成功与否，影响服务营销整体方案的效果。从立项、招展、办展到会展结束，会展企业都应贯穿良好的服务意识，才能赢得企业信誉，实现会展企业的持久和规模发展。

（二）会展服务营销的特点

1. 会展服务营销主体多元化

会展服务是项综合性的系统过程。营销主体涉及展会服务传递过程中的所有参与者，包括组展商、参展商、采购商、服务商以及观众。

组展商负责展会的发起、执行及展前、展中、展后各种相关事务的处理。参展商和采购商是会展服务营销的主要对象，在展会中，参展商的级别与规模决定了展会项目的层次性，参展商的满意与忠诚度直接影响展会活动的生命力。采购商或称专业观众，和普通观众一样，他们通过展会了解行业发展的最新动态，体验在展的产品或服务，他们是实现会展经济价值的主要群体。服务商是提供与会展相配套服务的关联企业，如交通、通信、银行、餐饮、酒店、旅游、广告、策划等服务，服务商的服务支持能力对提升展会质量有着非常重要的影响。

2. 会展服务产品集成化

展会项目既提供有形产品，也包括各项服务。组展商在承展期间，不仅要力所能及地为参展商和交易商提供充分的办展资源，比如场馆的安排与设计等。除此之外，展会的举办时间、地点、主题及内容等都是参展商所关心的内容。因此，会展服务产品具有整体性，既包括举办会展的外部环境，如城市的安全状况、旅游综合接待能力等，又包括会展的创新之处，能够给观众带来独特利益，以及配套服务项目水平等。这一切都会影响参展商的购买行为。

3. 会展服务营销手段多样化

随着互联网经济的快速发展，会展业营销手段也在不断创新。从传统的报纸杂志、广播电视，发展到直接邮寄、电话推介、的士广告、公交广告和网络广告。通过多样化的营销手段，组展商把会展项目的各种优势更为全面地展现出来，并提升参展商及观众对会展项目的认可度。

4. 会展服务营销理念的科学化

为了推动会展业的健康、持续发展，会展营销必须树立先进的服务营销理念，并在新的营销理念的引导下研究出多样化的营销策略。通过创新性的营销思维和营销活动，促使会展业服务营销迈向现代化、科学化的发展之路。

5. 会展服务营销战略的创新化

面对服务经济的快速发展，会展业的服务营销手段和方式也正在不断完善和创新。在传统的广告、邮寄以及人员推销的方式下，注入了目的营销等。例如，确定目标市场以后，在该目标市场中建立工作处，同时加强与当地政府的合作与交流，并对于会展进行各种各样的促进活动，派专业的人员到国外进行交流合作，经常拜访重要的客户。此外还可以对会展的宣传材料进行美观、详细、实用的设计促使其效能得到最大的发挥。

三、会展服务营销应注意的问题

（一）经营观念的滞后性

随着我国会展业的发展，目前我国的会展业形成了一定的市场营销理念。然而，在实际的经营运作过程中，却很少能够将这些市场营销的理念运用于实践中，即使运用了取得的成效也并不是很好。其仍然存在着诸如不能准确的定位市场，缺乏必要的市场细分，市场竞争力较低，市场运作水平较低等各种各样的问题。

当前的会展服务营销理念仍然没有突破传统，在营销要素组合中过于倚重对产品要素的投入，忽视营销组合中促销、有形展示等整合营销手段，不重视移动互联网等新媒体的营销传播功能，缺乏会展事后顾客满意度的跟踪调研。这些落后的营销理念必然阻碍会展企业整体营销能力的提高，难以形成品牌效益。

（二）忽视品牌的创建

在创建品牌的过程中，不仅仅要考虑产品的质量因素，还需要注重企业的服务质量，消费者的满意度等因素。这些都能够不同程度地反映行业的经营理念和营销理念。在会展中，存在的品牌问题主要有两个：一是忽视品牌形象；二是对品牌策略的理解仍然只是增加广告投入，对于会展本身的构成要素和会展的长远发展的认识不够充分。

（三）服务系统性差

会展业的国际化是我国会展行业发展的必然趋势，高度发展的会展业，必须有全面、周到的服务系统。我国会展服务营销相对国外来讲，不太注重跟其密切相关的交通、餐饮、宾馆、酒店以及旅游等相关行业的交流和合作，偏重于本身的参展商和组展商的单一形式。对境外参展客商而言，在签证、海关通关、知识产权保护、交通、电信甚至翻译方面也缺乏高效协调，是妨碍我国会展业国际化的现实问题。而且，对网上会展等新型会展营销手段仍重视不够。

（四）会展人才的匮乏

随着知识经济时代的到来，会展业是高智力支持的现代服务业，人员素质的高低才能体现会展服务营销的水平。会展人才的短缺已成为制约其进一步发展的瓶颈之一。

一是会展的策划、会展营销、会展品牌管理等精英人才储备不足。与会展营销发达国家相比，我国这方面的人才奇缺，大多数从业人员的会展营销专业技能和管理水平比较差。二是会展从业人员整体素质不高，缺乏系统的、专业化的培训。特别是在一些小型的会展中，服务营销人员无论是素质还是技能都较低，对于营销的工作只是停留在销售或者推销的层面上。截至目前，我国还缺乏专门培养会展营销专业人才的机构。目前，中国国内会展营销从业人员的水平参差不齐，相当多的是"半路出家"，新入行的人员素质并不令人满意，行业内又缺少有效的培训手段，目前还主要是靠师傅带徒弟的传统方式。

第 2 节　会展服务营销策略

在会展经济如火如荼发展的今天，更多的人开始重视会展经济的发展，更多的人逐渐地从盖会展和办会展的盲目中走出来，开始理性地分析、总结会展的发展规律和趋势。伴随着我国国民经济的高速发展，通过相关人员对于会展服务的分析，加强对于会展服务业的不断研究和完善，改变以前被动的会展服务为提前服务和主动服务，使得会展的服务营销更加专业，会展的服务态度更加务实，从而提高会展服务营销的质量。

一、会展服务市场细分

会展业服务市场数量众多、变化较大，面对不同的服务需求者，会展行业无法全面满足不同市场服务需求，不可能对所有的服务购买者提供有效的服务。会展业在实施其服务营销战略时需要把服务市场或对象进行细分，在市场细分的基础上选定本次展会服务的目标市场，提供差异化的服务，有针对性地开展营销组合策略，才能取得良好的营销效果。

服务差异化是指在面对强大的竞争对手时，在服务的内容、渠道及形象等方面进行强化，突出本企业特有的优势，从而战胜竞争对手，在会展中取得胜利。这种差异化主要可以从以下的几个方面入手。

第一，通过调查、分析会展服务市场上已经存在的服务类型，以及自身的优劣势，有针对性的、创新性的对服务项目进行开发，尽可能地满足目标消费者的需求。

第二，利用区别于其他企业的传递手段，有效而快速地将会展的服务传输给会展的参展商和观众。

第三，为了表现会展的独特形象，可以采用象征性的或者是特殊化的符号、名称以及标志等。

二、会展服务组合策略

会展服务营销是一种很特殊的营销行为，它除了具备有形产品营销的特征外，还具备无形服务营销的特性。这种服务就是会展企业以会展为媒介，从多个方面为参展商和专业观众提供各种会展服务，即实施会展服务组合策略。

（一）会展服务有形展示策略

有形展示，是指在会展营销管理的范畴内，一切可传达服务特色及优点的组成部分。有形组成部分暗示会展企业提供服务的能力，可让顾客产生期待或记忆，如内部的实体环境、员工形象及外部的品牌载体、业务信息等因素。

在产品营销中，有形展示基本上就是产品本身；而在会展服务营销中，有形展示的范围就较广泛。会展企业通过对服务环境、员工、品牌载体、信息资料等所有这些为顾客提供服务的有形线索的管理，提供整理服务感受，增强顾客对服务产品的理解和认识，促使顾客做出购买决定，并在适当的时候成为顾客回忆的线索。因此，了解服务有形展示的类型和作用，创造良好的服务环境，加强有形展示的各种管理，具有重要战略意义。

会展服务有形化是指会展业通过服务的过程，把各种看不见、摸不着的服务产品做到实体化、有形化、具体化，让参加会展的人员可以切实地感受到服务产品的存在，从而提高服务产品的质量。服务有形化具体包括以下三个方面。

1. 服务产品有形化

服务产品有形化是指利用设施等硬件来使服务自动化和规范化，确保会展服务的一致性和服务的质量。通过各种服务特征，如各种票等做到区别服务质量，变无形为有形的服务，从而增加了会展参加者对于服务的感知。

2. 服务环境有形化

会展的环境能够给人以先入为主的效应，它虽然不是服务产品的核心，但却是服务产品不可缺少的必要的条件。

3. 服务提供者有形化

服务的提供者直接与参加会展的人员相接触，他们的服务素质和服务过程中的一言一行都代表了会展的服务，其会直接地影响会展服务营销的质量。因此，会展企业需要对员工进行行业服务的标准化培训，保证其掌握一定的服务技巧和技术，使得他们的服务可以与会展的服务目标一致。

（二）会展服务人员策略

会展市场的竞争，归根结底是人才的竞争，会展企业本身是一个很重视口碑传播的行业，一位参展商或专业观众对一个会展的认知，会影响与他有关的一大批客户，会展营销中重视人的作用就是重视对客户关系的有效管理。

会展的服务人员的服务态度、服务的理念以及方式、服务人员的言谈举止等都在一定程度上影响着会展服务营销的质量。因此，要加强对会展服务人才的培养。如今的会展业对会展的需求和会展市场的细分化的程度将越来越深，对于会展服务的人才进行培养时也需要进行细分。依据会展的发展趋势，会展人才的培养逐渐定位于辅助型人才的培养。在合理配置优势资源的基础上，还要注重整个会展行业的专门的技术和管理的要求，尽可能地做到定位精确，为社会培养合格的、高素质的、有核心竞争力的会展服务人才。

会展营销的人才开拓创新主要有以下两种途径。

1. 以职业培训为主

根据对我国会展营销人才需求特征的分析可知，会展营销人才需求大部分为会展支撑型人才和会展辅助型人才，其比例在90%左右。会展经济并不需要特别多高深的理论来支撑，它的实际操作性特别强，特别是对于支撑型人才和辅助型人才，他们只需掌握举办展览的操作程序。因此，我国会展营销人才的培养并不需要以学历教育为主要形式，职业培训结合适量的专科和高职教育更适合。

2. 以学历教育为辅

我国会展营销人才的培养也需要一定比例的学历教育，特别是本科学历教育。由于会展业的关联性很强，会展核心人才需要具备一定的理论知识基础，同时这也是由会展核心人才的职能所决定的。在我国会展营销人才培养体系中，学历教育是重要的辅助手段。通过不同的课程设置，学生掌握其他相关学科的基本理论，满足现代会展业发展对会展核心人才提出的要求。同时，要倡导会展营销理论研究。我国会展营销理论的研究必须依托于高校，不能仅寄望于职业培训和会展从业人员的实践经验来提高会展理论水平。此外，要重视教育与培训的有机结合。学历教育和职业培训作为会展营销人才的两种培养方式，各有各的优点，但也存在自身的不足，在构建我国会展营销人才培养模式时，要充分吸取这两种方式的优点，弥补二者的不足，将二者进行有机的结合。

（三）会展服务过程策略

会展业在参展商与客户接触过程中，需要涉及众多不同的服务公司，包括展台搭建公司、保险公司、货运代理、外语翻译、旅行社和酒店预订等。会展企业将上述多种服务集于一身，是业务最重要的服务提供者。众多的服务需要在展前、展中和展后各个阶段得到全方位的体现，这就要求会展企业对整个活动流程进行有效控制，明确各种规章制度，做到规范化管理，优化各个服务环节，关注会展服务的递送过程，如参展参观手续的办理、顾客咨询等。尽量减少参展商和专业观众的不便，提高会展服务的满意度。

三、会展服务质量建设策略

(一) 以顾客满意度为宗旨

德国享有"世界展览王国"的美誉,并拥有世界上 2/3 的顶级展览会。究其原因,不仅是因为德国拥有悠久的博览会传统和一流的展馆基础设施,更在于其组展商具有独特的经营理念、管理技术及勇于创新的开拓精神。把面向参展商的"服务"作为展览业界的灵魂,注重提高顾客满意度,才得以在全球展览业日益激烈的竞争中傲立群雄。

(二) 建立标准化服务

会展服务营销最基本的要求就是以全面、细致、周到的服务使参展商和专业观众满意。接触顾客是企业实现其目标的焦点,它既是服务营销全过程的出发点,又是服务营销全过程程序的最后归宿。从接待顾客的第一步开始,到完成服务送走顾客,甚至抱怨处理,都应该有标准可依。

在服务过程中,员工对服务的理解和执行难免存在差异,进而引起顾客的不满和抱怨,管理者和一般员工要学会做出与顾客满意度直接相关的决策,如处理顾客抱怨、赔偿顾客损失。

服务质量的考核和改进,做好服务质量检查、考核工作,才能使员工进一步做好服务工作。企业应定期考核员工的服务质量,并将考核结果及时反馈给有关员工,帮助员工提高服务质量。此外,企业应根据考核结果,奖励优秀员工,研究改进措施不断提高服务质量,所以顾客满意是衡量会展质量高低的重要指标。会展企业应以顾客满意为宗旨,对员工的服务质量提出严格的标准和规范,把顾客满意度作为衡量员工绩效的重要依据。

会展服务除了依靠服务人员以外,往往还需要借助一定的技术设施和技术条件,实现会展服务质量管理和服务的标准化。为了有效地提高会展的服务质量,可以从下面几个方面考虑:①为了方便参展者,要不断地完善设计服务的质量,促使服务的程序合理化;②制定合理的、与会展服务相符合的规章制度,引导参加会展人员接受服务;③改进服务设施,美化会展环境,从而为参加会展人员的等待和接受服务创造良好的条件;④在会展的不同时期和不同情况下,通过对价格的上下调节来满足参展商的需求,从而平衡供需,稳定服务的质量。

(三) 会展服务营销的质量管理

由于服务具有无形性,生产与消费同步性,消费者参与服务生产过程的特点,所以服务营销的环境更具有动态性、差异性和竞争性。它可以直接影响消费者对产品的满意度。因此,要加强对会展服务营销的质量管理。

1. 独特的会展服务营销理念

根据服务营销的无形性、多变性以及不稳定性等特点,在实现服务营销的过程中,需要考虑软件、硬件、员工以及消费者等各个方面,力图将各个方面进行完美的融合。为了保证服务在各种环境中都能有效地进行,需要明确建立服务营销文化。服务营销文化要体现企业的经营理念和公司文化,体现全心全意为顾客着想的理念。这种服务营销文化可以统一思想,统一标准,从而提高整个服务的质量和水平。

2. 规范的服务营销理念

在服务过程中，建立规范化的服务营销理念可以规范、约束和引导服务人员的行为和心理，确保服务的稳定性，避免服务的易变性和不一致性。由于实际中服务的质量不稳定，不容易得到消费者的认知，服务的品牌不容易树立以及五福标准不容易执行等特点，使得服务营销不容易进行。然而，确定规范化的服务营销理念，可以避免上面的缺陷。服务的规范化表现在两个方面：一是规范服务环境；二是规范服务人员的行为。在服务营销中要会展的服务理念，规范行为，提高服务质量，并对服务进行监督。

3. 服务营销理念贯穿整个会展项目

高水平的服务质量是会展业的生命和根本所在，没有一流的服务就不可能有一流的会展。展览企业在整个会展项目营销过程中，都必须贯穿良好的服务意识。

第一，为参展商提供良好的展前、展中和展后服务，涉及外语翻译、金融、保险、物流运输、海关、进出口检验检疫等诸多方面。其中，在展前要及时发布有关信息以引导有关企业参展，同时也要为参展商和客户提供展台搭建、广告设计、资料印刷、信息交流等服务，在展中阶段要积极协助参展商和客户组织好信息交流会、贸易洽谈会、行业技术研讨会等，为买卖双方达成交易、完成交易活动创造机会和条件，在展后则可以通过现场调查等方式，征求参展商对展会的意见和建议，以了解他们希望解决的问题并为以后参展打下基础。

第二，提供个性化的服务营销，服务要务实。会展项目的个性化服务营销是指在会展营销活动中，针对每个前来洽谈的客户或经销商的个性化要求，为其"量身定做"产品，从而最大限度地满足客户或经销商需要的一种营销模式。前来参会的客户，由于在民族习惯、居住区域、文化、价值观念、个性、兴趣爱好、受教育程度等各方面都存在着差异，这决定了他们可能具有不同程度的个性化需要。展览服务要重个性化、人性化，体现出重实效和"以人为本"的思想。展览会的布局完全以展品大类来划分，方便观众参观；参展商可以得到一份通俗翔实、标准规范、便于查询的会展服务手册；展场内应有就餐中心区、休息场所、电动通道等人性化配套设施，充分体现了优质服务的魅力。因此要针对参展商和客户的不同要求，积极主动地为其提供个性化的服务。

四、会展服务营销的创新

在移动互联网时代，参会人员的参观习惯、信息交流方式等发生了巨大的变化，展会主流已经向智能数字化发展。传统会展服务模式已经无法适应时代发展的需求，展会主办方以及组织方必须要充分探究移动互联网的服务发展，探寻有效的服务升级路径。

（一）会展服务的现代化趋势

在互联网时代背景下，会展服务的模式更加智能化，同时具有虚拟化以及体验化的发展趋势，其服务的构造及应用模式则逐渐趋向于数字化以及网络化。

1. 高度参与性

在会展活动中，数据、服务等是在大数据环境中嵌入的，大数据本身来源于客户。因此，会展服务更加注重客户的需求，强调客户的主动参与性的培养，且参与过程贯穿在整个服务过程中，具有高度的参与性。

2. 服务更加个性化

会展方要求必须根据客户的自主需求，建设有效的会展服务组合模型，并设计服务方案。会展服务平台利用服务匹配技术、智能优化技术等，实现对会展服务的匹配，从而不断促进核心服务的水平的提高。在服务组合中选择出最能满足客户需求的一组，充分体现出服务的个性化追求。

3. 服务追求智能化

客户在会展过程中表现出动态的需求，会展组织者应该在对资源进行整合的基础上，做到汇集、分析以及挖掘技术，实现智能知识库的有效建构，不断发展扩大服务体系，应用多种信息技术，实现服务的信息化以及现代化，从而不断促进会展服务水平的提高，促进服务的智能化。

（二）会展服务内容的创新

在互联网快速发展的今天，社会网络中信息的交流逐渐成为当下的主要信息交流方式。大数据时代，信息呈现爆炸式生长，对生活造成了深刻的影响，会展方应该在对行业发展状况进行深刻了解的基础上，做好潜力评估工作，把握发展动向。

1. 信息服务

会展服务中的信息服务主要包括市场信息的调研、消费行为及态度的研究、竞争的研究等内容。会展组织方通过市场调研，探究产品的发展方向，分析销售渠道，为客户提供发展潜力、方向及现状等多方面的信息，同时利用信息技术有效整合信息，获得产品收益，促进客户做正确决策。同时，还应该对消费者进行研究，获得产品的有关信息，进而帮助客户做产品定位以及市场定位。会展组织方应该对竞争进行专业研究，不断促进客户对竞争双方市场地位的深入了解，促进策略的有效实施，实现价值的不断提升。

2. 战略咨询服务

战略咨询服务比较系统化，强调调查研究、数据整理、分析综合以及方案制定等工作内容。会展组织方应该有效利用信息平台，实现咨询服务的有效提供。咨询服务主要包括：供应链咨询、营销咨询、风险咨询。

（三）营销手段创新策略

在互联网时代背景下，会展营销被赋予新的定位。简言之，互联网营销是以互联网技术为核心，围绕互联网平台构建企业产品的市场营销网络的新型销售模式。互联网营销具有传播范围广泛、投放灵活、用户多、关注度高以及个性化营销等特点，它以广阔的范围和低廉的价格正在逐步占领市场的每个角落，使网上营销被认为是未来经济中最具有潜力的发展方向。

基于会展经济较强的产业带动性，将互联网营销与会展服务营销相互融合，例如移动终端广告以及网络平台广告等形式，能够全面提升会展营销的广度以及深度，提升会展营销的竞争力，降低会展服务营销的市场成本，提升会展服务营销的运营效率，促进会展企业国际化市场发展。

1. 加强会展营销的线上网络营销

互联网时代背景下，线上网络营销平台对会展营销具有重要的作用。摒弃传统的点对点式的电话营销模式，线上网络营销平台对于目标客户的搜寻以及需求创新等方面具有无可替代的作用，例如当前的港口物流信息平台，通过客户进行信息检索内容的反馈，便能够综合分析出客户的实际需求，进而进行准确的目标客户需求定位以及完善。会展企业应建立展会网站，承担招展以及招商重任，但是展会网站需要具备行业针对性、独立性以及官方性等特点。

2. 完善会展营销的客户端APP应用

基于当前我国线下移动客户端用户群较为庞大，传统会展企业转型需要将线下移动客户端摆在重要位置。传统会展营销模式下需要从参展商、采购商等不同机构的注册、信息更新等多环节进行信息维护，较为烦琐。而当前随着智能手机的普及，线下客户端的展会APP应用逐渐发展与完善，展会的相关信息等内容能够及时地传达给不同的需求环节，完善了客户关系管理。

3. 围绕互联网营销，优化企业市场化运作

当前互联网时代背景下，各类社交媒体聚集了大量的用户群，而会展营销的特点具有较强的产业针对性，为此需要充分利用当前的各类社交媒体进行客户细分。会展营销的战略环节需要从市场细分、目标市场选择以及目标市场定位三个环节进行全面的分析，为此微博、微信等当前的主流社交媒体能够进一步促进互联网营销，进而促进企业的市场化运作。

第3节 会展服务营销实践成果展示

中国进出口商品交易会（The China Import and Export Fair），即广州交易会，简称广交会（Canton Fair）。创办于1957年春季，每年春秋两季在广州举办，至2017年已有60年历史。广交会从最初的13个外贸总公司参展发展到2017年的50个交易团、1.8万家企业参展；采购商从最初的1 223人增加到2017年的19万人；采购商来源从举办初期的东南亚等19个国家和中国香港、澳门地区扩展到2017年的213个国家和地区；参展展品从最初的1.2万种扩大到2017年的15万余种；出口成交额从最初的1 754万美元增长到2017年的382.3亿美元。是中国目前历史最长、层次最高、规模最大、商品种类最全、到会客商最多、成交效果最好的综合性国际贸易盛会。

自2007年4月第101届起，广交会由中国出口商品交易会更名为中国进出口商品交易会，由单一出口平台变为进出口双向交易平台。广交会展馆坐落于广州琶洲岛，总建筑面积110万平方米，室内展厅总面积33.8万平方米，室外展场面积4.36万平方米。2014年6月19日，琶洲国际会展中心四期扩建规划通过，四期建设完成后，展厅面积达50万平方米，超过德国汉诺威的47万平方米。整个琶洲地区会展面积达66万平方米，规模世界第一。

一、广交会的服务策略

（一）准确的展会服务定位

广交会在成立之初的定位是综合性的展会，综合性是广交会的一大优势。但是随着国际会展业逐渐向专业性发展，综合性变成了广交会的一个短处。为此，广交会结合综

合性的优势和专业化的指向，经过广泛的市场调查，最后选择改变了展览形式，将广交会一分为二，从第91届开始每届分两期举办。随着展览规模的不断扩大，为了缓解供求矛盾，提高专业化水平，从2008年秋季第104届起，广交会又由每届两期举办拆分为三期举办：一期以机电产品为主，二期以日用消费品及礼品为主，三期以纺织服装、箱包及文体用品、医药保健及医疗用品、食品及特产品等为主。这种方式解决了广交会展位不足的难题，满足了越来越多的企业参展需求，也提高了广交会的专业化水平。

（二）打造会展服务品牌

品牌是会展业发展的灵魂。中国会展业缺乏品牌意识，会展企业鱼龙混杂，竞争无序性带来整个行业的效率低下与恶性循环，行业缺乏品牌企业和品牌会展，缺少领头羊。

广交会自1957年创办以来，已经有60多年的历史。广交会在几十年的发展中不断优化管理，完善服务，提高水平，改善环境，始终站在中国经济体制和外贸体制改革的前端，巩固自身优势，树立良好形象，成为中国会展业的一大品牌，并跻身于世界优秀会展的行列。在会展经济风起云涌的今天，广交会仍是一张最能吸引世界各地客商眼球的中国会展"名片"，是中国的外贸之窗。

（三）注重服务营销

服务是会展业的生命和根本所在，没有一流的服务就不可能有一流的会展，从立项、招展、办展到会展结束，相关工作人员都必须具备良好的服务意识。具体来讲，要做好展前的信息发布，帮助参展商做好展馆展台的布置工作和展场企业的广告宣传；设置展场的各类咨询服务，有的会展中参展商遇到了金融、法律、会计等方面的问题不知该如何解决，影响了参展效果；举办各种洽谈会、主题研讨会，交流信息，创造商机；设立海关、商检的绿色通道，为参展商提供便利；提供运输、保险、翻译等各方面的服务。

（四）致力于顾客满意度的提高

广交会致力于提高客户满意度，搭建"一站式"服务平台，第108届广交会开通了客户联络中心。第109届广交会启动运行产品设计与贸易促进中心（PDC），为境外设计机构与境内参展企业提供产品设计升级的合作平台。第110届广交会PDC扩大展示规模，覆盖到广交会每一期，论坛与对接活动也更加专业；完善采购商和参展商个性化增值服务，大力提升电子商务和信息化水平；围绕构建一体化的展馆高效运营体系和打造服务品牌的目标，稳步推进现场服务质量由优秀向卓越迈进。

近年来，广交会积极响应国家低碳环保的政策导向，积极推进绿色展馆和绿色展会建设，采取多项低碳、环保措施，为中国会展业树立了生态文明标杆。

（五）"智慧化" 网络营销策略

电子商务方兴未艾，网上展览也已经为众多的展会所采用。会展本身具有集中性和实物性，但这也决定了其时空的有限性，即它是在某段时间在某地集中举行。但是开辟网上会展则可以突破这些限制，除了在会展举办期间作为主场的有利补充之外，它还可以提供全天候、跨地域、跨国的会展环境，为各国贸易商提供一个丰富、开放、全息的信息交流场所。在网上会展中，只要输入自己想要的产品信息，就会有众多相关供应商的资料予以提供。当然这也需要展会经营者从观念到技术都不断更新，并保证网上会展的时效性。

2003年春，广交会围绕建设"智慧广交会"和发展电子商务的目标，提高信息化工作水平。在第93届"广交会"上加大了电子商务的建设,"广交会网站""在线广交会""在线机电广交会"三大网站,共同承担起服务和促进"广交会"成交的使命,成为现场交易的重要补充,并被誉为"永不落幕的广交会"。

(六) 多渠道的宣传推广

在会展业的经营发展过程中,信息传播和广告宣传是必不可少的,这样才能实现会展业的功能,提高会展的知名度,扩大会展的影响力。

第一,广交会充分发挥了招展函、会刊和会展网站的宣传作用。《广交会特刊》为参展商、采购商以及各行各业搭建了一个展示自我的舞台、一个寻求合作的场所、一个获取信息的渠道。作为官方媒体,为企业提供最权威的信息平台和第一手经贸资讯。会展网站是外界了解会展的最主要的宣传工具,其主要特点是信息容量大,传播范围广,更新快,所有关于展会的信息基本上都可以在会展网上找到。因此,广交会非常注重自身网站的建设,利用自身的网站为广交会做了良好的宣传。与此同时,广交会也会在其他网站上发布一些视频广告去宣传自己。

第二,广交会善于利用新闻效应。广交会作为我国会展业的一大品牌,报纸、电台、网络、电视台会经常对其进行跟踪报道,也起到了广告宣传的作用。

第三,广交会也通过新闻发布会,期刊和户外媒体的方式进行宣传推广。

(七) 展会服务营销的全面化

广交会的会展服务还与旅游具有十分紧密的联系,会展参加者向来是旅游业的重要客源。地处南亚热带的广州,山清水秀、四季花开,呈现一派迷人的南国自然风光。而且广州市是具有2 800年历史的国家级历史文化名城,具有独特的岭南文化,丰富的旅游资源。广交会与广州的旅游资源紧密结合,通过旅游资源促进展会成功举办,也通过展会的举办推动广州旅游业的发展,实现了会展和旅游的双赢。

二、广交会的服务功能不足现象

(一) 对知识产权保护的不足

虽然广交会在121届的运作当中积累了丰富的展会服务经验,在展前、展中和展后过程中的一系列服务基本能满足会展运营的需求,但仍有些服务功能较弱从而影响了广交会的整体服务水平,其中以知识产权保护不到位尤为突出。

广交会一直是国内外优秀企业对外展示产品和交流信息的重要平台,优质、先进的产品很容易成为其他企业模仿的对象,从而使拥有该产品专利的企业蒙受巨大的经济损失,致使高端产品企业不敢轻易参展,造成优质参展商的流失。

(二) 海外宣传的不足

广交会一直以来以出口功能为主,虽然2011年海外参展商的数量有所增长但所占比例仍较小。增加海外参展商,需要加大海外宣传,扩大招展范围。

(三) 缺少专业服务人员

广交会每年每届都会吸收大量的大学生、技校生作为志愿者在现场提供服务,集中在办证、场馆服务、现场翻译、办公室服务等方面,由于缺乏专业培训,服务质量大打折扣。

（四）不注重服务细节

会展中心一共有三个展馆，占地面积较大，从一个展馆走到另一个展馆要花很长时间。比如：顾客携带很多行李来到 B 馆想要寄存行李，却被告知行李寄存处在 A 馆，顾客需要花很长时间才能到达 A 馆，并且因为行李较多行动非常不便。特别是第一次参加广交会的参展商，参展前因没有弄清寄存行李地方，因此而产生的麻烦会大大降低参展商对广交会的评价。

（五）配套设施的不足

每逢广交会开展，琶洲展馆停车场车位紧张，停车难是一个长期困扰多方的老大难问题。为了缓解停车难的压力，2017 年政府相关部门积极寻求解决改善的途径，在琶洲展馆周边，将一些使用率不高的道路和工地，设置为临时停车区。临时停车区的设立，暂时缓解了展馆停车的压力，但是管理上却出现了令人困扰的现象。遭遇多收、乱收停车费、服务差的乱象。

有些参展商还反映遇到找不到厕所的尴尬，以及洽谈区、休息区不够便利或不足等多方面的问题。

三、广交会服务质量提升途径

（一）提高服务的可靠性

第一，事先对参展企业专利产品进行登记；要求各交易团、商会自查自纠，尽量将侵权行为消灭在萌芽状态；开展行业性的知识产权讲座，树立参展企业维权意识，同时意识到侵权行为将受到法律的制裁和相应的经济处罚，增强其法律意识。

第二，对同类产品参展企业进行可能性侵权排查。

第三，快速接受和处理投诉，并对侵权企业进行处罚，缩短参展商等待时间。

第四，建立企业信用档案数据库，这一方式成本低且快捷易操作，取代每次展会对参展商重复信用评估工作，数据库的积累与管理可为以后每届展会提供企业信用参考。

（二）提高电子商务平台的应用

第一，广交会官方电子商务平台除现有信息匹配、在线交易等功能外，可增加视觉图像实时通信等功能，增强沟通的实效性。

第二，在广交会开始前可在电子商务平台拟举办展会，以便参展商和采购者了解情况，做好预先准备。

第三，对于受经济环境影响的国家和地区来说，更愿意通过省去中间环节以低成本达成交易，因此在海外招展的时候可在这些区域推广广交会电子商务平台。

（三）提升配套服务

第一，在每个展馆中增设行李寄存处，主要提供非贵重物品的寄存服务，同时为重要参展商提供贵重物品寄存服务。

第二，服务区、服务中心提供各式电子设备充电器供参展商租用；完善商务中心功能。

第三，预先估算可能产生的停车量，计算所需停车面积，增设流动班车，方便参展人员来往于酒店和展馆之间，参展人员不必自驾车前往，减少停车数量。

（四）加强海外市场的宣传和服务

第一，为海外参展商提供便利的网上报名、网上参展通道。同时提供展前、展中到展后的一系列便捷服务，消除其参展的顾虑。展会组织者在开展前向参展者发送提醒信件或电子邮件，展会结束后发送感谢信及展会分析总结报告；尊重各国文化和风俗习惯，避免不必要的文化冲突。

第二，展前对服务人员进行外语、文化以及服务技能的培训；设立清晰的外语指引标志。

第三，定期与曾经参与过或有参与意向的海外参展商保持联系，提供资料等；对于参与次数较多或者报名时间早的海外参展商给予参展费用上的优惠；在非展会期间对员工进行语言、他国文化等的培训，以便提供更为专业的服务；向海外企业发放视频音像资料，使其对广交会有更直观的了解。

第四，有针对性地前往海外宣传招展，宣传应重点投入在科技发达、资源丰富、与我国互补性强、与我国贸易顺差较大的国家和地区的企业；根据参展商要求，增加定制化服务；提供有吸引力的环境，包括场馆规划、设计与装潢、灯光音响、卫生条件、现场气氛等。

第五，海外办展，增加对海外市场的影响力。

本 章 小 结

本章首先介绍了会展服务及会展服务营销的概念、内容特点，会展服务营销应注意的问题。接着重点介绍会展服务营销的策略：服务定位策略、服务组合策略、服务质量提升策略，以及服务创新策略。最后以广交会为例，介绍了广交会的服务策略，以及服务存在的不足之处和改进途径。重点要求学生掌握会展服务营销的策略。

思考与练习

（1）什么是会展服务，会展服务包括了哪些内容？
（2）会展服务营销实践常存在的问题有哪些？
（3）会展服务组合策略有哪些，请举例说明。
（4）如何提升会展服务质量，请结合身边的展会实例谈谈你的看法。
（5）案例分析题。

高交会的服务质量

"中国科技第一展"——中国国际高新技术成果交易会（以下简称高交会）是中国规模最大、最具影响力的科技展览会。高交会以"国家级、国际性、高水平、大规模、讲实效、专业化、不落幕"的特点，成为中国高新技术领域对外开放的主要窗口，在推动高新技术成果产品化方面发挥着重要的作用。

在某央高交会上某公司在参展现场曾临时决定要举行一个临时捐赠仪式。展会组织方在接到申请之后，在一个中午的时间里就联系好了接受捐赠的单位、参与人员，并筹备好了现场活动；而展会上清晰的引导图，给企业很好的引导，并且半个小时全部搞定。所有工作紧张有序地得到了解决。事后这家企业的老总感叹道："高交会上，我们用一个午休的时间，不出展厅，却办成了以往跑两三天都办不成的事。展会组织方的协调配合和现场完备高效的商业化服务，真是让人佩服。"

此届高交会有三大亮点：一是引入全国首例智能互动会展查询系统；二是专业化程度高、受到参展方和专业观众的一致好评；三是服务体现"以人为本"。

目前我国的会展服务主要集中在展中服务阶段，展前、展后的服务比较缺乏。而现有的展中服务又存在很多问题，如费用高、服务不到位等。如何做好会展服务，进一步与国际接轨，中国国际高新技术成果交易会为我们做了很好的服务榜样。

分析案例，回答下列问题：

请根据案例内容评价高交会的服务质量。

第四篇
服务营销发展前沿

第十四章 服务国际化及我国的战略选择

教学目标

(1) 掌握服务国际化的内涵。
(2) 了解服务国际化的动因。
(3) 掌握服务国际化的特点。
(4) 掌握服务企业进入国际市场的模式。
(5) 掌握服务外包的主要模式。
(6) 了解我国服务业国际化模式选择策略。

众所周知,美国、英国、澳大利亚等都是国际上有名的教育出口大国。据悉,2009年春季,芬兰政府也启动一项推动芬兰教育出口的项目。其教育出口主要是从以下五个方面展开:一是在芬兰对外国学生进行教育培训;二是在国外对芬兰籍学生进行教育培训;三是对教师进行培训;四是出口芬兰的教学技术和教学资料;五是就教育体系构建提供咨询服务。由此可见,服务国际化已成为一种时代潮流。

第1节 服务国际化概述

服务国际化是伴随着货物贸易的发展而出现的,并随着技术的进步而不断发展,其实质就是提供跨越国界的服务。从目前服务贸易和服务业对外直接投资来看,服务国际化已经渗透到了社会经济的各个方面。

一、服务国际化的内涵

服务国际化是指为企业和个人跨境提供服务,或消费者跨境接受服务,或经由各种渠道跨境传递服务的过程和行为,简单地说,就是服务的跨国界转移。对于服务国际化的内涵,可以从以下两个方面来理解。

(一) 服务交易的国际化

服务交易的国际化是指服务企业在国内生产并提供满足国际交易的服务。其主要表现为对境内顾客的国际服务以及将不同形式的服务出口,但是服务的生产局限于国内。

例如，全球旅游、国外留学、企业外派人员到国外顾客所在地进行服务等就属于这类服务。由于大多数服务受到生产与消费不可分割的影响，这一层面的服务国际化的范围有限，涉入国际市场的程度较低。

（二）服务经营国际化

服务经营的国际化是指企业积极参与国际分工，通过合约（特许经营、许可证交易、管理合同等）或股权投资形式跨越一国边境开展服务业务的行为。企业以国际市场为目标，从全球战略出发，通过契约或股权投资，在国外设立经营机构，广泛利用国内外资源在东道主国家从事服务的生产和经营活动。在这一层面，服务企业参与国际服务的程度加深，可以契约的形式与国外机构合作，也可以收购或新建的方式在国外设立分支机构，把经营网络扩展到国外甚至全球。

二、服务国际化的产生原因

（一）科学技术的进步促进了服务国际化的发展

近年来，科学技术的进步特别是通信技术的发展，改变了国际贸易的方式、范围和种类，也引领了服务的国际化。科学技术的进步大大加快了服务的国际化进程，具体体现在以下几个方面。

1. 科学技术的进步改变了服务企业与顾客的接触方式

随着互联网和通信技术的发展，世界变得越来越小，服务企业与顾客的接触越来越容易。由于计算机网络的结合和廉价的远距离通信，人们现在可以在全球范围内提供和交换服务，进行远程医疗咨询、远程教育、软件编写以及数据传送。

2. 科学技术的进步降低了各种经济活动的交易成本

科学技术的进步极大地降低了各种经济活动的交易成本，对跨国公司交易成本的降低尤为突出，加快了跨国公司全球扩张的步伐。计算机、通信等科学技术的发展已成为服务企业国际化的重要驱动力量，借助电子化手段向国外市场提供服务变得越来越普遍，一些以信息为基础的服务业如电信、金融保险、软件开发、信息咨询等迅速实现了国际化。

（二）发达国家优势服务业的全球扩张促进了服务国际化的发展

从目前情况来看，全球服务贸易的发展极不平衡，发达国家和发展中国家差距较大。发达国家和地区的服务贸易出口占全球的80%以上，在全球服务贸易出口中占据主导地位。世界贸易组织（The World Trade Organization，WTO）公布的全球服务贸易数据显示，2003年，全球服务贸易出口排名前15位的国家和地区是美国、英国、德国、法国、西班牙、意大利、日本、荷兰、中国、中国香港、比利时、奥地利、加拿大、爱尔兰和瑞士，除了中国和中国香港以外，其他均为发达国家。服务业的比较优势促使发达国家极力推动服务国际化的进程。在发达国家，知识密集型服务业比重不断提高，服务业俨然已成为促进国民经济发展的主导产业。美国作为世界上服务业最发达的国家，为充分发挥其服务业的优势，在"乌拉圭回合谈判"中，极力主张和推动全球服务贸易自由化。服务贸易被列为WTO的一项重要内容，并达成了《服务贸易总协定》。在20世纪90年代，美国服务贸易出口几乎增长了一倍。2003年，美国的服务贸易顺差高达643亿美元，对其货物贸易的逆差起到了非常有益的抵消作用。

（三）发展中国家对外资服务业的开放促进了服务国际化的发展

过去，发展中国家出于保护自身产业和国家安全的目的，为服务贸易开放设置了重重障碍，直到"二战"以后，发展中国家才开始在其服务领域有选择地吸引外资。随着《服务贸易总协定》的签订和实施，发展中国家对服务贸易的限制逐步减少。越来越多的发展中国家已经认识到，服务业的逐步开放对于打破垄断；引进新技术和新服务；不断增强本国服务市场的竞争性；提高服务业和连锁行业的生产效率，具有重要的意义。

我国服务贸易从20世纪90年代初开始出现逆差，并逐步增大。这说明我国服务业缺乏国际竞争力，这与我国在长期计划经济体制下忽视服务业发展、服务业基础设施落后以及服务市场化程度低有直接的关系。加入WTO以后，我国依照承诺逐步有限度地开放服务领域，在服务业引进竞争机制。这对于我国学习国外先进的服务管理技术和经验、加速我国服务业发展及促进经济增长大有裨益。

（四）服务企业对新市场的寻求促进了服务国际化的发展

从供给方面来看，服务企业同样具有规模经济效益，只有当企业拥有巨大的市场时，才能取得规模经济效应和范围经济效应。国际市场具有足够大的市场空间，通过对国际市场的拓展，有利于提高企业的声誉和经济效益。许多著名的服务企业已在国内积累了丰富的经验，有着较强的服务营销管理能力，在技术进步的推动下，其服务供给能力和服务质量大幅提升，从国内领先向跨国经营转变的成长意识不断增强，因此会主动实施国际化战略，寻求海外新市场。

对跨国公司而言，新兴市场往往有更多的市场机会和更大的发展空间，服务业跨国公司可以凭借其在专业知识、技术、管理技巧以及服务定制化方面的优势，在东道主国家市场抢占先机。以美国为例，美国服务业跨国公司在许多行业，如饮食业、旅馆业、市场调研业、会计、广告、证券和金融服务业等占有优势地位。随着这些企业服务经验的积累和营销能力的提升，服务供给能力不断增强，为充分利用其优势，服务企业会主动以全球市场为目标，在全球范围内进行资金、技术、人力等资源的优化配置。

（五）服务企业寻求成本利效率优势促进了服务国际化的发展

在全球国外直接投资的行业分布中，服务业成为吸引外资的主要增长点。除市场导向型服务业投资以外，还有一种是出口导向型服务业投资，也就是服务国际外包。由于经济全球化的发展给各类经营性企业带来了巨大的生存压力，企业为了更好地适应国际市场的变化，不得不在生产结构重构过程中，将精力集中在核心活动中，而将非核心的中间产品和服务外包出去，通过对服务业务的价值链进行分解和外包，在全球范围内寻求低成本优势，同时也促进了为之配套的商务服务企业的成长。

三、服务国际化的特点

服务企业可以通过出口、契约以及投资方式进入国外市场。但服务不同于有形产品，具有无形性、不可分离性等特征，这使得服务企业的国际化决策面临更多的风险和障碍。主要表现在以下几个方面。

（一）服务的不可分离性对服务国际化的影响

生产和消费必须同时进行的服务企业，不能像制造企业一样以出口的方式进入国外市场。这类服务企业在国际化之初就面临资源承诺的风险，在一定程度上制约了其国际化进程。以硬服务（产销可以分离的服务，如软件服务等）为主导的服务企业，其进入方式与制造企业有相同之处。而以软服务（产销不能分离的服务）为主导的服务企业，其国际市场进入行为则与制造企业有所区别。

（二）不同服务体验的互动本质对服务国际化的影响

多数服务必须在与顾客的交互作用中产生。顾客的服务体验受互动部分和支持部分两部分的影响。生产与消费相互作用的程度越高，标准化生产这种服务的可能性越小。当一种服务主要表现为顾客接触体验时，由于语言和文化的差异，服务人员所必须具备的互动技巧向境外转移时会面临文化适应性的严峻挑战。因此，生产与消费互动程度较高的服务难以选择高控制的独资进入方式。企业若选择独资经营，一般需要具有独特的技术和管理优势。

（三）服务的异质性对服务国际化的影响

服务品质的差异性会导致企业形象混淆而危及服务的推广。例如，同一个企业拥有若干家分店，若销售有形产品则容易统一企业形象，若销售服务则会产生各分店服务质量的差异性（因为服务质量不好控制，而且顾客会对服务质量产生绝对性的影响）。由于这种差异性的存在，提供劣质服务的分店对整个企业带来的不良影响将损害大多数优质服务分店所形成的良好企业形象，最终产生负面效应。当服务企业以特许经营方式进入国际市场时，由于地域以及语言文化的障碍，服务企业很难对特许经营企业的服务质量进行监督。如果合作方选择不当，特许经营企业的劣质服务会直接影响企业的品牌形象。

（四）服务的不可储存性对服务国际化的影响

服务的不可储存性表明服务无须存储费用、存货费用和运输费用，但同时带来的问题是服务企业必须解决由于缺乏库存所导致的产品供求不平衡的问题，即供不应求时如何通过营销努力减少顾客流失的损失，供过于求时如何吸引顾客、减少资产的闲置浪费。服务的不可储存性给服务企业在国际化之初确定适宜的投资规模，以及在国际投资以后扩大服务的生产均带来了难题。

四、服务企业进入国际市场的模式

服务的跨国供应方可以是自然人、服务企业和制造企业。服务可以通过以下渠道，如：自然人流动的服务出口以及国外顾客的境外消费；服务企业过境交付出口服务；向国外合作方出口服务，以及进行直接投资建立国外分支机构、独资子公司或合资企业，向国外顾客提供服务等进入国外市场。许多制造企业也是服务国际化的主体，在出口商品的同时向国外顾客出口配套服务，或者通过在国外建立的商业机构直接向顾客提供服务。

（一）出口进入模式

1. 跨境出口模式

服务企业可以选择在国内生产然后将服务通过某种载体出口给国外的顾客。以信息为基础的服务可以各种物质信息载体为存储媒介，如报告、信件、录像带和光盘等。企业通过邮递或向当地的分销商出口这些有形商品，顾客通过放映设备或计算机获取他们需要的价值。这种方式主要适用于那些与人们的大脑和无形资产直接相关的、生产和消费可以分离的服务。另外，还可采用人员接触的形式，由企业外派人员到国外顾客所在地进行服务。如管理咨询、建筑、维护和修理业服务，一般由专业人员到顾客所在地搜集数据、提出建议以及对设备进行修理等。这种方式普遍存在于不需要经常与顾客联系的服务部门。

这些服务部门只需要在固定的时间或阶段向顾客提供服务，或者购买者在远距离通过电子化手段与服务供应企业进行合作。

2. 进口顾客模式

进口顾客方式又称为本国服务出口战略，是指国外顾客旅行到服务提供者所在地接受服务。它是地域性极强的服务，是企业国际化采取的一种方式。以这种方式出口的服务有旅游、教育、医疗保健、娱乐、仓储及物流配送服务等。顾客之所以会到服务提供国去消费服务，是因为特定国家的服务产品与其他国家相比具有品质差异性或者成本更低的优势。例如，日益兴盛的全球旅游、美英等国的国际教育服务。

3. 电子渠道营销

电子渠道不需要直接人际互动，其功能对象是那些事先设计的服务。这些服务几乎总是与信息教育或者娱乐有关。这类服务可以线路传输为基础，通过电信媒体进行数据交换，如电话交谈、广播电台和卫星电视等。随着电子信息技术的迅猛发展，借助电子信息化手段向国外市场提供服务变得普遍。人们日渐熟悉的网络和电子商务已经引起服务方式的变革，改变了传统公司和 IT 服务之间的关系；利用电子渠道可以克服与服务的不可分离性有关的一些问题；形成了一种标准化形式，使以信息为基础的软服务的出口成为可能。可见，服务具有与有形产品不同的多种出口方式。然而，出口仅仅是国际服务活动中的一个方面。由于服务的互动本质，当顾客需要与服务供应方进行密切接触时仅依靠出口是不可能的。因此，仅从销售环节获益的出口方式不是服务国际化的主要方式。

（二）契约进入模式

服务企业从国际市场获益的方式主要是海外生产。服务企业可以采取两种不同的投资方式来实现从海外生产中获利的目的，其中一种方式是将无形资产，如专利、技术、管理、品牌等要素投入国外企业，自己并不拥有国外企业的所有权，只通过收取许可费来获益，我们称之为契约进入模式。对于产品或经营模式具有标准化特点的服务企业来说，契约进入模式的应用非常普遍。

1. 特许经营

有些服务企业不想在当地建立经营实体，但又想在当地有一个长期经营机构，这时企业通常会采用特许经营的方式间接进入国外市场。特许经营是非股权跨国扩张的常用战略。特许人凭借自己在生产技术、管理经验、营销网络和品牌价值等方面的绝对优势对东道主国家的服务生产商进行控制。在旅馆及餐饮业的特许经营模式中，当地服务企业能得到提供服务的特许权；特定的运营模式；经营者在特许人的控制下被允许使用的经营资源，包括商业名称、定型化业务或程序和特许人所拥有的商誉及其相关利益。拥有所有权优势的服务企业可以在国外市场现有需求允许的条件下将标准化的经营模式迅速复制，实现企业的快速增长。

2. 管理合同

管理合同指的是一家国际化服务企业通过协议管理一家当地服务企业，从而获取一定的管理酬金。管理合同战略具有很强的适应性。服务供应商在风险完全转嫁、无须投资的前提下进入了异国市场，完成了品牌扩张。该种模式的优点是双方可以共享技术，增强协同效应，提高灵活性与适应性。但也可能会产生侵犯产权、机会主义行为以及高交易成本的风险。

（三）投资进入模式

服务企业海外生产的第二种方式就是进行直接投资，将无形资产和有形资产以及产品一起投入，将企业的生产经营活动转移到国外市场，科学合理地配置生产要素，有效控制海外企业的生产经营，并通过商品销售获得更高的收益。显然，直接投资的收益不仅来自销售环节，而且可以来自生产环节，来自对生产的科学组织和对外资源的有效整合与利用。

从直接投资的手段来看，又分为两种基本方式：一种是新设企业，指投资者在东道主国家新设企业；另一种是并购投资。跨国兼并指在当地企业与外国企业的资产和业务合并后建立一家新的实体或合并成一家现有的企业。跨国收购指收购一家现有的当地企业或外国子公司的部分股份，实现控股管理。从国际范围来看，服务业跨国并购发展迅猛。对于服务型跨国公司而言，采用跨国并购的进入方式的主要优势有：可以更迅速地进入东道主国家市场，可以获得生产系统和当地企业的员工，可以获得已经建立起来的顾客关系和经销商网络等。因此，跨国投资日益成为服务业外商直接投资的主要形式。

从直接投资所形成企业的股权结构来看，有独资经营和合资经营两种方式。服务企业对海外投资股权比例的选择取决于服务产品因素、企业特有的因素以及东道主国家环境因素的综合影响。与制造企业相比，服务企业的海外投资具有更强的独资倾向，多数选择高控制的国际市场进入模式。其原因主要在于：对于大多数海外制造企业来说，取得所有权意味着要投入大量的资源，这会增大经营风险和转换成本。然而，对于广告代理、管理咨询等商务服务企业来说并非如此。它们创建独资企业可能仅限于筹备一间办公室，一般不需要对厂房、机器设备和建筑物等固定资产进行大量投资，转移成本也相对较小，因为在这类服务企业中真正创造价值的资产是人，而人是可以流动的。因此，这类服务企业可以用相对较低的成本取得对企业的控制权。另外，由于服务生产与消费的互动本质，服务的提供取决于供应商，也取决于顾客。对于需要与顾客进行直接接触并提供定制化服务的企业来说，为保证服务的质量和高效率，一般需要采用高度一体化的国际市场进入方式。

第2节 服务外包及其趋势

外包兴起于20世纪80年代后期，由美国逐渐蔓延到欧洲、日本等国家，此时的外包主要是制造业的外包。到20世纪90年代，随着信息技术和经济全球化的发展，服务外包作为降低成本、提高核心竞争力的一种经营管理战略被跨国公司广泛采用。现在，服务外包已经成为一种潮流。

一、服务外包的概念

服务外包是指企业将价值链中原本由自身提供的具有基础性的、共性的、非核心的 IT 业务和基于 IT 的业务流程剥离出来后,外包给企业外部专业服务提供商来完成的经济活动。服务外包中涉及的服务性工作(包括业务和业务流程)可以通过计算机操作完成,并采用现代通信手段进行交付。服务外包使企业通过重组价值链,优化资源配置,降低企业成本,并最终增强企业核心竞争力。服务外包从软件开发外包和测试外包开始,逐步发展和成长起来。

二、服务外包的产生

服务外包已成为一种世界潮流,成为分工与合作的新形式,成为企业增强应变能力和国际竞争力的重要手段。服务外包产生和发展的原因主要有以下几个。

(一) 日益激烈的国际市场竞争是服务外包产生和发展的根本原因

随着经济全球化的深入发展,核心竞争力被认为是企业在市场竞争中取得并扩大优势的决定性力量。企业为了保持竞争优势,集中资金、人力、物力等提高核心竞争力,而将不具有竞争优势的业务外包给比自己更有成本优势和专业优势的企业,以最大限度地保持企业的竞争力。此外,企业之间竞争的地域由区域转向全球,企业要在全球市场保持和扩大占有率,仅靠自己的力量是不够的,必须利用国外资源,与国外企业建立战略同盟,服务外包就是其中一种有效的模式。

(二) 信息技术的飞速发展为服务外包提供了技术基础

信息技术特别是互联网的发展,从根本上改变了企业的管理模式和运行方式,企业进行信息收集、加工、传递的成本变得极为低廉,企业协作的交易费用大大降低。相互协作的企业以信息网络为依托,集中不同公司的资源,协作企业之间的信息传递、业务往来都由网络提供技术支持,从而使服务外包从可能变为现实。

(三) 新的企业战略管理理论为服务外包提供了指导

服务外包经营方式遵循的是比较优势原理。传统的企业战略管理理论认为:企业只有集研发、设计、生产、销售、售后服务等于一体,把企业做大,才能把企业做强。现代企业战略管理理论认为:企业只有保持竞争优势,提高核心竞争力,才能做强;企业做强但不一定要做大。企业太大,往往会增加管理成本,降低效率。在当今世界,没有哪一家企业能在每一项业务上都拥有与其他企业一样的优势和效率。服务外包能最大限度地利用其他国家和企业的资源,创造出更大的竞争优势,因而具有很强的生命力。

(四) 企业降低成本的目的为服务外包提供了强大动力

就短期效益而言,服务外包企业可节省 20%~40% 的运营成本。就长期效应而言,服务外包将对相关服务的价格走势造成影响,从而提高企业和整个行业的积极效益。服务外包企业成本的降低主要得益于不同国家间工资成本的差异。如印度的平均工资水平约为美国的 1/10,中国的平均工资水平约为美国的 1/40。因此,通过服务外包利用国外人力资源优势,能有效降低生产成本。事实上,服务外包虽然可以控制成本,但为了取得理想的服务绩效,提高服务质量,也有在原来基础上增加成本的个别案例。

三、服务外包的模式

根据不同的标准,服务外包的模式有不同的分类。

1. 按内容分类

按内容服务外包可以分为信息技术外包和业务流程外包。

(1) 信息技术外包(Information Technology Outsourcing, ITO)。信息技术外包是指服务外包发包商以合同的方式委托信息技术服务外包提供商向企业提供部分或全部的信息技术服务功能。信息技术外包服务内容包括系统操作服务、系统应用服务、基础技术服务等。

(2) 业务流程外包(Business Process Outsourcing, BPO)。业务流程外包是指服务外包发包商将一个或多个原本企业内部的职能外包给外部服务提供商,由后者来拥有、运作、管理这些指定的职能。业务流程外包服务内容包括企业内部管理服务、企业业务运作服务、供应链管理服务等。

ITO 和 BPO 都以信息技术为基础。ITO 强调技术,对服务承接方的 IT 知识技术及软件技术要求较高。相对 ITO 而言,BPO 更强调业务流程,关注企业内部运作或顾客的后端活动,注重解决业务和运营的效率问题。因此,BPO 对服务承接方的管理和服务水平更高,服务外包转移方和承接方关系更为紧密,BPO 的意义和影响也更为重大。现在,ITO 已经不能满足顾客对成本、速度和灵活性的需求,BPO 成为服务外包发展的趋势。

2. 按地域分类

按地域服务外包可以分为境内服务外包、近岸服务外包和离岸服务外包。

(1) 境内服务外包。境内服务外包是指发包商与接包商来自同一个国家,外包工作在国内完成。

(2) 近岸服务外包。近岸服务外包是指服务外包中转移方和服务承接方来自邻近国家。由于邻近国家具有相似的文化背景和价值观,通常具有一定的成本优势。

(3) 离岸服务外包。离岸服务外包是指发包商与接包商来自不同国家,外包工作需要跨国完成。以往离岸服务外包中被外包的业务流程仅仅是劳动密集型以及重复性的,但随着市场不断成熟以及服务承接方掌握更多的流程和商业知识,服务外包开始向价值链高端的知识密集型外包业务发展。

四、服务外包的发展趋势

从全球服务外包产业发展环境来看,美国政府的货币政策与贸易保护主义政策、英国脱欧持续发酵、新兴市场劳动力成本持续上升、外包服务回流、区域地缘政治不稳等因素对全球服务外包增长影响加大。但经济全球化的客观规律依然没变,新一轮科技革命和产业变革蓄势待发,国际产业分工格局正在发生深刻演变,全球生产要素流动日益自由,市场融合程度加深,跨境产业链、价值链、供应链加速整合,服务外包对市场配置全球资源的意义前所未有。我国服务外包的发展趋势主要体现在以下五个方面。

(一) 创新成产业发展新动力

近 10 年来,我国服务外包产业经历了从小到大快速发展的起步阶段,我国政府出台了一系列政策措施,注重引导通过创新促进产业向高新技术、高附加值方向发展。2017

年是服务外包发展"十三五"规划实施之年,创新将成为服务外包产业发展的关键因素,建立创新机制、培育创新企业、拓宽创新领域、拓展新市场、创新管理政策是事关产业发展全局的重点工作。

当前,全球价值链的发展与重构广泛地拓展到服务领域,全球服务分工网络体系的迅猛发展使得服务渗透到生产的每一个环节,整合协调着全球化生产的各个方面,服务外包也由此成为全球价值链的核心环节和关键节点。离岸服务外包极大地促进并强化了全球生产"碎片化"的特征与趋势。企业需通过整合技术、资本、市场、人才、信息、渠道、管理等国际优势资源、上市与投资并购,在全球范围内设立研发中心、交付中心、共享中心、服务中心、营销中心和管理中心,不断扩大国际市场业务规模、提升产业技术研发创新能力、增加新的业务模式与服务产品组合,培育转型升级过程中以设计、研发、营销、服务为核心的增长新优势。

(二) 新技术推动新业态不断涌现

云计算、大数据、物联网、移动互联、人工智能、区块链等技术的快速研发与应用,促进云服务、互联网反欺诈、大数据征信、供应链金融服务、工业物联网应用、场地智能化设计、知识产权管理服务、新能源汽车服务、空间地理信息服务、创意设计等技术与价值含量高的业务成熟化发展,为服务外包产业注入新的动力。

据独立咨询机构 Forrester Research 公司预测,2017 年人工智能的投资预计同比增长 300%,帮助企业在精准营销、电子商务、产品管理等更多领域做出更快的业务决策。由中国发起的首个全球区块链理事会刚刚成立,该平台致力于将区块链技术应用于资产托管、产业链金融、消费金融、金融科技等领域。中国在该领域的领先技术将推动更多的国内外企业与服务提供商建立基于区块链技术的区块链服务合作,将该技术应用于金融、运输和制造等领域,促使服务外包更具技术密集型产业特性,推动服务外包产业能级再上一个台阶。

与此同时,互联网让服务外包共享经济、网络协作成为可能,通过线上线下融合、大数据与平台化,打破地域、资源与成本的限制。众包模式为服务提供方与需求方的对接提供了新的渠道,不仅提高资源整合效率,形成新的平台数据价值,更重要的是为服务外包促进大众创业、万众创新提供了重要载体。

(三) 产业融合特性更加突出

服务外包正加速与技术、行业及国家战略全方位、广领域、深层次的融合发展。技术方面,新一代信息技术加速与传统服务外包产业融合,基于云的服务模式被广泛认可,云端交付也大量被传统服务外包企业所采用,SaaS(Software-as-a-Service 的简称)(软件即服务)和 On-demand Payment(按需付费)成为主流的交付与定价模式。

此外,服务外包与人工智能融合催生了新业态,比如传统的呼叫中心通过引用人工智能交互技术,实现自动语音识别、语音信息抓取及其智能应答,并通过分析客户体验与反馈意见获得客户需求与市场信息,再利用新媒体平台进行精准的互联网营销。

行业融合方面,"服务外包+"逐步构建出新型的农业、制造业、现代服务生产体系,实现传统产业的信息化、数据化、智能化与服务化。国内服务外包领军企业软通动力,近年来专注于智慧城市、产业互联网、跨境电子商务领域的服务外包业务,同时积极挖掘工业链上下游的产业机会,形成企业级服务外包集群效应。例如,浙大网新集团为大庆采油业提供一整套利用大数据控制成本的信息化解决方案,实现实时监控、降低污染与能耗的智慧采油新模式。同时,越来越多的服务外包企业通过行业内外并购实现资源整合与服务能力拓展。

战略融合方面,服务外包与"中国制造2025""互联网+""大数据行动纲要""一带一路"等国家战略紧密融合。当前,我国经济发展进入到新常态下服务经济引领期和创新国际竞争优势关键期,从"中国制造"向"中国智造"和"中国服务"转型的过程中,服务外包产业正成为推动中国产业结构转型升级、吸纳中高端人才就业、培育国际竞争新优势与提升全球价值链的中坚力量,尤其对于正在迈向制造强国的中国制造业转型而言意义重大。

(四) 数字贸易有望成为新增长点

2017年数字贸易新规则仍将在发达国家之间展开利益博弈,如美欧可能就个人隐私保护、互联网安全、知识产权、电子支付相关的数字货币、工业互联网等相关领域的跨境交付规则等展开谈判。减少数据本地化规则,对数据跨境流动合理限制代表了数字贸易规则制定的方向。

在全球数字贸易迅猛发展的大趋势下,一旦符合共同利益的数字贸易规则落地,将增强跨国企业全球发包的意愿,促进我国服务外包与数字贸易的融合发展。从国内市场政策环境层面看,全国服务贸易创新试点将加快深入开展,第三批自贸区也将加速推进以负面清单模式为核心的贸易自由化制度创新,为国内更广泛区域加速离岸服务外包的创新发展提供良好的制度保障。

(五) 多元市场促进产业新格局

美欧日等发达国家和地区是中国服务外包传统的主要国际市场,随着"一带一路"倡议的实施和我国传统产业尤其是制造业的转型升级,"一带一路"相关国家服务外包业务加速释放,在岸市场规模快速增长,中国服务外包产业有望形成发达国家、新兴国家和国内市场"三位一体"的产业新格局。

2017年,随着美欧等发达国家和地区经济缓慢复苏态势明显,与美国、加拿大、欧盟等国家和地区的服务外包合作有望保持稳定增长,同时向更高水平攀升。"一带一路"相关国家有望成为新的增长点。新加坡、印度、印度尼西亚、马来西亚、巴基斯坦、泰国、阿联酋、沙特阿拉伯、俄罗斯及欧盟已和我国在服务外包领域建立了合作基础,2017年上述国家将凭借较好的经济发展基础与产业发展环境,成为我国开拓"一带一路"市场的优先级。

此外,随着"一带一路"互联互通工程建设的加速推进,我国在中亚、西亚等地区将获得更多工业技术服务、信息化解决方案、专业业务服务需求。安永咨询公司研究报告显示,2018年中东、北非地区服务外包市场规模预计将达到70亿美元,部分经济贸易发展良好的城市如迪拜等已经将服务外包列为重点发展对象。

第3节 我国服务业国际化模式选择策略

为了迅速改变我国服务业发展落后的局面,提高服务业的国际化程度具有十分重要的战略意义。我国服务国际化应该做到以下几点。

一、以服务贸易带动国际直接投资的发展

服务贸易和服务业的国际直接投资是服务国际化的两种可供选择的方式。对服务贸易的狭义理解就是人和物的国际流动,服务业的国际直接投资体现了以资本为主体的生产要素的跨国界的流动。从理论上看,服务贸易和服务业的直接投资是互补的关系,但就目前情况来看,我国应该大力发展服务贸易,以服务贸易的发展带动服务业国际直接投资的发展。

服务贸易发展的特点是风险比较小,可以为出口国积累资本,为对外直接投资提供资金,积累对外服务提供的经验,了解进口国经营方式、文化、消费习惯等方面的信息。通过贸易不但可以满足消费者的需求,而且可以培养消费者对进口服务的需求,当这种需求扩大到一定程度时就会要求服务实现当地化提供,这样同时存在投资的动力和引力,必然引起国际直接投资的增加。

服务贸易自由化是当今世界经济发展的主流趋势,服务贸易自由化的推进,有利于拓宽信息来源,提高信息传递质量,从而保证服务业国际直接投资在更广范围、更大规模、更低风险上运行;服务贸易自由化的发展意味着政府在市场准入和国民待遇方面有更宽松的政策措施,这都将有助于促进服务业对外直接投资的发展。促进我国服务业的国际化发展,必须发挥我国具有优势的部门,比如大力发展旅游业和中文等具有民族特色的教育服务。

在旅游方面,我国是一个旅游资源大国拥有独特的自然禀赋。为了吸引国外顾客来华观光旅游,我国必须不断完善交通基础设施,多开辟国际航线,发展宾馆和酒店业,为国外顾客提供足够的能达到国际水准的住宿和餐饮服务,创造良好的旅游和购物环境。

在教育方面,我国在世界贸易组织的承诺中对境外消费的教育服务没有做任何限制,完全放开了境外消费这种教育服务的提供方式,鼓励国外顾客到中国接受教育服务。因此,我国应该树立起教育服务的理念,树立教育国际化、全球化观念,努力开放教育贸易市场,发挥我国在汉语、中医药及其他民族传统教育内容项目上的优势,加大教育服务贸易输出量。

二、为自然人流动提供服务

我国具有丰富的劳动力资源,但缺少资金和技术,因而存在大量的剩余劳动力。通过提高教育水平和加大培训力度,劳动力的素质明显提高,这些人可以成为国际服务业的从业者。目前,发达国家人口老龄化严重、人口结构严重失调,加上这些国家劳动力成本的上升,导致对国外服务人员的需求大量增加。因此,我国可以对相关劳动力进行教育和培训,然后通过他们跨越国界向国外提供服务。这样,一方面可以发挥我国丰富

的劳动力资源优势，另一方面还可以缓解我国的就业压力，同时可以获得资金与先进的管理技术和经验，促进我国经济的进一步发展。

三、服务企业选择适当的国际化方式

服务国际化的主体是企业，因此，要提高我国服务国际化的水平，就必须提升我国服务企业的实力，尤其是服务型跨国公司的实力，使我国服务企业能够开展多元化经营。

（一）根据提供服务的类型选择服务企业国际化的方式

提供国际通信或互联网服务的企业可以采取境外支付的方式；提供旅游服务的企业可以选择境外消费这种方式；计算机服务和一些专业服务可以通过自然人流动这种服务贸易方式；而旅馆、提供仓储等服务的企业就必须在国外设立商业实体。

（二）在考虑技术、国际经验、企业规模等因素的基础上选择服务国际化方式

拥有核心技术的服务企业，适合采取对外直接投资中的独资方式实现服务国际化。因为专有技术、知识产权等具有定价困难和难以界定的特点，根据交易成本理论，采取合资的方式会增加技术交易的成本，而且由于合资企业容易泄露技术，不利于企业保持技术竞争优势。所以，企业的技术越先进，企业就越倾向于选择独资的方式。

对于我国大多数缺乏跨国投资、经营与竞争的经验的中小型服务企业来说，经营管理人员对国际经营知之甚少，适合选择合资或合作的方式进入国际市场。中小型服务企业通过与当地企业进行合作，既可以迅速进入国际市场，又可以利用当地企业在当地市场的信誉、供货与销售渠道，以及当地的经营环境，这样能降低管理难度和经营风险，并且可以学习到先进的技术和管理经验。随着我国企业在东道主国家经营的经验积累，就可以逐渐提高合资企业中的股权比例，最终转化为独资形式，从而获取更多的投资利润。

我国的一些大型龙头企业集团，如中国化工进出口总公司、中远集团和海尔集团等，企业规模较大，资金实力雄厚，完全有实力在海外建立独资子公司，从而促使这些企业集团逐步形成自己的全球战略，建立完整的全球竞争体系，最终成长为成熟的跨国企业集团。

四、加大政府的支持力度

政府部门必须加快产业结构的调整与优化，大力发展国内服务业，加大对服务贸易和服务业对外直接投资的支持力度，全面提高我国服务业的竞争能力，为我国服务业的国际化创造有利条件。

（一）加强新服务基础设施建设

新服务基础设施是提高国家国际竞争能力的支柱，国家服务基础设施的发展程度决定了其服务贸易发展的水平和潜力。新服务基础设施主要包括信息技术设施和通信系统。它不仅为服务贸易创造了必要的发展条件，而且创造了新的服务贸易形式。例如，信息服务贸易不仅给服务贸易增加了许多贸易途径，而且使服务贸易变得可存储、可异时异地交易，成为其他服务业的基础。

（二）提高劳动力素质与科技水平

在服务贸易中，服务人员的素质尤为重要。服务消费在生产中完成，要求服务提供

者与使用者存在多种形式的接触，这就对服务贸易人员的素质提出了更高的要求，需要高素质人才提供智力保障。同时，服务贸易中技术因素也日益重要，一方面，新技术的使用能提高传统服务业的效率；另一方面，随着科学技术在生产中的应用，出口商品的技术集约化也必然带动相应售后服务及出口的扩大。

（三）为服务贸易企业提供多方面政府支持

政府应积极为服务贸易企业提供支持，以帮助企业克服经营的盲目性，增强经营决策的科学性。政府在认真履行服务业对外开放承诺，加大服务业基础设施的投资建设的同时，还应该在政策上鼓励、引导和安排服务业直接投资。在服务行业中大力推广服务标准化，使相关服务符合国际惯例和国际标准。

本 章 小 结

本章首先阐述了服务国际化的内涵、产生原因、特点；接着介绍了服务企业进入国际市场的主要模式；然后阐述了服务外包的概念、产生的原因、主要模式以及发展趋势；最后提出我国服务业国际化的战略选择。本章要求重点把握服务国际化概念、服务外包的概念以及主要模式等内容。

思考与练习

（1）什么是服务国际化，服务国际化产生与发展的原因有哪些？
（2）服务国际化具有哪些特点？
（3）有哪些服务国际化进入模式？
（4）电子商务技术对服务企业海外市场进入模式产生了哪些影响？
（5）有哪些措施可以促进我国服务企业国际化的进程。
（6）案例分析题。

天狮集团由李金元先生创建于1995年，1998年年初挺进国际市场，目前已经摸索出了一条符合自身发展的国际化道路，业务渠道辐射世界近190个国家和地区，在五大洲的90多个国家和地区建立了分支机构，与美国、德国、马来西亚、西班牙、埃及等19个境外企业建立了广泛的战略合作伙伴关系。目前，天狮集团已经成为一家涉足零售、旅游、金融、国际贸易、电子商务等诸多领域，集产业资本、商业资本和金融资本于一身的跨国企业集团。天狮集团1998年进军国际市场；2003年9月部分资产经剥离整合之后、成功登陆美国纳斯达克（NASDAQ）资本市场；2005年4月正式进入美国主板证券市场（AMEX）。

一直以来，天狮集团都致力于为全球消费者提供品质精良、信誉度高、融自然之精华和高科技之成果于一身、符合世界流行趋势的名牌产品。为不同年龄、不同生活背景的人提供多元化的产品选择和服务。

天狮集团的产品和服务多达上千种，涉及日常生活的方方面面。为了确保产品的高品质和世界领先水平，天狮与全球众多国家的一流企业结成了战略联盟；从德国、美国、法国、日本等发达国家引进了先进的生产设备和工艺，并通过了ISO9001国际质量体系认证、国家药品和保健品GMP认证、HACCP食品安全管理体系认证；天狮牌系列产品还通过了伊斯兰协会的"清真认证"和犹太教会的"犹太认证"；拥有多项国家级发明专利，多项生产技术、工艺位居国内外先进行列，多次获得国内、国际荣誉及奖项，被中国质量检验协会评定为"全国产品质量、售后服务信誉双保障企业"，并被联合国自然科学院授予"国际生态安全最佳企业"荣誉称号。为方便不同顾客的购买习惯，天狮在110个国家和地区建立了分公司，为消费者享受天狮产品和服务提供了方便快捷的服务通道。

　　分析案例，回答下列问题：

　　请分析天狮集团进军国际市场所采用的国际化模式。

第十五章　娱乐营销的理论与实践

教学目标

（1）认识娱乐营销的内涵和时代特征。
（2）知道娱乐营销的产生和理论基础。
（3）掌握娱乐营销的基本策略和方法。
（4）了解娱乐营销的发展趋势。

随着社会的发展，娱乐成为一种被时代普遍认可的价值。娱乐化的社会伴生出了多种多样的娱乐营销范式：文化营销、活动营销、口碑营销、话题营销、体验营销等，已不再是天方夜谭，它正以加速度的方式走进千家万户。

第1节　娱乐营销概述

2015年，全球娱乐和媒体产业的产值将达到1.9万亿美元，随着全球经济的复苏，年复合增长率达到5.7%。文化娱乐产业是美国的第二大产业，美国的娱乐业每年创造5 000亿美元以上的产值，美国人有1/3的时间用于娱乐，有2/3的收入用于娱乐，有1/3的土地面积用于娱乐。如今，娱乐业经济已经成为新的世界通货，娱乐营销已经成为企业与消费者重要的沟通手段。

一、娱乐与娱乐营销的定义

（一）什么是娱乐

关于娱乐的定义，学术界有多种说法。

1. 欢乐，即"欢娱快乐"

司马迁《史记·廉颇蔺相如列传》："赵王窃闻秦王善为秦声，请奏盆缻秦王，以相娱。"王羲之《兰亭序》："足以极视听之娱，信可乐也。"叶适《东塘处士墓志铭》："既苦志不酬，右书左琴以善娱乐。"《古今小说·李公子救蛇获称心》："李元在前曾应举不第，近日琴书意懒，止游山玩水，以自娱乐。"冯梦龙《东周列国志》第五十一回："主公既有高台广囿，以为寝处之所，何不多选良家女子，充牣其中，使明师教之歌舞以备娱乐，岂不美哉？"叶圣陶《倪焕之》："又有什么可爱的议论音乐一般娱乐别人的心神么？"

2. 快乐有趣的活动

《北史·齐纪中·文宣帝》："或聚棘为马，纽草为索，逼遭乘骑，牵引来去，流血洒地，以为娱乐。"老舍《骆驼祥子》："他去擦车、打气、晒雨布，抹油……用不着谁支使，他自己愿意干，干得高高兴兴，仿佛是一种极好的娱乐。"

3. 娱乐是人追求快乐，缓解生存压力的一种天性

湖南电视著名主持人汪涵，在 2012 年 02 月 27 日播出的《天天向上》节目中诠释了"娱乐"二字。原话为："娱"在古代又通"悟"，娱就是在领悟过后的一种情绪，"乐"在甲古文中是"成熟的麦子"的意思。因此，娱乐是"领悟之后的感受和成熟之后的喜悦"。

本书认为，娱乐是指人们为达到调节身心、恢复体力和振作精神的目的，利用闲暇时间，在一定场地和条件下参与的休闲性和消遣性活动。

（二）什么是娱乐营销

娱乐营销，就是借助娱乐的元素或形式将产品与客户的情感建立联系，从而达到销售产品，建立忠诚客户的目的的营销方式。从娱乐营销的原理分析，娱乐营销的本质是一种感性营销，感性营销不是从理性上去说服客户购买，而是通过感性共鸣从而引发客户购买行为。这种迂回策略更符合中国的文化，至少比较含蓄，不是那种赤裸裸的交易行为。在中国的市场营销，从来都是成功的软广告的效果更好、更有效。

二、娱乐营销的内涵

从娱乐营销的定义来看，娱乐营销是借助娱乐的元素或形式将产品与客户的情感建立联系，从而达到销售产品、建立忠诚客户的目的，带有情感色彩的营销方式。

从娱乐营销的原理来分析，娱乐营销的本质是一种感性营销，感性营销不是从理性上去说服客户购买，而是通过感性共鸣从而引发客户购买行为。本质上，娱乐营销包含了以下内容：①将产品营销做得有趣，有娱乐元素，受众都感兴趣，乐于转载，乐于参与，乐于交流；②借助于娱乐平台进行的营销，把娱乐和营销有机结合起来；③借助于娱乐时间进行的营销，抓住娱乐活动机遇适时推进产品和服务的销售；④让受众在玩的同时获得营销的效果；⑤把产品策划成娱乐性质的活动。

三、娱乐营销的特点

娱乐营销方式能给企业带来很好的营销效果。娱乐营销的本质特征是：创新性、参与性、整合性和个性化。

（一）创新性

无论是在娱乐主题上还是在运作的方式方法上，娱乐营销都要强调创新性，以期激发消费者的好奇心与参与意识。娱乐主题上要有独创性与新闻效应，能吸引大众的眼球，否则收效甚微。同时，创新性要求企业在立足自身资源及优势的基础上，通过不断创造新的体验方式来吸引观众注意。在国家出台限娱令这个大背景下，"限娱令"打乱了以湖南卫视为代表的地方卫视多年来一直定位于"一切节目让位于娱乐节目"的生存模式。

白象方便面选择"电视剧"作为娱乐营销的载体而放弃"娱乐节目",无疑是一种非常明智的选择。而白象方便面选择电视剧不仅选对了方向,更重要的是在选剧时选择《美人天下》的独具慧眼。事实证明,这部剧着实"火了",成了独领荧屏收视率的冠军。白象方便面通过《美人天下》首映礼白象代言人PK、开播评剧专栏节目《美人面面观》等创新形式,与该剧的观众达成了深入的互动,这些方法也直接影响了娱乐营销的最终效果。

（二）参与性

企业作为营销的主体,树立"全员娱乐营销"的理念,开辟了服务营销的新天地。麦当劳公司直接声称"我们不是餐饮业,我们是娱乐业",因为它不仅是一个愉悦的就餐场所,更是一处娱乐休闲的场所,消费者特别是未成年的消费者甚至把麦当劳直接当成了自己的"乐园"。同时,娱乐营销的参与性更体现在参与受众的广泛。参与人数越多,企业就有越大的希望从中获得潜在的客户群,营销的效果也便更好。白象方便面企业在合肥、洛阳等地用时尚好玩的"快闪"等方式与观众互动,在市民中引发轰动。唐装、美人、穿越、快闪,《美人天下》的快闪活动集合了时下网络上最时髦的关键词,不仅体现了当下年轻人张扬个性、敢于创新的时尚特质,与白象老坛酸菜牛肉面"很酸爽、很流行"相得益彰,更将娱乐营销彻底走向平民化、大众化。

（三）整合性

企业开展娱乐营销,离不开娱乐元素的整合,体验平台的整合。白象食品股份有限公司在联手安徽卫视《美人天下》过程中,通过电视广告植入等方式在提高曝光率;通过首映礼、宣传片、明星互动等多重方式不断制造出和挖掘出娱乐元素;通过对户外广告、线下推广活动、微博互动、短信互动、网络电视台、《海豚TV周刊》等多方位全平台式地整合传播,迅速扩大了白象老坛酸菜牛肉面的影响力和号召力,短时间内达到了爆破效应。

（四）个性化

所谓个性化就是企业在做娱乐营销活动时,要突出主题,要有市场细分,要寻找到娱乐点的差异性。比如,在做一个洗发水品牌的娱乐营销时,我们既可以将它创造为"关爱"的个性娱乐方式,又可以将它创造为"温馨"的个性娱乐方式,还可以将它创造为"强硬"的个性娱乐方式。我们可以从"飘柔,就是这样自信""海飞丝,头肩去无踪,秀发更出众""沙宣,国际美发大师""伊卡璐,回归自然,崇尚环保""重庆奥妮,植物一派"等营销主题中,让公众感受到这些不同洗发水品牌的营销个性流露。

四、娱乐营销的作用

娱乐营销对企业发展到底有何促进作用?中国娱乐营销传播研究中心的相关文章指出,娱乐成就很多伟大的公司,如苹果的娱乐科技帝国、迪士尼销售娱乐体验、好莱坞的娱乐产业;而很多的企业应用娱乐营销成就品牌,如麦当劳的娱乐定位,百事可乐也通过明星音乐等娱乐战略成为中国最受欢迎的饮料。

（一）娱乐营销使企业走向成功的奥秘

中国娱乐营销传播研究中心的相关文章将娱乐营销使企业走向成功的奥秘归纳为5个方面:①把握目标受众心理特点;②以创新式娱乐方式满足大众娱乐化心理;③引发

消费者的积极参与、互动与扩散；④对娱乐营销进程和大众的好奇心理的深刻把握；⑤把握舆论制高点，注重媒体传播。

（二）娱乐营销为企业创造多元化的价值

企业在为客户服务的时候，要将焦点放在塑造客户的体验上；在体验的接触点上注入娱乐的元素，想方设法为客户提供更多的娱乐。正是因为这样，娱乐营销便为企业创造了多元化的价值：①娱乐营销可以在短时间内提升企业知名度，打造美誉度；②娱乐营销可以快速推广新产品，宣传新概念；③娱乐营销能提升企业竞争力，加强对客户的吸引力；④娱乐营销能让客户更加容易满意，更加忠诚；⑤娱乐营销可以让员工更加热爱工作，提升员工满意度；⑥娱乐营销可以为企业创造利润，战胜竞争对手。

第2节 娱乐营销的理论基础

总的来说，娱乐营销理论是建立在体验经济、注意力经济、粉丝经济、社群经济、马斯洛需求理论、弗洛伊德人格结构、剧场社会等心理学和经济学的理论基础之上的。

一、娱乐营销是体验经济的延伸

美国学者约瑟夫·派恩和詹姆斯·吉尔摩在1999年合作出版了《体验经济》一书，把世界经济的发展分为：产品经济时代、商品经济时代、服务经济时代和体验经济时代四个不同的阶段。

（1）产品经济时代。产品经济时代又称农业经济时代，是指工业时代还没有形成之前的经济时期。那时候也不存在营销的问题，是卖方市场。我们国家的这种情况一直持续到改革开放之前。

（2）商品经济时代。商品经济又称工业经济，随着工业革命的成果不断转化，科技不断进步，工厂里的流水线上的商品不断下线，以至于出现商品过剩，即市场上存在供大于求的现象。这时候营销开始出现了，市场由卖方市场转为买方市场。商家开始想办法去吸引消费者的注意，迎合消费者的需求。

（3）服务经济时代。服务经济的含义，就是说原来消费者注重商品的物质特性，现在他们更注重商家所提供的服务带来的消费满足感。这时候的娱乐营销开始萌芽了，商家不仅要卖商品给客户，还要有增值服务；而且客户也更看重服务带来的安全感和满足感。

（4）体验经济时代。体验经济比服务经济又高了一个境界，原有的服务已经满足不了顾客的需求。消费者不仅要求有服务，而且注重服务带来的娱乐体验。这种体验包括，商家的服务是否新奇好玩，是否体现了一定个性，是否让他们觉得受到尊重体验经济的特征，等等。

体验经济其实就是娱乐经济，好的消费体验带给消费者的就是快乐。不能给消费者带来快乐的体验，也根本无从谈起它有什么经济价值。因此，针对消费者快乐所做的娱乐营销必将成时代的潮流。

二、注意力经济、粉丝经济、社群经济其实就是娱乐营销

注意力经济、粉丝经济和社群经济都是互联网时代经济学者和营销专家提出的新概念。最早提出注意力价值的是诺贝尔奖获得者赫伯特·西蒙,他曾在对当今经济发展趋势进行预测时指出:"随着信息的发展,有价值的不是信息,而是注意力。"这种观点后来被IT业和管理界形象地描述为"注意力经济"。1997年美国学者迈克尔·戈德海伯(Michael H. Goldhaber)在《注意力购买者》一文中,正式提出"注意力经济"的概念。他认为,当今社会是一个信息极大丰富甚至泛滥的社会,而互联网的出现,加快了这一进程,信息非但不是稀缺资源,相反是过剩的。而相对于过剩的信息,只有一种资源是稀缺的,那就是人们的注意力。

所谓注意力,从心理学上看,就是指人们关注一个主题、一个事件、一种行为和多种信息的持久程度。但在当今信息过剩的社会,谁能够吸引人们的注意力,便会形成一种商业价值,并由此获得经济利益。因此在经济学的意义上,注意力往往又会成为一种经济资源,而由这种注意力所形成的经济模式,就是注意力经济。

同样,常被人们提及的粉丝经济也有近似之处。有人把粉丝经济仅仅理解为架构在粉丝和被关注者关系之上的经营性创收行为;也有人说是某个明星的微博粉丝制造了转发价值。也有学者认为粉丝经济不仅仅是指粉丝和偶像明星之间的商业创收,它的概念同样可以延伸到明星产品和粉丝之间的商业关系。比如苹果手机,它曾经就是手机界的明星,只要它一推出,就有果粉彻夜排队等候购买。把商家的产品打造成行业里的明星产品,拥有自己的粉丝,同样是拥有了注意力,并形成了经济效益。

当下还有一个新潮概念就是社群经济。因为移动互联网的发展,基于移动互联网的社群正在形成。所谓社群,就是在特定的网络平台上聚集的有特定的生活方式,并具有成员归属感的人群,他们所组成的一个相对独立的群体就是社群。

克莱·舍基在《无组织的组织》一书中,讲述了社群经济形成的条件,包括以下5点。

1. 共同的目标或是纲领

一部分人根据自己特定的兴趣爱好,与其他人做了有效的区隔。也就基本上能做到一些大致趣味的人聚集在一起。

2. 高效率的协同工具

移动互联网时代,因为有了微信、微博这类高效率的网络工具,使协同变得非常容易,社群经济也因此建立起来。

3. 一致行动

有了共同的目标和高效的协同工具,便容易达成一致的行动,从而形成稳固的社群。著名的逻辑思维、颠覆式创新研习社(后改名叫混沌研习社)和正和岛,是当下比较热门的社群。因为社群具有特定的调性,便具有了特定的消费属性,也就产生了社群经济。从娱乐营销的角度来看,社群经济其实是娱乐营销社群成员对自己的身份有强烈的认同感,因此需要更能突出其身份的道具,也是商品来满足其对身份的认同,增强社群成员的存在感。

社群成员的消费行为满足的是自己更高层次的精神需求,正是娱乐营销要实现的目标之一。

三、马斯洛需求层次理论暗示娱乐营销是营销发展方向

在经济学上，探讨需求话题时往往会引入"欲望"一词。欲望泛指人类的一切渴求，是产生需求的前提条件。当人们有能力去满足欲望时，则产生了需求。美国心理学家马斯洛曾把人类的欲望分为基本生活的需要、安全的需要、情感和归属（社交）的需要、被自尊的需要、自我实现的需要五个层次。这五个层次的需求，其实也是按照由低级到高级的顺序排列的。从物质第一性的角度来看，生活和安全是基本的物质生活需求，而社交、尊重和自我实现则属于较高层次的精神需求。在物质需求和精神需求满足方面，也是一个先后顺序的过程。只有在物质需求满足的基础之上，人们才会考虑精神需求的满足。然而，也只有精神需求的满足，才能给人们带来更多的满足感或快乐。用句通俗的话来说，仅仅满足物质需求的生活只能叫生存；而只有精神生活同时能得到了满足，才赋有真正意义上的生活。

马斯洛消费需求层次理论中，社交、尊重、自我实现等几种较高层次的精神需求，与之相对应的消费需求，就是消费者更注重商品使用功能之外的娱乐功能、品牌价值以及由此产生的精神附加值。这些品牌价值包括品牌的内涵、品牌的知名度、品牌的美誉度；由此衍生的精神附加值则包括品牌价值与消费者自身社会地位的契合度、对自己社会地位的肯定度，以及由此带来的尊贵感、满足感。

由此带来了营销活动的新问题：商家必须设法满足消费者更高层次的精神需求，这样才能取得人们的认同感，进而使之掏钱来购买商品和服务。这种营销的新手段，当然就是娱乐营销。

四、弗洛伊德人格结构论为娱乐营销做了理论背书

除了马斯洛的需求层次理论外，弗洛伊德的人格结构论也为娱乐营销提供了理论支持。

早期，经济学家和心理学家就发现，由于企业的趋利特性行为，人类的经营活动在很大程度上都是趋乐避苦的。弗洛伊德则把快乐当成人类行为的心理动力。换句话说，人类行为背后的原动力是追寻快乐。美国学者尼古拉斯·怀特在《幸福简史》一书中提到，快乐与幸福的内涵有两点：一是快乐的哲学说法叫幸福；二是幸福（快乐）就是人的各种欲望的满足。人们用毕生之力追求的幸福，也就是快乐。

快乐是人的欲望的满足，很多时候是建立在物质基础上的精神满足。既然大多数快乐是建立在物质层面上的满足，那提供物质产品的营销便毫无例外地要跟快乐产生联系。作为消费者这一角色出现的人群，自然也是以快乐原则来展开自己的消费行为。既然你要想快乐，那我就得想办法让你娱乐，这期间的供需关系就建立起来了。因此，商家也就没有理由不以娱乐营销来迎合消费者的习惯了。

由此可见，心理学上的快乐原则，也就成了娱乐营销的理论基础。快乐是人类的行为动力，它决定娱乐营销的基础和可行性。有了这个基础，商家就可以认真考虑自己该如何满足消费者的娱乐需求了。

五、剧场理论：人生如戏，全靠道具

美国人类学家格尔兹在《尼加拉：十九世纪巴厘剧场国家》中提出了"剧场社会"概念，他指出，"社会"是一个革命表象掩盖（甚至是替代）了真实生活的社会，一个仪式化的表演胜过实际言行的社会，一言以蔽之，"权力服务于夸示，夸示更服务于权力"。剧场的特征不仅在于一个"演"字那么简单，台上有人演，台下就有人看，更重要的是台后还要有人编与导。如果我们认可现在的经济社会也是剧场社会的话，那就要接受一个事实：我们所处的社会环境就是舞台，所有的人都是演员，我们都在扮演角色，演绎各自的故事。再离营销的话题近一点的说法是，在经济社会这个大舞台上，作为自然人的消费者就是演员，都在扮演角色，而他们所选择拥有的商品就是他们的道具。

剧场社会的现实对娱乐营销的启发是，编剧、导演、表演等所有剧场元素都是娱乐营销必备的形式，也是娱乐营销必备的手段。它的具体运用形式是，每一件商品都被赋予了意义，每一个品牌都有自己的故事，每一个地面活动都有编、导、演计划。总之，戏剧的编、导、演等元素渗透到商品流通的整个环节。剧场社会里每个人都是剧中人，每个人也都是观众，你在看别人的戏，别人也在等着看你的戏，时刻保持入戏的心态，掌握你的演员的心理，揣摩他们要演的角色，给他们更富有意义的消费体验，是商家必修的娱乐营销功课。

第3节 娱乐营销的策略和方法

如今，娱乐营销已经成了服务营销（乃至整个市场营销）领域的热门话题；那么，娱乐营销将如何实施？本节就娱乐营销的基本策略、娱乐营销的主要方法等议题，进一步做出分析。

一、娱乐营销的基本策略

国内学者吴昊在《娱乐营销：同质化产品的低成本决销之道》一书中，介绍了娱乐营销的基本策略。

（一）锁定策略

锁定策略就是迎合主体所期望的客户群，锁定他们在感情上的需要和对成功的期望。中国移动的细分品牌"动感地带"的娱乐营销活动就是一种成功的锁定策略。中国移动曾在福建举行"飞越100万·动感地带——周杰伦巨星演唱会"，随着周杰伦的激情演出，全场3.5万多名歌迷的热情一浪高过一浪，演唱会结束后，仅厦门每天动感地带的新增用户就比往日增加近两成。

（二）扩展策略

扩展策略就是拓展体验，开发关联产品，给客户创造更多的机会，让他们以购买其他东西的方式来享受你所提供的感情上的联系。电影的产业化是这一策略成功的典型案例。我们可以看到从《泰坦尼克号》推出的各种延伸产品，到《侏罗纪公园》创造的各种副产品。其中有午餐盒、笔记本、床单、人物玩偶，还有游戏拉线盘等很多东西。

(三) 重复策略

重复策略就是要创造一种让客户和员工都想重复体验的策略。《同一首歌》曾经是央视最权威的音乐名牌，以制作独具特色的系列大型演唱会和各类主题、公益演唱会为主，赢得了观众的喜爱和一致好评。栏目于 2000 年 1 月 27 日创立，多年来，收视率一直处于领先位置，2004 年更是屡创新高。"《同一首歌》走进香港""为奥运喝彩"两期节目收视率分别达到 3.14 和 3.13；同年 12 月 31 日 CCTV3 播出的"《同一首歌》走进广州'新年畅想曲'"收视率更是高达 4.95，刷新了收视纪录。

(四) 升级策略

升级策略就是说服客户在购买了一件东西以后，继续对这件东西投入更多的钱。成功的商业影片都会不断推出续集，而微软毋庸置疑是这一策略的典范代表，不断升级的软件让微软成为创造百万富翁最多的企业。2017 年，北京聚合影联文化传媒有限公司发行的电影《战狼》续集——《战狼2》，在我国上映 3 个月，便创造了 56.8 亿元的票房。

(五) 更新策略

如果营销主与顾客在感情上建立了联系，顾客也将期待体验再次更新，这就是娱乐营销的更新策略。保持神秘感，不断创新是企业持续成功的关键。在娱乐圈，这策略最了不起的实践者之一就是麦当娜，没有人会质疑她是一位迷人的歌手，因为每次她的演唱会都会有很多大胆的创新，她不断塑造自我，创造了一连串自己独有的形象，使大家总是对她很感兴趣，想知道她接下来还会有什么新招。正是由于这种更新策略，让麦当娜成了乐坛的常青树。

二、娱乐营销的主要方法

泊明在《所有营销都是娱乐营销》一书中，用了很大篇幅来介绍娱乐营销的八种方法，以及在活动营销当中的实际运用。

(一) 活动主题化

娱乐营销的理念认为，活动营销必须戏剧化。而戏剧化的第一个要求就是要有主题。没有主题的表达是注定表达不清晰的，也是很难实现与受众的情感互动交流，满足受众的精神需求，自然也就无法实现我们娱乐营销的效果。

营销活动主题化应从以下几方面来实现：一是主题要符合主体的传播要求，只有给产品赋予了特定的主题，你才有可能锁定目标消费群体；二是主题要符合主体的产品定位，即主题活动不能够与产品定位相冲突；三是主题要符合主体的品牌定位，无论是品牌活动还是产品营销活动，其主题都不应该与品牌的定位冲突；四是主题要新颖、独特，娱乐营销忌讳老生常谈、平庸，要让人有眼前一亮、豁然开朗的感觉；五是主题要能够传递情感，无论主体的主题是什么，都要能够表现出活动背后的情感。

(二) 场地剧场化

苹果公司把发布会的场地选择在一个类似剧院的地方，这是营销活动的场地舞台化的一个最直接形式。把营销场地（地点）放在剧院里，其活动便自然放在了舞台上，所有的环节都像是一出戏。

实现场地剧场化的具体要求是：一是剧场的每个功能区清晰，要求其场地有剧场化的功能分区；二是舞台区必须成为视觉焦点，新颖独特，让人过目不忘；三是整个营销的大场地就是一个舞台，人人都是演员；四是确保其他功能区的服务舒适到位；五是把营销活动搬到室外，与人们的生活环境融为一体。

（三）产品道具化

营销活动戏剧化的方法之一，就是让整体的产品成为剧场里的道具。产品道具化要在以下几点上发力：一要让产品成为舞台背景；二要让产品成为舞台上的道具；三要让道具参与演出，推进剧情发展；四要让场景中的公众参与演出，使用道具。

（四）人员角色化

营销活动戏剧化具备可执行性，而不仅仅是一种做事的理念，原因就在于戏剧其实是最讲究管理、分工和配合的一门艺术。人员角色化包括导演角色化、编剧角色化、演员角色化、幕后角色化，以及角色的分工协作。

（五）流程剧情化

营销活动戏剧化之后，其活动流程和形式表现为剧情化。活动流程就像戏剧舞台上的表演一样，需要一场戏、一场戏的演出，每一场戏都有自己的目的，都在为表达整个活动的主题服务。比如新产品发布会，通常都是领导讲话式的。在一个酒店宴会厅里举行，前面是舞台，台上坐着若干嘉宾，或是地方的领导，或是企业领导，按牌子上的名字入座。主持人点到谁的名字就轮流发表对主办方及其产品的夸赞之词。这种发布会，毫无新意可言。

（六）内容故事化

从娱乐营销的任务来看，营销活动要求将事情（内容）编制出事故。用故事的形式满足公众的好奇心，使之形成创新的卖点。

（七）受众观众化

现在，小米公司开始讲究邀请用户来参与营销活动了。于是乎，营销活动中有许多请粉丝参与的案例。观众化和粉丝化的营销活动，产生了良好的互动性，更有戏剧感。

（八）信息新闻化

营销活动的目的是为了发布消息，告知公众企业和产品在市场上的新动向。为了营销活动的信息更好地传播，企业娱乐营销一定要把其活动内容做成新闻事件，并通过媒体的二次传播，引发更多消费者的关注。尤其是在一个没有明星企业、明星老板和明星嘉宾的情况下，我们的营销活动一定要做成新闻事件来传播，传播的效果会更好。

第4节 娱乐营销的趋势预测

泊明在《所有营销都是娱乐营销》一书中，就娱乐营销发展趋势做出了自己判断，即世界上只有一个行业——娱乐业，世界上只有一种营销——娱乐营销。

一、娱乐业成为世界上重要的行业

美国学者斯科特·麦克凯恩早在十多年前就预言"所有行业都是娱乐业"。总的来说，娱乐业是能够满足人们的好奇心和高层次的精神需求，并给他们带来快乐的行业。从这个意义上说，把我们应该将企业打造成娱乐企业，所提供的产品和服务一定要满足消费者的好奇心和高层次的精神需求，从而给他们带来快乐。从这个角度来说，任何产品和服务都能够也应该给消费者带来快乐，不然我们的营销便不会有竞争力。

综合传统娱乐行业的特点及发展趋势，未来娱乐行业将呈现出如下鲜明的特点。

1. 产品和服务的趣味性

即企业提供的产品和服务应该是新奇好玩的体验，让更多的人释放生活中的压抑，创造愉悦的生活。

2. 产品讲究艺术性

现实的娱乐业，都与艺术相关联。因此我们的产品设计和提供的服务一定不能少了艺术性，否则我们的商业活动将会大打折扣。

3. 产品讲究技巧性和互动性

现实生活中很多人喜欢玩游戏，因为玩游戏需要技巧而且其互动性也很强，冲关的难度能够带来征服的满足感，从而带来娱乐体验。

4. 打造品牌

产品可以娱乐，品牌同样也可以成就娱乐。有故事的品牌可以带来的身份认同和尊贵感，也能够提供娱乐。

5. 跨媒体传播，跨领域发展

好的娱乐产品都是跨媒体、跨领域发展的。如迪士尼，它到底是电影公司、动画公司，还是旅游公司吗？归根结底它就是一个娱乐公司。

6. 流行就是畅销

娱乐新闻业似乎有一个不成文的标准，那就是紧跟流行就能畅销。谁走红，谁的作品流行，谁就是娱乐新闻的焦点。用在娱乐企业上，能引领流行趋势的产品，就有可能走向畅销。

7. 不断创新

流行的东西是很容易过时的，因此娱乐企业必须通过不断创新来避免过时。苹果手机曾经引领时代潮流，但很快引来一批效仿者。苹果公司在通过不断的改进和创新后，确保了产品在娱乐市场的份额。所以，不断创新是娱乐企业永恒的话题。

二、所有营销都将注重娱乐营销

既然人类的所有行为动机都是在追求精神需求的满足和快乐，那世界上的一切营销都将是娱乐营销。未来社会，娱乐营销将从以下几个方面展开。

1. 体验营销

从某个角度来看，体验营销就是娱乐营销。让消费者去体验主体的产品和服务，使之获得趣味性和娱乐感，这个体验带给消费者的就是愉悦和快乐。

2. 社会化营销

进入互联网时代之后，社会化营销就成为一个热门话题。社会化营销主要讲如何利用互联网等社会化媒体进行传播，让大众分享产品和服务带来的好奇心和满足感。

3. 话题营销

话题营销主要是运用媒体的力量以及消费者的口碑，让广告主的产品或服务成为消费者谈论的话题，以达到营销的效果，与口碑营销、社会化营销、新闻营销等都紧密关联，以实现产品增值的营销理念与方法。一般来说，话题营销都是在友好、愉悦的氛围中进行的。

4. 文体营销

文体营销，比如文化营销（用文化力进行营销）、体育营销（以体育活动为载体的营销）、情感营销（寓情感于营销活动之中）、感官营销（利用人体感官的视觉、听觉、触觉、味觉与嗅觉，开展以"色"悦人、以"声"动人、以"味"诱人、以"情"感人的体验销售），统统都成了娱乐营销。

可以这样说，如果世界上只有一种营销的话，那就是娱乐营销！

本 章 小 结

本章在介绍娱乐与娱乐营销的定义、特点和作用的基础上，进而介绍了娱乐营销的体验经济时代、注意力经济、粉丝经济、社群经济、马斯洛需求层次理论、弗洛伊德人格结构论、剧场社会等理论基础；并介绍了娱乐营销中锁定、扩展、重复、升级、更新的五大策略，以及活动主题化、场地剧场化、产品道具化、人员角色化、流程剧情况、内容故事化、受众观众化、信息新闻化等八大特征；最后做出了"如果世界上只有一种营销的话，那就是娱乐营销"的发展趋势预测。

思考与练习

（1）什么是娱乐营销，娱乐营销有哪些特点？
（2）马斯洛需求层次理论、弗洛伊德人格结构理论与娱乐营销有何关系？
（3）何谓锁定策略、升级策略和更新策略？
（4）简述娱乐营销的基本方法。
（5）请谈谈未来娱乐营销的发展趋势。

参 考 文 献

[1] 泽丝曼尔，等. 服务营销［M］. 5版. 张金成，白长虹，等译. 北京：机械工业出版社，2012.

[2] 郑锐洪. 服务营销［M］. 2版. 大连：大连理工大学出版社，2015.

[3] 苏琴，曾玉玲，等. 服务营销［M］. 长沙：湖南师范大学出版社，2016.

[4] 韩冀东. 服务营销［M］. 北京：中国人民大学出版社，2012.

[5] 黎开莉，徐大佑. 市场营销学［M］. 2版. 大连：东北财经大学出版社，2013.

[6] 刘红一. 服务营销理论与实务［M］. 北京：清华大学出版社，2009.

[7] 季辉，王冰. 服务营销［M］. 北京：高等教育出版社，2007.

[8] 王永贵. 服务营销［M］. 北京：北京师范大学出版社，2007.

[9] 陈祝平. 服务市场营销［M］. 3版. 大连：东北财经大学出版社，2012.

[10] 菲利普·科特勒. 营销管理：分析、计划、执行与控制［M］. 12版. 梅清豪，译. 上海：上海人民出版社，1999.

[11] 陈姣. 科特勒营销学新解［M］. 北京：中华工商联合出版社，2017.

[12] 王朋，姜彩芬. 市场营销学［M］. 2版. 北京：北京理工大学出版社，2012.

[13] 冯丽云，任锡源. 营销管理［M］. 北京：经济管理出版社，2012.

[14] 易正伟，张洪满，等. 市场营销［M］. 3版. 大连：大连理工大学出版社，2015.

[15] 贾利军. 市场营销学［M］. 上海：华东师范大学出版社，2011.

[16] 吕波. 创意营销金点子［M］. 北京：中国经济出版社，2016.

[17] 周永刚，杨金龙. 市场营销［M］. 长沙：湖南师范大学出版社，2017.

[18] 钱黎春，胡长深. 市场营销学［M］. 长沙：湖南师范大学出版社，2014.

[19] 黄桂云. 营销法眼：客户关系管理［M］. 广州：广东经济出版社，2000.

[20] 戴维斯，海内克. 服务管理：利用技术创造价值［M］. 北京：人民邮电出版社，2006.

[21] 刘丽文. 服务运营管理［M］. 北京：清华大学出版社，2004.

[22] 熊高强，陈志雄. 市场营销学［M］. 沈阳：东北大学出版社，2015.

[23] 郭国庆. 服务营销管理［M］. 3版. 北京：中国人民大学出版社，2013.

[24] 范秀成. 服务管理学［M］. 天津：南开大学出版社，2006.

[25] 吴健安，聂元昆. 市场营销学［M］. 5版. 北京：高等教育出版社，2014.

[26] 李雪松. 服务营销学［M］. 北京：清华大学出版社，北京交通大学出版社，2009.

[27] 安贺新. 服务营销［M］. 上海：上海财经大学出版社，2016.

［28］郭国庆，钱明辉. 市场营销学通论［M］. 4版. 北京：中国人民大学出版社，2009.

［29］郭国庆，姚亚男. 服务营销学［M］. 北京：高等教育出版社，2012.

［30］李桂陵，邵继红. 市场营销学［M］. 武汉：武汉大学出版社，2015.

［31］苏朝晖. 服务营销管理［M］. 北京：清华大学出版社，2012.

［32］李克芳，聂元昆. 服务营销学［M］. 北京：机械工业出版社，2012.

［33］陈祝平. 服务营销管理［M］. 北京：电子工业出版社，2011.

［34］王永贵. 服务营销［M］. 北京：北京师范大学出版社，2007.

［35］孙恒有. 服务营销实战［M］. 郑州：郑州大学出版社，2004.

［36］曹礼和，邱华. 服务营销［M］. 武汉：武汉大学出版社，2004.

［37］杨珮. 服务营销［M］. 天津：南开大学出版社，2015.

［38］安贺新，张宏彦. 服务营销［M］. 北京：清华大学出版社，2015.

［39］岳俊芳. 服务市场营销［M］. 2版. 北京：中国人民大学出版社，2014.

［40］王跃梅，高海霞，等. 服务营销［M］. 杭州：浙江大学出版社，2011.

［41］梁文光，等. 服务营销学［M］. 广州：华南理工大学出版社，2015.

［42］梁新弘. 服务营销［M］. 北京：中国人民大学出版社，2014.

［43］洛夫洛克. 服务营销［M］. 6版. 北京：中国人民大学出版社，2010.

［44］陆朋. 餐饮营销［M］. 重庆：重庆大学出版社，2008.

［45］章岩. 张勇的谜：海底捞的那点办法［M］. 北京：中国财富出版社，2015.

［46］斯蒂尔，艾文斯. 金钥匙服务学［M］. 王向宁，等译. 北京：旅游教育出版社，2012.

［47］陈云川，张洪刚. 现代餐饮营销［M］. 南京：东南大学出版社，2008.

［48］徐德昌，王谊. 服务营销管理［M］. 成都：西南财经大学出版社，2005.

［49］张婷. 旅游市场营销［M］. 广州：华南理工大学出版社，2008.

［50］王纪中. 旅游市场营销［M］. 北京：中国人民大学出版社，2011.

［51］朱升冬. 旅游市场营销［M］. 合肥：合肥工业大学出版社，2006.

［52］马勇，毕斗斗. 旅游市场营销［M］. 汕头：汕头大学出版社，2003.

［53］谭小芳. 策动旅游：实战营销［M］. 北京：中国经济出版社. 2010.

［54］谢平，邹传伟. 中国金融改革思路：2013—2020［M］. 北京：中国金融出版社，2013.

［55］姜建清. 金融高科技的发展及深层次影响研究［M］. 北京：中国金融出版社，2000.

［56］张进，姚志国. 网络金融学［M］. 北京：北京大学出版社，2002.

［57］张劲松. 网络金融理论与实务［M］. 杭州：浙江科学技术出版社，2007.

［58］张劲松，金融产品营销［M］. 北京：清华大学出版社，2014.

［59］谢平，邹传伟，刘海二. 互联网金融手册［M］. 北京：中国人民大学出版社，2014.

［60］余丰慧. 互联网金融革命：中国金融的颠覆与重建［M］. 北京：中华工商联合出版社，2014.

［61］佩恩. 服务营销［M］. 郑薇，译. 北京：中信出版社，1999.

[62] 张玉明. 会展服务管理[M]. 2版. 广州：中山大学出版社，2016.

[63] 王尚君. 会展服务研究：质量评价与提升[M]. 上海：上海财经大学出版社，2016.

[64] 韩冀东. 服务营销[M]. 北京：中国人民大学出版社，2012.

[65] 泊明. 所有营销都是娱乐营销[M]. 广州：花城出版社，2016.

[66] 中国娱乐营销传播研究中心. 娱乐营销3.0[M]. 北京：机械工业出版社，2015.

[67] 吴昊. 娱乐营销：同质化产品的低成本快销之道[M]. 北京：中国经济出版社，2013.

[68] 杨贺新. 服务营销[M]. 上海：上海财经大学出版社，2016.

[69] 钟天丽. 从顾客归因和关系质量分析服务补救效果[D]. 成都：西南交通大学，2008.

[70] 姜量. 旅行社服务失误后的游客归因及行为意向研究[D]. 大连：东北财经大学，2010.

[71] 王琼. 广交会的服务品质提升与创新研究[D]. 青岛：中国海洋大学，2014.

[72] 陈可，涂荣庭. 服务补救效果的双期望理论：动态的视角[J]. 管理评论，2009（1）.

[73] 景奉杰，余樱，涂铭. 产品属性与顾客满意度纵向关系演变机制：享乐适应视角[J]. 管理科学，2014（5）.

[74] 李宁. 顾客满意研究综述[J]. 现代商业，2016（32）.

[75] 高昉，余明阳. 顾客忠诚从何而来？——顾客忠诚影响因素的研究综述[J]. 市场营销导刊，2008（4）.

[76] 王伟. CRM：提高企业竞争力的利器[J]. 中国计算机报，2014（1）.

[77] 吴明. 明浅析电子商务中的CRM[J]. 中国计算机报，2015（5）.

[78] 金立印. 服务保证对顾客满意预期及行为倾向的影响[J]. 管理世界，2007（8）.

[79] 李成文. 塑造服务企业战略的企业文化：基于成本领先战略[J]. 生产力研究，2010（9）：200-202.

[80] 肖芸. 服务接触中的顾客管理实例研究[J]. 商业时代，2012（3）.

[81] 罗选荣，韩顺平. 基于顾客体验的服务品牌接触点管理[J]. 技术经济与管理研究，2013（8）.

[82] 李伍荣. 服务国际化[J]. 国外社会科学，2007（5）.

[83] 智研咨询. 2017—2022年中国旅游市场运行态势及投资战略研究报告[C]. 2016.

[84] 腾讯网. 芬兰着手推动教育出口[EB/OL]. http://news.qq.com/2010-01-12.

[85] 中华零售网. 法国雅高酒店集团在华连开三店[EB/OL]. http://www.l8.cn/news-center/2009-4-3.

[86] 邢厚媛，涂舒. 服务外包产业持续逆势增长[EB/OL]. http://coi.mofcom.gov.cn/article/2017-02-04.